Michael B. Buchholz
Psychotherapie als Profession

Reihe »Forschung psychosozial«

Michael B. Buchholz

Psychotherapie als Profession

Psychosozial-Verlag

Die Deutsche Bibliothek - CIP-Einheitsaufnahme
Buchholz, Michael B.:
Psychotherapie als Profession / Michael B. Buchholz. -
Gießen: Psychosozial-Verl., 1999
(Reihe „Forschung psychosozial")
ISBN 3-932133-93-5

Friedrichstr. 35, 35392 Gießen
Tel.: 0641/77819, Fax: 0641/77742
e-mail: psychosozial-verlag@t-online.de

Umschlaggestaltung: Ateliers Warminski, Büdingen
Umschlagabbildung: Ernesto Tatafiore, ohne Titel, 1989
Druck: KM-Druck, Groß-Umstadt
Gedruckt auf säurefreiem und chlorfrei gebleichtem Papier
ISBN 3-932133-93-5

„In a sense the task is simple, but it is far from easy"

Arnold Rothstein: „Psychoanalytic Technique and the Creation of Analytic Patients" (1995, S. 113)

„No doubt, the practice of psychotherapy is not always a easy one. *Easy* and *simple* are, however, two different matters."

Miller, Duncan and Hubble (1997, S. 32)

Einleitung

Es ist schwierig, wenn man über etwas reden oder schreiben will, von dem man gleichzeitig sagt, daß es nicht *gesagt*, jedenfalls nicht vollständig gesagt, nicht vollständig diskursiv beschrieben werden kann. Rechtfertigung für eine so paradoxe Absicht kann nur sein, wenigstens den Platz dieses „etwas", über das (nicht) geredet werden soll, genauer zu bestimmen. Das tut man am besten, wenn man ihm einen Namen gibt. Um professionelles Können in der Psychotherapie nicht nur plakativ zu bestimmen, braucht man eine Theorie. Sie gibt einen Rahmen, sie macht einen Vorschlag, die Dinge auf eine bestimmte Weise zu sehen.

Professionelles Können jedoch ist etwas anderes als eine Theorie dieses Könnens, und insofern gebe ich keine Praxisanleitung im Sinne eines „how to do it". Der Besitz eines Klaviers befähigt noch nicht, es zu spielen. Der Blick in eine Partitur allerdings kann dem Könner den Klang entstehen lassen. Wenn man eine Theorie über professionelle ästhetische performances entwirft, führt man sie nicht auf. Es ist eines, Regeln und Ratschläge für den Arzt und Psychotherapeuten in schriftlicher Form zu formulieren, und es ist, wie wir seit Freud wissen und täglich an Psychotherapeuten[1] aller Schulen beobachten können, etwas anderes, sich nicht daran zu halten – weil der Prozeß seinen eigenen verschlungenen Pfaden folgt[2]. Wer eine Theorie des Profifußballs schreibt, muß selbst nicht kikken, aber er wird in der Regel eine gewisse Leidenschaft dafür haben. Der aktive Fußballer seinerseits muß sich für Theorie nicht sonderlich interessieren.

Wird eine solche Theorie in irgendeiner Weise verbindlich geteilt – von Managern des Sportgeschäfts, Vereinsvorsitzenden und Medienvertretern -, könnte der professionelle Kicker allerdings irgendwann die Wirkungen dieser Theorie zu spüren bekommen. Es werden ihm bestimmte und als erfolgreich geltende Trainingsmethoden vorgeschlagen, er wird auf von anderen entworfene Spielstrategien verpflichtet, und es wird von ihm erwartet, daß er sich auf eine beschriebene Weise in die Gesamtkonzeption einer Mannschaft integriert, seine Leistung auf dem Platz wird nach einheitlichen Maßstäben bewertet, er selbst in Ranglisten eingeordnet und Qualitätskontrollen unterzogen. Wird er ab einem bestimmten

[1] Was die männlichen und weiblichen Formen bei der Erzeugung sprachlicher gender-Stereotypien betrifft: ich verlasse mich auf die Kritikfähigkeit der Leser.

[2] Bion soll bemerkt haben: „In the practice of psychoanalysis it is difficult to stick to the rules. For one thing, I do not know what the rules of psycho-analysis are." (Zit. nach Aron 1998, S. 207)

Alter vom Platz gestellt, könnte er, wenn er nicht Trainer werden will, anfangen, sich für Theorie zu interessieren.

Theorie gibt es im Feld der Psychotherapie durchaus und jeden Tag wird es mehr; aber ich meine hier nicht die großen Entwürfe, weder Metapsychologie noch humanistische Wachstumsmodelle, weder kognitionstheoretische „multiple codings“ noch Archetypen. Ich meine das, was sich im Handeln zwar dokumentieren mag, aber nicht formuliert ist. Es bestimmt das „feeling“ des Klinikers für seinen Patienten, erlaubt ihm, abzuschätzen, ob er mit einer Äußerung besser noch wartet, ob er trotz Widerspruchs seiner Patientin hartnäckig daran festhält, sie müsse Gewicht zulegen (obwohl sie doch seine Auffassung „falsifiziert“); wann er überhaupt „im Kontakt“ ist, läßt ihn körperlich einen Sinn für die Beziehungsbalance entwickeln, und vieles andere mehr – aber es sind eigentlich keine „Theorien“, sondern es ist ein unformuliertes und vielleicht unformulierbares Können. Es ist nicht einmal klar, in welchem Sinne man von „Wissen“ sprechen kann, denn es kann nur teilweise diskursiv formuliert werden, es wird nicht in Form von Lehr-Sätzen weitergegeben. Es spricht an, nicht aus. Es ist kaum lösbar vom Engagement des Professionellen. Wenn er sich nicht engagiert, verliert der Professionelle dieses Wissen oder gewinnt ein abgekühltes Verhältnis dazu, eine Temperaturänderung, die ihm die Erbringung der professionellen Leistung nicht erleichtert. Es ist irgendetwas jenseits der Unterscheidung von „Tun“ einerseits und „Denken“ andererseits. Das professionelle psychotherapeutische Engagement kann man bestimmen als intelligente Form taktvoller Zugewandtheit, eine lokale Tugend mit globalen Wirkungen – und das soll in diesem Buch genauer beschrieben werden.

Ich meine, daß das berühmte Freud'sche Junktim vom „Heilen und Forschen“ darauf anspielt, daß professionelle Praktiker beim (Be-)Handeln sich etwas denken und die konventionelle Trennung des Denkens vom Handeln transzendieren[3]. Die ganze abendländische und teils auch noch sehr moderne Philosophie des Zusammenhangs von Handeln und Denken trennt beide voneinander ab[4]. Wenn wir uns über Denken und Handeln etwas denken, dann in einem meist unbewußten Vollzug dieser Getrenntheit. Stillschweigende Annahme ist durchgängig ein Entweder/Oder: Entweder man handelt, dann ist man involviert und kann also nicht denken. Oder aber man denkt, und das würde vom Handeln nur gestört. Beides, so stellt man sich vor, wird dann in ein zeitliches Nacheinander

---

[3] Vgl. zur Vorgeschichte des Junktim Nitzschke (1994).

[4] Hervorragend zu diesem Thema: Velleman (1989).

entzerrt – auf das Handeln folgt das Denken. Das deutsche Wort „nach-denken“ unterstützt diese Vorstellung sehr[5]. Wenn Freud seine Junktim-Forderung aufstellt, dann meint er damit – so verstehe ich ihn – daß professionelle Psychotherapeuten beim (Be-)Handeln denken. Was professionelle Psychotherapeuten sich denken, ist jedoch keine Forschung, sondern Voraussetzung und konstitutiver Bestandteil ihrer Professionalität.

Es ist eine Art der Wissensorganisation, die den Professionellen als Handelnden einschließt. Es ist an eine bestimme Interaktion und deren Einmaligkeit und Nicht-Wiederholbarkeit gebunden und somit gerade nicht ohne weiteres verallgemeinerbar, während wissenschaftliches Wissen den Handelnden per definitionem ausschließt. Es kann experimentell nicht reproduziert werden: entweder die beiden Beteiligten bleiben dieselben Personen, aber dann befinden sie sich im Fall einer Wiederholung an einer anderen Zeitstelle, d.h. ihre gemeinsame Vorerfahrung geht unkalkulierbar in die Wiederholung ein. Oder aber man tauscht die Personen aus, dann aber ist nicht klar, welche Bedeutung das Wort von der experimentellen „Reproduktion“ hätte, wenn es ganz andere Personen sind, die „wiederholen“.

Kurz, es handelt sich um professionelles Wissen, das ich von wissenschaftlichem Wissen unterscheiden möchte, und weil es nicht Nur-Wissen ist, hat es auch den Charakter einer Lebensform. Professionelle unterscheiden sich nicht nur in ihren Theorien, sondern auch in der Art, wie sie sie leben. Anhänger der gleichen theoretischen Richtung können höchst unterschiedliche Atmosphären in ihren Behandlungen erzeugen; es ist nicht das Wissen, sondern ein Wissen-im-Vollzug, das sie voneinander unterscheidet, und das ist nicht dasselbe wie Theorie oder Wissenschaft oder Forschung.

Ich glaube deshalb, daß es nicht sinnvoll ist, wenn man das Junktim als „On-line-Forschung“ auffaßt. Seitdem die Psychotherapieforschung zur „big science“ avanciert ist, scheint es nicht mehr sinnvoll, professionelles Handeln und Forschung gleichzusetzen[6] – aber eine solche Position einzunehmen bedeutet weder, nur Forschungsergebnisse als allein seligmachende Wahrheiten anzusehen, noch bedeutet es eine Herabsetzung professionellen Könnens. Spricht man (Leuzin-

---

[5] Freud (GW XVII, S. 137) wußte um dieses Problem: „Wir haben keinen anderen Weg, von einem komplizierten Nebeneinander Kenntnis zu geben als durch das Nacheinander der Beschreibung, und darum sündigen alle unsere Darstellungen zunächst durch einseitige Vereinfachungen und warten darauf, ergänzt, überbaut und dabei berichtigt zu werden.“

[6] Reiter und Steiner (1996) zitieren eine Menge Literatur, die diese Sicht von der Seite der Wissenschaft her bestätigt.

ger-Bohleber 1995) davon, daß der professionelle Psychotherapeut Forschung betreibe, riskiert man, daß die Forderung nach einer „Verwissenschaftlichung" professioneller Praxis irgendwann nicht mehr abgewiesen werden kann, und ich befürchte, daß damit ein Herzstück professioneller Psychotherapie eher eliminiert würde als zu seinem Recht käme. Leuzinger-Bohleber (1995, S. 448) spricht davon, daß „der forschende Psychoanalytiker in der analytischen Situation immer zum Handeln gezwungen" sei. In dieser Formulierung drückt sich die Unfreiheit durch den Handlungsdruck aus. Das Gegenstück dazu ist die, wie wir bei Oevermann finden werden, „un-praktische" Freiheit des Wissenschaftlers. Deshalb kann man das, was dann als Befund aus der professionellen Interaktion mitgeteilt wird, nicht als Psychotherapie*forschung* auffassen. Die Resultate der Online-"Forschung", klinische Theorien, sind viel mehr: das, was der Professionelle braucht, um zu tun, was er tut – aber in welchem Sinne könnten sie als „wahr" bezeichnet werden? Eine „gute Behandlung" basiert nicht notwendigerweise auf „richtiger Theorie". Das Gegenteil von „guter Behandlung" ist nicht „unwahre Theorie". Umgekehrt kann man „schlechte Behandlung" nicht durch „wahre Theorie" (sensu: empirisch fundiert) aufbessern. Es gibt Therapeuten, die „wahre" Theorien vertreten, aber sie machen nicht unbedingt „gute Therapie" – und umgekehrt. Hier spielt noch etwas anderes hinein, eben das, was ich als Professionalität bezeichne.

Anwendung von Theorie ist nicht dasselbe, wie professionelle Psychotherapie zu machen: Gute Psychotherapie besteht nicht darin, wissenschaftliche Theorien zu überprüfen.

Reiter (1995, Reiter und Steiner 1996) hat vorgeschlagen, professionelles Handeln nach seiner „klinischen Nützlichkeit" zu beurteilen. Das ist eine Erweiterung. Mit einem solchen zweiten Kriterium (außer dem der Wahrheit) kann man allerdings lediglich sagen, daß es gewiß unprofessionell ist, als unwahr erwiesene Theorien zu verwenden. Daraus kann man jedoch nicht auf die Richtigkeit der gegenteiligen Behauptung schließen; es gibt wahre Theorien, die für die Ausübung der Profession nicht nützlich sind, z.B. kann man in Romanen wie in therapeutischen Dialogen eine schiefe Verteilung der Häufigkeit von bestimmten Worten ermitteln. Aber wenn man weiß, daß Wortklassen nicht normalverteilt sind, hilft das weder beim Abfassen von Texten noch bei der Führung von Gesprächen. Nützlichkeit und wissenschaftliche Wahrheit sind nicht dasselbe. Beiden aber ist gemeinsam, daß sie sich auf „Wissen" beziehen und dieses dann in nützliches und wahres differenzieren.

Aber in der professionellen Psychotherapie kommt es nicht nur auf Wissen an, sondern auf Können. Hier geht es nicht um Kompetenz von Therapeuten *allein*, sondern um interaktive Realisierungen; das „Gekonnte" an jeder Psychotherapie ist *gemeinsame* Leistung. Seine Ergebnisse sind nützlich, ob es auf wahren Theorien basiert, ist fraglich, sein Vollzug mit Wissenskategorien allein nicht beschreibbar. Die Fixierung der Debatte um die Wissenschaftlichkeit der Psychotherapie könnte sich durch solche Unterscheidungen von manchen Konfusionen erholen.

Ich will in diesem Buch ausführlich begründen, daß eine Abtrennung der Profession von der Wissenschaft nicht eine Abwertung der Profession bedeutet – aber nützlich ist. Ich werde einiges argumentative Geschütz auffahren, um die Übersteuerung dessen, was ich emphatisch als Kern der psychotherapeutischen Professionalität sehe, durch Wissenschaft abzuweisen. Das, was Psychotherapeuten tun, ist nicht weniger und nicht mehr als das, was Wissenschaftler tun – es ist etwas anderes; man bezeichnet es am besten als professionell. Es ist unsinnig zu behaupten, professionelle Psychotherapeuten seien Forscher und Wissenschaftler. Dies zu sagen, ist nicht identisch mit der Behauptung, sie hätten keine guten Ideen oder würden nicht hilfreich arbeiten. Ihre Auffassungen erhalten ihren Wert nicht erst durch wissenschaftlichen Segen oder durch zitierfähige Übereinstimmung mit heiligen Texten. Mir kommt es darauf an, daß der Unterschied wieder verstanden wird: Man kann das eine sagen und muß damit nicht zwangsläufig das andere verneinen.

Professionalität aber ist im psychotherapeutischen Feld nicht formuliert. Sie existiert eher als vage Vorstellung und in Fragmenten, als ungeprüfter kollektiver Besitz, als eine Art selbstverständliche, und deshalb auch nirgends vollständig niedergelegte Regie-Anweisung, weitergegeben in Lehrer-Schüler-Verhältnissen, Tür-und-Angel-Gesprächen zwischen Kollegen, Mittelbaugruppen oder in Supervisionen. Immer wieder wird dazu aufgefordert, diese Theoriebruchstücke zu artikulieren, sie zu untersuchen[7]; immer wieder wird festgestellt, daß das wenig geschieht. Dies Buch ist von der Idee inspiriert, daß das einen guten Grund hat, den zu ändern eher Unheil stiftet: Was professionelle Psychotherapeuten können, ist zu einem nicht unerheblichen Teil etwas anderes, als in ihren offiziellen

---

[7] Zunächst war es Sandler (1983), dann sprach Streeck (1987) von den Hintergrundannahmen, Eckert und Biermann-Ratjen (1990) sahen in den Theorien der Therapeuten einen „heimlichen Wirkfaktor", dann habe ich (1993) die Prozeßphantasien zu untersuchen begonnen. Caspar (1997) fordert erneut, die „Theorien" von Therepeuten bei der Fallkonzeptualisierung zu untersuchen.

Theorien beschrieben wird. Das liegt mit daran, daß jemand, der *nur und ausschließlich* von seiner Theorie geleitet Psychotherapie betreiben würde, immer nur bereits vorhandene Regeln anwenden könnte mit der Folge, daß jede Behandlung extrem normativ, extrem Über-Ich-lastig würde – und langweilig. Die guten Tore fallen auch auf dem Fußballplatz dann, wenn jemand im geeigneten Augenblick blitzschnell eine Situation erfaßt – und reagiert. Der geeignete Augenblick – das ist der einmalige, der nicht wiederholt werden kann; also der individuelle Fall. Auch Fahradfahren erlernt man nicht durch „Anwendung" naturwissenschaftlicher Gesetze vom freien Fall, vom Rollwiderstand und von der schiefen Ebene. Man kann sich eigentlich nur einen „zerstreuten Professor" vorstellen, der das versuchen wollte. Die Folgen eines solchen Versuchs will ich nicht ausmalen.

Allerdings gibt es ebenso ungeschriebene Regeln, nach denen sich die psychotherapeutischen Berufsmannschaften ihre Bälle zuspielen und gegen die Spieler anderer Mannschaften ins Tor gesetzlicher Regelungen einzubringen versuchen. Auch wenn sie ungeschrieben sind, haben sie den Charakter von Vorschriften, was man dann merkt, wenn man gegen sie verstößt. Das hat Folgen. Die Antwort auf den Regelverstoß heißt fast immer: Nicht-Beachtung und Ausschluß. Dies deshalb, weil Mannschaften den vom Platz stellen müssen, der scheinbar auf der Seite der andern Mannschaft mitspielt. Wo beim Zusammenspiel zwischen den Mannschaften sich das binäre Schema: „bei uns – bei den andern" erst einmal eingespielt hat, kann anderes kaum noch wahrgenommen werden.

Dies ist nach meinem Dafürhalten die Lage in der Psychotherapie. Deshalb die vielen Versuche, sich auf die „Identität" der jeweiligen Schule zu besinnen mit der Folge, daß die offiziellen Theoriestücke immer wieder zitiert und die Fallbeispiele so eingenordet werden, daß sie immer das bestätigen, was die offizielle Theorie schon weiß; deshalb die große Schwierigkeit, originelle und hilfreiche Ideen anderer Schulen aufzunehmen, weil Identitätsverlust oder -verrat gefürchtet wird; deshalb das von Sandler (1983) und vielen anderen beschriebene schlechte Gewissen, wenn man etwas Nicht-Identisches mit seinen Patienten tut, selbst wenn es ihnen hilft. Seit etwa zwei Jahrzehnten wird auch in der breiteren Öffentlichkeit das Mitspielen einer neuen Mannschaft, nämlich der Psychotherapieforscher bemerkt, die ebenfalls Pokale in Gestalt von Einfluß und Forschungsgeldern gewinnen möchte – und zugleich die Schiedsrichterrolle beansprucht. Das führt zu weiteren Konfusionen insbesondere dann, wenn Forscher neue Schulen gründen wollen. Diese Situation berechtigt zu Zweifeln an der Objektivität. Leichsenring (1996) erinnert an den wohlbekannten Befund der vergleichenden Psychotherapieforscher, wonach regelmäßig diejenige Behandlungsmethode als erfolgreicher ausgewiesen wird, der die Autoren sowieso den Vorzug geben. Stiles (1993) bestätigt, daß man aus einleitenden Bemerkungen empirischer Untersuchungen mit schöner Regelmäßigkeit den dann empirisch gewonnenen Befund vorhersagen kann. Mir scheint, hier kann nur die Unterscheidung zwischen Profession und Wissenschaft weiterhelfen. Beide operieren in unterschiedlichen Kontexten.

Ein weiterer relevanter Kontext ist die rechtsförmige Verfaßtheit der Psychotherapie.

Nachdem in Österreich ein Psychotherapeutengesetz beschlossen worden war, dauerte es noch mehrere Jahre und viele Auseinandersetzungen, bis der entsprechende Schritt in Deutschland getan wurde. Indem der berufsrechtliche Teil den Titel eines „Psychotherapeuten" bzw. einer „Psychotherapeutin" unter Gesetzesschutz stellt und der sozialrechtliche Teil festlegt, daß Psychotherapie eine Leistung der Krankenkassen ist, die sowohl von speziell dafür ausgebildeten Ärzten wie auch Psychologen erbracht werden kann, scheint nunmehr klar zu sein, worum es sich bei der Psychotherapie handelt. Psychotherapie – das sind jene Verfahren, die in den Richtlinien anerkannt worden sind. Ihre Bälle sind im Tor. Man hat sich auf eine rechtlich praktikabel scheinende Lösung geeinigt. Mit der Durchführung und Anwendung des Gesetzes werden Schwierigkeiten auftauchen, die zu beseitigen sich die Berufsverbände zur Aufgabe gesetzt haben; andere werden zu erreichen versuchen, daß auch ihre Verfahren in den Richtlinienkatalog mit aufgenommen und ihre Form der Psychotherapie anerkannt wird. Wenn diese Veränderungen des rechtlichen Status auch im Sinne eines Anlasses eine Rolle spielen, so stehen sie doch nicht im Zentrum dieses Buches. Die öffentliche Auseinandersetzung um die Verrechtlichung der Psychotherapie hat notwendig gemacht, sich darauf zu besinnen, was Psychotherapie eigentlich ist. Meine Frage lautet: gibt es eine Antwort diesseits rechtlicher Regelungen?

Rechtliche Bestimmungen siedele ich in der Umwelt der professionellen Psychotherapie an. Die Regelungen sehen beispielsweise eine „psychoanalytische Psychotherapie" vor und unterscheiden diese von „tiefenpsychologisch fundierter" Psychotherapie. Für beide gibt es unterschiedliche Antragsformulare und unterschiedlich bewilligte Stundenkontingente. Aber handelt es sich um professionell relevante Unterscheidungen in dem Sinne, daß man sagen kann, bei den und den Störungen ist diese, bei anderen Störungen jene Variante hilfreich? Wenn ein Psychotherapeut zu einem andern sagt, er habe seinen Patienten mit „tiefenpsychologisch fundierter" (und nicht mit „analytischer") Psychotherapie behandelt – was weiß der Empfänger dieser Nachricht dann? Ist diese Information ein Unterschied, der einen Unterschied macht? Ist der Unterschied nicht gleichbedeutend mit dem, die Behandlung habe im Sitzen bzw. Liegen stattgefunden?

Oder mit Bezug auf die Systemreferenzen gefragt: In welchem System macht diese Unterscheidung einen Unterschied? Die Antwort ist: Der Unterschied entsteht im System des Abrechnungsrechts, für *dieses* System ist die Unterscheidung zwischen „tiefenpsychologisch fundierter" und „psychoanalytischer" Psychotherapie eine Information; im System der Profession ist dieser Unterschied hingegen keine Information, sondern nur Verweis auf die rechtsförmige Umwelt. Wenn man diese Systemreferenzen auseinanderhält, kann man sehen, daß es natürlich keine „Indikationen" für diese oder jene Psychotherapie geben kann – solange die Form der Psychotherapie rechtlich definiert wird. Das System des Kassenrechts kann keine rezeptiven Differenzierungen für diejenigen Unterscheidungen ausbilden, auf die es einem professionellen Psychotherapeuten ankommen muß.

Das gilt auch dann, wenn ein Verhaltenstherapeut zu einem Kollegen sagen würde, er habe diese phobische Patientin mit jener Variante der systematischen Desensibilisierung behandelt. Wissen wir dann schon, was da geschehen ist? Warum glaubt der Behandler, daß es das ist, was er für seine Methode hält, das hilfreich war und nicht z.B. die einfache Tatsache, daß er mit seinen Patienten spricht? Und *wie* er mit ihnen spricht? Oder daß er an seine Methode *glaubt,* nicht aber die Methode selbst? Warum sind dieselben „Methoden" manchmal hilfreich und manchmal nicht?[8].

---

[8] Manche Untersuchungen zeigen, daß Therapeuten glauben, eine bestimmte „Technik" habe gewirkt, während Patienten der Auffassung sind, die besondere und intensive Zuwendung des Therapeuten zu den Details ihres Erlebens habe hilfreich gewirkt; Überblick bei Miller, Duncan und Hubble (1997). Schmitt, Bernhard, Wittmann und Lamprecht (1986) haben gezeigt, daß der Zusammenhang zwischen Prädiktor-Variablen und Outcome-Variablen nicht über die magische Grenze einer Korrelation von 0.30 gesteigert werden kann; sie zitieren die Bemerkung von Luborsky, Psychotherapie sei ein „unvorhersagbares Abenteuer" – das trifft am ehesten noch den Kern. Die konkurrenzmotiverte Diskussion um den Vorrang dieser oder jener „Technik" ist angesichts einer Forschungslage absurd, die bislang unwidersprochen zeigt (Lambert 1992, Lambert und Bergin 1994), daß lediglich 15% der Varianz des Outcome einer Therapie auf „Technik", der weitaus größte Teil auf das Konto der Beziehung geht – das drängt geradezu eine professionstheoretische Diskussion zur Klärung des zentralen Konzepts der „Beziehung" auf.

Meine Klärung beruht auf der Unterscheidung zwischen solchen Umwelten wie Wissenschaft, Recht oder Wirtschaft; allgemein also auf dem Unterschied zwischen System und Umwelt – das „System“ ist die spezifische Interaktionsordnung einer individuellen Psychotherapie.

Die gegenwärtige Situation, das Zusammenspiel der verschiedenen Mannschaften auf dem psychotherapeutischen Feld, scheint selbstverständlich die Vorstellung nahezulegen, daß Psychotherapie einzig durch Verwissenschaftlichung optimiert werden könne. Das ist *so* selbstverständlich, daß man fürchten muß, als agent provocateur zu erscheinen, wenn man das Selbstverständliche dieser Idee in Frage stellt. Nur wissenschaftlich bestätigte Erfolge professioneller Leistungen münden doch in rechtliche Codifizierungen ein, nur sie erschließen Zugänge zu wirtschaftlichen Möglichkeiten – was gibt es dagegen zu sagen? Man sieht schon an dieser Rhetorik, daß viele Systemebenen beteiligt sind; der Weg durch sie ist lang. Die Psychotherapie verändert sich, denn es gibt rekursive Effekte – nur was wissenschaftlich bestätigt ist, soll praktische Anwendung und wirtschaftliche Anerkennung finden. Nur wer rechtlich sanktioniert ist, soll auch Zugänge zu Marktanteilen haben – und wer wollte gegen diese Forderungen seine Stimme erheben? Kann man gegen die Dominanz wirtschaftlicher, wissenschaftsgestützter und rechtlich sanktionierter Vernunft anders als nur moralisch-defensiv argumentieren?

Das soll hier versucht werden. Ich gestehe, mich treibt die Sorge, daß es mit der ausschließlichen Dominanz der Verwissenschaftlichung der Psychotherapie an den Kragen geht, daß ihr die Luft abgedrückt und der Geist ausgetrieben wird. Diese Sorge zu formulieren, ihr soweit es mir möglich ist, diskursiv und argumentativ Ausdruck zu verleihen, ist der persönliche Anlaß für dieses Buch. Da ich eine Menge Mißverständnisse voraussehe, will ich vorweg ein paar Bemerkungen dazu machen.

Ich bin davon überzeugt, daß auch diejenigen, die die Strategie der Verwissenschaftlichung der Psychotherapie gefordert und eingeleitet haben, die gleichen Sorgen teilen. Aber jetzt ist gerade durch den Erfolg ihrer Anstrengungen eine neue Situation entstanden. Die nächste Generation von Psychotherapeuten lernt nicht mehr an prototypischen Geschichten aus der Neurosenlehre, wie man andere Menschen in der Vielfalt ihrer biographischen Entwicklungen verstehen kann, sie lernt die vermeintliche Einheitlichkeit von diagnostischen Ziffern und Krankheitseinheiten. Die ungeheure Vielfalt therapeutischen Reagierens und Antwortens soll auf empirisch ermittelte Variablen oder auf „wirksame Methoden“ beschränkt werden. Leitlinienkonferenzen versuchen, die Bandbreite der Normierungsmöglichkeiten abzustecken. Es wird fingiert, es könnte unter einer Behandlungsmethode sich etwas abspielen, was in der gleichen Weise auch bei einer anderen Psychotherapeutin zu haben wäre, und damit wird ein wissenschaftliches Ideal in den psychotherapeutischen Prozeß eingebracht, das für diesen geradezu tödlich ist: die Idee der Personunabhängigkeit[9]. Was in der Wissenschaft gefordert werden muß, personunabhängige Objektivität, kann in der professionellen psychotherapeutischen Praxis nicht funktionieren. Die Ausbildung persongebundener Kompetenzen scheint nicht mehr notwendig dann, wenn es eine „Krankheit" ist, die von einer „Methode" behandelt wird. Psychotherapeuten aber müssen, so will es das Gesetz, „Krankheiten" behandeln und ihr Tun zumindest so ausweisen. Davon unbenommen ist, daß es zweifellos einen erheblichen sozialpolitischen Fortschritt bedeutete, als mit der Psychiatrie-Enquete von 1975 verschiedene Störungen als behandlungsbedürftige Krankheiten anerkannt worden waren und entsprechende Behandlungen dann auch finanziert wurden.

Natürlich ist auch die Wissenschaft nicht jener monolithische Block, als der er manchmal erscheinen mag. Es ist aus meiner Sicht eher die Anbindung und Eingemeindung der Psychotherapie in die Medizin, die ihrerseits die dazu geeignet erscheinenden empirischen Methoden der Psychologie nutzt, die Einheitlichkeit fingiert – und auch innerhalb der Medizin gibt es, wenn auch nur sehr wenige, Stimmen, die sich zu dieser problematischen Entwicklung vernehmen lassen. Als Gegengewicht zur Einseitigkeit dieser Entwicklung suche ich die Nähe der Sozialwissenschaften. „Psychoanalyse als Sozialwissenschaft" ist in den 70er Jahren schon einmal programmatisch ausgerufen, doch leider wenig durchgeführt worden. Damals war es v.a. Alfred Lorenzer, auf dessen Arbeiten ich mich früher stärker bezogen habe. Mit ihnen sich auseinanderzusetzen halte ich immer noch

---

[9] Ulsenheimer (1998), ein juristischer Autor, diskutiert die „Leitlinieneuphorie" in der organischen Medizin kritisch. Sie erhöhe den Grad der Normierung und damit das rechtliche Risiko des Arztes und öffne die Tür zu einer Defensivmedizin. Aber er geht auch auf den Kern des ärztlichen Handelns ein, der unnötig eingeschränkt werde und schreibt: „Der deutsche Drang oder Hang zum Perfektionismus feiert mit immer mehr und immer detaillierteren Bestimmungen fröhliche Urstände!" (S. 110). Man darf sich angesichts solcher rechtlicher Bewertungen fragen, was die Psychotherapeuten treiben mag, hier ein Übersoll an Normierung erfüllen zu wollen. Der juristische Autor weist schon die Organmediziner darauf hin, daß professionelle ärztliche Kunst sich der Kanonisierung entziehe, der Individualität des Patienten gerecht werden müsse und es deshalb nur selten „die" Methode gebe. Selbst wenn, sei diese durch persönliche Variablen bestimmt. Der Therapiefreiheit steht auf seiten des Patienten dessen Autonomie ergänzend gegenüber.

für lehrreich. Seine Zuordnung der Psychoanalyse zu den Sozialwissenschaften teile ich, freilich mit Unterschieden; ich meine, man muß erweitern und der Anbindung der Psychotherapie an die Medizin insgesamt ein sozialwissenschaftliches Gegengewicht zur Seite stellen. Ich sage das, gerade weil ich mich durchaus als Psychoanalytiker sehe und natürlich auf dem Hintergrund einer entsprechenden Sozialisation schreibe.

Einiges hat sich auch innerhalb der Psychoanalyse geändert und erzeugt erheblichen Reflexionsbedarf.

Zum einen kann man nicht mehr so euphorisch und mit der gleichen selbstverständlichen Autorität wie damals „die Wahrheit der psychoanalytischen Erkenntnis" (Lorenzer 1974) verkünden, zu vieles hat zu Ernüchterung geführt. Neuerdings finden Debatten über das psychoanalytische Wissen und die Autorität des Psychoanalytikers statt, die erhebliche behandlungstechnische Konsequenzen aufweisen. Wer damals zu Freud kam, akzeptierte mit seiner Autorität auch seine Wahrheit; wer heute in gleicher Weise analytische Äußerungen und autoritäre Wahrheitsansprüche fraglos akzeptierte, löst Überlegungen hinsichtlich seiner submissiven Neigungen aus (Brenner 1996, Chodorov 1996, Hanly 1996, Hoffman 1996, Kernberg 1996, Lloyd Mayer 1996, Mitchell 1998).

Zum andern ist überhaupt nicht mehr zu *sagen*, was die psychoanalytischen essentials sind. Wir sehen heute Analytiker mit höchst unterschiedlichen Auffassungen. Wer angesichts der ungeheuer diversifizierten psychoanalytischen Kulturen privilegierte Wahrheitszugänge beanspruchen möchte, steht im Verdacht, die professionelle Praxis normieren oder gar dogmatisieren zu wollen. Genau davon möchte ich die Profession entlasten. Klinische Praxis selbst ist am ehesten als soziale Praxis zu verstehen; das Soziale scheint mir unhintergehbar, auch wenn ich betonen möchte, daß ich die allzu sorgfältige Abtrennung zwischen dem Psychischen und dem Sozialen eher für eine Art Denkhemmung zu halten geneigt bin. Die Illusion, man könnte gewissermaßen direkt ins Seelenleben von Patienten blicken, ist selbst sozial produziert und bedarf der Aufklärung. Diese Illusion wird auch in Fallgeschichten tradiert, soweit sie über eine Behandlung berichten, als wäre nie ein Behandler dabei gewesen – und diese seltsame Illusion kann man bei allen therapeutischen Schulen beobachten[10]. Die Anbindung an die Sozialwissenschaften kann sich heute ganz anderer theoretischer Mittel bedienen. Ich habe hierzu größere qualitativ-empirische Studien vorgelegt (Buch-

---

[10] Wir (Buchholz und Reiter 1996) haben dies untersucht.

holz 1995 und 1996, Buchholz und von Kleist 1995 und 1997, Buchholz und Hartkamp 1997).

Will man der Psychotherapie wieder Luft verschaffen, dann muß man sie von der Umklammerung durch die bislang dominante wissenschaftliche Kontrolle befreien. Ich tue das mit der These, daß Psychotherapie keine Wissenschaft sei, sondern Profession. Das ist nicht gleichbedeutend damit, den Wegfall wissenschaftlicher Überprüfungen zu fordern, sondern verlagert die Wissenschaft in die Umwelt der Profession. Ein solcher Themenzuschnitt erfordert, sich etwas im Feld der Professionsforschung umzusehen und eine Vorstellung davon zu entwickeln, was Professionen – im Unterschied zu Wissenschaften – überhaupt ausmacht. Zur Bestimmung des Verhältnisses von Profession und Wissenschaft scheint die soziologische Systemtheorie am besten geeignet. Obwohl ich annehme, daß sie den meisten Psychotherapeuten nicht sonderlich vertraut sein wird, habe ich mich dennoch dafür entschieden, sie durchaus im gefürchteten Soziologen-Chinesisch darzustellen, und kann psychotherapeutische Leser daran nicht vorbeileiten. Doch habe ich mich nach Kräften um Verständlichkeit bemüht. Aber ich hoffe, der intellektuelle Gewinn wird ebenso entschädigen wie auch die neuen Möglichkeiten eines kritischen Blicks auf jenen Gegenstand, dem sich Psychotherapeuten gerne zuwenden: die Gesellschaft. Wenn man die soziologische Systemtheorie nutzt, zwingt das zu Reflexivität, d.h. Einbeziehung des eigenen Blickwinkels, also der Profession – und ein mir durchaus erwünschtes Nebenergebnis ist die Aufwertung des professionellen Selbstbewußtseins. Schließlich werde ich mich um die Beschreibung von Momenten professionellen psychotherapeutischen Tuns bemühen. Das professionelle Tun besteht zu einem nicht unerheblichen Teil aus Sprache und Sprechen; also blieb mir auch hier nichts anderes übrig, als mich auf diesen Feldern etwas umzusehen. Ich hoffe, ein paar brauchbare Feldfrüchte, Blüten und Blumen mitgebracht zu haben. Den strategischen Gewinn sehe ich darin, die dringend notwendige Öffnung der Psychotherapie für andere Wissensgebiete mit voranzutreiben, denn in dieser Hinsicht sind wir Psychotherapeuten, das muß man in aller Nüchternheit feststellen, leider ziemlich unprofessionell. [11]

---

[11] Becker und Nedelmann (1980, S. 132) rufen vor Jahren schon etwas verzweifelt aus: „Manchmal kann man sich fragen, warum sind viele Psychoanalytiker so ungebildet? Warum ist ihr Verhältnis zu geistigen Auseinandersetzungen außerhalb der Analyse so oberflächlich? Warum ist ihr Verhältnis zur Literatur gering? Warum ist ihnen die Politik, von wenigen Ausnahmen abgesehen, eigentlich fremd?"

Eine komplette Professionstheorie habe ich nicht zu bieten, aber ich meine, daß es notwendig ist, den Anfang zu machen. Man kann an manches anknüpfen. Man könnte das, was ich hier zu sagen habe, auch als eine Art Metatheorie der Psychotherapie auffassen, aber ich zögere, ob ich mich mit meinem Unternehmen unter einem solchen Titel wiederfinden möchte. Denn alles, was mir bislang unter so anspruchsvollen Namen begegnet ist, hat sich über kurz oder lang als ziemlich normativ, als festlegend und einengend erwiesen. Ich meine gerade, daß es ein Herzstück professioneller Psychotherapie ist, sich von äußeren Vorschriften und Dogmatisierungen frei zu machen, soweit es möglich ist. Meine klinische Erfahrung ist, daß es in jeder Psychotherapie, vielleicht sogar in jeder Sitzung, wenigstens einen Moment gibt, wo nicht die Methode, sondern die Person gefragt ist. Es sind dies nach meinem Dafürhalten entscheidende Wendepunkte und wer sich hier an Regeln, Metatheorien oder andere akademisch hochtrabende Verfahrensvorschriften hält, verfehlt mit Sicherheit seinen Patienten. Damit allerdings dieser Kairos wahrgenommen, gewürdigt werden und seine wohltuenden Wirkungen entfalten kann, ist durchaus ein Handeln notwendig, das gut beschrieben, nie aber festgelegt werden kann. Profession bewegt sich zwischen operativer Flexibilität und Fixiertheit des Denkens und versucht, letztere immer zu überwinden. Nie sicher, operiert sie ständig mit Ungewißheiten.

Viele haben mich wiederum bei meinen Versuchen unterstützt. Für Hinweise und Ermutigungen danke ich Martin Dornes, Frankfurt; Bruno Hildenbrand, Jena/Marburg; Tom Levold, Köln; Burkart Müller, Hildesheim; Annegret Overbeck, Frankfurt; Thomas Pollak, Frankfurt am Main; Michael Schröter, Berlin; Herbert Stein, Heidelberg; Konrad Thomas, Göttingen/Weißenborn; Stephan Wolff, Hildesheim. Sie alle haben frühere Fassungen des Manuskripts, zum Teil mehrfach, gelesen und kritisch kommentiert und ich bin ihnen sehr zu Dank verpflichtet. Dies gilt insbesondere für die vielen Hinweise, die ich von meiner Frau Karla Hoven-Buchholz erhalten habe. Vieles konnte ich mit meinen Kolleginnen und Kollegen in Tiefenbrunn diskutieren. Die Diskussionen mit Ulrich Streeck über die Verbindung von Psychotherapie und Sozialwissenschaft haben Klärungen erbracht. Aber ohne die stimulierenden und dieses Thema überhaupt anregenden Gespräche mit Ludwig Reiter, Wien/Kirchzarten, wäre ich überhaupt nicht weitergekommen. Auch wenn ich nun zu manchen Formulierungen gelangt bin, die von seinen Auffassungen abweichen mögen, möchte ich ihm meinen Dank dadurch aussprechen, daß ich ihm dieses Buch widme.

Das veränderte Bild der Psychotherapie

Noch um die Mitte dieses Jahrhunderts und bis in die 70er und 80er Jahre wurde das öffentliche Bild der Psychotherapie von einem Klischee der Psychoanalyse bestimmt. Sowohl in Filmen wie in Karikaturen, in Witzen wie in Zeichnungen wurde ein Bild vermittelt, wonach ein Patient mehrmals pro Woche zu seinem Therapeuten kommt und sich auf die Couch legt, während der Therapeut hinter ihm sitzt (in vielen Karikaturen neben der Couch)[12]. Dort spricht er, weint, spricht wieder, schweigt ergriffen, spricht wieder, lacht erleichtert, spricht wieder. Sein Therapeut sitzt dabei, hört sich alles leidenschaftslos und über lange Zeit schweigend an. Wenn er, was selten genug vorkam und als Ereignis gefeiert wurde, selber spricht, dann mit der reservierten Stimme eines Menschen, der sich von allen Affekten frei zu halten und unberührt zu bleiben sucht. Das, was der Patient sagte, wurde „Material“, das, was der Therapeut sagte, wurde „Deutung“ genannt, und solange diese Unterscheidung nicht in Frage gestellt zu werden brauchte, gab es etwas, das man „klassische“ Analyse nannte. Hätte man damals den „klassischen“ Analytiker gefragt, wozu es dieses Arrangements bedurfte, hätte er mit der allergrößten Selbstverständlichkeit geantwortet, die häufigen Sitzungen (genauer: Liegungen) förderten die Regression, sein eigenes Schweigen halte die Übertragung frei von Kontaminierungen, die beinahe ausschließliche Beziehung durch das Sprechen verhindere das Agieren und fördere deshalb die Erinnerung und seine eigene neutrale Haltung ermögliche schließlich dem Patienten eine Identifizierung mit der „analytischen Funktion“, die in einer größeren Objektivität sich selbst gegenüber resultiere.

Nun, der Unterschied zur Mitte dieses Jahrhunderts besteht wohl darin, daß heute niemand mehr mit diesen knappen Antworten davonkäme. Es sind gerade diejenigen, die die analytische Tradition wahren wollen, die sehr viel genauer die Prozeßmerkmale untersuchen[13] – globale Antworten befriedigen nicht mehr. Sie erweisen sich als eingebettet in subtile therapeutische Strategien, die ihrerseits in Situationen voller Komplexität operieren. Einfache Parameter wie „Häufigkeit der Sitzungen“, „Anzahl der Äußerungen“, „Dauer des Schweigens“, „Verbalisierung emotionaler Erlebnisinhalte“ verdunkeln diese Komplexität eher. Solche Komplexität rührt daher, daß das, was in einer Sitzung geschieht, seine Bedeu-

---

[12] Neuerdings ist dieses Bild von „Psychos“ in der Öffentlichkeit am Beispiel von Titelbildern deutscher Zeitschriften untersucht worden (v. Sydow et al. 1998)

[13] S. nur neben vielen anderen den Panel-Report im Journal of the American Psychoanalytic Association 1997, Heft 4, S. 1225 ff.

tung nicht auf der Stirn geschrieben trägt. Was der Patient sagt, ist nicht einfach „unbewußtes Material", das vom Therapeuten „übersetzt" werden kann; vielmehr engagieren sich beide Beteiligte auf eine Weise am Prozeß, deren Bedeutung keineswegs immer planbar ist. Überhaupt geht es weniger um (objektive) „Wahrheit" (denn wer könnte die feststellen?), sondern mehr um (intersubjektive) „Herstellung von Wirklichkeit", die erleichtert und erleichternd ertragen werden kann. Das Vorbild des unnachgiebig dem Logozentrismus verpflichteten Analytikers waren jene Detektivfiguren wie Sherlock Holmes oder Miss Marple, die objektiv die Wahrheit ermittelten, indem sie kleinste Spuren lasen und Zeichen miteinander kombinierten.

Dieses Bild hat an Gültigkeit verloren. Heute sehen wir Analytiker, die wie Dashiell Hammets Figur des Sam Spade oder die Figur des Michael Ochajon in den Kriminalromanen der israelischen Autorin Batya Gur zutiefst in ihre Ermittlungen verstrickt sind – und es sein müssen, wenn sie ihre Arbeit tun wollen. Und sie tun diese Arbeit gerade deshalb gut, weil und soweit sie persönlich involviert und verstrickt sind, weil und soweit sie die Idee der „objektiven Wahrheit" an die Peripherie gespielt haben – denn Wahrheit, diese Pause zwischen zwei Verstrikkungen, kann nicht unbedingt volltönend akademisch formuliert werden; Winnicott ist in der Psychoanalyse ein Autor, der wohl gerade deshalb besticht, weil er seine Einblicke oft partiell beläßt, ohne sie zu fiktiver Konsistenz aufzurunden (Neubaur 1987). Daß jene Wahrheiten oft nur schweigend erfahren werden, schafft eine Aura resignierter Einsicht in die Unvermeidlichkeit der eigenen Verstricktheiten[14]. Gerade die Haltung kühler Objektivität mit ihrer Aufforderung zu

---

[14] Der holländische Psychoanalytiker Treurniet räumt mit dem Mythos vom objektiven, im Besitz der Wahrheit befindlichen Analytiker auf. Er (1996, S. 12) formuliert: „Erfolgreiche analytische Arbeit entfaltet sich in einem Prozeß kontinuierlicher, aktiver, gegenseitiger Verstrikkung zwischen Analytiker und Analysand plus dem ständigen Versuch beider, sich der Art dieser Verstrickungen bewußt zu werden und sie aufzuklären." Man könnte hinzufügen: Und dabei verstricken sie sich unvermeidlich erneut. Die alte Unterscheidung von Greenson, wonach die Übertragung eine „Verzerrung" der Realität sei, ist nicht zu halten; es gibt Realitäten immer nur im Plural. Die Folgen dieser epistemologischen Wende (Aron 1996, Modell 1991, Gill 1994, Mitchell 1988 und 1993) für die psychoanalytische Theorie und Behandlungstechnik sind bislang nicht aufgearbeitet; hier gibt es einen von vielen gesehenen Arbeitsbedarf. Streeck (1998, S. 53) schreibt in diesem Zusammenhang über die unvermeidlichen mikorstrukturellen Mitverstrickungen des Analytikers: „Immer handelt es sich um Co-Produktionen von Patient und Analytiker (...). Nicht selten ist der Analytiker unbemerkt in sie verstrickt und erkennt dies erst, nachdem der Pausenvorhang gefallen ist." Nur wer sich verwickelt, kann sich ent-wickeln.

Selbst-Distanzierung und daraus folgender Selbst-Verdinglichung, zusammen mit der wissenschaftlichen Absicht, „theoretische Beute" aus dem Prozeß als Beweise aus dem „Material" des Patienten für die Bestätigung eigener akademischer Vorlieben nach Hause tragen zu wollen oder aber die andere wissenschaftliche Absicht, die „Effekte" der eigenen „Interventionen" dokumentieren oder gar voraussagen zu wollen – gerade dies alles führt in die Verstrickungen hinein statt heraus und würde den analytischen Prozeß gar nicht erst entstehen lassen. So jedenfalls sehen es erfahrene professionelle Kliniker wie Plaut (1993, S. 52), Gedo (1989, S. 7) und Grossman (1996).

Das Herz der Profession

> „Wir werden nach Kräften bemüht sein, nicht den Fehler zu begehen, in Romanen dem sogenannten „realen Leben" nachzuspüren. Unternehmen wir also gar nicht erst den Versuch, die Fiktion der Fakten mit den Fakten der Fiktion in Einklang zu bringen. Der *Don Quijote* ist ein Märchen, so wie *Bleak House* oder *Tote Seelen* auch. *Madame Bovary* und *Anna Karenina* sind ganz außerordentliche Märchen. Aber ohne diese Märchen wäre die Welt nicht real. Ein Meisterwerk der Fiktion ist eine originale Welt und als solche der Welt des Lesers schwerlich einzupassen. Andererseits – was ist dieses vielgepriesene „reale Leben", was sind diese soliden „Fakten"? Sie werden uns verdächtig, sobald wir sehen, wie Biologen mit scharf geladenen Genen aufeinander losgehen oder zerstrittene Historiker ins Raufen kommen und sich im Staub der Jahrhunderte wälzen. Ob für den sogenannten Mann von der Straße das sogenannte „reale Leben" nun aus der täglichen Zeitung besteht und aus den auf die Zahl Fünf reduzierten Sinnen oder nicht, so ist zum Glück eines gewiß: daß nämlich dieser Mann von der Straße selber ein Stück Fiktion ist – Konstrukt der Statistiken."
>
> (V. Nabokov, Die Kunst des Lesens)

Diese klinischen Erfahrungen bekommen gute Unterstützung aus der „philosophy of mind". Ich will auf einige Unterscheidungen zu sprechen kommen und erlaube mir hier, die Unterschiede zwischen den verschiedenen Autoren nicht in extenso zu diskutieren. Ich betrachte ihre Texte als Steinbrüche für Argumentationshilfen..

Von der abbildenden Landkarte zum konstruierten Netzwerk

Marcia Cavell (1997), bestens mit der Materie vertraute Autorin und der von Donald Davidson vertretenen Richtung nahestehend, nennt für die Unmöglichkeit, eine therapeutische Situation als quasi-experimentell aufzufassen, die Unterscheidung zwischen „Ursachen" und „Gründen". Mit letzteren haben es professionelle Psychotherapeuten zu tun. Cavell (S. 96) schreibt: „Wenn man ein Ereignis aber als Handlung beschreibt, bei der Motive und Gründe eine erklärende Rolle spielen, siedelt man das Ereignis auf einer besonderen Landkarte an. Ich halte diese Landkarte bei der psychoanalytischen Erklärung für entscheidend, und aus Gründen, die sich später zeigen werden, schließt sie die Psychoanalyse aus dem Kreis der 'harten' Wissenschaften aus." [15]

Wenn im psychoanalytischen Dialog nicht nur Bedeutungen *gefunden*, sondern *gegeben* werden und wenn hinzu kommt, daß es sich um *neue* Bedeutungen handelt, dann kann die psychoanalytische Interpretation weder mit einem kohärenz- noch mit einem korrespondenztheoretischen Wahrheitsbegriff operieren. In die Kohärenz, so Cavell (S. 133) geht unweigerlich die „Beschreibung" ein und Kohärenz wird immer nur „gemäß bestimmten Beschreibungen" erreicht.

Und das gleiche gilt für die Korrespondenz: Um jemanden zu verstehen, müssen wir immer schon annehmen, mit ihm in einer irgendwie gemeinsamen Welt zu leben; verstehen heißt, den Anknüpfungspunkt zwischen den gebrauchten Worten und dem, was in der gemeinsamen Welt vor sich geht, zu sehen (Cavell, S. 143). Deshalb fordert Cavell, Kohärenz + Korrespondenz *zusammen* als Wahrheitsbedingungen einzuführen, denn nur so kann die inhärente Immobilität überwunden werden, die jede Bedingung für sich allein erzeugt: Wahrheit, wenn sie *gefunden* ist, muß dann ja immer gelten und schließt Entwicklung aus – das kor-

---

[15] In seinem Überblick über die epistemologischen Probleme der Psychoanalyse, die im Auftrag der IPA erstellt und als „Open Door Review of Outcome Studies in Psychoanalysis" verfaßt wurde, meint Peter Fonagy (1999, S. 42): „There can be no question that at the moment psychoanalysis is not a science. It simply does not meet any of the major canons for such activity". Bruns (1996) fragt gar, ob die Psychoanalyse jemals überhaupt eine Wissenschaft gewesen sei – unter Verweis auf den Soziologen Robert Merton. Schröter (1995, S. 550) bringt dies in Verbindung mit der psychoanalytischen Praxis: Leute, die ihr Geld mit Behandlungen verdienen und nur nebenbei veröffentlichen, seien durch nichts mehr gezwungen gewesen, „sich den Diskursregeln der breiteren scientific community zu unterwerfen". Schröter entwickelt diese Überlegungen am Beispiel von Freuds „Kommittee" vom Mai 1913. Das „Junktim" sieht Schröter als „Geburtsfehler". – Sich aufs Junktim von Heilen und Forschen zu berufen, hilft nicht – denn Fonagy meint nicht „science", also bloß Naturwissenschaft, sondern daß die Psychoanalyse keine Forschung zur Prüfung und Verwerfung von Hypothesen betreibe, kein eigenes Paradigma aufrechterhalten habe. Mit Verwissenschaftlichung ist dem nicht abzuhelfen, sondern nur durch Anerkennung der Autonomie der Profession – mit Wissenschaft zur Seite.

respondenztheoretische Wahrheitsmodell ist deshalb für das, was in therapeutischen Sitzungen geschieht, nur begrenzt brauchbar. Landkarten geben Wirklichkeitsausschnitte richtig oder falsch wieder, nie aber können sie sich selbst verändern; irgendwann hört man einfach auf, sie zu gebrauchen – und überläßt sie den Historikern. Die Landkartenmetapher ist der Kern des korrespondenztheoretischen Wahrheitsbegriffs. Demgegenüber stellt Cavell zu Recht fest, „daß der Geist ständig im Werden ist“, und formuliert dann eine neue Metapher, die vom „beweglichen Bedeutungsnetz“: „Genau diese Einsicht oder dieses Bündel an Einsichten ist das, was *für die konstruktivistische Auffassung* spricht: daß man den Geist besser begreift, wenn man ihn als ein ständig sich ausdehnendes und neu sich verflechtendes Netz aus Ideen ansieht, manchmal als Reaktion auf Geschichten, die große Bereiche des alten Netzes in ein neues Licht tauchen, und nicht als einen cartesianischen Homunculus; daß der Dialog bei dieser Neuverflechtung eine konstitutive Rolle spielt, und daß dieser Dialog *nur zeitweise* auf dem Weg der vernünftigen Gründe und der Wahrheit vorangeht.“ (Cavell 1997, S. 153, meine Kursivierung, MBB)[16]. Korrespondenz und Kohärenz, die in den harten Wissenschaften als unabhängige Wahrheitsbedingungen derart gelten, daß Theorie mit Wirklichkeit korrespondieren und in sich kohärent formuliert sein muß, erweisen sich im Feld der Psychotherapie als abhängige Teilmomente: abhängig von den je angefertigten Beschreibungen. Der Angstschrei, der hier gleich vor „Beliebigkeit“ warnen möchte, erweist sich dennoch als gänzlich unbegründet.

Man braucht nur so zu verfahren, wie es die Entwicklung der Behandlungstechnik mit solchen Erfahrungen wie Widerstand und Übertragung tat; erst wollte man sie eliminieren, dann aber wurde aus dem erkenntnistheoretischen Stein des

---

[16] Für eine solche konstruktivistische Sicht braucht man sich nicht nur auf Sozialwissenschaftler zu berufen. Der Physiker Schrödinger leitet sein Buch (1986) mit den Worten ein: „Die Welt ist ein Konstrukt aus unseren Empfindungen, Wahrnehmungen, Erinnerungen. Zwar ist es bequem, sie uns an und für sich einfach schlechthin vorhanden zu denken. Aber sie ist anscheinend nicht schon durch ihr bloßes Vorhandensein auch wirklich manifest. Das Manifestwerden der Welt ist an sehr spezielle Vorgänge in sehr speziellen Teilen eben dieser Welt gebunden, nämlich an gewisse Vorgänge in einem Gehirn. Das ist ein außerordentlich merkwürdiges Bedingungsverhältnis...“ Allerdings kann man sich reichhaltig auf die Sozialwissenschaften berufen, wenn man sich der Aufgabe eines konstruktivistischen Umbaus der psychoanalytischen Theorie verpflichtet sieht. Diese Aufgabe, von psychoanalytischen Autoren in Angriff genommen (Hoffman 1992, 1996; Friedman 1988; Mitchell 1988, 1993), wird umso drängender, je länger die Fixierung an theoretische Fundamentalismen die psychoanalytische Theorie im 19. Jahrhundert festhält (Kitcher 1992).

Anstoßes der Eckstein der gesamten Theorie[17]. Die Abhängigkeit von den Beschreibungen nicht beseitigen zu wollen, sondern anzuerkennen, macht nämlich das Herzstück professionellen Handelns sichtbar; therapeutisches Handeln verändert Beschreibungen: „Freud sagt", so erläutert Cavell (S. 143) in ihrem Versuch, eine psychoanalytische Semantik up to date zu formulieren, „einige unserer Krankheiten entstammten einer gewissen 'Fixierung' der Beschreibungen, unter denen wir uns selbst sehen. Man kann diese Fixierung als 'Wiederholung der Vergangenheit' bezeichnen, als 'Übertragung der Vergangenheit auf die Gegenwart', als 'Zwangsverhalten', als Leiden unter den Folgen der 'Verdrängung'. Jede Interpretationsstrategie, die uns Beschreibungen zugänglich macht, die uns früher unzugänglich waren, kann sich nur zum Guten auswirken. Freud möchte seinen Patienten neue Wege eröffnen, sich selbst und die Welt zu sehen, ihn mithin von Verhaltensweisen und auch von Leidenschaften und Motivationen befreien, die ihn zuvor eingeengt haben". Was – in dieser Beschreibung – professionelle Psychotherapeuten tun, kann man als „Auswechseln der Landkarte", als „Veränderung des Rahmens", als „neues Licht auf bekannte Phänomene" sehen. Doch sind diese erkenntnistheoretischen Metaphern unzureichend, weil sie Stabilität implizieren; der „Witz" der konstruktivistischen Auffassung besteht darin, daß eine Landkarte zwar das Territorium beschreiben mag, aber es kann vom gleichen und selben Territorium viele höchst verschiedene Landkarten geben, so wie Autofahrer andere Landkarten verwenden, als es Geologen oder Meteorologen tun. Keine ist „wahrer" und keine hat einen 1:1 – Maßstab anzubieten – er wäre schlicht unhandlich. Erst ihre Vernetzung untereinander – so die Cavell'sche neue Metapher – zeigt, daß es immer noch mehr gibt, als jede Karte für sich zeigt, bindet aber Wahrheit an die von der Karte erzwungene Perspektive. Schulenstreitigkeiten innerhalb der Psychotherapie erscheinen in dieser Sicht nun als der überholte Versuch, die Evolution der Perspektiven einzugrenzen und nur jeweils einer das Überleben zu ermöglichen. Das wäre gewissermaßen falsch verstandener Darwinismus. Gerade Vielfalt, polyzentrisches „Sehen", macht Professionalität aus. Freud hebt die beiden miteinander verbundenen Gesichtspunkte des *Neuen* und der Bedeutungs*gebung* (statt *–findung*) klar heraus. In

---

[17] Freud schreibt in der „Neuen Folge der Vorlesungen ..." (GW XV, S. 74), daß „eigentlich die ganze psychoanalytische Theorie über der Wahrnehmung des Widerstandes aufgebaut" ist. Luhmann (1988) beobachtet, daß die Psychoanalyse zu denjenigen erkenntnistheoretisch „verbotenen" Neuerungen gehöre, die dasjenige beobachten, was andere nicht beobachten können – und einem weitverbreiteten anti-Luhmann Vorurteil entgegen würdigt er diese Leistung Freuds ausdrücklich.

seiner Schrift über „Erinnern, Wiederholen, Durcharbeiten“ (1914, S. 134) formuliert er: „Wenn der Patient nur so viel Entgegenkommen zeigt, daß er die Existenzbedingungen der Behandlung respektiert, gelingt es uns regelmäßig, allen Symptomen der Krankheit eine *neue* Übertragungsbedeutung zu *geben*“ (meine Hervorhebung, MBB). Die Bedeutung wird nicht gefunden, sie ist neu und sie wird gegeben; es wird eine neue Landkarte gezeichnet. Sie ergibt zusammen mit anderen Karten „Netzwerke“ von Bedeutungen.

In der Entwicklung relationaler Ansätze in der Psychoanalyse wird dieser Punkt nur unterstrichen. Charles Spezzano (1998, S. 245) schreibt: „Following Wittgenstein and also Heidegger, some analysts have been implicitly or explicitly adding to the historical epistemological question, 'What takes place in an act of knowing?' the new 20th-century question, 'What takes place in an act of meaning?' (see Finch, 1995, p. 12). The result is that, in some conceptualizations of psychoanalysis, we not only have to know the meaning – or even create the meaning – but we sometimes have to *do* the meaning.“ Dieses Tun muß *gekonnt* geschehen – und darin sehe ich Professionalität.

Entscheidend ist, daß professionelle Psychotherapeuten etwas Neues tun. Wenn sie Bedeutungen *geben*, dann dürfte eine konstruktivistische Erkenntnistheorie, wie Cavell es sieht, eine brauchbare Grundlage für professionelle Psychotherapeuten sein; sie sagen dem Patienten nicht „die“ Wahrheit, weil sie die nach Preisgabe des korrespondenztheoretischen Wahrheitsbegriffs nicht kennen können. Sie nutzen auch nicht bewährte Strategien der Optimierung des Patientenverhaltens – denn was würden sie bei einem informierten Patienten tun, der über diese Dinge alles schon gelesen hat (und heute können sich gebildete Laien ziemlich weitgehend informieren!) und die Bemühungen seines Therapeuten „durchschaut“? Könnte ein solcher Patient professionelle Psychotherapeuten schachmatt setzen? Wenn ja – was wäre dann mit einem wissenschaftlich erwiesenen Wissen, das doch überprüft und unabhängig gültig sein soll? Wäre dies Wissen also nur gültig, wenn und solange der Patient nicht informiert ist? Wenn es durch Informiertheit außer Kraft gesetzt werden könnte, welcher Art ist dies Wissen dann? Wenn nein – was tut ein professioneller Psychotherapeut dann? Wie kann man es beschreiben? Und ist es nicht bereits ein Präjudiz, wenn man das „Tun des Psychotherapeuten“ individualisierend beschreibt? Wäre es nicht ebenso berechtigt, die Interaktion in der Dyade zu untersuchen?

Ich meine, die Antwort wird in der von Cavell gewiesenen Richtung zu suchen sein: Es ist professionell, Interpretationsstrategien neu zu kreieren, durch die Beschreibungen – und das schließt Selbstbeschreibungen ein! – möglich werden, die vorher nicht möglich waren. Ein professioneller Psychotherapeut läßt sich anregen, solche Rahmungen zu finden oder gar zu erfinden. Er wird nach jenen Zeitpunkten im Gespräch suchen, an denen er seine Deutungsvorschläge so anbringen kann, daß sie für den Patienten erhellende Verbindlichkeit erhalten. Er wird sogar seine Patienten nach Möglichkeit anregen, selbst solche neuen Deutungsvorschläge zu schaffen.

Beliebigkeit von Deutungsvorschlägen kann nach zwei Seiten hin eingegrenzt werden. Deutungsvorschläge müssen neu und zugleich kognitiv wie kommunikativ anschlußfähig sein. In dieser Formulierung steckt das gesamte vertrackte Problem des professionellen Könnens. Denn manches, was vom Therapeuten nur als „beiläufige Äußerung" gemeint war, wird vom Patienten zur Deutung aufgewertet, während anderes nicht als Deutung gehört wird, sondern als Verführung, Angriff, Fütterung oder Kritik. Auch werden manche Deutungen zu manchen Zeitpunkten nicht vernommen, aber zu anderen. Akzeptiert man diese klinische Problemstellung, muß sich die Diskussion von der Frage der „richtigen" Deutung abwenden und auf jene vorbereitenden und begleitenden Momente fokussieren, die die Annahme oder Ablehnung einer Deutung kodeterminieren. Es geht um Formulierungen und deren Rahmung, um die interpersonelle Gesamtlage in einer therapeutischen Arbeitsbeziehung und um die Details wie gestische Kontextualisierungen und stimmliche Gestaltgebung, die sich nur einer mikrostrukturellen Analyse erschließen.

Die Vernachlässigung dieser Momente hat möglicherweise dazu geführt, Wahrheit nur semantisch-inhaltlich durch dieses oder jenes Theoriestück bestimmen zu wollen. Dabei wurde von deren interaktiver Hervorbringung sträflich abstrahiert. Stellt man aber Interaktion ins Zentrum, muß man wiederum anerkennen, daß das, was interaktiv geschieht, nie von einem Teilnehmer allein festgestellt werden kann. Entscheidender wird die Frage, wie die Interaktion so eingerichtet werden kann, daß sie selbst prozessiert und entwickelt werden kann. Auch das geschieht durch Interaktion. Professionelle Psychotherapie heißt dann, diese Mehrstufigkeit der Interaktion einrichten, handhaben und ihren Sinn verbindlich machen zu können. Da hier noch nicht interaktive Fragen behandelt werden, sondern zunächst erkenntnistheoretische Vorklärungen erfolgen, schließt diese Auffassung die Verabschiedung ontologischer Aussagen über „das Unbewußte des Patienten" ein. Verabschiedet wird die Behauptung, es handle sich um ontologische Tatsachen; professionstheoretisch denken heißt dann, solche Auffassungen als konstitutiven Bestandteil professioneller Interaktion anzusehen.

Um diesen Unterschied an einem Beispiel zu verdeutlichen: „Übertragung" oder „Widerstand" sind nicht „Tatsachen", sondern Konzepte, die der professionelle Psychotherapeut in der Interaktion verwendet, um sich zurecht zu finden. Als Konzepte, die erklären (sensu: orientieren), stehen sie in Konkurrenz zu anderen Konzepten. Das ist nicht nur in der wissenschaftlichen Auseinandersetzung der Fall, sondern schon in der professionellen Interaktion – hier muß der Therapeut sein Konzept verbindlich machen. Solche Konzepte wandeln die „rohen Tatsachen" einer Beziehung zu „sozialen Tatsachen", und auch das geschieht nie jenseits der Interaktion. Um diesen Vorgang zu verstehen, kann man auf die Arbeiten von John R. Searle zurückgreifen.

Die „zählt-als"-Umwandlung – von den rohen zu den sozialen Tatsachen

Ganz ähnlich wie Cavell formuliert John R. Searle (1997), der durch seine Sprechakttheorie berühmt geworden ist, ein Plädoyer für konstruktivistische Sichtweisen. Der Titel seines Buches „Die Konstruktion gesellschaftlicher Wirklichkeit" läßt den älteren von Berger und Luckmann (1969[18]) anklingen. Wenn Searle sich im Buch selbst als „Realist" bezeichnet, ist das etwas verwirrend, denn er vertritt konstruktivistische Positionen.

Gesellschaftliche Tatsachen sind für ihn nicht nur großformatige Ereignisse wie Wahlen, ein Krieg oder die Verabschiedung von Gesetzen. Im Gegenteil, auch kleinformatige Vorkommnisse müssen als „gesellschaftlich" bezeichnet werden: „So ist zum Beispiel die Tatsache, daß zwei Leute zusammen spazieren gehen, eine gesellschaftliche Tatsache." (Searle 1997, S. 37). Eben dieses Interesse an den „kleinen" Formaten legt nun nahe, auch ein psychotherapeutisches Gespräch als gesellschaftliche Tatsache anzusehen. Gesellschaftlich deshalb, weil solche Ereignisse eine „kollektive Intentionalität" enthalten. Mit diesem Begriff will Searle klarstellen, daß das Kollektive daran sich nicht auf noch so viele individuelle Intentionalitäten reduzieren läßt. „Keine Menge von 'Ich-Bewußtseinen', mögen sie auch durch Überzeugungen ergänzt sein, addiert sich zu einem 'Wir-Bewußtsein'. Das entscheidende Element in der kollektiven Intentionalität ist ein Gefühl, daß man etwas zusammen tut (wünscht, glaubt etc.), und die individuelle Intentionalität, die jede Person hat, *aus* der kollektiven Intentionalität, die sie teilen, abgeleitet ist". (S. 35). Damit wird ein *Primat des Sozialen* gefordert, der

[18] „Die gesellschaftliche Konstruktion der Wirklichkeit"

ausschließt, sich Kollektivität als Addition von Individuen vorzustellen. Individualität ist vielmehr Kategorie des Sozialen, ist soziale Tatsache[19].

Der Primat des Sozialen schließt aus, sich Psychotherapie als „Intervention" eines Individuums in die psychische Struktur eines anderen Individuums vorzustellen; Psychotherapie muß als soziale Tatsache gedacht werden, sie wird gemeinsam „hergestellt".

Was ist eine „soziale Tatsache"? Um das zu bestimmen, unterscheidet Searle sie von „rohen Tatsachen". Sie werden von Physik oder Biologie formuliert, während soziale Tatsachen „Sache der Kultur und der Gesellschaft" sind. Als Beispiel nennt er die rohe Tatsache, daß die Sonne 150 Millionen Kilometer von der Erde entfernt ist oder die Höhe des Mount Everest. Natürlich könnte man nun darüber streiten, ob hier ein Primat der Physik gefordert werden soll. Searle löst das Problem, indem er die Sprache ins Spiel bringt, die diese Tatsachen mit Hilfe des sozial entstandenen metrischen Maßes *formuliert*, aber dennoch bleiben die Tatsachen als solche bestehen. Soziale Tatsachen zeichnet aber noch etwas anderes aus. Dies bringt Searle in die Formel: „X zählt als Y im Kontext K" (S. 38). Ein geschnitztes Stück Holz zählt als König im Kontext eines Schachspiels, ein Stück Papier zählt als Geld in vielen sozialen Kontexten. Soziale Tatsachen folgen Regeln, die kollektiv mit annähernd gleichem Bedeutungsumfang verwendet werden müssen; dann bilden sie die Unterklasse der „institutionellen Tatsachen". Und daraus folgt nun, „daß institutionelle Tatsachen eine geistige Komponente haben" (Searle 1997, S. 39). Searle macht das am Beispiel des Geldes deutlich. Es kann nur mit Bezug auf den Glauben, daß es sich um Geld handle, definiert werden. „In einer vorläufigen Formulierung können wir zum Beispiel sagen, daß der Begriff 'Geld', um auf den Gegenstand in meiner Tasche anwendbar zu sein, die Art von Ding sein muß, die Leute für Geld halten. Wenn jeder aufhört zu glauben, daß es sich um Geld handelt, hört es auf, als Geld zu fungieren, und hört schließlich auf, Geld zu sein". (S. 42).

Die Searle'sche Formel, wonach ein X für ein Y in einem bestimmten Kontext K zählt, ist ein formaler, aber sehr einfacher und eleganter Ausdruck für die Beteiligung einer „geistigen Komponente". Das „zählt als" kann auch verstanden werden als „ansehen als", „verwenden als" oder „halten für". Dieser Vorgang kann iterativ auf allen Ebenen wiederholt werden und dann erscheint ein Ge-

[19] In diesem Punkt ist Searle in voller Übereinstimmung mit so unterschiedlichen Autoren wie Harry S. Sullivan, Theodor W. Adorno, Niklas Luhmann, großen Teilen der amerikanischen Sozialpsychologie und vielen anderen wie z.B. auch Norbert Elias.

spräch „als" Streit, als „reinigendes Gewitter" usw. Hier ist die Anschlußsstelle für die Metapher, die als „geistige Komponente" und zugleich interaktiv ins Spiel kommt. Wir (Buchholz und v. Kleist 1997, vgl. Berteau 1996) hatten unabhängig von Searle davon gesprochen, daß die Metapher ein „sehen als" benutzt – ein Buch wird „gesehen als" Fenster zur Welt, ein Bild „als" Schinken usw.

Die „geistige Komponente": Imagination

Was „rohe Tatsachen" von sozialen (oder der Unterklasse der institutionellen) Tatsachen unterscheidet, ist, so Searle, dies rückbezügliche Moment: „Wenn Teil des Inhalts der Behauptung, daß etwas Geld ist, die Behauptung ist, daß es für Geld gehalten wird, dann stellt sich die Frage, was der Inhalt dieses Glaubens ist. Wenn der Inhalt des Glaubens, daß etwas Geld ist, zum Teil den Glauben enthält, daß es Geld ist, dann ist der Glaube, daß etwas Geld ist, zum Teil der Glaube, daß es für Geld gehalten wird; und es gibt seinerseits keine Möglichkeit, den Inhalt dieses Glaubens zu erklären, ohne dieselbe Eigenschaft ständig zu wiederholen."(S. 43). Selbstverständlich bezieht Searle diese Sicht auf seine Sprechakttheorie. Sogenannte performative Äußerungen *erzeugen* Sachverhalte. Beispiele sind: „Ich verspreche Dir, morgen zu kommen" oder „ich befehle, dies zu tun" oder „ich erkläre Sie für Mann und Frau" – in allen diesen Fällen ist der performative Sprechakt nicht Abbild eines von ihm unabhängigen Geschehens, sondern dessen Vollzug. Searle beendet diesen Teil seiner Darlegungen mit dem Hinweis: „Institutionelle Tatsachen existieren sozusagen auf den Schultern roher physischer Tatsachen" (S. 45). Auf diesen Schultern befindet sich der Kopf als Produzent der geistigen Komponente, und man tut Searle wahrscheinlich nicht Unrecht mit der Annahme, daß zu den geistigen Komponenten die Imagination gehört. Sie schließt die tagtraumartige Fähigkeit zur Antizipation dessen ein, was ein anderer tut oder sagen könnte.

Zu diesem Zugeständnis sah sich bereits Erving Goffman (1974) genötigt, der nicht nur dem Tagtraum eine wichtige Rolle bei der Gestaltung von Interaktion zugestand, sondern auch von der Bildhaftigkeit sozialer Interaktionen sprach, ja sogar in seinem „Theater"-Buch (1969) eine „Metaphernsprache" (S. 42) forderte, die Interaktionen darstellen könne. Goffmann unterscheidet in seiner „Rahmenanalyse" (1977) zwischen primären Rahmen und deren Transformationen. So nehmen wir ein Gespräch nicht nur als akustische Lautproduktionen, Handbewegungen nicht nur als Muskelinnervationen wahr, sondern das alles eben als Gespräch. Rohe Tatsachen werden auch hier schon umgewandelt.

Der dabei attribuierte Sinn muß gegeben werden. Das kann in vielschichtiger Weise geschehen. Rahmen können kompliziert moduliert, Reaktionen des Gegenüber antizipiert werden. Dabei schließt Goffman tagtraumartige Fähigkeiten ein, die dann auch zu Zwecken der Täuschung eingesetzt werden können. Primäre Rahmen definieren Situationen gleichsam objektiv, während der Begriff der „Rahmungen" die beschriebene Umwandlung – in völliger Entsprechung zu Searle – sozialphänomenologisch ansetzt, als der Inhalt des die Situation perzipierenden Bewußtseins. Die Wahrnehmung einer Situation und ihre Initiierung können so unterschieden werden. Beide können moduliert, für Zwecke der Selbstdarstellung und deren Manipulation verwendet und verschachtelt werden. Daraus entstehen Rahmungsinkonsistenzen, die Goffman allerdings nur unter dem Blickwinkel der „Fehlrahmung" oder des „Rahmenbruchs" thematisiert.

Konstitutiv für die psychotherapeutische Situation ist jedoch eine Rahmungsinkonsistenz, die aus der Nicht-Übereinstimmung der Beteiligten bezüglich der Vorannahmen und die Geltung des Rahmens entstehen und zugleich nicht dadurch entstanden sind, daß irgend jemandem die entsprechende Information vorenthalten wurde; das unterscheidet diese Art von Rahmungsinkonsistenz von Täuschungsmanövern. Konstitutiv für die psychotherapeutische Situation ist demnach die systematische Differenz sowohl der Perzeption als auch der Definition der Situation, der Modulationen und Rahmenstrukturen.

Solche Situationen liegen außerhalb von Goffmans Aufmerksamkeit. Es ist diese Art der Rahmungsinkonsistenz, die ich später mit dem Begriff der „leeren Typisierung" kennzeichne. Der „objektive" Rahmen tritt in den Hintergrund, die Rahmung wird prägnant und soll als aktive Hervorbringung thematisiert werden können. Man könnte dann mit Willems (1997) davon sprechen, daß der Rahmen auf eine Person „zentriert" wird. Gesucht wird nach Einrichtung der Interaktion derart, daß ein Spalt entsteht, „durch den ein Ich hervorlugt", wie Goffman (1974, S. 329) listig formuliert. Aber auch solche Einrichtung der Interaktion geschieht unvermeidlich: innerhalb der Interaktion. Sie ist und sie schafft: soziale Tatsachen.

Von beiden Autoren, Searle wie Goffman, läßt sich lernen, daß der Primat des Sozialen keineswegs Subjektivität ausschließt, sondern den Akzent auf die Frage verlagert, wie durch Interaktion Subjektivität ermöglicht wird. Die Orientierung dreht sich um; nicht: Subjekt schafft Interaktion, sondern welche Interaktion ermöglicht oder verhindert welche Subjektivität? Diese soziologisch formulierbare Frage läßt ihre zentrale psychotherapeutische Relevanz erkennen. Hier verbinden sich Psychotherapie und Sozialwissenschaft.

In Abwandlung einer berühmten Goffman'schen Formulierung könnte man sagen, es geht nicht um Menschen und ihre Intersubjektivität, sondern um dyadenspezifische Ordnungen und ihre Menschen. Deren Subjektivität ist dann nicht nur zu vermessendes Terrain – weil alles, was darüber in therapeutischen Situationen in Erfahrung gebracht werden kann, durch das Nadelöhr der Kommunikation hindurch muß und nie systematisch von Projektionen unterschieden werden kann. Subjektivität ist vielmehr interaktive Ressource, die die Interaktion anoder erregt, ihr Wendungen gibt oder dies läßt, feinfühlig reagiert oder nicht. Wenn sie sich transparent macht oder wird, dann durch Kommunikation.

Deshalb führt man die Searle'sche Auffassung weiter, wenn man unter „geistige Komponente" die Prozesse der Umwandlung als aktive Leistungen der Teilnehmer mit faßt und ebenso den Traum, aber auch die unverzichtbare Fähigkeit des metaphorischen „sehen als". Das schließt den Körper und seine Sinnlichkeit ein. So, wie zur geistigen Komponente des „zählens als" die Finger der Hand als körperliches Ur-Bild der Sprache angenommen werden[20], so für das „sehen als" der Gesichtsinn oder vielleicht die Sinnlichkeit überhaupt.

Auf den Schultern roher Tatsachen – eine neue Metapher. Nun, um zusammen spazieren zu gehen oder um ein psychotherapeutisches Gespräch zu führen, muß es lebendige Körper geben; aber was sie sprechend tun und wie sie kollektive Intentionalität herstellen, ist nicht reduzierbar auf die primäre Rahmung durch deren Physiologie. Die Handlung eines Films kann nicht durch die Verteilung der Zelluloid-Moleküle auf seiner Oberfläche erklärt werden. Soziale Tatsachen wären die, bei denen die „Zählt-als"-Umwandlung eines X in ein Y irgendwie bemerkt werden kann. Es muß ein X geben, das in ein Y verwandelt wird. Dieses X kann selbst eine weiter umgewandelte soziale Tatsache sein. Wenn ich Searles Begriff der „geistigen Komponente" im beschriebenen Sinne verstehe, also Imagination einschließend, dann ist damit ein Hinweis auf die psychische Dimension gegeben.

Das englische „mental" schließt beides ein. Die psychische Dimension wandelt um gemäß denjenigen sozialen Regeln, die das Leben in einer gemeinsam ge-

---

[20] Ein Nachweis, um den sich schon Ernst Cassirer im ersten Band seiner „Philosophie der symbolischen Form" (1923) nachdrücklich bemüht, wofür er ungeheuer viel Material aus der vergleichenden Sprachforschung zusammenträgt Es waren die Arbeiten der Anthropologin Mary Douglas (1970), die den Körper als Gegenstand der *Sozialwissenschaften* untersuchten. Neuerdings wird diese Verbindung zwischen dem Körper und der Bildhaftigkeit des Denkens in den Neurowissenschaften unter Stichworten wie „neuroimaging" diskutiert und Verbindungslinien zur Psychoanalyse hergestellt (Henningsen 1998).

teilten Welt ermöglichen. Das geschieht – selbstverständlich; und so entsteht die Konstruktion konsensueller gesellschaftlicher Wirklichkeit. Sie ermöglicht die ökonomische Annahme, daß wir uns in der sozialen Welt unter normalen Umständen bewegen können *wie* in einer der rohen Tatsachen. Als *Krisen* können diejenigen Momente ausgzeichnet werden, in denen die Selbstverständlichkeit der Konsensvermutung – daß ein anderer die Dinge so sieht wie ich – zerfällt. In krisenhaften Momenten, in denen sich Risse der Selbstverständlichkeit der Wirklichkeit auftun, können wir deren „Hergestelltheit", sprich: Veränderbarkeit bemerken. Dann kommt es nicht darauf an, die Welt zu verändern, sondern ihre Veränderungen zu interpretieren. Wo Interpretationen nur labil und vorläufig sein können – denn andere interpretieren anders -, lauert immer der Kollaps. Die Krise ist beruhigt, wenn soziale Tatsachen wieder wie rohe behandelt werden – so lange, bis erneut ihre Hergestelltheit Maßnahmen der Krisenbewältigung fordert.

Es gibt geistige Komponenten, die zunächst als unabhängig vom Sozialen erscheinen. Dazu gehört der Traum. Hier stoßen wir auf eine direkte Verbindungslinie zur professionellen Psychotherapie. Der Traum *erscheint* nur so lange als eine von allem Sozialen unkontaminierte Komponente, als er geträumt wird (Morgenthaler 1986); schon wenn er erinnert oder gar erzählt wird, muß er sich durchs Nadelöhr der Kommunikation hindurch fädeln und wird dann ein soziales Ereignis. Die Deutung eines Traums bleibt so lange dynamisch wirkungslos, als der „Tagesrest" nicht gefunden wird. Es muß ein Ereignis geben, daß von der „geistigen Komponente" aufgegriffen wurde und im Traum dann als etwas anderes „zählt" (gesehen oder dargestellt wird). Einen Traum deuten heißt in wesentlichen Teilen, diesen Vorgang der *Umwandlung* durch die „geistige Komponente" erlebbar zu machen – das Hochziehen einer Augenbraue (die rohe Tatsache) bei einer relevanten Person am Vortag kann ein Gefühl des Unbehagens und einen Moment der Unaufmerksamkeit hervorrufen aufgrund des Glaubens, man sei dadurch angezweifelt worden (die soziale Tatsache entsteht durch diesen Glauben); und im Traum erscheint der Andere dann als eine mächtige Figur, eingebaut in eine bedrohliche Szenerie (die „geistige Komponente").

Searle regt also dazu an, rohe Tatsachen nicht auszuschließen, aber ihre Umwandlung in soziale unter Berücksichtigung geistiger Komponenten sich in einer Art Hierarchie mit dem Primat des Sozialen vorzustellen. Der Hinweis auf Geistiges rehabilitiert psychische Bedeutungsgebung ebenso wie schon Cavells Bemerkung über die Beweglichkeit des Geistes. Cavells neue Leitmetapher ist das bewegliche geistige Netzwerk, Searle sieht emergente, auseinander hervorgehende, aber nicht reduzible Strukturen.

Damit wird verständlich, wie durch einen sozialen Vorgang, nämlich durch professionelle psychotherapeutische Interaktion, dennoch psychische Struktur angesprochen werden kann. „Angesprochen" nicht in einem wörtlich zu verstehenden Sinn, weil vom „Aussprechen" nicht wörtlich die Rede sein kann, sondern in einem metaphorischen Sinn. Die Umwandlung selbst kann so lange nicht sprachliches Thema werden, als sie nicht soziale Tatsache durch die Sprache würde[21]. Sie dokumentiert sich immer nur *am* einzelnen Umwandlungsvorgang, auf sie kann die Sprache immer nur anspielen. Eine Theorie des Geistes wäre nicht der Geist selbst (sondern ein Teil von ihm), weil als dessen konstitutives Moment die Beweglichkeit angesehen werden muß, die durch seine Ausformulierung gerade stillgestellt wäre. Aber Searle anerkennt, daß die geistige Komponente konstitutives Moment bei der Schaffung sozialer Tatsachen ist. Diese Aktivität erlebbar werden zu lassen, kann man als ein Ziel professioneller Psychotherapie ansehen. [22]

Da es eine ständig bewegliche Aktivität ist, ist es vielleicht richtiger, von Kreativität zu sprechen, die auch Stein und Stein (1984) ins Zentrum des psychotherapeutischen Prozesses gerückt hatten. Kreativität schließt das Spiel wechselseitiger Bedeutungsgebungen ein, die v.a. dadurch ermöglicht wird, daß neue bedeutungsgebende Rahmungen geschaffen werden. In *einem* Kontext K' (eines Traumes) sind Holzfiguren nicht einfach Bestandteile eines Schachspiels (K), obwohl der Träumer sagen mag, er habe von Schachfiguren geträumt. Der professionelle Psychotherapeut wird einen neuen Rahmen schaffen, in welchem dieselben Figuren (die gleichen roh-sozialen Tatsachen) eine neue Bedeutung erhalten. Daran wird der Patient die Aktivität seiner „geistigen Komponente" bemerken, die ihn veranlaßte, sich seinerseits an bestimmte Bedeutungen zu „fixieren", wie wir es am Freud-Zitat beschrieben fanden. Aber welchen Kontext

---

[21] Levold (1997) unterscheidet zwischen „Problemerleben" und „Problemerzählung" ganz analog; das macht die klinische Relevanz dieser Überlegungen deutlich.

[22] Mit einer solchen Konzeptualisierung bewege ich mich zwischen einer rein interaktionistischen Sicht der Psychotherapie auf der einen Seite und dem, was Stolorow, Brandchaft und Atwood (1996) als Mythos vom isolierten Individuum bezeichnet haben. Um die Einseitigkeiten des psychoanalytischen Individualismus zu überwinden, war das Pendel zum Interaktionspol ausgeschlagen; aber die Beteiligung der „geistigen Komponente" nötigt dazu, die Rolle der Imagination gerade in und für die Interaktion wieder aufzuwerten.

der Therapeut findet, erfindet, wählt, wird vom Kontext der aktuellen Interaktion abhängen, wenn auch nicht davon determiniert werden.

Umwelten der Profession

Will man das bisher Entwickelte zusammenfassen, dann könnte man sagen: Nicht nur die wissenschaftliche Forschung bildet eine Umwelt der psychotherapeutischen Interaktion, die ihrerseits rohe Tatsachen in soziale umwandelt durch die Prozedur des „zählt als", sondern auch die Imagination der Beteiligten ist Umwelt er Interaktion. Die Interaktion selbst folgt ihren eigenen Regeln. Sie schafft performativ neue Tatsachen. Welche Bedeutung sie erlangen, müssen wir der Imagination überlassen, die ihrerseits von anderen Interaktionen ganz wesentlich mitgeformt ist, deren Leistung wir vorläufig als Umwandlung beschreiben wollen.

Auf diesem Weg entsteht ein komplexes interaktiv generiertes Netzwerk von Ereignissen, denen Bedeutung zu *geben* (Freud) professionelle Leistung ist. Das Ereignis wird in ein Erlebnis umgewandelt, es bekommt einen seelischen Inhalt[23]. Die professionelle Leistung wird in einem doppelten Aspekt beschreibbar: In professioneller Psychotherapie werden sowohl soziale Ereignisse geschaffen als auch in Erlebnisse umgewandelt.

Man kann hier an das Schweigen des Therapeuten denken. Dazu stellt der Psychotherapeut ein Ereignis in einen neuen, in einen anderen Rahmen. Aber die konstruktivistische Position kann sich mit Eleganz auch dem umgekehrten Fall annähern, daß es Erlebnisse sind, die soziale Ereignisse hervorbringen, etwa wenn ein Patient findet, sein Therapeut schaue heute besonders müde aus – und dieser sich gut ausgeschlafen fühlt. Gerade an diesem umgekehrten Fall läßt sich sehen: Nur wenn ein soziales Ereignis entstanden ist – nämlich die besagte Mitteilung -, kann etwas über dessen „Glauben" (wie Searle sagte) besprochen werden. Das unterstreicht noch einmal den Primat des Sozialen auch in der psychotherapeutischen Interaktion und läßt erkennen, wie unvollständig Fallgeschichten sind, die nur Mitteilungen über den Patienten enthalten.

Sobald die Bedeutungsgebung und Rahmung freilich im Bewußtsein geschieht, damit *die* Bedeutung gefunden zu haben, handelt der Psychotherapeut dogma-

[23] Seit der Entwicklung von Mehrpersonentherapien (Gruppen, Familien, Organisationen) ist beschrieben worden, daß Teilnehmer an demselben Ereignis denoch höchst verschiedene Erlebnisse haben können. Soziale Wirklichkeiten können nicht wie „rohe Tatsachen" behandelt werden.

tisch, vielleicht im Gefühl, das sei die wissenschaftlich ermittelte und feststehende Bedeutung. Behält er die Austauschbarkeit des Rahmens im Auge, bleibt auch seine geistige Komponente beweglich, aber der Preis ist ein Verlust an Gewißheit. Den ertragen zu lernen, dürfte einen bedeutsamen Aspekt professioneller Sozialisation ausmachen.

Ich meine also, daß das Herz professioneller Psychotherapie in dieser Kreation von bedeutungsgebenden neuen Rahmungen gesehen werden muß[24], durch deren verbindliche Herstellung entweder neue Dinge oder die Dinge neu gesehen werden können. Natürlich sind professionelle Psychotherapeuten nicht ständig Künstler der Kreativität. Mir liegt nichts daran, das Bild eines Psychotherapeuten zu skizzieren, der, von seinen eigenen Einfällen gehetzt, seinem Patienten stündlich neue Ideen aufdrängt. So wäre das Neue immer schon das Alte, das, was jede Stunde passiert und es wäre leicht für Patienten, sich darauf einzustellen. An dieser Stelle liegt mir eher daran zu verdeutlichen, daß ein Psychotherapeut, der ausschließlich als angewandter Wissenschaftler arbeiten würde, gerade diese Leistung nicht erbringen könnte. Er würde „anwenden", was er immer schon weiß, und das auslassen, wofür er keine Antworten hat, und auf diese Antworten aus der Umwelt der Forschung warten – bereitwillig, eventuell sogar Jahre. Wenn man sich zu einem solchen, „angewandte Wissenschaft" betreibenden Psychotherapeuten nun gedankenexperimentell eine begleitende Forschung vorstellen würde, dann wäre meine Frage: Welcher Art müßte sie sein, um das Fehlen des psychotherapeutischen Herzschlags überhaupt zu bemerken?

Akademisches Babylon und professionelles Pfingsten

Irritiert wird man fragen: Arbeiten Psychotherapeuten denn nicht als Wissenschaftler? Publizierte Fallgeschichten haben schulenunabhängig (!) eine bestimmte, quasi-rituell bestimmte Form (Buchholz und Reiter 1996). Hier kann man den nun entwickelten Gedanken der Umwandlung auf neuer Stufe wiederholen. Die narrativen Formate der Fallgeschichte können als jene Umwandlungsprozeduren angesehen werden, mit deren Hilfe aus interaktiven Ereignissen in einer Behandlung neue soziale Tatsachen für einen anderen Kontext geschaffen werden; X zählt als Y im Kontext K. Die „rohen" Tatsachen der Interaktion werden fast nie mitgeteilt, nur außerordentlich selten werden Transkripte publiziert. Hier gibt es Chancen und Notwendigkeiten zur Verbesserung der Kommu-

[24] Mit vermutlich kaum zu überschätzenden Anti-burnout-Effekten!

nikation unter Professionellen. Sie kommunizieren untereinander *nach* der Umwandlung. Das schafft Probleme der internen Überprüfbarkeit, die bis heute nicht befriedigend gelöst sind.

Der Bezug auf eine schulenspezifische Theorie gewährleistet und erzeugt stets neu einen homogenisierenden Rahmen, innerhalb dessen die Kommunikation zwischen Professionellen stabilisiert werden kann; zugleich entsteht der Verdacht, daß die kasuistische Darstellung theoriekonform geschönt ist. Dieser Verdacht kann nie sicher entkräftet werden, aber man kann eine Neukonstellation vorschlagen, in der er gar nicht erst entsteht.

Die „verdächtige“ Konstellation entsteht, wenn Professionelle sich als Theorieanwender betrachten. Dann müssen sie zeigen, daß sie tatsächlich eine bestimmte Theorie angewendet haben und müssen die vorausgesagten Effekte überprüfen. Sie bürden sich gewaltige Beweislasten auf, die sie nie einlösen können. Das strukturiert Falldiskussionen. Unvermeidlich tritt der Vorwurf auf, diese oder jene Theorie nicht oder nicht richtig „realisiert“ zu haben und das zwingt zu einem Positionswechsel: Der Professionelle muß sich wissenschaftlich legitimieren – und kann es nicht. Oder es wird ihm gezeigt, daß er nach einer ganz anderen Theorie gehandelt hat, als er beansprucht.

Ich schlage demgegenüber die Autonomie der Profession vor. Weil sich im interaktiven System dyadenspezifische Ordnungen als emergente, nicht-reduzible Strukturen ausbilden, handeln Professionelle keineswegs nur als Anwender einer Theorie. Die Theorie hat immer eine allgemeine Form, in ihrem professionellem Handeln sind sie aber auch einem ethischen Ideal der Methode und einem allgemeinen Ideal der Hilfe in individualisiertem Zuschnitt verpflichtet. Weil Interaktionen nicht vollständig von einer Theorie determiniert werden können, kann deren dynamische Vielfältigkeit nicht auf eine statische Theorielandkarte abgebildet werden, zumal dann nicht, wenn diese Theorie ins Zentrum nicht Interaktion, sondern nur die Person eines Teilnehmers stellt. Die Theorien von Professionellen sind immer Teil der Interaktion und zugleich abstrahiert von diesem Ursprung. Aber man erkennt die interaktive Vielfalt noch daran, daß für beinahe jeden Patienten eine individuelle Theorie erfunden werden könnte und tatsächlich auch erfunden wird.

Das erklärt zwanglos die enormen theoretischen Differenzen innerhalb derselben Schulen. Innerhalb der Psychoanalyse ist beispielsweise längst festgestellt worden, wie viele teils einander widersprechende Bedeutungen Konzepte wie „Narzißmus“, „Übertragung“, „frühe Störung“ etc. haben. Man kann dann theoretische Vereinheitlichungen versuchen, deren Erfolg bislang allerdings aussteht;

eine sinnvolle Alternative wäre, die Differenzen in der Theorie als Ausdruck der Individualisierungserfordernisse professionellen Handelns zu werten – und damit die Autonomie der Profession anzuerkennen. Invidualisiertes Operieren ist konstitutiv für die Profession, erschwert aber die theoretisch homogene Darstellung eines Falles.

In psychotherapeutischen Behandlungen werden keineswegs nur Hypothesen und Wahrheitsansprüche geprüft – so wollte man unterm Einfluß eines positivistischen Wissenschaftsverständnisses die analytische Situation als quasi-experimentell auffassen. Seitdem Leo Stone (1961) eine Deutung der psychoanalytischen Situation versucht hat, die nicht die objektivierende Härte, sondern eher die Weichheit des emotionalen „attunement", nicht die scharfe kategoriale Grenzziehung, sondern die Unschärfe der Bedeutungsvielfalt, nicht nur Wissen, sondern Erleben, nicht nur Einsicht, sondern Aktivierung von Erlebenstiefe herausgestellt hat, sehen wir das anders. Wir müssen wissen, was dieser besondere Patient, jene besondere Patientin brauchen – und, *wie* wir das wissen können (Mitchell 1993). Psychotherapeutische Forschungsergebnisse und allgemeine Theorie sind zu diesem Ziel nur *ein* Weg unter vielen. Intuition ist unabdingbar in professioneller Praxis. Winnicott meinte, wer nicht spielen könne, könne auch nicht analysieren. Wir wissen deshalb heute nicht mehr so genau, was das Wort „analysieren" jenseits wissenschaftlicher Bestimmungen bedeutet, da wir es in professioneller Praxis auch mit „spielen" (und anderen Metaphern wie z.B. „stützen", „halten" oder „bemuttern") gleichsetzen können und müssen. Für Freuds Auffassung von Wissenschaft als weltanschauungsfreier Weltanschauung existierte dieses Problem überhaupt nicht, für uns heute ist es umso dringlicher. Wer *wissenschaftlich* Einheit (der Theorien und Methoden) fordert, sieht deshalb in der psychotherapeutischen Landschaft nur babylonische Sprachverwirrung[25] – und muß entweder folgenlos darüber klagen oder nach dem akademischen Herkules rufen, der aufzuräumen beginnt. Vielleicht aber ist das Problem so gar nicht richtig gestellt?

Sieht man die *professionelle* Notwendigkeit, sich in schwierigen Interaktionen mit höchst individuellen, also verschiedenen Patienten ein Bild zu machen, kann es gar nicht anders sein, als daß Professionelle in vielerlei Zungen reden. Das professionelle Pfingsten ist Antwort auf das wissenschaftliche Babylon (Buchholz 1996). Es ist kein Wunder, wenn Zuhörer je andere Imaginationen haben,

---

[25] In der familientherapeutischen Literatur vgl. z.B. Babkin (1986), innerhalb des psychoanalytischen Textkorpus Esman (1979), Mehler, Argentieri, Canestri (1990), Steiner (1994)

aber es ist eines, wenn dennoch Verständigung gelingt *trotz* riesiger Differenzen lebensgeschichtlicher, weltanschaulicher und kultureller Art. Es gibt eine gemeinsame Welt der rohen Tatsachen, und wir verfügen über selbstverständlich gehandhabte Regeln, die uns das Leben in einer gemeinsamen sozialen Welt ermöglichen. Wo ihre Bedeutungsgebungen durch die „Zählt-als"-Umwandlung oder durch die geistige Komponente divergieren, kann professionelle Psychotherapie eingreifen und das Wunder mit Bezug auf professionelle Interaktion etwas zu klären versuchen – obwohl ich mir bewußt darüber bin, daß es Divergenzprobleme einer Art gibt, die nicht psychotherapeutisch gelöst werden können.

Evolution der Arten oder linearer Fortschritt

Die Bindung professioneller Kompetenz an die Kunst der Beziehung und deren Rahmung kann den Beitrag des Analytikers nicht übersehen – es *muß* deshalb verschiedene Theorien geben. Professionstheoretisch läßt sich so die babylonische Sprachverwirrung wenigstens verstehen, statt sie nur zu bekämpfen. Die Evolution psychotherapeutischer Kompetenz vollzieht sich nicht linear auf einen zu optimierenden Fortschritt hin, sondern durch Variation einer ungeheuren Vielfalt an Psychotherapien. Deshalb meinte Strupp (1996), natürlich könne man mit gruppenstatistischen designs gewissermaßen den Durchschnitt dessen, was in Psychotherapien geschieht, abstrahieren; aber das Wesentliche sieht er in der „Einmaligkeit" jedes Prozesses.

Die Variationsbreite, so die Fortführung meines gewissermaßen evolutionstheoretischen Arguments[26], kann dann nicht normiert werden im Namen des ermittelten abstrakten Mittelwertes, denn das würde die Vielfalt der Arten eliminieren; man muß die Artenvielfalt psychotherapeutischer Prozesse studieren, schützen und die Einmaligkeit und extreme Unwahrscheinlichkeit ihres Zustandekommens analysieren. Fragen lauten dann: *Wie* verwenden Therapeuten welche Theorie? Wie reduziert sie interaktive Komplexität? Welche Rätsel werden durch sie gelöst? Liefert sie Anregungen, steigert sie die Imagination? Wie werden aus Deutungen der Theorie Andeutungen im Dialog? Und: welche Interaktion bringt welche Theorie hervor? Die Untersuchung solcher Fragen wäre jedoch nicht selbst professionelles Handeln, sondern findet in dessen wissenschaftlicher Umwelt statt. Ich betone zur Vermeidung unnötiger Kontroversen: die Untersuchung! Das professionelle Tun selbst geschieht; die professionelle Konversation

---

[26] In Anlehnung an Stephen Jay Gould (1996)

und Imagination folgt ihren eigenen, locker gefügten dyadenspezifischen Ordnungen, und was sie ausschließt, kann durch wissenschaftliche Untersuchung wieder eingeschlossen werden. Und umgekehrt schließt die wissenschaftliche Untersuchung zwangsläufig manches aus, was dem professionellen Kliniker am Herzen liegt und sein Handeln kodeterminiert.

„Theorie“ in Forschung und Profession

> „In der humanistischen Wissenschaft ist ‚Theorie‘ nichts als eine Intuition, die die Geduld verloren hat“
>
> (George Steiner 1999, S. 13)

So wird wechselseitige Irritierbarkeit zwischen Profession und Wissenschaft zum Ideal, nicht aber ihre Gleichschaltung. Aus diesem Grunde sehe ich alle Versuche, den metaphorischen „Graben“ zwischen Praktikern und Forschern angestrengt zu überwinden, solange mit Skepsis, als damit die Möglichkeiten zur Irritation gerade begrenzt würden. Man sollte nicht vorschnell von der Hand weisen, daß es gute Gründe für den „Graben“ geben könnte, auch und gerade dann, wenn diese Gründe nicht oder noch nicht artikuliert werden. Ich habe bisher immer nur eine Sichtweise vertreten gefunden, wonach es einfach wie „selbstverständlich“ erscheint, diesen „Graben“ als eine Art zu beseitigenden „Fehler in der Landschaft“ wahrzunehmen. Tatsächlich wird der Graben durch scheinbar gleichlautende Worte verdeckt, die aber hier und dort völlig verschiedene Bedeutungen haben. Analysiert man die faktischen Differenzen der Wortbedeutungen, stößt man auf die gesuchten Gründe. Ich will das am Beispiel des Wortes „Theorie“ verfolgen.

Theorie hat im wissenschaftlichen Feld – ich denke an die von Sokal (Sokal und Bricmont 1998) provozierte Kontroverse – eine relativ feststehende Bedeutung. Die Theorie muß in sich stimmig und kohärent sein; sie muß der Wirklichkeit korrespondieren. Eine wissenschaftliche Theorie hat idealerweise eine bestimmte Form; sie ist propositional formuliert, d.h. sie besteht aus Sätzen, deren Bestandteile so genau wie möglich definiert sind. Sätze beschreiben Vorkommnisse in Wirklichkeiten in gesetzförmiger oder stochastischer Form sowie Zusammenhänge zwischen solchen Vorkommnissen. Die Wahrheit eines wissenschaftlichen Satzes ist gegeben, wenn die Vorkommnisse so eintreten, wie die Theorie es behauptet. Dann gilt die Theorie als bestätigt oder wenigstens als nicht widerlegt. Die Bedeutung eines Terms wird extensional definiert durch die Menge der ihm entsprechenden Weltvorkommnisse. Die Wissenschaft entwickelt Programme für die Zuordnung von in der Welt gemessenen Werten zu den theoretischen Kriterien.

Gegen diesen aus den Naturwissenschaften stammenden Theoriebegriff ist die Differenz von Erklären und Verstehen vielfach in Anschlag gebracht worden. Damit verbunden war die Akzentuierung der Introspektion, deren Chancen ein auf Beobachtung von Weltereignissen spezialisierter Theoriebegriff verfehlen müsse. Von diesen Differenzierungen ist aber nichts weiter zu erwarten, wenn man es mit Wirklichkeiten zu tun hat, die erst durch ihre Beschreibung erzeugt werden. Die Landkartenmetapher muß dann versagen.

Introspektion oder Weltbeobachtung – beschreibungsabhängige Wirklichkeiten

Wo man es freilich mit Wirklichkeiten zu tun hat, die nicht unabhängig von ihrer Beobachtung und Beschreibung sind – nämlich von der „Zählt-als“-Umwandlung und von der geistigen Komponente -, kann dieser Begriff von „Theorie“ nicht mehr angewandt werden. Es gibt mindestens zwei Arten von Wirklichkeiten, die nicht beschreibungsunabhängig existieren. Sie hier als Beispiele zu erwähnen, dürfte im Zusammenhang des Themas genügen: seelische und interaktive Wirklichkeiten[27].

Wer seine seelischen Zusammenhänge introspektiv zu ermitteln versucht, verstrickt sich schon in die Beschreibungsabhängigkeit, wovon die gesamte Literatur zu diesem Thema voll ist. Nicht nur macht es einen Unterschied, ob er Träume und Assoziationen oder aber „Eingebungen“, ob er „Mechanismen“ beobachtet oder aber Dissonanzen der seelischen Sphärenmusik. Schon daß er überhaupt beobachtet, verändert tiefgründig das seelische Feld. Der Literatur zur Meditation ist dies Problem wohl vertraut; sie rät ähnlich wie die Psychoanalyse dazu, Gedanken „strömen“ zu lassen. Am Ende ist die schwierigste Aufgabe, noch den Fixpunkt eines beobachtenden „Ich“ aufzugeben, weil dieses „Ich“ als Kernproblem der Verhaftetheit an die gegenständliche Welt angesehen wird – aber wer auch immer dies Problem gelöst hat, wird nicht darüber sprechen, weil die Erfahrung als nicht mehr kommunizierbar angesehen wird. Er hat keine

---

[27] Anderes Beispiel: Kollektive Wirklichkeiten. Sie sind symbol- und begriffsgebunden. „Nation“ ist das klassische Exempel. Ohne diese Beschreibung können „nationale Zugehörigkeiten“ nicht definiert werden, auch wenn es Begrifflichkeiten gibt, die ein Fundament in der Sache, wie z.B. im „Blut“, zu fingieren versuchen.

Theorie mehr, der irgendetwas korrespondiert, weil die Differenz zwischen Theorie und „beobachteter Welt“ aufzugeben gerade gefordert wird.[28]

So beobachterabhängig wie Seelisches ist aber auch das, was in Interaktionen geschieht. Hier führe ich als Beweis nicht nur die alltägliche Erfahrung an, wonach jeder, der in Interaktionen zu wissen behauptet, „was tatsächlich los ist“ (insbesondere mit dem Anderen), schnell über seine Rechthaberei belehrt wird – d.h. die Kommunikation fügt eine neue und manchmal kränkende, immer aber eine andere Beschreibung an. Darüber hinaus nenne ich die bekannte Schwierigkeit, in Forschungen zu Interaktionen genügend gute Beobachterübereinstimmungen zu finden. Selbst wer am Videoapparat sorgfältig Interaktionen studiert, gelangt nur zu begrenzten Übereinstimmungen mit anderen Beobachtern. Es bleibt der Konvention überlassen, bei welchen Graden von Übereinstimmung man die Beobachtung abbricht; aber solche Konventionalisierung kann das grundsätzliche Problem nicht eliminieren: Was in Interaktionen geschieht, ist beobachtungsabhängig. Beobachtungen selbst entstehen in Interaktionen. Da jeder auf seine Beobachtungen reagiert (auf was denn sonst?), steuern sie wiederum Handlungen, die dann ihrerseits nicht-prognostizierbare Effekte (man kann nicht vorhersagen, wie der andere reagieren wird) haben und reaktiv andere Beschreibungen erzeugen.

Man sieht an dieser Stelle deutlich, daß weder mit „Introspektion“ noch mit „Interaktion“ höhere Wahrheitsansprüche *begründet* werden können. Man kann sich selbst ebenso beobachten wie die Welt, aber das garantiert noch nicht höheren Wahrheitsgehalt der gemachten Beobachtung. Theorien, die auf Introspektion

---

[28] Vgl. zu einer neueren Diskussion über das Verhältnis von Psychoanalyse und Meditation Brickman (1998) und Stein (1997) – In der Literatur zur modernen „Nervosität“ fehlt es denn auch nicht an Beispielen dafür, daß Nervenärzte noch zu Beginn dieses Jahrhunderts nachdrücklich davor warnen, psychologische Literatur zu lesen (Radkau 1998), denn es sei erst die Lektüre, die „nervös“ mache. „Madame Bovary“ ist ein anderes Beispiel. Hier artikuliert sich verquer die Einsicht, daß Beobachtung des Seelischen immer hinter dem zurückbleiben muß, was sie beobachten will, deshalb das Tempo erhöht und ihren Modus beschleunigt, um sich selbst einzuholen, im Wissen darum, daß dies Ziel nie erreichbar sein wird – kein Wunder, daß das als Quelle der Nervosität diffamiert wurde; es hat einen wahren Kern. Bereits Don Quijote zeigt gegenüber Sancho Pansa an, daß er wahnsinnig wird just so, wie es eben die Lektüre beschreibt und – einem Mann von Ehre – vorschreibt. Das sind jedoch Einzelbeispiele. Im Bereich der pädagogischen Professionalisierungsdebatte wird dies unter dem Stichwort der „reflexiven Modernisierung“ diskutiert. Ziehe (1996) erwähnt als Beispiel jene Episode, wo ein Lehrer in einer Klasse pubertierender Schüler „ausrastet“ und diese dann auf ihn beruhigend einreden: „Sie wissen doch, wir sind in einer schwierigen Phase...“

basieren, sind deshalb nicht per se „wahrer“ oder „besser“ als solche, die auf Beobachtungen von „Welt“ aufgebaut sind. Weil dieser ältere Zuschnitt der Kontroverse überholt ist, soll er hier ja durch die Leitunterscheidung zwischen Profession und Wissenschaft ersetzt werden. Man kann dann klar erkennen, daß das Problem in dem Wort „beobachten“ (bzw. beschreiben) liegt.

> „...zum Beispiel vielschichtiges Denken. Man schaut einen Menschen an und sieht ihn so klar, als sei er aus Glas und man selber der Glasbläser, während man zur gleichen Zeit, ohne diese Klarheit im geringsten zu beeinträchtigen, eine Kleinigkeit nebenbei bemerkt – welche Ähnlichkeit etwa der Schatten des Telefonhörers mit einer riesigen, leicht zerquetschten Ameise hat, und zu der Konsequenz gesellt sich (all dies gleichzeitig) noch ein dritter Gedanke – die Erinnerung an einen sonnigen Abend auf einer kleinen russischen Eisenbahnstation; das heißt, Bilder, die keine rationale Beziehung zu der gerade geführten Unterhaltung haben, während der Geist rund um die Außenseite der eigenen Worte und entlang der Innenseite derjenigen des Gesprächspartners läuft." (Vladimir Nabokov, „Die Gabe" 1994, S. 265 ff.)

Wer beobachtet, muß sein Beobachtungsinstrument beschreiben und hat dann das Problem: mit welchen Mitteln? Und mit welchen Mitteln wiederum beschreibt er diese Mittel? Usw. An irgendeiner Stelle, meist schon sehr früh, wird dieser Regress abgebrochen, damit die Beobachtung fortgesetzt werden und das Procedere der Forschung einsetzen kann. Die Notwendigkeit des Abbruchs verdeckt die Einsicht, daß man mit einem systematischen blinden Fleck beobachtet. Auf genau dieses Problem laufen alle Verfahren der Psychotherapieforschung auf, die mit vorgefertigten Kategorisierungen Interaktionen beobachten. Zunächst beobachtet man „Dominanz" und merkt, daß man „Submission" nicht beobachtet hat – und faßt beides dann als Pole einer Achse auf. Wenn man nun mit diesem Instrument beobachtet, beobachtet man *nicht*: „Zuneigung" und „Abneigung". Das Instrument kann das nicht beobachten, wohl aber der Wissenschaftler, der zu diesem Zweck auf ein anderes Instrument zurückgreift: seine natürliche Kompetenz[29] als Interaktionsteilnehmer.

Er erweitert deshalb sein Instrument um diese neue Achse und kann nun feststellen, daß er jetzt mehr beobachten kann – und zugleich mehr *nicht* beobachtet. Denn er sieht in „natürlicher" Einstellung – die ihm ja als Eichmaßstab des In-

[29] „Natürliche Kompetenz" – das meint soviel, daß jeder, der in Interaktionen überlebt, über sie verfügen muß, wenn er weiter überleben will. Säuglinge bereits scheinen über sie zu verfügen (Dornes 1997); sie reagieren auf mimische Ausdruckveränderungen ihrer Interaktionspartner hochgradig sensibel und versuchen bereits im Alter von wenigen Tagen oder Wochen, ein experimentell erzeugtes mütterliches „still face" wieder aufzuheitern. In der Säuglingsforschung und -therapie spricht man umgekehrt auf der Seite der Eltern von „intuitiver elterlicher Kompetenz" (Papousek 1996).

strumentes dient -, daß jemand auch aufmerksam oder unaufmerksam ist, weder zu- noch abgewandt, sondern ironisch die Augenbraue hebt, bestimmte Worte verwendet oder nicht, Themen wechselt oder affektiv resonant reagiert – oder nicht. Dies alles kann er in sein Instrument „einbauen" und sieht dann, daß es am Ende so komplex wird wie – seine natürliche Einstellung: er sieht, daß er sieht, was er sieht. Und die resignierte Einsicht folgt: daß er nicht sieht, was er nicht sieht. Kategoriale Beobachtungsinstrumente, so läßt sich festhalten, können immer nur selektiv registrieren; deshalb sind sie systematisch unterkomplexer als die natürlichen Kompetenzen ihrer Konstrukteure.

Eine Lösung für dies Problem ist nicht in Sicht, aber es wird durchaus zugestanden. Dafür ein Beispiel: Dahlbender et al. (1998) schlagen eine leichte Modifikation des von Luborsky entwickelten ZBKT-Verfahrens vor. Das Zentrale Beziehungs-Konflikt-Thema soll durch ein Zentrales Beziehungs-Konflikt-Muster ersetzt werden. Die Methode geht davon aus, daß Beziehungen durch drei Aspekte ermittelt werden können, indem man die Wünsche von Patienten, die Reaktionen ihrer Bezugspartner und die Reaktionen der Patienten darauf festhält. Da so auch erfahrene Kliniker denken, wird damit die Nähe zwischen klinischer Erfahrung und wissenschaftlicher Methode betont. Dann aber stellen Dahlbender, Albani, Pokorny und Kächele (1998, S. 410) fest, daß in den entsprechenden Interviews gar nicht über alle „significant objects in all significant contexts" berichtet werden kann. Und sie schließen etwas resigniert mit der Feststellung: „On the other hand, one has to live with the disadvantage of not working with naturalistic material which is nevertheless clinically important". Die Formulierung verweist darauf, daß das Problem auf der anderen Seite – bei der Profession – liegt und auf der diesseitigen – bei dieser Art von Forschung – nicht gelöst werden kann. Es gibt Nähe zum klinischen Denken – und dennoch bleibt die Differenz.

Der Gewinn solcher kategorial-klassifizierenden Methoden liegt in der Verarbeitung großer Datenmengen, aber man muß fragen, was diese Daten besagen, denn nie ist systematisch klar, was *nicht* beobachtet wurde, aber anderen Beobachtungsinstrumenten zugänglich wäre[30]. Kategoriale Beobachtungsinstrumente für Interaktionen operieren deshalb mit Informationsverlusten, die sie selbst nicht einmal abschätzen können – sie wissen nicht, was sie nicht wissen. Nachfolgen-

[30] Das Argument erfährt eine bedeutsame forschungspraktische Begrenzung. Die meisten Studien definieren bestimmte Abschnitte (die ersten 5 Minuten eines Dialogs, jede 3. Minute o.ä.) und können damit systematisch nie wissen, was sie nicht beobachtet haben.

de Versuche, die Beobachtungskategorien immer weiter zu differenzieren, helfen nicht weiter, sondern schieben das Problem nur auf.

Was ist das Problem?

Es ist die Komplexitätsdifferenz zwischen dem professionellen Teilnehmer an einer Interaktion, der hochkomplexe Interaktion handhabt und so die Fortsetzung der Interaktion überhaupt erst ermöglicht ohne das Beobachtungsinstrument – einerseits -, und dem Beobachter-am-Video, der diese Komplexität formal reduzieren muß mit dem Ziel der Generierung wissenschaftlich verwertbarer Daten – andererseits. Die „klassische" Möglichkeit, den Graben zwischen Wissenschaft und Profession zu überwinden, schlägt hier repetitiv vor, die Komplexitätsdifferenz zu eliminieren – würde aber damit den professionellen Teilnehmer in einen Wissenschafter verwandeln mit schwer abschätzbaren Folgen, aber sicher mit der, daß er nicht mehr professionell arbeiten könnte. Demgegenüber schlage ich hier als Alternative vor, die Differenz nicht zu eliminieren, sondern zu nutzen und bestehen zu lassen.

Dieser Vorschlag impliziert mehrerlei.

Er setzt erstens voraus, daß die Differenz zwischen Profession und psychotherapeutischer Forschung anerkannt wird; aus ihm folgt zweitens, daß die Verwendung kategorisierender Beobachtungsinstrumente als nützlich für wissenschaftliche Ziele angesehen werden mag, im professionellen Kontext aber als dysfunktional. Das schließt ein, Forschungsziele wie die Ermittlung der Reliabilität von „Meßinstrumenten" wesentlich niedriger zu hängen, wenn nicht überhaupt aufzugeben. Für die Profession folgt drittens die Forderung nach Verzicht auf ein vermeintlich sicheres Wissen, das unabhängig von der Person des Professionellen existierte. Nur er sieht, was er sieht (oder nicht). Und wenn man viertens die Profession verbessern möchte, wofür es ja gute Gründe gibt, dann nicht dadurch, daß der Professionelle wie ein Wissenschaftler beobachtet, sondern eher dadurch, daß er sich von einsozialisierten Wahrnehmungsschablonen löst und sie nicht einfach durch neue Schablonen ersetzt, sondern sich offen hält für eine Vielzahl von Bedeutungsmöglichkeiten. Der Möglichkeitsüberschuß ist, wie wir noch sehen werden, eine Operationsbedingung der Profession. Die simultane Verwendung vieler Rahmungen ist genau das, was der professionelle Psychotherapeut im Vollzug zu leisten aufgefordert ist

Diese Sachverhalte sind im Grund wohl vertraut; es gibt deshalb auch kein Beobachtungssystem für Interaktionen, das alle Ansprüche befriedigen würde. Man hat versucht, dem durch Vergleich verschiedener Beobachtungssysteme abzuhelfen. Solche Versuche liegen im Bereich der qualitativen Forschung für ein Therapietranskript (Buchholz 1995) und für das Transkript einer Supervision (Buchholz und Hartkamp 1997) vor. Die empirische psychotherapeutische Forschung (Dahl, Kächele und Thomä 1988 sowie Heft 3/4 der Zeitschrift „Psychotherapy Research" 1994) hat andere Verfahren miteinander verglichen. Da die Ergebnisse nicht einheitlich sind, hat man sich darauf verständigt, nicht so sehr den Mangel an Einheitlichkeit zu beklagen, sondern den Anregungswert verschiedener Beobachtungen zu schätzen – aber in der Forschungspraxis dominiert nach wie vor das Ziel, Interrater-Übereinstimmungen herzustellen. Dieses Ziel ist (interaktions-)logisch nicht zu halten und empirisch widerlegt!

„Bild"

Ich ziehe daraus nicht den Schluß, Forschungsbemühungen zu verurteilen – im Gegenteil. Ich ziehe den Schluß, daß der Begriff der „Theorie" im professionellen Kontext anders als im Feld der psychotherapeutischen Forschung verstanden werden muß. Das begründet die Abtrennung der Profession von der Wissenschaft weiter. Das, was professionelle Psychotherapeuten zu hören und zu sehen bekommen, sind nie „Mechanismen", Reiz-Reaktions-Verbindungen, Triebe oder pflanzliches Wachstum. Es sind auch nicht Interaktionen von Variablen, sondern Erzählungen. Allerdings hat es lange gebraucht, bis die Einfachheit und Komplexität dieser Erfahrung theoretisch gewürdigt werden konnte. Bruner (1986) erinnert an die seit dem 19. Jahrhundert bei John Stuart Mill[31] etablierte Unterscheidung zwischen logischen und narrativen Formen des Denkens. Zunächst als inkommensurabel angesehen, wurde dem logischen Denken mit dem Ideal mathematischer Beschreibung und Erklärung Priorität eingeräumt. Theoretische Argumente sind jedoch nie mehr als „conclusive or inconclusive" (Bruner 1986, S. 12), während Narrative „reach sad or comic or absurd denouements" – das, was professionelle Psychotherapeuten interessiert. Konsequent spricht Eco (1994) dann von den vielgerichteten und enzyklopädischen Möglichkeiten, die durch figuratives Sprechen ermöglicht wird. Als kleinste Einheit der narrativen Form des Denkens, der sozusagen ideale Eintritt in das polysemische Bedeutungsnetzwerk der „Weisen der Welterzeugung" (Goodman 1984) kann die Metapher angesehen werden.

[31] Dessen Werke zum Teil von Sigmund Freud übersetzt wurden.

Als Beispiel könnte man jene Art der Beschreibung eines Symptoms nennen, wonach das Symptom eine Mitteilung ist – noch ohne Adressat, aber auf der Suche nach jemandem, an den diese Mitteilung gerichtet werden kann. Eine solche Theorie befähigt den professionellen Kliniker, zu Beginn einer Behandlung seiner bulimischen Patientin zu sagen, daß sie den Freßanfall am gestrigen Abend bekommen habe, um heute in der Stunde etwas zu erzählen und zu beklagen zu haben. Das Symptom wird als Mitteilung behandelt und ihm ein Adressat angeboten. Ob diese Theorie „wahr" ist, ist nicht zu entscheiden, denn welche Bedeutung das Wort „wahr" hätte, kann nicht bestimmt werden. Die Theorie schafft vielmehr dem Kliniker eine Option, einen operationsfähigen Kontext mit seiner Patientin *herzustellen*, in dem er selbst vorkommt – als Adressat. Ich schlage vor, von der operativen Flexibilität der Theorie zu sprechen; hohe Grade an Flexibilität sind im professionellen Kontext erforderlich. Deshalb operiert die Theorie hier mit relativ unscharfen Definitionen, verzichtet teils sogar auf sie.

Natürlich gibt es im konkreten Fall noch andere Optionen, und eine Entscheidung zwischen diesen zu ermöglichen, ist eine weitere Aufgabe für die Bestimmung der Güte einer Theorie im professionellen Feld. Sie ist der operativen Flexibilität in gewisser Weise entgegengesetzt. Der bulimische Freßanfall kann auch anders verstanden werden. Die Flexibilität einer Theorie wird ergänzt durch ihre Fokussierung. Erst gestattet sie, die Breite der Möglichkeiten „unscharf" einzustellen, dann „zoomt" sie auf einen Brennpunkt. Da diese Reihenfolge erforderlich ist, hat diese Art von Theorie auch einen Zeitfaktor, der es gestattet, eine professionelle Praxis, die voreilig auf einen Brennpunkt fokussieren würde, als weniger gut zu beurteilen. Das gleiche gälte für eine Praxis, die sich durch nur eine und nur eine Theorie selbst verstehen wollte und doch immer mißverstehen müßte. Verständlich wird warum: weil es durch andere theoretische Perspektiven immer noch anderes zu beobachten gibt. Es macht deshalb keinen Unterschied, ob man die passagèren Kopfschmerzen seines Patienten mehr durch Verleugnung oder Verdrängung bestimmt sieht; aus dieser Unterscheidung folgt hinsichtlich der operativen Flexibilität nicht viel, es ist im wesentlichen ein und dieselbe Fokussierung. Der Unterschied entsteht, wenn man die gleichen Kopfschmerzen, sagen wir, als Protest gegen intellektuelle Deutungen ansieht – dann hat das Symptom seinen Adressaten gefunden, ein operationsfähiger Kontext, der den Professionellen einschließt, ist geschaffen. Der Professionelle hat erst unscharf eingestellt, dann fokussiert. Aber ob daraus nun eine allgemeine Theorie über Kopfschmerzen und ihre Psychodynamik abgeleitet werden kann? Der Professionelle sucht die Frage, auf die das Symptom eine Antwort ist.

In professioneller Praxis werden die gegensätzlichen Momente solcher Anforderungen an Theorie oft durch Bildhaftigkeit formuliert; das ist kein „schlechter Ersatz“, sondern notwendig. Die Bildhaftigkeit der „geistigen Komponente“ ermöglicht geradezu operative Flexibilität *und* Fokussierung und produziert zugleich einen Möglichkeitsüberschuß – Bilder sagen mehr als Worte. Sie sind, auch als theoretische Bilder, immer vieldeutig und gerade deshalb – praktisch. Theorie ist in der Profession Sprache zur „Bildung“[32] des professionellen Klinikers und Operationsbedingung. Bildgebung ist Teil der geistigen Komponente in professioneller Interaktion – auf beiden Seiten.

Im professionellen Kontext erfüllt „Theorie“ verschiedene Funktionen und Aufgaben. Die Güte einer Theorie kann man nicht nur an ihrer Wahrheit oder Nützlichkeit erkennen, sondern daran, welche Möglichkeiten sie öffnet; sie legt nicht fest, sondern regt an. Dies gilt vor allem für jene Situationen, in denen der Professionelle gerade dadurch „festsitzt“, daß er die Dinge zu sehr durch die Brille nur *einer* bestimmten Theorie gesehen hat; hier muß eine „gute“ Theorie neue Optionen öffnen. Diesen Anregungswert darf man nicht gering veranschlagen. Die als „Bild“ zu verstehende Theorie liefert dem professionellen Kliniker hilfreiche Alternativen, wie er die Dinge „sehen“ kann. Sie macht alternative Deutungsvorschläge, ohne festzulegen, weil sie kontextabhängig sind. Sie kalkuliert mit Ungewißheiten, die für den professionellen Vollzug konstitutiv sind.

Im professionellen Kontext hat die Theorie andere Funktionen.

Sie macht Praxis *diskutierbar*, indem sie einerseits einen Rahmen bestimmt, innerhalb dessen etwas beschrieben werden kann und zugleich mehrere Beschreibungsmöglichkeiten zuläßt.

Sie macht Praxis *kritisierbar*, weil die Theorie hier immer ein idealisiertes Bild von „guter“ Praxis zeichnet und an diesem Ideal sich professionelle Realität bemißt im Wissen, daß dies Ideal nur funktional ist für die Kritisierbarkeit der Praxis.

---

[32] Gebildet ist, nach einem Worte Gadamers (1960), wer versteht, was er selber sagt, nämlich die Traditionen, in denen er spricht. Sie sind weniger diskursiv als bildhaft vermittelt. Bilder, so sagt Gadamer weiter, laden allerdings „zum Verweilen“ ein, dann bleibt man stehen. Mein Vorschlag, von der operativen Flexibilität zu sprechen, will solcher „Fixiertheit“ der Theorie einen Gegenpol verschaffen.

Sie macht schließlich Praxis *vergleichbar*, indem sie eine gemeinsame Sprache zur Verfügung stellt, einen theoretischen Rahmen organisiert, innerhalb dessen professionelle Kommunikation stattfinden kann. Soweit eine Theorie das nicht leistet, kann sie natürlich ihrerseits diskutiert, mit anderen verglichen und kritisiert werden.

Alle diese Gesichtspunkte der *Diskutierbarkeit, Kritisierbarkeit und Vergleichbarkeit* werden zusammengebunden von dem entscheidenden Gesichtspunkt, daß die Theorie dem professionellen Kliniker hilft, *sich* zu verstehen im Sinne einer Beantwortung der Frage: „Was tue ich hier eigentlich?“ Die Theorie liefert dem professionellen Handeln Sinn, nicht aber Rechtfertigung, und schon gar nicht in jedem Fall.

Das alles hat Folgen für die Formulierung der Theorie. Sie muß den Professionellen einschließen und kann deshalb nur eine Interaktionstheorie sein. Theorien, die von Professionellen nur über den Patienten formuliert werden, können deshalb nur als halbe Wahrheiten betrachtet werden; hier muß sich die Forderung anschließen, nicht mehr Fallgeschichten, sondern Interaktionsgeschichten (Buchholz und Reiter 1996) zu publizieren.

Neben dem Anregungswert muß ihr „Bildungswert“ geschätzt werden. Die Theorie muß den erhöhten Reflexionsbedarf des professionellen Klinikers sowohl weiter anregen als auch befriedigen; sie muß seine persönliche Erfahrung mit anderen Erfahrungen kultiviert verknüpfen. Das haben alle klinischen Theorien geleistet. Wenn Gespräche mit Familien als Interventionen in „Systeme“ konzeptualisiert wurden, schuf das dem Kliniker eine Möglichkeit, sich und sein Tun in einem erweiterten Kontext zu verstehen, der mittlerweile so expandiert ist, daß Familien weniger als technische Systeme, sondern mehr als familiäre Kulturen in ihren individualisierten Eigenarten wahrgenommen werden. Hypnotherapeuten haben ein breites Repertoire von Märchen und therapeutischen Narrativen angelegt, das ihnen ermöglicht, mit ihren Patienten auf eine besondere Weise zu kommunizieren; nicht direkt, sondern über das Narrativ. In der Psychoanalyse galt immer schon die Verknüpfung der individuellen Lage mit den Phänomenen der Kultur als zentrale Deutungsoption.

Synchronisierungen und Reflexionen

Bilder können sich synchronisieren, selbst wenn verschiedene Worte benutzt werden. Anna O. sprach vom „chimney sweeping“ und die gleiche Imagination seelischer Reinigung faßten Freud und Breuer griechisch als Katharsis. Ist man erst einmal aufmerksam geworden für die aus Interaktionen resultierende Bildhaftigkeit von Beschreibungen und die rekursiven Effekte von bildhaften Beschreibungen auf die Interaktion, dann stößt man auch von dieser Seite her unvermeidlich auf die Metapher und andere figurative Sprechformen.

Freud schreibt am 14. Oktober des Jahres 1900 an seinen Freund Wilhelm Fließ, als seine später unter dem Namen „Dora“ bekannt gewordene Patientin ihm einen Traum mitbringt, daß der Fall „für die vorhandene Sammlung von Dietrichen“ aufgehe – so beschreibt er die Interaktion mit Dora auf eine Weise, die ihn als „Eindringling“ mit einem Universalschlüssel, dem Dietrich, darstellt. Als Universalschlüssel wird der Dietrich zwar auch von Schlüsseldiensten verwendet, aber einem Dietrich haftet auch das Moment des Illegitimen an, wenn er von Einbrechern benutzt wird. Freud verwendet spontan eine Metapher. Daß wir in einem zweiten Schritt eine mögliche hintergründige Bedeutung noch verstehen, verdanken wir der von ihm geschaffenen Möglichkeit, Metaphern nicht nur zu kreieren (was der bislang entwickelte professionelle Aspekt ist), sondern sie auch zu *analysieren*. Die eine Möglichkeit besteht hier, sexualsymbolische Deutungen anzuhängen, aber vielleicht ebenso bedeutsam ist, daß der „Dietrich“ als Universalschlüssel ein Instrument ist, das Doras Individualität gerade verfehlte; Freud wollte die Allgemeinheit seiner Theorien belegen und soweit diese wissenschaftliche Absicht in die Interaktion mit Dora vordrang, mag das mit ein Grund für den Behandlungsabbruch gewesen sein.

Die hermeneutische Operation der *Analyse* von Metaphern muß als Erfordernis für die *Reflexion* professioneller Praxis eingebracht werden – auch wenn Profession und Hermeneutik selbst nicht ineinander aufgehen. Freud beobachtet und beschreibt mittels einer Metapher, die kohärent ist mit seinem damaligen Verständnis der professionellen Aufgabe (die Geheimnisse des Unbewußten zu ent“schlüsseln“); wir können heute seine Beobachtungen beobachten und gewinnen damit Sensibilität für jene rekursiven Effekte, die Freuds Beschreibungen auf seine Interaktionen gehabt haben müssen. Die Metaphern derjenigen Theorie zu analysieren, der man gerade anhängt und aufmerksam zu werden für die, die man selbst bislang unbemerkt verwendet, muß somit als weitere professionelle Aufgabe herausgestellt werden. Dieser Aspekt professioneller Reflexion setzt uns auf eine neue Weise in den Stand, das alte Problem der Korrespondenz von wissenschaftlicher Theorie und Wirklichkeit auf eine neue Weise zu sehen. Wir müssen dieses Problem im Bereich der Psychotherapie nicht länger durch akademische Verfahrensvorschriften regeln, weil wir jetzt sehen können, wo es entsteht.

Ein Problem *entsteht*, wenn Bild und Interaktion nicht mehr aufeinander bezogen werden, wenn Teilnehmer an Interaktionen vielmehr objektivierend zu wissen beanspruchen, was mit dem Anderen los ist. Fest-Stellungen beenden die Vorstellung; die Fokussierung dominiert die Flexibilität. Demgegenüber rehabilitiert die Metapherntheorie mit der Imagination die „Beweglichkeit des Geistes" (Cavell) – auch innerhalb der Wissenschaft darf nicht nur *von*, sondern es muß *in* Metaphern gesprochen werden, denn wir können gar nicht anders! Die philosophische Grundthese ist die von der basalen Metaphorizität der Sprache (Debatin 1995), die sprachwissenschaftliche die von der Sinnlichkeit der Erfahrung *vor* dem Begriff (Berteau 1996, Lakoff 1987), die kognitionstheoretische hat Eingang in die psychoanalytische Theoriebildung gefunden (Bucci 1997). *Metaphern sind nicht Problem* – sondern Lösung, wie Ricoeur (1986) wußte. Sie sind in einem theoretischen Diskurs unverzichtbar, müssen sogar als leitend angesehen werden und in der alltäglichen Kommunikation universell. Dann kann ihre Rolle bei der Lösung kommunikativer Konflikte sprachwissenschaftlich untersucht werden (Hülzer-Vogt 1991). Ich deute hier an, was noch entwickelt werden soll, weil ich zeigen möchte, daß es Alternativen zum weitgehenden Metaphernverbot gibt.

Alternativen zur Sprachreinigung

Nur wenn bildhaftes Denken sich selbst verkennt und meint, Bilder seien Begriffe (z.B. Ich-"Grenze"), resultiert Substantialisierung und Mythologisierung – es kommt zu einer Fokussierung, die ihres Gegenpols, der operativen Flexibilität, verlustig gegangen ist. Hier könnte man von theoretischer „Fixierung" sprechen. Weil das nicht selten ist, hat die ältere Diskussion geglaubt, wissenschaftliche Sprache von Bildern „reinigen" zu müssen – eine leicht erkennbare unbewußte Phantasie, die auch das Programm des Operationalismus noch speist. Das ist jedoch keineswegs die einzige Möglichkeit zur Lösung aus der Fixiertheit. Die professionelle Alternative ist nicht, therapeutische Praxis von der kreativen Vielfalt zu befreien im Namen akademisch überprüfter Einheitlichkeit.

In der Wissenschaft, insbesondere dort, wo sie auf Operationalisierung setzt, ist am meisten „verboten": die Metapher. In der Profession hingegen ist sie unverzichtbar. Wenn man die Frage stellt, welche Wissenschaft eine förderliche Umwelt für die Profession wäre, dann müßte es eine sein, die ihrerseits solche Verbote überwindet – und dennoch Wissenschaft, also Professions*theorie* ist. Der Weg dahin könnte über die Frage führen, welche Funktion der andauernde, 2000

Jahre alte Diskurs haben mag, der die Metapher systematisch aus der Wissenschaft ausgrenzen will? Könnte diese Ausgrenzung, dieser Wille, der Metapher eine bestenfalls vorwissenschaftliche Funktion anzuweisen, selbst eine Funktion haben?

Der Metaphernreichtum ihrer Gegner deutet schon auf eine ziemlich inkonsistente Argumentation; nicht selten wird vor der Metapher mit der Metapher gewarnt, sie „verdunkle" den Verstand. Doch darüber hinaus kann man begründen, daß es höchst relevante Sachverhalte der Wissenschaft selbst gibt, die nichtmetaphorisch nicht begründet werden können. Dazu zählen die von dem Philosophen Hans Blumenberg (1960) so bezeichneten „absoluten Metaphern". Ein Beispiel einer absoluten Metapher ist die Licht-Metaphorik des Wissens und der Aufklärung[33], ein anderes Beispiel ist die Metaphorik der „Tiefe". Absolute Metaphern können nicht ins Wörtliche übersetzt, sie können auch nicht als mythisch-mystische Überreste disqualifiziert werden, sie lassen sich nicht „in die Logizität einholen", wie Blumenberg formuliert und stellen dennoch „Grundbestände" dar. Ihnen entspricht keine direkte Anschauung, sie zeugen ihren Gegenstand und machen ihn dennoch sichtbar. Selbst dort, wo es entwickelte Begriffe gibt, haben diese Terminologisierungen sich entlang einer Hintergrundmetaphorik vollzogen, die ihrerseits die Begriffe determiniert haben. Lebensweltliche Metaphern (Erkenntnis ist Erhellung, Denken ist Sehen) haben konstitutive Funktion und stellen ein konsensbildendes Deutungsangebot parat; sie organisieren – will man mit Searle rückkoppeln – kollektive Intentionalität dergestalt, daß das menschliche Dasein in einen vereinheitlichten Sinnzusammenhang gestellt werden kann. Ohne sie kann sich Welt- und Selbstverständnis weder ausbilden noch orientieren. Wenn man das Wissen um die grundsätzliche Metaphorizität der Sprache[34] dazunimmt (Lakoff und Johnson 1998, Lakoff und Turner 1989), erzeugt der *Kampf* gegen die Metapher (im Namen der Wissenschaft) vielleicht selbst mehr Probleme als Lösungen. Innerhalb einer Theorie der Profession kann auf sie nicht verzichtet werden.

Dies alles nun ist wohlbekannt, die Metaphern sind dem Professionellen von alltäglichem Nutzen – ohne sie könnte es weder Fallpräsentation noch Theorie geben. Das Gefühl, etwas Illegitimes bei der Metaphernverwendung zu tun, tei-

---

[33] Andere Beispiele finden sich in Blumenbergs verschiedenen Werken. Er hat ihnen einen erheblichen Teil seiner Arbeitsenergie gewidmet.

[34] Blumenberg (1981) spricht sogar die Vermutung aus, nicht erst die „Situation", sondern schon die „Konstitution" des Menschen sei potentiell metaphorisch.

len allerdings Professionelle und Wissenschaftler. Was könnte der Grund für diese unbegründbare Ablehnung der Metapher sein?

Debatin (1995, S. 218 f.) wirft diese Frage nach einem hochgradig informativen Durchgang durch die lange Tradition des Metaphernverbotes auf, ich kann seine Darlegungen hier nur zusammenfassen. Die Frage selbst, wenn auch von einem Philosophen formuliert, ist von der Art, wie professionelle Psychotherapeuten sie stellen: Da die *theoretischen* Begründungen des Bilder- und Metaphernverbotes sich nicht halten lassen, haben sie den Stellenwert einer Rationalisierung. Das bedeutet, es muß andere, „tiefere" Gründe geben. Gerade der Umstand, daß die wissenschaftlichen Metapherngegner selbst inkonsistent gegen das „Bilderverbot" verstoßen, macht eine Deutung erforderlich, die über das Tabu hinausgeht. Debatins These (1995, S. 218) ist, „daß die Inkonsistenz tatsächlich ganz im Sinne der Metapherngegner ist, denn durch den demonstrativ zur Schau gestellten Kampf um eine metaphernfreie Sprache wird die Differenz zwischen wörtlicher und metaphorischer Rede in der Wissenschaftssprache erst hergestellt und abgesichert". Was Debatin hier für die Wissenschaft im allgemeinen formuliert, kann für das psychotherapeutische Feld leicht erkennbar werden, wenn man als Beispiel für „metaphernfreie Sprache" die Forderungen nach Operationalisierung, nach empirischer Bestätigung etc. einsetzt. Auch Operationalisierungen sind eine Strategie der Metaphernelimination.[35]

Die Wissenschaft erzeuge mit der Ausgrenzung der Metapher, so Debatin weiter, eine „differenzbildende Schutzschicht". Durch sie erst erhalte der wissenschaftliche Diskurs seine scheinbar rationale Eigenständigkeit. Die Aufmerksamkeit könne dann auf die *Oberflächenmetaphorik* gerichtet sein. Gegen die dort auftauchenden Metaphern kann sich die „wörtliche" oder „operationalbeobachtende" Wissenschaftssprache abgrenzen. Das aber diene der Ablenkung

[35] Man kann auch anders verfahren. Auf der Einsicht beruhend, daß Metaphern in der wissenschaftlicher Kommunikation eine zentrale Rolle beanspruchen können, weil auch sog. „wissenschaftliche Paradigmen" eine metaphorische Form haben (Kuhn 1979, Hesse 1970 und 1995), hat sich ein Zweig der psychologischen Geschichtsschreibung etabliert (Danziger 1990, Leary 1990), der die historischen Konzeptionen der „Seele" untersucht; im Barock galt sie als mechanisches Uhrwerk (Sammet 1993), als die Dampfmaschinen erfunden wurden, wurde sie für Freud zum Dampfkessel brodelnder Energien (Gamm 1992), unter dem Einfluß der Evolutionstheorie Darwins entstand die Biest-Metapher (Mitchell 1988), im Zeitalter der Zentralheizungen avancierte die Feed-Back-Schleife zum wichtigsten Bildgeber und neuerdings sind es Computer-Metaphern, die die Kognitionsforschung steuern (Schneider 1996). Solche Metaphern werden manchmal ausformuliert, öfter wirken sie aus dem Hintergrund.

von der epistemisch-metaphysischen *Tiefenmetaphorik* der Wissenschaftssprache selbst. Indem die Metapher auf vorwissenschaftliche Zwecke der Veranschaulichung oder Popularisierung eingegrenzt und versichert wird, sie nur heuristisch zu benutzen, wird die Hintergrundmetaphorik unsichtbar gehalten und das Ziel auf eine Disziplinierung und Metaphernkontrolle gelenkt, als könne man damit die steten Gefährdungen des Rationalen bannen. Diese Tiefenmetaphorik, so kann man Debatins Anliegen ergänzen, ist strukturiert von den Metaphern des Auges – Erkennen wird ans Sehen gebunden; ist durchzogen von den Bildern des Lichtes und basiert auf einer Reihe von so erzeugten Differenzbildungen.

Deren wichtigste ist die von wörtlich/metaphorisch, die andere nach sich zieht. Debatin nennt die Differenzschemata von eigentlich/uneigentlich, rational/irrational, Wissenschaftssprache/Umgangssprache. Wo diese Differenzschemata operieren, werden höhere Wertigkeiten für die wissenschaftsseitige Hälfte der Unterscheidung gewährt, und damit rechtfertigt sich das hierarchische Modell immer aufs neue: Wissenschaft und genaue Sprache, Rationalität und Begrifflichkeit bilden den höheren Wert gegenüber der Umgangssprache, der Irrationalität lebensweltlicher Zusammenhänge und gegenüber der „nur ornamentalen" Metapher. Die Unterscheidung operiert dann und ihre andere Seite bleibt im Dunkeln. Mit Luhmann könnte man formulieren: sie bleibt „unbeobachtet". In der Sprache der Psychoanalyse ließe sich sagen: die andere Seite der Unterscheidung wird verdrängt. Der Kampf gegen die Metapher wird dann rituell wiederholt und eine Unterscheidung von seiten der Wissenschaft etabliert, die ihre eigenen Operationen im Kampf gegen den (vermeintlichen) Irrationalismus absichert. Nietzsche erkannte diese Überschätzung der wissenschaftlichen Wahrheiten klar, doch folgerte er daraus nur fatalistisch die Irrationalität auch der Wahrheit.

Debatin (1995, 221) entwickelt nun eine Lösung, die aus der Befangenheit in den selbsterzeugten Differenzschemata befreit: „Wenn somit jedoch Wahrheit von der Kontingenz etablierter Metaphorik abhängt, dann sind auch Wahrheit oder Lüge der Metapher nur noch im Modus des performativen Widerspruchs zu behaupten. Wenn nämlich auf diese Weise die unsichtbaren Metaphern sichtbar gemacht werden, bricht die mit ihnen getroffene Unterscheidung zusammen, der durch sie konstituierte Diskurs wird dekonstruiert: Wahrheit als 'bloße' Metapher entziffert, muß zur Lüge werden, und die Unterscheidung wahr/falsch verliert damit ihre Bedeutung und Geltung." Den Ausweg beschreibt Debatin so: „Ein Ausweg aus dem Paradox besteht darin, noch einen Schritt weiter zu gehen und durch Metaphernreflexion die Paradoxie selbst zu reflektieren und damit als solche *sichtbar* zu machen." Die Paradoxie besteht darin, daß zwischen Wahrheit und Lüge nur unterschieden werden kann auf der Basis einer etablierten Differenz zwischen „wissenschaftlichem" und „anderem" Wissen – doch ist diese Differenz selbst in der absoluten Metapher, der Unhintergehbarkeit der sprachlichen Metaphorizität und des in ihr basierten Selbst- und Weltverständnisses gegründet. Die Metapher könnte nur im Namen der Metapher ausgetrieben werden.

Will man das vermeiden, kann man die Paradoxie nicht entparadoxieren, sondern nur tolerieren. Metaphernanalyse wäre damit als Methode der Paradoxiereflexion beschrieben mit der Folge, daß die Unterscheidungen wörtlich/metaphorisch, rein/unrein[36], wissenschaftlich/lebensweltlich als Paradoxie*vermeidungen* aufgefaßt und analysiert werden könnten. Diese Vermeidung erst konstituiert die Differenz auch zwischen Profession und Wissenschaft.

Würde die Paradoxie nicht vermieden, sondern reflektiert, würde sie sichtbar gemacht statt unsichtbar gehalten, dann freilich bräuchte die Wissenschaft auch das Bilder- und Metaphernverbot nicht aufrechterhalten. Hier zeichnet sich eine neue Vision auf Wissenschaft als „förderliche Umwelt" der Profession ab: „Die Wissenschaft braucht ihre Metaphorizität nicht mehr zu verbergen, sondern kann vielmehr aus ihr einen Gewinn an Distinktionsvermögen und damit an Rationalität (im umfassenden Sinne des Wortes) erzielen. Sie kann nun nämlich unterscheiden zwischen den Metaphern, die sie durch andere Metaphern oder andere katachretische Begriffe ersetzen kann und will, und denen, die als unhintergehbare Analogien der Anschauung die unvermeidbare Grundlage des Denkens, den in Kauf zu nehmenden metaphorischen Kern einer Theorie ausmachen." (Debatin, S. 222)[37]. Metaphern müßten nicht getilgt, nicht durch Operationalisierungen ersetzt werden. Vielmehr könnten ihre potentiellen Bildtraditionen aktualisiert und ihre Sinnlichkeiten verstanden werden. Sie könnten als unverzichtbares Mittel im sozialen Diskurs, als das Sinnesorgan des Sozialen gewürdigt, und zugleich könnten ihre Limitierungen erfahren werden. Bricht das Differenzschema zusammen, dann auch die Abgrenzung zur Profession. Damit entstünde eine neue, gewaltige Chance zu einer Theorie der Psychotherapie, die für die Profession förderliche Umwelt wäre. Sie müßte die Profession nicht dominieren wollen, nicht unter ihre eigenen Geltungsansprüche stellen, die durch die abso-

---

[36] Man denke an wissenschaftliche Wortbildungen wie „rein theoretisch", „reine Mathematik" usw.

[37] Zum gleichen Schluß, seine Argumentation etwas anders aufbauend, kommt Radman (1995).

lute Metapher erzeugt werden, Profession sei mit Wissenschaft identisch – aus dem Blickwinkel der Wissenschaft.

Die eine Alternative zum Sprachreinigungsprogramm heißt dann, die theoretischen Bildungen auf Interaktionen zu beziehen und sie nicht als losgelöste Aussagen, die in anderen Zusammenhängen abstrakt überprüfbar seien, zu betrachten. Das ist Ziel jener professionellen Reflexionsverfahren, die im Fall der Psychotherapie als „Supervision" genutzt werden.

Ein alltägliches Beispiel kann das illustrieren: In einer ersten familientherapeutischen Sitzung legt ein Vater seiner anorektischen Tochter die Hand auf den Oberschenkel und sagt: „Du wirst es schon schaffen!" Der Therapeut bringt diesen Ausschnitt mit dem Video in die Supervisionssitzung ein; er habe nicht gewußt, wie reagieren. Das ganze sei doch „peinlich". Ein Teil der Gruppenmitglieder sieht diese Peinlichkeit nicht, sondern ist empört – weil es der mageren Tochter doch weh getan haben müsse, wenn der Vater ihr so heftig die Hand aufs Bein schlage. Daran wird zunächst deutlich: Die Szene wird als Tat eines „Täters", also im Licht einer Metapher, gesehen. Dann entsteht der Affekt der Empörung. Aus dieser Erfahrung heraus kann nun umgekehrt gefragt werden, durch welche Metaphern der Therapeut die Szene gesehen haben mag, wenn sein Affekt „Peinlichkeit" war? Er „sah" die Metapher einer erotischen Verführung, als habe der Vater der Tochter gewissermaßen „anmachend" auf den Po geschlagen. Ein weiteres Gruppenmitglied sieht noch etwas ganz anderes: überschießende Unbeholfenheit des Vaters, der seiner Tochter Mut zuzusprechen versucht und dann, als die Gruppe diese Sicht übernehmen kann, entsteht ein ganz anderer Affekt: Gerührtheit.

Nur unter Einbeziehung des Therapeuten und der von ihm „gewählten" (d.h. unbewußt motivierten und von der Metaphorik formatierten) Sicht ist ein Sinn für die von Strupp (1996) geforderte „Einmaligkeit" jeder therapeutischen Dyade zu gewinnen. Das metaphorische Format verändert die „Objekte" – der Vater erscheint mal als „Täter", mal als Verführer, mal als unbeholfen Tröstender.

In Abhängigkeit von der Metaphorik verändern sich Gefühle und Stellung des Therapeuten im je formatierten interaktiven Spiel: mal ist er Zeuge einer unmoralischen Anmache, dann sieht er sich zur Verhinderung eines aggressiven Aktes aufgerufen und schließlich, mit der dritten Variante, kann er auch Schwierigkeiten des Vaters wahrnehmen. Eine Entscheidung, was hier „die" unbewußte Bedeutung ist, zu treffen, würde gerade die professionelle Notwendigkeit der Reflexion der Metapher eliminieren. Jedes Metaphernformat hat unterschiedliche Folgen für die Bedeutungsgebung. Der Professionelle entscheidet nicht, was „richtig" oder „falsch" ist, sondern danach, was ihn selbst wieder in einen handlungsfähigen Stand setzt.

Den rohen Ereignissen der Interaktion wird Bedeutung *gegeben*[38]. Es ist leicht, das Beispiel auszubauen und sich vorzustellen, zu welcher Theorie über familiendynamische Hintergründe der Anorexie jede der Deutungen führen würde. Deshalb hatte ich formuliert, das Problem *entstehe*, wenn man die Theorie von der Interaktion – die den Therapeuten einschließt – lösen würde. Die Theorie ist Bild, und das ermöglicht ihre operative Flexibilität durch professionsinterne Reflexionsprozeduren..

Ich kehre nach diesem illustrierenden Beispiel zum Thema zurück. Ich hatte gesagt, es gäbe Alternativen zum forschungsdominierten Programm der „Reinigung" der Wissenschaftssprache von den Metaphern und hatte gefordert, die gewählten Metaphern auf Interaktion zu beziehen. Eine zweite professionelle Alternative zur Reinigung von den „Bildern" ist nun, einen zweiten Blick auf die Bilder der psychotherapeutischen Theorien selbst zu werfen. Wahrscheinlich gibt es überhaupt keine psychologische Theorie, die ohne Metapher auskäme (Romanyshyn 1981). Entsprechendes kann man von Interaktionstheorien[39] sagen. Aber man kann die Begrenzungen der je dominierenden Metaphoriken reflektieren. Ich werde später solche Techniken beschreiben.

Hier nur ein Beispiel. Seelisches wird von den meisten psychologischen Theorien als „Innenwelt" metaphorisch aufgefaßt. Mit dieser Leitmetaphorik gewinnt man eine Aufwertung des Seelischen gegenüber der Außenwelt, handelt sich aber auch eine Menge schwer lösbarer Folgeprobleme der Verräumlichung ein. Wo z.B. findet Denken oder Vorstellen statt? Die Antwort liegt, solange man in Begriffen einer Innen-Außen-Welt denkt, immer schon fest: innen. Sie wird genau lokalisiert: im Kopf. Was aber, so der Psychoanalytiker Lickint (1996), wenn man bei einer handwerklichen Reparatur ganz „bei der Sache" ist? Liegt das Denken dann nicht in den Händen oder gar in den Fingerspitzen? Was, wenn wir „bei der Geliebten" oder „außer uns" sind? Dies sind kleine Beispiele angewandter Metaphernanalyse; sie zeigen die Begrenzungen der „Innenwelt"-Metaphorik. So auch Mollenhauer (1996) unter Hinweis auf philosophische und ästhetische Traditionen, dieses Problem zu lösen. Mollenhauer zitiert

---

[38] In diesem Sinne stimmen meine Überlegungen mit Kettner (1998) überein, der kürzlich auf die Peirce'sche „Abduktion" erneut aufmerksam gemacht hat und sie als unverzichtbar für eine „umfassende" (Kettner, S. 620) Wissenschaftstheorie auszuweisen versucht. Mein Punkt ist hier, daß Abduktion von Kettner vorgestellt wird als Versuch, auf neue Tatsachen mit einer neuen Hypothese zu reagieren – aber was wäre in meinem Beispiel die neue Tatsache? Das macht den Unterschied zwischen Abduktion und Perspektivität deutlich – Kettner geht noch von perspektiven*un*abhängigen Tatsachen aus, aber das kann anders, nämlich mit dem Begriff der Irritation (s.u.), erklärt werden. Erst dann sind die Überreste des logischen Empirismus in einem solchen Tatsachenverständnis überwunden, denn auch Kettner spricht in einer Annäherung an den Konstruktivismus von unserem „konstruktiven Zutun".

[39] Beispiele: Goffmans Begriff der „Rahmung" oder der konversationsanalytische Begriff der „Satzreparatur".

den französischen Philosophen, Mathematiker und Kunsttheoretiker Michel Serres: „Ich schneide mir die Nägel ... Als Linkshänder nehme ich das Werkzeug in die linke Hand und lege die geöffneten Schneiden an die Nagelspitze des rechten Zeigefingers. Ich versetze mich in den Griff der Schere hinein, das 'ich' befindet sich nun dort" und weiter, die „linke Hand bearbeitet das Objekt rechter Zeigefinder ... Das 'ich' füllt meinen linken Zeigefinger ganz und gar aus."

Hier sitzt die Seele nun nicht „innen", sondern im Zeigefinger. Wenn man Seelisches als „Innenwelt" metaphorisiert, liegt es nahe, die Abgrenzung zur Außenwelt als Projektion der Körpergrenze zu denken und entsprechend gibt es Begriffe wie „Ich-Grenze", aber auch Behandlungsempfehlungen, Patienten bei der „Abgrenzung" ihrer Autonomie und Identität behilflich zu sein. Wenn Denken und Vorstellen „innen" lokalisiert werden und der Ort als Gehirn präzisiert wird, dann folgt daraus, daß Denkstörungen auch als Gehirnstörungen aufgefaßt werden können, was ja in der Geschichte des Fachs tatsächlich immer wieder so gesehen – und immer wieder kritisiert – wurde[40].

Aus diesen Alternativen zur Metapher der Reinigung ergeben sich einige Folgerungen. Ich war davon ausgegangen, daß „Theorie" in der professionellen Praxis einen anderen Status hat. Sie wird nicht – in einer anderen Zeitlichkeit – erst formuliert und dann „angewandt", sondern sie „bildet"[41] den professionellen Kliniker und diese Bildung kann reflektiert werden. Die Anforderungen an eine professionelle Theorie lassen sich nun formulieren.

Sie muß so gebaut sein, daß die imaginativen Fähigkeiten des Professionellen so angeregt werden, daß er Neues „sehen" kann. Es geht somit um eine Art Bildproduzierenden Typus von flexibler und fokussierender Theorie, die Platz dafür

---

[40] Einen Beitrag zur Überwindung dieser Dichotomie lieferte Eisenberg mit seinem Aufsatz „The Social Construction of the Human Brain" (1995)

[41] Hier möchte ich daran erinnern, daß Freud immer die Auffassung vertrat, Psychotherapeuten sollten auch Kenntnisse in der Literatur, in der Mythologie, Völkerkunde und vielen anderen Bereichen haben. Die derzeitige Fixierung an Medizin und Psychologie, an „Methoden" zur „Bekämpfung" von „Krankheiten" ist in meiner Sicht eine paradoxe Folge des Verwissenschaftlichungsdrucks, der Bildungsarmut statt intellektuellen Reichtum produziert.

lassen muß, selbst überrascht werden zu können.[42] Die professionelle Bildtheorie muß zum Handeln befähigen, und sie muß den Platz des Betrachters *vor* dem Bild verändern. Diese Veränderung der Position des Betrachters vor dem Bild schließt ihn – anders als in der Wissenschaft – ein und macht damit die diskursive Ausformulierung der Theorie grundsätzlich unabschließbar.

Diesen Aspekt betonen auch Welter-Enderlin und Hildenbrand (1996), wenn sie die sog. „systemische Therapie" auf Professionstheorie umstellen wollen. Sie heben auf die Spannung der psychotherapeutischen Professionen zu den Wissenschaften ab und betonen die professionelle Autonomie. Von professionellem Handeln könne man nur dann sprechen, „wenn es sich selbst kontrolliert, wenn es von Kontrollen sowohl durch die Organisationen, in denen Professionelle tätig sind, als auch von staatlichen Instanzen unabhängig ist und sich von diesen nicht in Dienst nehmen läßt; Professionen sind primär dem Klienten und seinem Wohl einerseits, der Professionsethik andererseits verantwortlich" (S. 17)[43] Zum allgemeinen wissenschaftlichen Wissen tritt das „fallverstehende Wissen" hinzu. Weil psychosoziale Störungen immer solche des „Begegnenkönnens" sind, ist die personale Fähigkeit des professionellen Psychotherapeuten gefragt, zu begegnen. Wissenschaftliche Begriffe, die aus einer Welt der objektiven Untersuchung entnommen sind, haben hier eine Begegnungen erschwerende Wirkung: Sie schaffen Distanz und degradieren im schlimmsten Fall die Klienten des Professionellen zu Objekten. Die Notwendigkeit des individualisierten Fallverstehens wird so in einer doppelten Perspektive begründet: aus der Autonomie der Professionen

---

[42] Für diejenigen, die fürchten, damit würden psychoanalytische Positionen aufgegeben, zitiere ich aus „Jenseits des Lustprinzips" (GW XIII, S. 65). Freud sieht hier, „daß wir genötigt sind, mit den wissenschaftlichen Terminis, das heißt mit der eigenen Bildersprache der Psychologie (richtiger: der Tiefenpsychologie) zu arbeiten. Sonst könnten wir die entsprechenden Vorgänge überhaupt nicht beschreiben, ja, würden sie gar nicht wahrgenommen haben." Das unterstreicht die Beobachtungsabhängigkeit und die Bildhaftigkeit. Dann rettet sich Freud schnell auf einen Felsen „roher Tatsachen", wenn er fortfährt: „Die Mängel unserer Beschreibung würden wahrscheinlich verschwinden, wenn wir anstatt der psychologischen Termini schon die physiologischen oder chemischen einsetzen könnten." Aber diesen vermeintlich sicheren Hort gibt er im nächsten Satz sofort wieder auf: „Diese gehören zwar auch nur einer Bildersprache an, aber einer uns seit längerer Zeit vertrauten und vielleicht auch einfacheren". So ist es – auch in den harten Naturwissenschaften Bildersprachen, aber sie sind lebensweltliche Deutungsmuster geworden. Man kann mittlerweile belegen, wie ungeklärte theoretische „Bilder", etwa von Mann-Frau-Beziehungen, die wissenschaftliche Wahrnehmung der Sperma-Ei-Interaktion steuern (vgl. Martin 1993; aus anderen Bereichen Mayr (1987) oder Knorr Cetina (1995).

[43] Vgl. meine Rezension des genannten Buches in der Zeitschrift „Familiendynamik" 1997

im Unterschied zur Wissenschaft und aus der Notwendigkeit der personalen Begegnung.

Bildqualitäten

Hiermit gewinne ich Kriterien zur allfälligen Kritik der von Professionellen benutzten Theorie: Bilder, die nicht mehr als solche gesehen werden, Theorien, die das Denken und Handeln fixieren oder gar vereinheitlichen wollen, Aussagen, die nicht offen für Überraschungen sind, Formulierungen, die sich aus konkreten Interaktionsbezügen abstrahiert haben und den interaktiven Beitrag des Professionellen distanzierend ausschließen, sind mit zunehmendem Grad ihrer Fixierung im professionellen Kontext zunehmend weniger leistungsfähig. Psychotherapeuten sollten durchaus wissenschaftlich aus- und weitergebildet sein. Sie sollten wissenschaftliche Theorien ihres Faches und Methoden von deren Überprüfung kennen. Aber eben nicht nur diese.

Freud hatte mit dem Ödipus-Mythos literarisch auf eine antike Bildung angesprochen und ihn zur Darstellung eines zentralen Topos seiner Theorie genutzt. Die Theorie war so lange professionell verwendbar, als sie hohen Überraschungswert hatte und das Denken aus Fixierungen löste, indem sie neue Bildungen zur Verfügung stellte. Die Kritik an der Universalität dieses theoretischen Bildes kam nun nicht nur von der Seite jener Wissenschaftler, die die Formulierungen Freuds als wissenschaftliche Aussagen auffaßten und widerlegen wollten; sie kam vielmehr vehement aus den Reihen der Psychoanalytiker selbst[44], die für ihre professionelle Praxis neue Bilder benötigten und produzierten. Wenn Kohut in seinem frühen Aufsatz über die „narzißtische Wut" (1966) einen Bezug zu Heinrich von Kleists „Michael Kohlhaas" herstellt, geht er nicht so weit, nun einen „Kohlhaas"-Komplex zu fordern, sondern er beläßt es bei dem illustrierenden literarischen Vergleich. Patienten, die „sich vor Wut zerreißen" bewirken wohl bei allen Therapeuten eine Assoziation zu „Rumpelstilzchen" – aber wer würde einen entsprechenden Komplex noch als universell behaupten wollen? Vielmehr vollzieht sich hier die professionelle Realisierung jener Einsicht, wonach eine Geschichte im Licht einer anderen erhellt und in dieser wechselseitigen Erhellung ihre professionelle Nützlichkeit liegt; aber es wäre eine Mystifizierung, wenn man behaupten wolle, die eine Geschichte *ist* die andere.

[44] Jüngeres Beispiel: Diente der „kleine Hans", Freuds berühmte Falldarstellung, für Lorenzer (1970) noch als Prototyp zur Darstellung der psychoanalytischen Methode, so spricht Laplanche (1998) „spöttisch" (wie er sagt, S. 610) vom „Mythos von Hans und Sigmund".

Ähnliches läßt sich an zentralen Formulierungen anderer therapeutischer Schulen beobachten; man nehme nur solche wie Selbstverwirklichung, Archetypen, Gestalt oder Verhalten. Immer haben professionelle Psychotherapeuten neue Bilder in ihren Interaktionen produziert, und die Forschung kam hinterher – und kaum hinterher. Produktion von Leitmetaphoriken ist eine Bedingung professioneller Leistungsfähigkeit, sie zu untersuchen, zu widerlegen oder zu differenzieren ist Aufgabe wissenschaftlicher Forschung. Sie wieder in Bezug zur Interaktion, zu fachlichen Traditionen wie zu den eigenen biographischen Bildungen zu setzen, ist Aufgabe professioneller Reflexion.

Profession und Wissenschaft: Nebeneinander statt Hierarchie

> „Und dennoch gibt es in jeder Wissenschaft eine andere Seite, auf die sie als Wissenschaft niemals gelangen kann..."
> (Martin Heidegger, Was heißt denken?, 1984, S. 57)

> „...hat die Medizin großartige Fortschritte gemacht, aber auch das vornehmste und schwierigste unter den Problemen des Lebens in kurzsichtiger Weise verkannt."
> (Sigmund Freud, Die Widerstände gegen die Psychoanalyse, 1925, S. 102)

Die professionelle Arbeit von Psychotherapeuten als Wissenschaft zu beschreiben war eine Selbstmystifizierung, an der sich Psychotherapeuten, wie mir scheint, auch deshalb beteiligt haben, weil so zu argumentieren eine Strategie war, die eigene Arbeit und v.a. das eigene Prestige aufzuwerten. So zu argumentieren war jedoch nur nötig, so lange man Wissenschaft *über* den Professionen ansiedelte. Dann, aber auch nur dann, ist das, was professionelle Kliniker tun, weniger „wert" und muß sich kompensatorisch als „wissenschaftlich" gerieren. Ob Verwissenschaftlichung der Psychotherapie das Heilmittel der gegenwärtigen Lage ist, darf man skeptisch sehen. Ich habe an einigen wenigen Beispielen aus der Forschung zur Psychotherapie Unterschiede zwischen Profession und Wissenschaft illustriert und darüber hinaus zu zeigen versucht, daß derjenige Typus von psychotherapeutischer Forschung, wie von empirischen Forschern wie Henry (1998), Strupp (1996), Safran und Muran (1994) oder Shapiro (1993, 1994) neuerdings selbst vehement kritisiert wurde, die professionellen Probleme nicht löst. Beide bilden Umwelten füreinander, und ich möchte nun die Differenzen und Probleme an mehreren Punkten systematisch herauspräparieren.

Probleme des hierarchischen Modells

Das hierarchische Modell, wonach die Wissenschaft über der Profession stehe, war in den zwanziger Jahren dieses Jahrhunderts von Thorstein Veblen (neue Auflage 1957) formuliert worden. Veblen unterschied „higher schools", die etwa unseren Universitäten entsprechen, von den „lower schools", die er auch als „schools of application" bezeichnete. Erstere haben die Aufgabe, wissenschaftliches Wissen zu akkumulieren, das von den zweiten „angewendet" werden solle. Die „higher schools" seien mit den Aufgaben der Forschung vorrangig beschäftigt. Sie ziehen die „bright and brillant students" an. Den Universitäten ist damit nicht nur eine bestimmte Aufgabe zugewiesen, sondern auch ein höherer sozialer Status. Mit dem höheren sozialen Status kommen Wissenschaftler in die Rolle von Schiedsrichtern, die anstehende Fragen mit ihren Methoden definitiv zu entscheiden befähigt werden. Die wissenschaftliche Sicht gilt als überlegen. Nichtwissenschaftler nutzen wissenschaftliches Wissen, verwenden es für ihre Zwecke oder liefern der Wissenschaft Fragestellungen zur Beantwortung zu. Sie sind in diesem Modell metaphorische Auftraggeber und Problemlieferanten, Konsumenten, Nutzer oder Anwender wissenschaftlichen Wissens.

Nun weist ein solches hierarchisches Modell erhebliche Schwierigkeiten auf. Es ist mittlerweile fragwürdig, ob es die Empirie, im Fall der Psychotherapie also das, was als „natural setting" des professionellen Klinikers bezeichnet wird, zutreffend abbildet; zumindest hat das hierarchische Modell attraktive Konkurrenz bekommen. Mit Luhmann (1984, 1990, 1997) werde ich die funktionale Ausdifferenzierung gesellschaftlicher Teilsysteme als wesentlichen Aspekt der Modernisierung noch beschreiben und die Ausdifferenzierung von Professionen als gesellschaftliches Funktionssystem begründen. Sieht man Wissenschaft und Profession als solche funktional ausdifferenzierten, als nicht-hierarchisch zueinander positionierte Systeme, dann böte sich hier eine Erklärung für eine Reihe von Problemen an, die immer wieder moniert worden sind, seitdem Psychotherapie wissenschaftlich begleitet[45] wird. Ich will einige dieser Probleme auflisten:

Das Problem der Relevanz

Die Psychotherapieforschung ist von Anfang an orchestriert von einem Chor kritischer Stimmen, die leise, aber vernehmlich immer wieder danach fragen, was ein Praktiker mit den gefundenen Ergebnissen anfangen könne. Manche, wie

[45] Die Metapher von der „Begleitung" dokumentiert auch ein Wissen darum, daß Wissenschaft Umwelt des professionellen Handlungssystems ist.

Rudolf (1991), Stiles und Shapiro (1989), Stiles (1993 und 1994), Jaeggi (1994) oder Hutterer (1996) meinen sogar, kaum ein Ergebnis der Forschung habe die Praktiker nachhaltig beeinflußt[46]. Und andere, wie Gottman und Markman (1978) bezweifeln den Wert von zentralen Verfahren wie den Einsatz der rater, weil die rating-Systeme nur vergleichsweise grobe Kategorisierungen erlauben. Die sog. Messungen, die in der psychotherapeutischen Prozeß- und outcome-Forschung von ratern vorgenommen werden, sind in Wirklichkeit Schätzungen. „Messung" ist eine Metapher, die die Ansprüche des Wissenschaftsbetriebs semantisch befriedigen soll.

Wir wissen aus einer empirischen Untersuchung von Raue et al. (1995), daß die theoretische Orientierung der rater erheblichen Einfluß auf das nimmt, was sie beobachten. In dieser Untersuchung wurden die Einschätzungen von ratern unterschiedlicher theoretischer Orientierung (behavioral vs. psychodynamisch) bei einem als gut operationalisiert geltenden Meßinstrument, dem WAI (working alliance inventory) untersucht. Dabei zeigte sich, daß die Unterschiedlichkeit der Beurteilungen ein und desselben Therapietranskriptes mit der theoretischen Auffassung der rater variiert – die Einschätzung ist abhängig von der Theorie! Trotz guter Operationalisierung des Meßinstruments sind „Messungen" abhängig von der Voreinstellung der rater – wie könnte es auch anders sein, wo wir doch seit Jahren wissen, daß es keine theoriefreien Beobachtungen geben kann. Das ist nun sogar empirisch dokumentiert – die Diskussion der methodologischen Folgen steht freilich noch aus. Nach diesem Befund dürfte es nicht mehr umstandslos möglich sein, rating-Verfahren zu verwenden.

Das Relevanzproblem ist mit der Auffassung der Psychotherapie als einem interaktiven Geschehen verknüpft. Interaktion kann nicht kategorisiert werden, weil solche Kategorisierung immer mit unkalkulierbaren Datenverlusten operieren muß. Jedes Kategoriensystem für Interaktionen ist systematisch unterkomplex gegenüber seinem Gegenstand, sie sind aus einem systematischen Grund den interpretativen Verfahren gegenüber unterlegen, weil auch sie immer erst inter-

---

[46] Ein Beispiel jüngeren Datums: „Thus we should not be surprised that research findings have little relevance for the wide range of patients seen by experienced clinicians in their clinical practice". (Blatt 1995, S. 135) Schachter und Luborsky (1998) stellen ihrerseits fest, daß Psychoanalytiker wenig Forschungsliteratur lesen und spekulieren, daß sie sich nicht verunsichern lassen wollten. Diese Autoren entwickeln den interessanten Gedanken, daß das eine Art notwendiger professioneller Immunisierung sein könne, weil der Prozeß es brauche, daß Therapeuten sicher glauben können, daß ihr Tun hilfreich ist. Wieder begegnen wir dem „Glauben" als kurativer Faktor – darüber könnte nachgedacht und geforscht werden.

pretieren müssen, bevor sie eine Äußerung einer Kategorie zuordnen können. Komplexe Äußerungen, zumal in hochgradig verschachtelten und temporalisierten Kontexten können Kategorisierungen nicht erfassen. Kategorienbildende oder -nutzende Verfahren wurden entwickelt, um die Ansprüche des Wissenschaftssystems zu befriedigen und Versuche, große Datenmengen zu handhaben, haben ihren eigenen Sinn – im Wissenschaftssystem. Doch ist für den professionellen Psychotherapeuten nicht ausgemacht, was er mit den dann gewonnenen Daten in einem konkreten Behandlungsfall anfangen kann.

Das Problem des Status

Wer als Wissenschaftler arbeitet, genießt höheres Ansehen als ein einfacher Praktiker. Seine Meinungen werden eher zitiert, der Status verleiht seinen Auffassungen ein größeres Gewicht. Praktiker publizieren – mit wenigen Ausnahmen – kaum, und wenn sie auf Tagungen oder Kongressen mit Wissenschaftlern diskutieren, dann riskieren sie immer den erwähnten Verdacht: daß ihre Erfahrungen als „nicht überprüfbar" abgetan werden können. Der professionelle Psychotherapeut hat nie einen Zeugen – außer sich selbst. Sogar, wenn Patienten sich positiv über Therapieerfolge äußern, kann dies leicht unter methodische Zweifel gestellt werden. Hier muß man die Forderung stellen zu überlegen, in welcher Weise professionelle Psychotherapeuten sich gegenseitig Mitteilungen machen können so, daß sie diese besser nutzen können. Fraglich ist, ob die Forderung nach praxisgerechter Aufbereitung wissenschaftlichen Wissens eine Lösung darstellt. Das ist zumindest dann fraglich, wenn die subtilen, aber entscheidenden Methoden-Probleme in für die Praxis aufbereiteten Präsentationen ausgelassen würden – Professionelle würden insofern entmündigt, als sie nicht nur Ergebnisse gebrauchen, sondern in die Lage versetzt werden wollen, deren Abhängigkeit von Methoden, den verwendeten Untersuchungsdesigns, der Population oder der Institution einschätzen zu können.

Das Problem der Status-Differenz ist an Indikatoren wie dem sog. „Impact"-Faktor von Zeitschriften ablesbar. Dieser Faktor wird berechnet, indem die Zitate aus einer Zeitschrift, sofern sie in den beiden dem Indexjahr vorhergehenden Jahrgängen erschienen sind, durch die Gesamtzahl jener Beiträge dividiert wird, die im Indexjahr erschienen sind. Da Wissenschaftler rechercheunterstützt lesen und einander in ihren Zeitschriften zitieren, kommt es zwangsläufig zu einem höheren Impact-Faktor jener Zeitschriften, die von Wissenschaftlern gelesen werden, als derjenigen, die von professionellen Psychotherapeuten gelesen werden. Letztere schreiben weniger und zitieren sich untereinander seltener – eine

Erfahrung, die diskutiert werden sollte, denn sie verlangsamt Auseinandersetzungen unnötig. Zitierungen erfolgen innerhalb der Profession eher nach Gruppenzugehörigkeiten, mit anderen oder gar gegnerischen Auffassungen setzt man sich durch Stillschweigen auseinander.

Das „Institute for Scientific Information“ hat von weltweit mehr als 70.000 Zeitschriften bislang nur etwa 4.500 erfaßt. Da darunter fast ausschließlich englischsprachige Zeitschriften sind, erscheinen die rank orders der Wissenschaftler höher. Über die Zahl der Leser sagt dieser Index wenig aus, sondern über den Status. Immerhin hat er bislang einen solchen impact gehabt, daß Herausgeber und Redakteure jener Zeitschriften, die sich um professionelle Psychotherapeuten durch „aufgelockerte“ Beiträge bemühen, ernsthafte Sorgen zu machen beginnen (vgl. Finzen und Hoffmann-Richter 1997).

Das Problem des Transfers wissenschaftlichen Wissens zur Profession

Denkt man das Verhältnis von Wissenschaft und Profession hierarchisch, denn entsteht das Problem des Transfers: Wissenschaftlich gefundene Ergebnisse sollen zu den Praktikern gelangen können (Wolff 1994). Diese Vorstellung hatte sich in den Sozialwissenschaften lange Jahre über gehalten, bis eine eigene „Anwendungsforschung“ ihr Scheitern insofern eingestehen mußte, als die Wissenschaftsdominanz aufgegeben werden mußte; Wissenschaft produziert nicht besseres, sondern anderes Wissen (Wingens 1997). Im Feld der Psychotherapie kann die Anwendung wissenschaftlichen Wissens mit politischen Mitteln erzwungen oder es können entsprechende Versuche unternommen werden. Das ist u.a. auch deshalb möglich, weil wissenschaftlichen Ergebnissen, die Nachteiliges über Psychotherapie ermitteln, eine spektakuläre öffentliche Aufmerksamkeit zuteil wird, während positive Befunde öffentlich kaum rezipiert werden. Profession und Wissenschaft sind gemeinsam von einer weiteren Umwelt, der Öffentlichkeit, umgeben. Das System der öffentlichen Medien folgt wiederum eigenen Steuerungsimperativen. Diese rezipieren positive und negative Befunde über Psychotherapie asymmetrisch. Das erhöht den politischen Druck auf die Professionellen, aus deren Sicht Öffentlichkeit und Wissenschaft dann eine Koalition einzugehen scheinen. Wie trügerisch das ist, dürfte nach dem Wirbel der Grawe'schen Metaanalysen und den mittlerweile erschienenen vernichtenden methodischen Kritiken daran ersichtlich sein – aber die Flurschäden sind erst einmal eingetreten.

In der jüngeren Zeit hat Grawe (1995) einen Beitrag zu dieser Frage geliefert und die Behauptung zu begründen versucht, psychotherapeutische Forschung könne dem Professionellen sehr wohl effektive Lösungen zur Verfügung stellen. Ich wende mich dieser These zu.

Grawe entwickelt seine „Allgemeine Psychotherapie“, indem er vier Therapeutenvariablen als empirisch gut gesichert annimmt (Ressourcenaktivierung, Problemaktualisierung, aktive Hilfe zur Problembewältigung und die Klärungsperspektive). Nachdem er diese als gemeinsamen Nenner in den verschiedenen therapeutischen Schulen dargestellt und aus verschiedenen Untersuchungen extrahiert hat, kommt er dazu, sie dem professionellen Praktiker vorzuschlagen und will diesen anregen, sich zu fragen:

> „Beruhen die Probleme des Patienten auf fehlendem Bewußtsein für etwas und/oder auf einer ungeklärten oder konflikthaften Motivkonstellation und/oder auf einem Nicht-anders-können?“ (Grawe 1995, S. 140)

Die Absicht ist, drei mögliche Problemquellen zu diagnostizieren. Eine solche, auf den Prozeß gerichtete Diagnostik liefert in *Anwendung* empirischer Befunde jedoch nichts anderes als eine ziemlich einfache Psychologie. So fragen sich manche Pädagogen, ob der Schüler nicht genügend Voraussetzungen mitbringt („fehlendes Bewußtsein für etwas“), zu faul ist („konflikthafte Motivkonstellation“) oder zu dumm („Nicht-anders-können“). Eine solche Alltagspsychologie ist in sich nicht reflektiert. Grawes Vorschlag reduziert sich auf ein konventionelles Deutungsmuster. Stellt man demgegenüber auf Interaktion um, dann sieht man, daß Grawes Vorschlag darauf hinausläuft, als *unabhängiges* Interventionsinstrument zu verwenden, was in anderen Feldern, etwa der akademischen Sozialpsychologie der Attributionsmuster, als *abhängige* Variable untersucht wird. Danach wären es, um im Vergleich zu bleiben, die Attributionen von Lehrern, die unter bestimmten Umständen (den unabhängigen Variablen) zu bestimmten Schlußfolgerungen über ihre Schüler gelangen – manchmal halten sie sie für zu dumm, manchmal für zu faul. Diese Überlegungen sind hier also Resultante von interaktiven Prozessen, nicht deren Voraussetzung – wie sollte man sie da als unabhängige Instrumente nutzen können? Wir wissen auch seit dem Rosenthal-Effekt, daß solche Zuschreibungen zugunsten der Schüler manipuliert werden können.

Überträgt man die interaktive Perspektive nun wiederum auf Grawes Anregung, was der Praktiker sich fragen könne, dann wäre schon bei den akademischen Sozialpsychologen anerkannt, wie sehr der Befund (also die Antwort auf die Frage: Wo ist das Problem?) *abhängig* vom interaktiven Kontext ist – die Sozialpsychologie bietet die Möglichkeit einer Beobachtung zweiter Ordnung. Sie kann dann erkennen, daß nicht das Problem, sondern die (interaktive) *Definition als Problem* ebenso entscheidend ist, wie die weitere Frage, wer definiert und wessen Definition sich durchsetzt. Dann könnte auch in den Blick geraten, daß ein Kliniker, der nur Grawes Vorstellung folgt, stillschweigend eine metaphorische Botschaft formuliert, die die Behandlung formatiert. Sie lautet: PSYCHOTHERAPIE IST PROBLEMLÖSUNG (durch Experten). Daß Patienten aber nicht nur Probleme lösen, sondern auch weinen oder angreifen, klagen und beschuldigen wollen und ihre Probleme manchmal dringend „brauchen“, bleibt außerhalb dieses Ansatzes[47].

Das professionelle Problem taucht bei Grawe an versteckter Stelle durchaus auf, aber er hat keine Lösung. Ein Beispiel soll das illustrieren: „Unter der Klärungsperspektive geht es darum, daß der Therapeut dem Patienten dabei hilft, sich über die Bedeutungen seines Erlebens und Verhaltens im Hinblick auf seine bewußten und unbewußten Ziele und Werte klarer zu werden“ (Grawe 1995, S. 138). Dieser Satz erschließt prototypisch das hier anvisierte Problem: Der professionelle Psychotherapeut braucht eine Unterscheidung zwischen bewußten und unbewußten Zielen und Werten auch nach Grawe; das professionelle Problem ist aber mit dieser Differenz keineswegs zureichend bestimmt, denn es muß sich in jedem individuellen Fall bestimmen lassen, was ein „unbewußtes Ziel“ ist. Die Grawe'sche Formulierung zeichnet in unbestimmter Weise jenen Ort aus, an dem das professionelle Handeln erst einsetzt. Der professionelle Psychotherapeut muß wissen, was im einzelnen Fall ein „unbewußtes Problem“ ist, wie er es erkennen oder konstruieren und dann formulieren kann so, daß diese Formulierung für den Patienten Verbindlichkeit gewinnt. Und er möchte wissen, ob und wie er daran beteiligt wird. Dann entwickelt er Ideen zur Behandlung. Es ist für ihn irrelevant zu wissen, daß die Behandlung unbewußter Probleme wichtig ist. Irrelevant heißt – er weiß das schon, es fügt seinem Wissen nichts Neues hinzu.

Professionelle erscheinen im hierarchischen Modell als verlängerter Arm der Wissenschaft, nicht als Erfahrungsproduzenten eigenen Rechts. Erfahrungen können so gestaltet sein, daß man sich irrt. Aber selbst dann ist die Erfahrung gemacht, sie kann an sich nie „wahr“ oder „falsch“ sein, aber sie kann selbstverständlich darauf hin evaluiert werden, ob sie weitere Erfahrungen zu machen erlaubt oder diese Möglichkeit verschließt. Deshalb hatte Lorenzer (1974) formuliert, die Psychoanalyse sei eine nicht-empirische Erfahrungswissenschaft.

---

[47] Kelman (1987, S. 111) sagt hier zutreffend: „Substantive consensus and conceptual dissensus have led to a pursuit of scientifically valuable butterfly with a faulty nomological net.“

Die Transformation professioneller Erfahrung in wissenschaftliches Wissen

Die lauten Klagen über den mangelnden Transfer wissenschaftlich gefundenen Wissens zur Profession verdecken allerdings eine ganz andere, mindestens ebenso relevante *Transformation in umgekehrter Richtung*: Was auch immer aus der Profession untersucht wird, muß in ein wissenschaftlich prozessierbares Problem erst *umgewandelt* werden. Es wird nie als „natürliches" Problem untersucht. Wissenschaftliche Publikationen beschreiben diese Transformation in aller Regel detailliert; meines Wissens ist es noch nie jemandem im psychotherapeutischen Feld aufgefallen, daß es sich hierbei um Problemtransformationen handelt, die systematische wissenssoziologische Aufmerksamkeit beanspruchen dürften.

Ich will statt vieler anderer nur *ein* Beispiel solcher Transformation aus einer jüngst erschienenen Publikation (Schiepek, Genz, Schröder 1997, S. 240) zitieren. Die Autoren, der systemischen Familientherapie nahestehend, wollten überprüfen, ob eine bestimmte Wirkung von zirkulären, hypothetischen und anderen Fragen tatsächlich zutreffe. Dazu haben sie als Datenbasis eine videographierte Paarbehandlung gewählt. Unter der Überschrift „Methode" beginnt dann die Beschreibung des Transformationsprozesses:

> „Hauptdatengrundlage der Untersuchung waren die Videoaufzeichnungen der Paartherapie. Aus jeder Therapiesitzung wurden 3 Stichproben analysiert, die jeweils am Anfang, in der Mitte und am Ende der Therapiestunde lagen. Es werden jeweils Interaktionen im Anschluß an relativ klar auszumachende therapeutische Fragen untersucht. Der zeitliche Umfang der einzelnen Stichproben betrug 3-5 Minuten und richtete sich nach inhaltlich sinnvollen Einheiten, nämlich der jeweiligen Fragen und deren Beantwortung bzw. den Reaktionen auf die Frage.
>
> Die ausgewählten Stichproben wurden zum Teil transkribiert (...). Danach wurden aus allen Stichproben Extensionen gebildet, entweder anhand der Transkripte oder direkt auf der Grundlage der Videoaufzeichnungen. Sowohl Transkripte als auch Extensionen stellten eine detaillierte Wiedergabe der verbalen (inhaltlichen) und nonverbalen (Körperhaltung, Mimik, Gestik, etc.) Aspekte der Kommunikation dar. In einem weiteren Schritt wurden die Extensionen kodiert. Dazu wurden die einzelnen Passagen in Verhaltens- oder Inhaltseinheiten sowie in Einheiten nonverbaler Kommunikation auseinanderdividiert. Aus diesen wurden dann die jeweiligen zugrundeliegenden Pläne erschlossen." – („Pläne" sind dabei definiert als „kognitive Konstruktionen" über Motivationen und Intentionen.)

Beobachten läßt sich ein gestufter Transformationsprozeß. Zunächst findet eine Paarbehandlung statt – das ist die professionelle Ausgangslage. Dann eine Aufzeichnung – erste Transformation. Deren Umwandlung in ein Transkript – zweite Transformation. Bildung von 3 Stichproben aus jeder Sitzung – dritte Transformation. Bildung von Extensionen aus den Stichproben – vierte Transformation. Verbale Beschreibung nonverbaler Interaktionen – fünfte Transformation. Usw. – Ähnliche Beschreibungen von Transformationsprozessen kann man nahezu allen wissenschaftlichen Publikationen im Feld entnehmen. Die Autoren dieser Studie erkennen freimütig an: „Eine solche Überprüfung von interaktionellen Vorgängen erfordert zwangsläufig Vereinfachungen eines komplexen Geschehens“ (S. 239). Man mache sich klar, was ein solches Zugeständnis, wie es sich bei vielen anderen Autoren findet, bedeutet: Es ist diese Art der Forschung, die vereinfachen muß, um überhaupt verfahren zu können.

Die solcherart vorgenommene Problem- und Datentransformationen beinhaltet mehrerlei. Wenn man etwa die Literatur zu den verschiedenen Transkriptionssystemen liest, weiß man, welche Bedeutung Linguisten und Konversationsanalytiker diesem Problem widmen – was bedeutet das Heben der Stimme „an dieser Stelle“? Wie muß es notiert werden? Der Transkribent ist derjenige, der die eigentliche Datengrundlage für die wissenschaftliche Prozessierbarkeit schafft; wird nicht transkribiert, sondern, wie in der psychotherapeutischen Forschung üblich, kategorisiert (etwa beim ZBKT oder dem SASB-Verfahren), dann sind es die rater. Sie fungieren wie die Transkribenten als „Augen der Wissenschaft“. Ohne sie sieht die Wissenschaft nicht – und nichts.

Was ist die Grundlage einer in solchen wissenschaftlichen Untersuchungen ja nicht seltenen Entscheidung, diesen oder jenen Ausschnitt aus dem Material für die weitere Analyse zu verwenden, andere hingegen nicht? Wenn man bedenkt, daß in psychotherapeutischen Interaktionen – wie in alltäglichen auch – geringfügige Hinweisreize außerordentliche Bedeutungen haben können, dann kann man vermuten, daß solche Entscheidungen auf der Grundlage einer *alltäglichen* Interaktionskompetenz des evaluierenden Wissenschaftlers getroffen werden. Er entscheidet auf der Basis einer unexplizierten, „naiven“ Theorie, was er als „relevant für das Untersuchungsziel“ und was er für vernachlässigbar hält. Aufgrund verwandter Kompetenzen entscheiden Professionelle wahrscheinlich auch – denn auch sie können sich nie „allem“ zuwenden – und vielleicht würden sie in einem konkreten Fall sogar in gleicher Weise entscheiden. Der Punkt ist: Wissenschaftliche Prozeduren *stellen* auf diese Weise aktiv selegierend ihre Datenbasis *her*. Das wirft Fragen bezüglich des Anspruchs an Objektivität auf. Solche wissenschaftliche Prozeduren können systematisch nicht wissen, was sie aus ihrem Untersuchungsansatz ausschließen. Sie können nur verfahren unter Einschluß dieses Ausschlusses.

Damit dichtet sich das System ab. Entscheidend für die Sicht des Verhältnisses von Profession und Wissenschaft ist, daß der Wissenschaftler (soweit er dem

„state and standard of the art" genügen will) überhaupt erst handeln kann, wenn solche Transformationen vorgenommen wurden. Sie haben ihr Recht, sie heißen im wissenschaftlichen Kontext „Methode". Wissenschaft kann nur solches Wissen anerkennen, das auf methodische Weise gewonnen worden ist (und deshalb auch von anderen, personunabhängig, zu gewinnen wäre). Dabei muß sie das ganz anders gelagerte Problem des Professionellen aus dem Auge verlieren. Professionelle Kompetenz bleibt gewissermaßen auf der anderen Seite der getroffenen Unterscheidung zwischen „relevant für die Untersuchung" und „vernachlässigbar". Für die Wissenschaft ist sie nicht untersuchbar, bevor sie nicht transformiert wurde und hier trennen sich die Systeme – sie bilden Umwelten füreinander.

Allerdings gibt es wissenschaftliche Verfahren, die solche Datenselektion zu minimieren trachten. Sie sind in den Sozialwissenschaften erprobt worden und machen sich den Grundsatz zu eigen, daß es keine irrelevanten Daten gibt. Auch solche Verfahren, wie die Konversationsanalyse, die objektive Hermeneutik oder auch die für qualitative Verfahren in der Erprobung befindliche Metaphernanalyse müssen wenigstens *eine* Problemtransformation vornehmen. Sie müssen aus einmaligen und flüchtigen Ereignissen stabile Dokumente herstellen, die durch die Untersuchung selbst nicht zersetzt werden können. Aus Interaktion wird Text – weitere Transformationen werden allerdings nicht vorgenommen, und damit wird größere Nähe zu den professionellen Problemlagen gewahrt. Aber die grundsätzliche Differenz zwischen dem Vollzug der Profession und deren wissenschaftlicher Untersuchung besteht auch hier (vgl. Bergmann 1985, Buchholz und Streeck 1999).

Unterschiedliche Handlungs- und Organisationsformen

Das hierarchische Modell übersieht die unterschiedlichen *Handlungs- und Organisationsformen* beider Bereiche. Das eben untersuchte Beispiel eignet sich auch für die Verdeutlichung dessen, daß professionelle Psychotherapeuten und Wissenschaftler völlig verschiedene Dinge *tun*.

Personalunion von Psychotherapeut und Wissenschaftler beseitigt die Differenz zwischen den Systemen nicht. Der professionelle Psychotherapeut behandelt und hat Wissenschaft in seiner Umgebung; der Wissenschaftler fertigt Transkripte an, selektiert Stichproben, überlegt designs, plant Untersuchungen, beantragt Forschungsmittel, liest andere Ergebnisse, überprüft Hypothesen – und diskutiert seine Ergebnisse mit professionellen Psychotherapeuten. Das kann auch wiederum er selbst sein und soweit diese Personalunion gegeben ist, wird das auch seine Interpretationen beeinflussen. Aber neuerdings zeichnet sich ein „neuer Typus“ des Forschers ab (Reiter 1995), der sein Wissenschaftsverständnis nicht mehr an Freuds Junktim-Forderung koppelt und damit genötigt wird, *entweder* Psychotherapieforscher *oder* professioneller Psychotherapeut zu sein. Mit dem Eintritt der psychotherapeutischen Forschung in das Stadium der „big science“ ändern sich Biographie- und Karrieremuster; die allermeisten müssen sich für professionelle Ausbildung *oder* wissenschaftliche Karriere entscheiden und die Folgen dieser Entscheidungen für ihre privaten Verhältnisse bedenken.

Wer als Psychotherapieforscher im Milieu der „big science“ arbeitet, tut dies meist unter einem solchen Streß, daß ihm kaum Zeit für Behandlungen bleibt – jedenfalls ist es ein gut gehütetes Geheimnis, welcher Forscher wie viele Patienten behandelt. Er richtet sich an ein anderes Publikum auf Kongressen und Tagungen, publiziert in anderen Journalen, und von diesen Medien sieht er sich anderen Erwartungen ausgesetzt.

Unter dem Stichwort der Handlungs- und Organisationsformen sollte nicht zu vernachlässigen sein, daß Forscher andere Literatur zitieren, daß sie eigene in ihren Diskursen erzeugte Methoden und Probleme (z.B. Mathematik, Statistik, Designs, Stichprobenauswahl etc.) haben, die sich von denen der Professionellen wesentlich unterscheiden oder bei Professionellen überhaupt nicht vorkommen; daß sie in Teams arbeiten – während professionelle Psychotherapeuten wahrscheinlich sehr viel weniger lesen, und wenn, dann andere Literatur und – durch die Eigenart der Profession bedingt – selten in Teams arbeiten können.

Andere Werte, andere affektive Bindungen, andere Zeitstrukturen

Das professionelle Handlungssystem der Psychotherapie ist in nahezu allen Schulen an persönliche Gründerfiguren gebunden, eine Bindung, die man in der Wissenschaft gerade abzulösen sucht; ein hoher Wert ist: objektiv, d.h. ohne personale Voreingenommenheiten, Ergebnisse zu produzieren. In der Profession ist Sensibilität hingegen von hohem Rang in der Werteskala. Sensibilität, Charisma, Formulierungskunst – dies sind Beispiele für persongebundene professionelle Fähigkeiten. Persongebunden heißt hier: Man kann sie nur von und an Personen lernen, nicht durch Studium von Handbüchern. Das schafft wiederum persönliche Bindungen, die es auch im sozialen System der Wissenschaft gibt, dort aber anders gewertet werden. Der Wert der Personunabhängigkeit reduziert persönliche Bindungen auf alltäglichen Umgang und das Herausgeben von Festschriften, kann allerdings auch zu Zitierkartellen und anderen Gunsterweisen moduliert werden. Immer aber steht dies etwas im Geruch, nicht eigentlich wissenschaftlich zu sein. Die Vergabe von Geldmitteln ist selbst keine wissenschaftliche Leistung, sondern basiert auf deren Beurteilung.

In beiden Systemen, Profession und Forschung, sind *unterschiedliche Zeitstrukturen* am Werk. Ein Wissenschaftler kann es sich *im Prinzip* leisten, für die Beantwortung einer Frage eine Reihe von Untersuchungen anzustellen, die Literatur daraufhin zu studieren, neuen Fragen nachzugehen. Wissenschaft ist zeitfrei gestellt, auch wenn der Augenschein etwas anderes nahezulegen scheint. Der Zeitdruck kommt nicht aus der Wissenschaft, sondern aus dem sozialen System der wissenschaftlichen Konkurrenzen. Ein professioneller Praktiker hingegen kann sich solche Freistellung von der Zeit nicht leisten. Würde ein professioneller Praktiker wie ein Forscher arbeiten – die relevante Literatur zu einem Problem recherchieren, sie selektieren und lesen, die zu untersuchende Forschungslücke darstellen, einen Antrag auf finanzielle Förderung stellen und ihn verteidigen, die Forschung durchführen und einen Bericht über die Ergebnisse schreiben – dann müßte er riskieren, daß der Problembesitzer längst den Ansprechpartner gewechselt, das Problem sich gesteigert oder anderweitig gelöst hat. Der professionelle Psychotherapeut arbeitet natürlich wissenschaftlich ausgebildet, er kennt die inhaltlichen und methodischen Probleme seines Faches und weiß um ausgebildete und etablierte Lösungen für bestimmte Probleme. Aber er arbeitet nicht als Wissenschaftler, sondern als Professioneller (nach dem „Praxisschock") und wenn er weiter nur als Wissenschaftler arbeiten wollte, wird er seinen Problemanforderungen nicht gerecht. Er plaziert Wissenschaft in seine Umwelt und arbeitet, wie Stichweh (1996) formuliert, wissensbasiert. Er löst nicht expertisierend vorgegebene Probleme mit wissenschaftlichen Methoden, sondern der herumstochernde Versuch, ein Problem überhaupt so zu definieren, daß es lösbar scheint, füllt einen wesentlichen Teil seiner Zeit aus. Lösungen findet er keineswegs nur in der wissenschaftlichen Umwelt, allerdings *auch* dort.

Verschiedene Sorten von Problemen

Wissenschaft und Profession unterscheiden sich demnach hinsichtlich Relevanz, Status, Handlungs- und Organisationsform, der Zeitstruktur und der Wertsysteme. Man stellt sich im hierarchischen Modell ihre Verbindung als „Transfer" von oben nach unten vor mit abwertenden Folgen für Professionelle und übersieht die Transformationsprobleme von unten nach oben. Mit welchen Problemsorten haben Professionelle es im Unterschied zu Wissenschaftler zu tun?

Donald A. Schön (1979, 1983, 1991) hat Professionelle aus so verschiedenen Bereichen wie Management, Schule, Ingenieure und psychotherapeutische Supervisoren, beobachtet. Er listet die Merkmale derjenigen Situationen auf, mit denen sie es zu tun haben. Solche Situationen sind komplex, instabil, vieldeutig, unsicher, einzigartig. Sie erfordern Werte-Entscheidungen und, von besonderer Wichtigkeit: der Professionelle – man denke an einen Lehrer oder einen Manager – ist immer Teil der Situation, auf die er reagieren soll – anders also als jeder Wissenschaftler. Das ist das *allgemeine Paradox professionellen Handelns*. Es erfordert zu seiner Lösung andere als wissenschaftliche Methoden, denn auch das Wort „Lösung" hat hier einen völlig anderen Sinn.

Man kann z.B. an einen Computer-Programmierer denken. Der kann gerade die Situation nicht verlassen, weil er so sehr in der aufwendigen Erstellung eines Programms „drin" ist, daß eine Unterbrechung gerade verhindern würde, daß er Teil der Situation bleibt. Dann würde er das Gefühl fürs Programm und die weiteren notwendigen Schritte verlieren. Etwas ähnliches gilt für Lehrer oder Ärzte.

Professionelle wenden nicht wissenschaftliche Gesetzmäßigkeiten oder empirisch gefundene Variablen an (Körner 1995, Velleman 1989). Für sie gibt es kein „Transfer"-Problem. Sie antworten auf Fragen, wie sie das machen, was sie machen, mit Sätzen wie: „Warte, bis ich fertig bin!" – dies hat Hubert L. Dreyfus immer wieder betont (Schachtner 1995). Das schließt andere Formen des Lernens – Zusehen und Mitmachen – ein. Sie sind personal involviert und denken in komplizierten, merkwürdigen Bildern, Schleifen, Analogien; sie ziehen keineswegs nur wissenschaftliche Bestände heran, sondern alltägliche Erfahrungen, vergleichen weit entfernt auseinander liegende Gebiete, kurz: selbst in den „harten" Professionen, wie bei den Ingenieuren, konnte Schön (1983, 1991) zeigen, daß Professionelle eigentlich wie Psychotherapeuten denken.

In der amerikanischen Literatur hat sich, und das könnte die deutsche Diskussion über das Verhältnis von Profession und Wissenschaft nur befördern, aufgrund solcher Überlegungen die Hierarchie umgedreht. Hier spricht man von den „science based professions". Die Wissenschaft steht nicht richtend *über* den Professionen, sondern basiert sie.

Ich beschließe diese Diskussion mit der Formulierung, professionelle Psychotherapie ist ein Handlungssystem, in dessen Umwelt Wissenschaft vorkommt. Auch anderes kommt darin vor: die Tagesform des Therapeuten, lokale Vorlieben einzelner psychotherapeutischer Gruppen für bestimmte Theorien, die Angehörigen des Patienten. Psychotherapie findet in einer Umwelt statt, von der nur ein Teil Wissenschaft ist. Auch davon gibt es viele Varianten, zu nennen sind Philosophie, Literaturwissenschaften, historische Wissenschaften und dann auch Medizin.

Aus all diesen Gründen sollte man die Frage nach Wert bzw. Prestige einer Tätigkeit nicht mit der nach ihrer Wissenschaftlichkeit oder Professionalität verwechseln. Es gibt viele andere Berufe in einer vergleichbaren Lage. Sie basieren auf wissenschaftlicher Ausbildung, aber um die Wissenschaft dieses Fachs auszuüben, bedarf es ganz anderer Fertigkeiten als derjenigen, die man braucht, um den Beruf professionell auszuüben. V.a. braucht es Mut, Neues zu sehen und innovativ zu reagieren. Die *Kreativität* professionellen Handelns kann nicht in Variablen abstrahiert werden; das widerspräche der Idee der Kreativität geradezu. Wo professionelle Praxis umgekehrt in Routine erstarrt ist, ist ihre Provokation durch Wissenschaft *eine* Möglichkeit, sie zu verlebendigen, aber es gibt noch einige andere.

Den Graben überwinden?

Die Profession braucht Kreativität und Innovation in jedem Fall – deshalb muß die Professions*theorie* jenen Platz auszeichnen, an dem sie selbst überrascht werden kann. Der Metapherntheorie eignet eine hohe Wertschätzung der kreativen Imagination. Professionelles Handeln kann durch flexible Theorie(n) immer nur angeregt, nie determiniert, wohl aber fokussiert werden. Wie kann eine Theorie des psychotherapeutischen Prozesses aussehen, die sich nicht schon dadurch, daß sie positiv ausformuliert ist, um die Möglichkeit ihrer Verwirklichung bringt? Diese „schräge", doch scharfsichtige Frage stellte Leclaire (1965); die Metaphern- und Professionstheorie wird Annäherungen erlauben.

An der starken Tendenz, Verbesserung der Professionen mit ihrer Verwissenschaftlichung gleichzusetzen, habe ich aus all den genannten Gründen beträchtliche Zweifel. Sie beziehen sich darauf, ob diese eher stillschweigende, aber deshalb umso wirksamere Behauptung stimmt. Die Erfahrung der Differenz beider Bereiche machen auch Lehrer, Juristen, Kaufleute, Ärzte, Informatiker und viele andere. Ihre wissenschaftliche Ausbildung ist der Rumpf für den Kopf professioneller Kompetenzen; aber hinsichtlich des Prestiges erscheint das Verhältnis von Wissenschaft und Profession immer noch so, als sei Wissenschaft ein höherrangiges Sozialsystem. Solange Professionelle allerdings mit Wissenschaftlern die Vorstellung teilen, Wissenschaft könne über die Professionen befinden, fühlen sie sich dementsprechend minderwertig gegenüber der Wissenschaft. Manchmal lassen sie sich Beweislasten aufladen, von denen sie nur deshalb erdrückt werden, weil sie meinen, zu Wissenschaftlern mutieren zu müssen – was sie doch aber gar nicht sind.

Professionelle Psychotherapeuten *erwerben und brauchen* noch andere als nur wissenschaftliche Fähigkeiten. Nur ein Teil dieser Fähigkeiten läßt sich so beschreiben, daß sie wissenschaftliches Wissen „konsumieren" oder „anwenden" oder „verbrauchen". Erstaunlich oft üben Professionelle ihre Fähigkeiten erfolgreich aus und sind dennoch schon längst nicht mehr wissenschaftlich „auf dem neuesten Stand". Natürlich gibt es auch Gegen-Beispiele, wo man sich wünschen würde, daß jemand „auf dem neuesten Stand" wäre. Doch in solchen Fällen mangelnder oder ungenügender Professionalität ist es meist fraglich, ob Zur-Kenntnisnahme neuester Forschungsergebnisse daran etwas ändern würde, ob nicht andere Maßnahmen geeigneter wären. Klagen über Rezeptionsunwilligkeit von Forschungsergebnissen finden sich ja nicht nur bei Psychotherapeuten[48]. Das Modell der Unterordnung professioneller Kompetenz unter Forschung hat als unerwünschte Folge die Entwertung von Erfahrung.

[48] Ergebnisse der Psychotherapieforschung werden von Praktikern wenig gelesen (Hildenbrand 1998). Übersichten, die von der American Psychogical Association in Auftrag gegeben wurden, zeigen, daß Psychotherapeuten weniger als einen Aufsatz pro Jahr lesen – so die Mitteilung in der „Open Door Review of Outcome Studies in Psychoanalysis" (Fonagy et al. 1999, S. 23). Psychotherapieforscher sollten sich mit diesem Faktum auseinandersetzen und die Ergebnisse ihrer Studien in eine Form bringen, die Praktikern sowohl zugänglich ist *und* sie dennoch kritikfähig hält. Ein gutes Beispiel dafür ist die Arbeit von Waldvogel (1997) über die von Seligman durchgeführte Consumer-Reports-Studie. Stehr (1994) und Stichweh (1994) haben kürzlich darauf hingewiesen, daß in der Aus-, Fort- und Weiterbildung von Professionellen nichtschriftliche Formen der Kommunikation (Vorträge, Videodemonstrationen etc.) weit wichtiger sind als die Lektüre von Zeitschriftenartikeln und Büchern. Auch die Ergebnisse von Praktikerbefragungen (z.B. Ahlers und Gam 1989) betonen die Theorie von den „zwei getrennten Welten", in denen Psychotherapieforscher und psychotherapeutische Praktiker leben.

> „In der Psychotherapieprozeßforschung geht es nicht um wahre oder falsche Aussagen ..., sondern um unterschiedlich plausible Interpretationen und Perspektiven. Die Empirie kann lediglich dazu dienen, Anregungen und Hinweise zu geben, welche Interpretationen als angemessen und klinisch plausibel zu betrachten ist." (Daniel Regli, Klaus Grawe, Daniel Gassmann und Andrea Dick 1998, S. 255)

Aber ich vertrete nicht wissenschaftsfeindliche Positionen, ich beharre nur auf Unterschieden. Ich meine vor allem nicht, daß das, was Psychotherapeuten tun, so geheimnisvoll und so subtil ist, daß es sich grundsätzlich jeder wissenschaftlichen Untersuchung entzieht. Ich meine allerdings, daß die Vernachlässigung des Unterschieds zwischen Wissenschaft und Profession gravierende Folgen hätte:

a) Die Idee des professionellen „improvement" durch Verwissenschaftlichung riskiert, daß die Improvisationsfähigkeiten von Professionellen nicht mehr geschätzt werden, die Profession unbemerkt einen kaum kompensierbaren Verlust eines besonderen Wissenstypus erleidet, und zwar gerade dann, wenn die Professionen *erfolgreich* wissenschaftlich kolonialisiert wären;

b) wenn umgekehrt die psychotherapeutische Forschung ihrerseits nicht mehr professionell irritiert werden könnte (weil die Profession in der Forschung aufgelöst wäre), würde damit ihre eigene Lernfähigkeit gerade durch ihren Erfolg auf fatale Weise eingeschränkt.

Es gibt genügend Beispiele dafür, daß Wissenschaft der Irritationen durch die soziale, politische, kulturelle oder eben auch professionelle Umwelt bedarf, um überhaupt interessante Fragestellungen zu entwickeln (die metaphorische Forderung heißt, sie müsse den Elfenbeinturm verlassen)[49]. Einmal verarmt die Profession um das, was aus wissenschaftlicher Sicht bloß als „Improvisation" erscheint, aber durchaus auch als Kern der professionellen Fähigkeiten beschrieben werden könnte; das andere Mal verarmt die Wissenschaft, weil ihr die irritierenden Anregungen aus dem Feld der Professionen entgingen. Voraussetzung für diese doch nicht wünschenswerten Folgen wäre paradoxerweise, daß die Idee, man könne Professionen durch Verwissenschaftlichung verbessern, erfolgreich wird.

---

[49] Vgl. z.B. die sorgfältigen wissenssoziologischen Analysen der Erziehungswissenschaften bei Schmitz (1981).

Das wäre ein Beispiel für erfolgreiches Scheitern eines über Jahrzehnte verfolgten Programms[50].

Setzt man Profession und Wissenschaft einander gleich, würde gerade die Tiefenschärfe sich nicht mehr einstellen lassen, die durch binokulares Sehen – Profession *und* Wissenschaft – ermöglicht wird. Trennt man jedoch beide voneinander ab, könnten sie unterschiedliche Landkarten verfertigen, das Netzwerk der Bedeutungen weiterknüpfen und sich gegenseitig beobachten. Der *Unterschied* zwischen Profession und Wissenschaft erzeugt dann synergetische Effekte der Entwicklungen von Fragestellungen, Problemlösungen und Wissenstypen, die zu verlieren Folge einer Ignoranz dieses Unterschieds wäre. Henry (1998) formuliert frisch und salopp: „„let's get on with the business of actually *learning* something". Und das schließt ein, daß Kreativität auf beiden Seiten vorhanden ist. Die Unterscheidung zwischen Kreativität/Erstarrung geht nicht mit der von Wissenschaft/Profession parallel.

Dyadenspezifische Ordnungen und ihre Umwelten

Gegen die Dominanzansprüche des hierarchischen Modells hilft nur die begründete Unterscheidung von Profession und Wissenschaft. Psychotherapeuten arbeiten nicht als Wissenschaftler, sondern als Professionelle. Sie sind persönlich engagiert, und selbst ihre Fähigkeiten zur Distanzierung und Reflexion ihres Engagements sind noch persönlich variabel. Sie entwickeln für jeden Patienten andere, auf ihn höchst individuell zugeschnittene Vorgehensweisen und Ziele; sie haben einen ausgesprochenen Sinn dafür, wie sie eine Äußerung formulieren können, so daß sie „ankommt". Sie verfolgen in jeder Sitzung kleine Ziele. Manchmal können sie gar nichts anderes tun, als gewissermaßen auf der Bettkante zu sitzen und geduldig auf die Genesung zu warten. Zu anderen Zeiten und mit anderen Patienten halten sie sich für intensive affektive Stürme bereit. *Innerhalb* des Prozesses sind sie gut, und man könnte noch eine Menge anderer Dinge beschreiben. Dazu gehört gewiß nicht nur die Beschreibung dessen, was sie tun, sondern v.a. der Unterschied zwischen Tun und Nicht-Tun, den entwickeln zu lernen einer der schwierigeren Partien professioneller Sozialisation ist – Thera-

[50] Ein Sozialforscher, Howard Becker (1965, S. 602), schrieb in kritischer Wendung gegen Idealisierungen der empirischen Wissenschaft: „Wir können niemals der Notwendigkeit entkommen, improvisieren zu müssen, vom Unerwarteten überrascht zu werden, von unserer Einfallskraft abhängig zu sein" (zit nach einem Manuskript und in der Übersetzung von Bruno Hildenbrand).

peuten[51] müssen v.a. schweigen können (also ein Tun, das wie Nichts-Tun aussieht), während es umgekehrt viele „Interventionen“ gibt, die „nichts tun“.

Außerhalb des Prozesses kommen diese besonderen Kompetenzen jedoch nicht zum Zuge und deshalb sind Psychotherapeuten hier oft weniger gut. Vertreten werden teils antiquierte Theorien oder unbewiesene Behauptungen über das „Wesen“ des Menschen (im Kollektivsingular – angesichts von ca. 6 Mrd. Exemplaren!) oder seine Kultur gemacht, Ansichten überdehnt oder Prognosen gewagt, die selten eintreffen. Theorien sind oft nicht das geeignetste Mittel, um adäquat zu beschreiben, was Professionelle tun. Und wenn professionell gezeugte Theorien von Wissenschaftlern auf- und angegriffen werden, dann führt gerade die Vernachlässigung der Differenz zwischen Profession und Wissenschaft zu einer Infragestellung des professionellen Könnens – während es doch nur eine Theorie war, die überprüft wurde[52].

Ich ziehe daraus die Konsequenz, Psychotherapie als Profession zu beschreiben – und nicht als Wissenschaft. Damit meine ich nicht nur den Unterschied zwischen der klinischen Theorie und der „offiziellen“ Theorie, der jemand anhängt. Ich meine, daß er etwas tut, was jenseits dieser Unterscheidung liegt und bestimmt ist von seiner nicht verallgemeinerbaren Teilnahme an einer Interaktion mit einem anderen Menschen. Es geht nicht um „Wissen“, sondern um den Vollzug des Könnens. Nur wenn er seine Leistung *persönlich* erbringt und nicht als Konkretisierung dieser oder jener abstrakten Theorie, kann er sie überhaupt erbringen; und zugleich ist diese persönliche Leistung nie eine mit Anspruch auf „per-

---

[51] So so z.B. Krause und Merten (1996), aber auch schon Cremerius (1969) – und mit dem Schweigen hätte man gleich ein Beispiel für nicht-wünschenswerte Effekte, die eine verwissenschaftlichende Optimierungsstrategie der Professionen erzeugen würde. Wird auf wissenschaftlich ausgewiesene Effektivität gesetzt, liegt zumindest die Vermutung nahe, daß viel (reden) auch „gut“ sei.

[52] Perner (1997, S. 250) kommt nach einer kenntnisreichen Auseinandersetzung um den wissenschaftlichen Status der Psychoanalyse zu dem wohlbegründeten Schluß: „Theorien sind dann nicht ‘wahr’ oder ‘falsch’, sondern mehr oder weniger hilfreich bei dem Versuch, uns selbst oder die Welt, in der wir leben, besser zu verstehen. Es hat dann keinen Sinn, zu beweisen oder zu widerlegen, ob es das Unbewußte, den Ödipuskomplex oder die Verdrängung ‘wirklich’ gibt, denn es handelt sich bei diesen Grundbegriffen, die nicht nur das erklärende Denken, sondern zugleich das interpretierende Wahrnehmen der Psychoanalytiker determinieren, um theoretische Fiktionen, ebenso wie der euklidische Raum, die Schwerkraft oder die Massenpunkte der Newtonschen Physik theoretische Fiktionen waren und keine empirischen Gegebenheiten, wie die meisten Physiker der Jahrhundertwende glaubten.“

sönliche Beziehung", sondern immer auf Professionalität[53]. Nicht verallgemeinerbare Teilnahme an einer Interaktion – d.h., es wird fraglich, ob derselbe Therapeut die gleiche (!) Leistung bei einem anderen Patienten auf die gleiche (!) Weise erbringen könnte (und sollte). Psychotherapie gelingt als Ergebnis einer sie produzierenden Interaktion – oder nicht.

Zweierlei nützliche Befunde aus der empirischen Forschung stützen diese Sicht: Zum einen sind nur etwa 8-9% der Varianz des „outcome" auf die Diagnose oder andere Patientenmerkmale zurückzuführen Dies haben Kächele und Fiedler (1985) bei ihrem Überblick ermittelt. In die gleiche Richtung geht der von Bachrach et al. (1991) geleistete Überblick über die großen amerikanischen Studien. Das bedeutet, der psychotherapeutische Erfolg kann aufgrund von Patientenmerkmalen *allein* nicht vorhergesagt werden. Das entspricht der klinischen Erfahrung, wonach ein Patient beim einen Analytiker als „nicht-analysierbar" gilt, aber seine Analyse bei einem anderen erfolgreich abschließt. Man muß radikal Ernst mit diesen Befunden machen und schließen, daß Psychotherapie etwas ist, das mit mindestens zwei Menschen zu tun hat, nicht nur mit einem. Einzig ein Ansatz, der Interaktion ins Zentrum stellt und damit die Teilhabe des Professionellen, kann hier weiterführen.

Zum andern hat Lambert (1992) gezeigt, daß nur etwa 15% des „outcome" von der spezifischen Behandlungstechnik abhängig sind. Das Ausmaß, durch das die angewandte „Technik" als durch Manuale bestimmbar erscheint, wird überschätzt. Im Fall der Verhaltenstherapie hat Hautzinger (1999), promienter Verfasser eines Lehrbuchs der Verhaltenstherapie, kürzlich gezeigt, daß die bloße Anwendung von „Technik" nicht weiterhilft. Einer erfahrenen Psychiaterin will die Behandlung einer depressiven Patientin mit den Mitteln der VT nicht gelingen; die Patientin führt einfach kein Wochentagebuch und sie schreibt auch nicht angenehme Aktivitäten auf – es geht ihr zu schlecht. Die Therapeutin kommt damit in die Supervision und Hautzinger (1999, S. 45) muß feststellen: „Der Fehler der Kollegin (und vieler anderer Frustrierter) lag darin, daß sie ‚Techniken' oder ‚Hilfsmittel' in der Therapie ‚verordnet' hat. Sie hat mit der besten Absicht und gut nachvollziehbar Schritte zur Überwindung von Passivität eingeleitet, doch dabei ein ‚Rezept' ausgestellt, ohne auf die Seite der Patientin,

[53] „*hands off* von der Einmischung der 'psychoanalytischen Theorien' ... in die analytische Praxis" heißt es radikal bei dem Psychoanalytiker Laplanche (1998). Und Gedo (1998) sekundiert mit der These, daß die „Ideologie" des Therapeuten – also seine offiziell vertretene Theorie – für seine Behandlungen ziemlich gleichgültig sei. Ich schließe mich an und füge hinzu: nicht aber die stillen, kleinen und verschwiegenen Bilder.

deren besondere Vorerfahrungen und Schwierigkeiten zu achten. Sie war viel zu schnell vorgegangen...", heißt es dann. Von der „Technik" rutscht die Empfehlung zu: Geduld!

Crits-Christoph und Mintz (1991) haben einen hohen Grad in der Variabilität derselben Therapeuten hinsichtlich der gleichen „treatment"-Bedingungen nachgewiesen. Hier spielen demnach andere, interaktive Momente eine Rolle, und in diesem „interpersonal process" sehen auch Henry, Schacht und Strupp (1990, 1993) die entscheidende Bezugsgröße zum „outcome" – nicht in der angewandten „Technik".

Daraus muß man schließen, daß Psychotherapie in einer allgemein gültigen Weise nicht positiv bestimmt, sondern immer nur individuell realisiert werden kann. Dabei nimmt sie jedesmal eine andere, einmalige und nur für die jeweilige Dyade gültige Form an. Natürlich gibt es verallgemeinerbare Aspekte und diese sind deshalb ins Zentrum der wissenschaftlichen Aufmerksamkeit gerückt, weil sie sich als „Variablen" extrahieren ließen. Das aber kann nie mehr sein als die Abstraktion aus einem komplizierten, vielgliedrigen und fein ausgebautem interaktiven Prozeß. Wahrscheinlich ist, daß die Idee, hier dann rekursiv zu verfahren und die ermittelten Variablen „anwenden" zu wollen, eher zerstörerische Effekte hat.

Wissenschaftliche und andere Umwelten

Aus dieser Auffassung folgt zwingend, daß professionelle Psychotherapie nicht als Wissenschaft bestimmt, wohl aber wissenschaftlich auf die gleiche Weise beforscht werden kann wie beispielsweise die Auswirkungen einer bestimmten Trainingsmethode in einem Tennisverein auf das Gewinnen von Medaillen, der Einfluß einer bestimmten Politik auf die Reduktion der Arbeitslosigkeit oder die Wirkung des Tabaks auf Krebsentwicklung und Todesraten. Hier sind überall durchschnittliche Tendenzen zu ermitteln, die über verschiedene Verteilungswerte indiziert werden können.

Mit diesen Techniken kann aber niemals eine individuelle Psychotherapie abgebildet werden. Psychotherapie kann mit wissenschaftlichen Mitteln überprüft, ihre Hypothesen können getestet und ihre Leistungen gesondert ermittelt werden – aber psychotherapeutische Forschung ist etwas anderes als die Erbringung der psychotherapeutischen Leistung selbst. Sie, die Forschung, findet in der Umwelt der professionellen Psychotherapie statt – und Psychotherapie ist umgekehrt Umwelt des wissenschaftlichen Systems.

Aber sie hat nicht nur Wissenschaft und insbesondere nicht nur empirische Psychotherapieforschung in ihrer Umwelt. Stellt man die Psychotherapie ins Zentrum der Überlegungen, dann gibt es auch keine Hierarchie der Umwelten und deshalb kann eine graphische Darstellung für die psychotherapeutischen Umwelten nicht die Form konzentrischer Ringe wählen. Das Verhältnis der Psychotherapie zu ihren Umwelten muß vielmehr so gesehen werden:

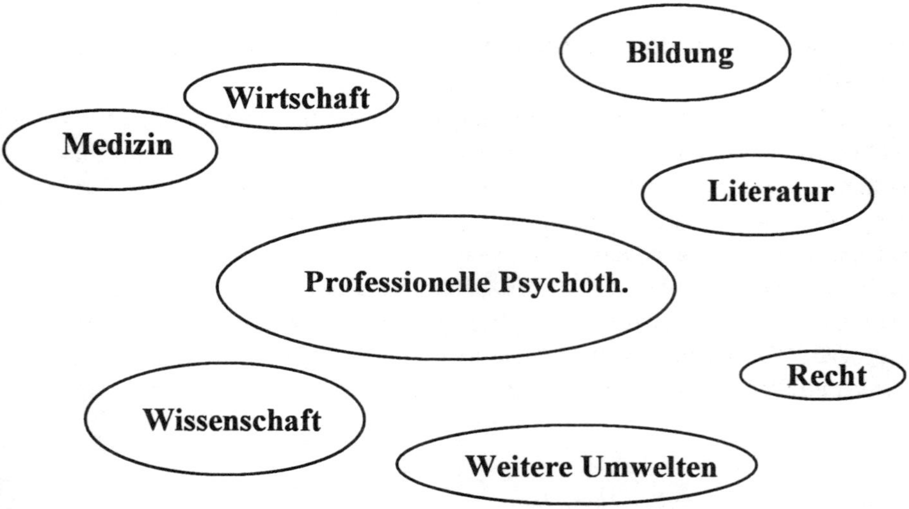

Eine solche Verbildlichung will keine Hierarchie einführen; man könnte deshalb die Umwelten auch an anderer Stelle plazieren. Auch sind die Abstände nicht symbolisch zu lesen; ich will kein Urteil darüber abgeben, ob Literatur der Psychotherapie näher steht als Medizin oder Recht. Jede dieser Umwelten ist für sich genommen ein eigenes System – die Wissenschaft hat ihrerseits Recht, Literatur und Bildung als Umwelt und vice versa. Eine solche bildhafte Veranschaulichung will einerseits dem hierarchischen Modell des Verhältnisses von Wissenschaft und Psychotherapie eine andere Konstruktion entgegensetzen, dann aber auch verdeutlichen, daß gerade der Bezug *nicht nur zu einer* Umwelt konstitutiv für die Bildung des professionellen Psychotherapie-Systems ist. Ich spreche von einem polyzentrischen Umweltbezug. Ich werde später den Systembegriff genauer erläutern.

Welcher Art dieser polyzentrische Bezug ist, kann durch den Begriff der metaphorischen Resonanz erklärt werden. *Metaphorische Resonanzen* sind jene konstituierenden Operationen, mit deren Hilfe eine Bildgebung so auf einen neuen Bereich übertragen wird, daß dessen Probleme in einem neuen kognitiven Raum formulierbar und Ereignisse als „zum Systembereich gehörig“ identifizierbar sind. Metaphorische Resonanzen bestehen aus zwei Gliedern: Es gibt einen Bildspender und einen Bildempfänger, die aber nicht im Sinne einer „Einbahnstraße“ (Debatin 1995) interagieren, sondern in beiden Richtungen, was man dann sieht, wenn der gleiche Gegenstand durch einen anderen Bildspender konstituiert wird. Die Zugehörigkeit zu verschiedenen Systemen, die durch unterschiedliche Bildspender entsteht, läßt unterschiedliche theoretische und praktische Operationen zu.

Als Beispiel für solche metaphorischen Resonanzen kann man die Entwicklungen in der Familientherapie nennen. Die Familie wurde lange Zeit als verstehbar durch den „kybernetischen Regelkreis“ aufgefaßt; man sprach von innerfamiliären feed-back-Mechanismen und illustrierte dies durch die Funktionsweise des Heizkörperthermostaten. Entsprechend wurden Interventions-“Technologien“ konzipiert. Mit Bezug auf eine andere Umwelt, nämlich die Soziologie, galt die Familie nicht als technisch-kybernetisches System, sondern als „Institution“, und dann konnte deren Formwandel beschrieben werden (vgl. dazu den Überblick in Buchholz 1990). Der Bildspender ist zunächst eine Formulierungshilfe für die Architektur des kognitiven Raumes; wird der Gegenstand dann als konstituiert angenommen und erlangt konsensfähige Verbindlichkeit, kann er als konsensuell validiert gelten. Man „sieht“ dann Regelkreise, und die metaphorische Resonanz hat sich als Paradigma etabliert (so Kuhn 1979), während andere Institutionen „sehen“. Es werden dann wissenschaftliche Programme entwickelt und erprobt, um den Streit der Paradigmen voranzutreiben.

Wird die Resonanz wegen der Komplexität des Bildempfängers als unzureichend empfunden, läßt man mehrere zugleich gelten. Charakteristischerweise tauchen dann „Zwischen“-Formulierungen auf. Strenger (1991) betitelt seinen Versuch einer wissenschaftstheoretischen Bestimmung der Psychoanalyse deshalb als „Between Hermeneutic and Science“. Das findet sich wieder bei Laplanche (1992), der den psychoanalytischen Gegenstand „zwischen“ Determinismus und Hermeneutik ansiedelt. Aber solche Formulierungen finden sich dann auch intern, etwa in der Formulierung von „Zwischen“-Positionen bei der Diskussion der Rolle von Realität und Phantasie (Goldberg 1984) oder der Beziehung zwischen akademischer Psychiatrie und Psychoanalyse (Altshuler 1979). Sakurai und Abrams (1992) nutzen diese Darstellungsstrategie direkt, um die „Welt zwischen den Wirklichkeiten“ in der Behandlungssituation zu markieren.

Man könnte vermutlich zeigen, daß alle wesentlichen Bestandstücke psychotherapeutischer Theorien durch solche metaphorischen Resonanzen gebildet werden. Zu denken ist hier an Begriffe wie Abwehr oder Widerstand, von denen Cox und Theilgaard (1987) fordern, ihren militärischen Gehalt durch andere Metaphern zu ersetzen – und dennoch die Erfahrung aus der Interaktion nicht zu eliminieren. Freud faßte ja den Widerstand als erfahrungsbegründet auf; er mußte eine „Kraft“ aufwenden, und diese Erfahrung formulierte er durch die Metapher vom „Widerstand“ (vgl. Will 1999).

Wird die metaphorische Resonanz zwischen Bildspender und -empfänger aus ihrer frei schwingenden Flexibilität herausgelöst, dann erstarrt das Paradigma; es mutiert zu einem Para-Dogma. Das hat weitreichende Effekte sowohl für die professionsinterne Diskussion als auch für die professionelle Operationsweise. Soweit Freud den Ödipus-Mythos als Bildspender aus der Antike für die Interpretation seiner Erfahrungen mit Patienten benutzte, erzeugte er eine metaphorische Resonanz mit weitreichenden Effekten auf Bildung, Kultur und Selbstinterpretationen; als er zu behaupten begann, dies sei mehr als eine Resonanz, sondern „Tatsache“, verwandelte sich die Resonanz in ein Para-Dogma – so jedenfalls könnte man Laplanche (1998) verstehen. Kohut verzichtet, wie schon beschrieben, auf die Formulierung eines Kohlhaas-Dogmas.

Für die Erzeugung professioneller Systeme und Handlungsfelder kann die metaphorische Resonanz als „Brücke zwischen System und Umwelten“ kaum überschätzt werden. Aber entscheidend ist, daß sich das professionelle System durch einen polyzentrischen Umweltbezug, zu Umwelten im Plural, konstituiert. Dadurch wird die systematische Möglichkeit von Metadiskursen geschaffen, die sich mit inhaltlichen Fragen und Methodenproblemen befassen und eine interne Ausdifferenzierung nach sich ziehen. Das professionelle System bildet eigene Unterscheidungen und Operationsweisen aus, durch das es sich dann gegen andere Umwelten abgrenzt und zugleich mit ihnen zu kommunizieren beginnen muß. Mit solcher Abgrenzung etabliert die Profession ihre Autonomie und steigert zugleich ihre Abhängigkeit von anderen Umwelten – so wie andere Systeme auch. Zugleich schafft sich die Profession im Fall der Psychotherapie eine einzigartige Möglichkeit der individuellen Leistungserbringung und kann zugleich erklären, wie es dennoch eine *allgemeine* Theorie geben kann.

Seine Autonomie wahrt das System professioneller Psychotherapie im individuellen Fall mit Ausbildung dyadenspezifischer Ordnungen; seine Abhängigkeit dokumentiert es, indem es seine Erfahrungen nur durch Bildspender aus anderen Umwelten beschreiben kann. Dann aber muß es sich irritieren lassen können und die Möglichkeit zur Irritierbarkeit systematisch öffnen; das hat einen wohltuenden antidogmatischen Effekt, ist Bedingung des individuellen Zuschnitts therapeutischer Interaktion und zugleich Bedingung der Kommunikation mit anderen Umwelten.

Plädoyer für Irritierbarkeit

Psychotherapie als Profession in der noch nicht entzauberten Bedeutung einer Berufung hat möglicherweise Psychoanalyse für viele zu einem attraktiven Beruf werden lassen. Die feministische Psychoanalytikerin Jessica Benjamin hat in einem kürzlich erschienenen Beitrag (1997) an diese Bedeutung erinnert. Sie sieht das psychoanalytische Unternehmen als von zwei höchst gegensätzlichen Strömungen durchzogen: Auf der einen Seite die von ihr als „rationalization“ bezeichnete Akzentuierung der Verwissenschaftlichung – Freud hat sich selbst immer als Naturwissenschaftler betrachtet. Auf der anderen Seite eine beinah unumstößliche Neigung zur Absolutsetzung des Subjektiven – Freud hat sich in seiner Praxis selten als „Anwender“ der von ihm selbst aufgestellten wissenschaftlichen Regeln verhalten. Gerade dadurch ist ihm die Schaffung des Neuen, einer individuellen Behandelbarkeit und eines kognitiven Raumes, gelungen. Auch in Freuds Verständnis von Wissenschaft *muß* das Subjektive gerade eliminiert, in seinem Verständnis der professionellen Praxis *kann* es nicht eliminiert werden. „This tension between disregard and compliance toward the rules of professional and scientific legitimation remains with us today“, schreibt Benjamin (1997, S. 182) – auch sie benutzt eine „Zwischen“-Formulierung und unterscheidet ihrerseits Wissenschaft und Profession. Die Spannung zwischen beiden ist im Englischen durch ein Wort aufgehoben, welches im Deutschen eher den Gegensatz markiert: „enlightenment“ wird im allgemeinen als „Aufklärung“ übersetzt und dann auf der Seite der Wissenschaft angesiedelt; sieht man jedoch dessen metaphorischen Gehalt („Licht“) und die weiteren, v.a. außereuropäische Traditionen[54], dann kann es auch als „Erleuchtung“ übersetzt werden und findet sich auf der Seite des subjektiven Moments wieder. Profession in meinem Verständnis bindet beide Seiten zusammen. Man kann den Beruf als Psychoanalytiker ausüben, wenn man sein Zertifikat nach einem wissenschaftlichen Grundstudium erworben hat, aber man kann auch den Standpunkt vertreten, Psychoanalytiker könne man nur durch Selbst-Autorisierung werden[55], wenn also die eigene

[54] Auf die jüngst Stein (1993, 1997) hingewiesen hatte.

[55] Diese lacanianische Position hat vor kurzem Widlöcher (1998, S. 10) erinnert.

Subjektivität (das Selbst) erhellt, „erleuchtet" wird, und dazu ist Wissenschaft gewiß ein Faktor, aber nur einer unter mehreren; ob der wichtigste, will ich hier nicht diskutieren. Ich habe auf die polyzentrische Umweltbindung verwiesen. Diesen Unterschied – und zugleich die Einheit dieser Differenz – jedenfalls meine ich, wenn ich von Profession spreche.

„Als"

Wenn ich Psychotherapie als Profession beschreibe, dann liegt – nach allem, was bereits zu dem Wort „beschreiben" gesagt wurde – ein Akzent auf dem Wörtchen „als". Man kann Psychotherapie ja auch als Verhaltenstraining oder als Seelenführung beschreiben – um nur zwei der möglichen Extreme zu nennen. Ich betone das Wörtchen „als" deshalb, weil daran erkennbar wird, daß hier jeweils sehr großformatige metaphorische Resonanzen gebildet werden. Daß es sich um Metaphern handelt, wird nur dann erkennbar, wenn man das Wörtchen „als" stehen läßt. Wird es beseitigt, dann werden aus Metaphern wissenschaftlich scheinende Definitionen. Dieser Prozeß der Umwandlung von Metaphern in Definitionen ist im Fall der Psychotherapie wahrscheinlich für eine endlose Menge an Streitigkeiten verantwortlich – und für die Gründung einander befehdender und konkurrierender Schulen. Das, was ein Therapeut sagt, ist dann nicht einfach mehr eine Äußerung, sondern eine – „kriegerische" – Intervention oder eine – "pädagogische" – Verhaltensanweisung oder eine – "medizinische" – Verschreibung (eines Paradoxons wie in der Familientherapie); Psychotherapie ist für die einen dann Verhaltensänderung, für die anderen Konfliktlösung, für Dritte Wachstum, für die nächsten eine Art Reparaturbetrieb. Für Vertreter beinahe aller Schulen ist Psychotherapie eine Art Kampfplatz – *gegen* die Störung oder *gegen* die Krankheit oder *gegen* die schlechten Einflüsse von Eltern oder Traumata.

Ich kann und will diese (und andere) Metaphern nicht ersetzen, und zwar aus zweierlei Gründen: Sie haben sich in gewissen Kontexten und für bestimmte Therapeutenpersönlichkeiten bewährt[56]. Meine Auffassung zielt nicht dahin, Psychotherapie nicht mehr als „Wachstumsförderung" oder nicht mehr als „Beichte" oder nicht mehr als „Tröstung" oder nicht mehr als „Kampf" aufzufassen. Meine Auffassung geht dahin, wieder sehen zu lernen, daß wir gerade im Bereich der Psychotherapie eine unendliche Menge an Metaphern gebrauchen

[56] Eine empirische Untersuchung der von einzelnen Therapeuten bevorzugten Metaphern stammt von Najavits (1993).

und daß das Problem nicht dadurch zu lösen ist, daß wir die Metapher meiden oder *eine* favorisieren, sondern indem wir akzeptieren, *wie* verschiedene Metaphern als „geistige Komponente" ihren „Gegenstand" formatieren. Analysieren zu können, welche Folgen das jeweils hat, ist Teil professioneller Reflexion.

Damit hängt der zweite Grund zusammen: Grundlagentheoretische Entscheidungen und Überlegungen, die ich hier und ausführlich auch früher dargestellt habe (Buchholz 1996, Buchholz und von Kleist 1997), zwingen (!) zu der Auffassung, daß die Metapher basal ist. Sie ist das schon für die Sprache insgesamt, und soweit Psychotherapie mit Sprache (einschließlich des Nonverbalen) zu tun hat, muß das dann auch für die Psychotherapie gelten[57]. Wenn ich die Metapher „Psychotherapie als Profession" einführe, dann bin ich mir sehr wohl bewußt, daß ich eine neue Metapher *neben* andere stelle, nicht jedoch um diese anderen für wertlos oder ungültig zu erklären. Der Wert der neuen Metapher wird nicht an dieser Ersetzungsleistung zu erkennen sein, sondern daran, ob sie in der Lage ist, neues Licht auf alte Probleme zu werfen. Und ich stelle eine neue Metapher *als* Metapher auf mit der Absicht zu zeigen, daß das Denken in Metaphern eine elegante Möglichkeit der Lösung professioneller Probleme ist und daß dort, wo die Metapher Probleme nicht löst, sondern schafft, sie immer noch analysiert werden kann – im Licht *alternativer* Metaphern (Debatin 1995). Wenn wir Metaphern wieder *als* Metaphern sehen, können wir vielleicht dazu kommen, solche kriegerischen Metaphern wie die von der „Intervention", solche moralischen Metaphern wie die von der „Einsicht", solche rationalistischen Metaphern wie die von der „Konfliktlösung", solche sinnlosen Metaphern wie die vom „Verhalten" nicht über Bord zu werfen, sondern danach zu befragen, was sie uns eigentlich erklären – und v.a. danach, was sie uns eher verstellen und verschließen, worauf sie kein Licht werfen, sondern was sie sogar verdunkeln, was aber im Licht *alternativer* Metaphern erhellt werden kann. Die Klärung der Folgen von gewohnheitsmäßig und wie selbstverständlich verwendeten Metaphern ist Aufgabe einer hermeneutisch operierenden Metapher*analyse,* deren Erfahrungen in

---

[57] Wie weit ein linguistisch informiertes Verständnis von Sprache reichen kann, bitte ich Fonagy und Fonagy (1995) zu entnehmen. Diese Autoren nehmen an, daß Sprache auf einer „action stage" beginnt; hier werden Handlungen wie z.B. die protodeklarative Geste des Kleinkindes, ausgeführt. Solcher Erwerb wird dann „in" der Sprache fortgeführt, indem die Sprache immer noch „zeigt", etwa in der Verwendung des Wörtchens „da" in Sätzen wie: „Was denkst Du da?" Die Autoren sprechen von einem „als ob"-Modus (pretend action) und zeigen dies an einer Fülle von Beispielen aus Poesie und klinischen Illustrationen.

der Profession genutzt werden können; die *Produktion* von Metaphern im therapeutischen Dialog ist Teil professioneller Kompetenzen.

Was etwas ist, bestimmen wir nicht nur in theoretischen Kontroversen häufiger als uns lieb und bewußt ist, durch eine Leitmetapher, sondern auch innerhalb von Interaktionen. Der therapeutische Dialog verfährt nie nur über Themen; er rahmt sich intern selbst nach der Art: „Dies ist ... (...ein Gespräch, „...eine Auseinandersetzung“, „... ein klärendes Gewitter“, „...ein Verhör“, „...eine Untersuchung“, „...ein Kaffeeklatsch“, „... eine ärztliche Untersuchung“, „...eine Beichte“ usw.) oder „hier bekomme ich Anweisungen, was ich tun muß – und vielleicht Tabletten“ oder „hier werde ich von meinen Sünden freigesprochen“ oder „hier wird mir beigebracht, wie ich eine Frau ansprechen kann“ usw. Hinsichtlich dieser Rahmungen unterscheiden sich therapeutische nicht von alltäglichen Dialogen. Alltag ist eine weitere Umwelt der Profession. Sie muß Rahmungsinkonsistenzen (Goffman) intern handhaben können. Um für die damit angeschnittene Problemlage zu sensibilisieren, folgen hier kleine Illustrationen.

Interne Rahmungen und Interaktion der Bilder

Wie verhält es sich, wenn verschiedene Rahmungen aufeinander stoßen? Weiter oben hatte ich zu zeigen gesucht, daß „Interaktion“ einen beschreibungsabhängigen Wirklichkeitsbereich definiert. Wenn unterschiedliche Beschreibungen sich einander konfrontieren, entsteht unvermeidlich eine höhere Ebene, die ich als „Interaktion der Bilder“ bezeichne. Stellen wir uns vor, ein Jugendlicher definiere sein Dasein durch die Metapher DAS LEBEN IST SPASS und stellen wir uns vor, seine Eltern definieren ihr Leben durch die Metapher DAS LEBEN IST ARBEIT (Quinn, Newfield, Protinsky 1985). Oder: Ein Chef verstehe ein Gespräch als freundschaftliche Unterredung, sein Untergebener aber als dienstliche Anweisung. Wie groß sind die Chancen, daß sie sich verständigen? Welchen Unterschied macht es, wenn eine Stewardess das Betragen eines Passagiers als „flegelhaftes Benehmen“ oder wenn sie es ebenso metaphorisch als „Quengeln eines übermüdeten Kindes“ auffaßt – welche Folgen für ihr eigenes Verhalten, für ihre Beziehungsgestaltung, für ihr „emotion work“ resultieren daraus (Hochschild 1983)?

Dies sind – im übrigen empirisch untersuchte – Beispiele dafür, daß nicht Ereignisse als solche schon ihre Bedeutung entfalten, sondern diejenigen interaktiven, sozialen Konstruktionen, die sich dann als Metapher formulieren lassen. Die Metapher ist ein wichtiges, Rahmen-konstituierendes Instrument. Sie umrahmt kognitiv, was wir verstehen und welche Bedeutung wir Ereignissen in Beziehungen geben und sie dadurch in Erlebnisse verwandeln. Ihre Bildersprache gestattet, wie Freud schon sagte, die Wahrnehmung von Phänomenen. Sie schließt anderes aus und selektiert interaktiv jene Möglichkeiten, die uns dann zur Verfügung stehen – oder nicht. Auf ein „quengelndes Kind“ kann eine Stewardess mit anderen Möglichkeiten reagieren als auf einen sich schlecht betragenden Passagier; werden städtebauliche Slums als „Krebsgeschwür“ am „Körper der Stadt“ metaphorisch gesehen, folgen andere architektonische Maßnahmen, als wenn man die gleichen Slums als Orte der Entwicklung nachbarschaftlicher Hilfesysteme ansieht (Schön 1979).

Nicht um Beliebigkeit geht es. Die Beispiele zeigen vielmehr, wie jede Metapher selektiv bestimmte Aspekte der Wirklichkeit heraushebt und verabsolutiert – und darin liegt das Problem jeder Metapher, die als solche nicht mehr gewußt wird. Die Fixierung unseres Denkens auf eine *und nur eine* Metapher ist das Problem und erzeugt unlösbar scheinende Konflikte in der Interaktion – und ich betone: die Fixierung, also nicht: die Metapher! Dann braucht es besondere, eben professionelle Veranstaltungen, damit eine „Lösung“ aus dem Griff einer Metapher gelingen kann. Dann werden, wie Cavell formulierte, Beschreibungen zugänglich, „die uns früher nicht zugänglich waren“. Dann „sehen“ wir neue Tatsachen. Insofern tragen Metaphern immer auch zur Formatierung interaktiver Momente in der Psychotherapie bei; die Aufmerksamkeit für die Metapher kann sogar eine interaktive Dimension ins professionelle Spiel bringen, die man am besten als „Interaktion der Bilder“[58] bezeichnet.

Was Psychotherapeuten tun, habe ich bislang grundlagentheoretisch bestimmt: als Profession (nicht als Wissenschaft), als Imagination (formulierbar durch die Metapher) und als Interaktion (der Bilder) mit einem Patienten.

Da ich nun weiter klären will, was die These impliziert, Profession und Wissenschaft bildeten Umwelten füreinander, werde ich mich etwas in der soziologischen Professionstheorie „tummeln“ und versuchen, die dort gemachten Differenzierungsgewinne für mein Thema zu nutzen. Auch Pädagogen oder Manager erbringen professionelle Leistungen in genau dem Sinne, daß sie ihre Personalität von ihrem wissenschaftlichen Verständnis getrennt halten und dennoch nur dann professionell handeln, als sie beides in einer höchst persönlichen Weise miteinander verbinden. Hinsichtlich der Professionalität können Psychothera-

[58] Mit qualitativen Mitteln empirisch untersucht bei Buchholz und v. Kleist (1995, 1997).

peuten mit anderen durchaus verglichen werden – und sogar einiges aus anderen Feldern lernen.

Man wird dann sehen, daß der gesellschaftlichen Ausdifferenzierung von Professionen nicht nur eine fach- und sachlogische Eigenart zukommt, sondern daß sie als eine spezifisch moderne Entwicklung angesehen wird. Sodann werde ich in klinischer Hinsicht zu zeigen versuchen, was Interaktions- und Metapherntheorie zur Weiterentwicklung der Profession beitragen können.

Psychotherapeutische Profession: Wissensbasierte Bearbeitung lebenswichtiger Probleme in individualisierter Interaktion

„Wir wissen zu wenig, um auch nur über die Form von Handlungsanleitungen entscheiden zu können“ (N. Luhmann, Die Gesellschaft der Gesellschaft, 1997, S. 778)

Das Bild der Psychotherapie in der öffentlichen Meinung, ihre finanzielle Wertschätzung und juristische Plazierung, die Wahrnehmung ihres Angebotes und die Nachfrage nach ihr sind entscheidend vom Verhältnis zu ihrer wissenschaftlichen Evaluation bestimmt. Von Zeit zu Zeit füllen Tages- und Wochenzeitungen ihre Sommerlöcher mit Nachrichten über erneute Nachweise des Ablebens – meist der Freud'schen Psychoanalyse. Obwohl die wissenschaftliche Lage weitaus besser ist als solche voreiligen Nachrufe, will ich mich nicht mit einer Detaildiskussion des Forschungsstandes begnügen, sondern erinnere daran, daß solchen öffentlichen Darstellungen das implizite hierarchische Modell zugrunde liegt: Wissenschaft habe eine Art Schiedsrichterrolle über andere Lebensbereiche. Was als „wissenschaftlich erwiesen“ gilt, braucht nicht in die Rede, kann aber auch nicht in Abrede gestellt werden. Man muß die immensen Erfolge der Wissenschaft nicht in Frage stellen und auch nicht ihren ungeheuren Einfluß auf die moderne Lebensauffassung und -gestaltung, um dennoch klar zu sehen: hier wird in einem hierarchischen Modell gedacht.

Dieses implizite, aber nicht wenig gestaltungskräftige hierarchische Modell bestimmt auch die Auseinandersetzung um die Psychotherapie. Nur selten wird innerhalb derjenigen Literatur, die sich mit diesem Streit beschäftigt, darauf verwiesen, daß es innerhalb der Wissenschaft selbst zugkräftige Entwicklungen gibt, die diese hierarchische Stellung in Frage stellen. Man muß nicht erinnern an Heideggers (1984, S. 4) provokantes und ungerechtes Diktum: „Die Wissenschaft denkt nicht“, sondern eher und mehr noch an all jene Diskussionen, die nicht nur die Problemlösungskapazität der Wissenschaft herausstellen, sondern auch darauf verweisen, daß Wissenschaft und Verwissenschaftlichung Probleme *erzeugen*, für die Lösungen gerade durch Wissenschaft dann nicht mehr umstandslos zu haben sind. Dies gilt etwa für naturwissenschaftliche und technologische Entwicklungen, für deren Folgelasten sich ein eigener Zweig der Technikfolgenabschätzung herausdifferenziert hat. Dies gilt für Entwicklungen in der Medizin, deren Entwicklung Probleme aufwirft, auf die mit der Herausbildung eines eigenen Gebietes der „Ethik in der Medizin" (Reiter-Theil 1988) geantwortet wird. Dies gilt für die von Oevermann (1985) beobachtete „Versozialwissenschaftlichung" von Identitätsbildungen mit der Folge einer von ihm so bezeichneten „Verweigerung von Lebenspraxis"[59] und weiter für all jene Verwissenschaftlichungen, die ganze Lebensbereiche erfassen und unter Stichworten wie „Verrechtlichung" und „Rationalisierung" diskutiert werden. Hier entsteht überall ein Bedarf danach, das hierarchische Modell in Frage zu stellen.

Umso wichtiger wird es sein, die Frage zu klären, inwieweit Professionen und dann auch Psychotherapie als ein eigenständiges, autonomes Funktionssystem *neben* Wissenschaft aufgefaßt werden können. Dem sind die folgenden Überlegungen gewidmet.

Dominante Leitunterscheidungen

Innerhalb der systemtheoretischen Soziologie von Niklas Luhmann hat sich die Auffassung durchgesetzt, daß Wissenschaft ein Funktionssystem der Gesellschaft sei – nicht mehr über, sondern neben anderen Funktionssystemen. Sucht man eine neue, nicht-hierarchische Positionsbestimmung des Verhältnisses von Profession und Wissenschaft, so bietet es sich an, auf diese Theorie zu rekurrieren. Sie offeriert einen außerordentlich weitgefächerten Rahmen sowie differenzierte Interpretationen und gestattet zugleich, Gemeinsamkeiten wie Unterschiede in der Herausbildung verschiedener Professionen neben der Wissenschaft zu sehen.

Zugleich ist der Zugriff dieser Theorie auf die Soziologie verschiedener gesellschaftlicher Subsysteme so umfassend, daß der Eindruck einer neuen Hierarchisierung entstehen könnte. Nicht mehr „Wissenschaft", sondern „Soziologie von Profession und Wissenschaft" stünde dann an der Spitze eines neuen hierarchischen Modells. Gegen diesen Eindruck wenden sich Fachwissenschaftler und Professionstheoretiker nachhaltig, indem sie die Autonomie ihrer Gebiete vertei-

[59] Mit diesem etwas unhandlichen Ausdruck meint Oevermann eine praktische Ausdeutung von Alltagserfahrungen, die dazu führt, daß Menschen ihr Leben nach sozialwissenschaftlichen Vorgaben gestalten mit der Folge, daß sie sich in einem permanenten Meta-Diskurs über sich selbst und ihre Lebensverhältnisse befinden – und darüber den Vollzug ihrer Lebenspraxis verweigern. Er diskutiert das am Beispiel der Frage, ob man Kinder bekommen soll oder nicht.

digen – aber gerade dadurch bestätigen sie die Annahme einer Ausdifferenzierung funktionaler Teilsysteme. Ein Beispiel:

Mit deutlichen Worten leiten Hörster und Müller (1996) ihren Beitrag über die Sozialpädagogik in einem Band zur „Pädagogischen Professionalität" ein: „Sozialpädagogische Professionalität als Gegenstand des wissenschaftlichen Nachdenkens ist zunächst eine Frage der Platzanweisung. Von den Herausgebern dieses Bandes scheint, wie die Gliederung vermuten läßt, eine Art professionstheoretische Hierarchie unterstellt zu werden. An erster Stelle stehen die Soziologen, von denen erwartet wird, daß sie die Pädagogen im Gesamtspektrum der Professionen und Professionsaspiranten verorten können". Der Widerspruch gegen die zugemutete Platzanweisung, der aus diesen Worten spricht, ist selbstbewußt: Professionelle stellen ihre Leistungsfähigkeit nicht unter den Scheffel von Fachwissenschaftlern. Sie kooperieren mit ihnen, erhalten sich lernfähig und provozieren ihrerseits das Fach mit originellen Fragen und Einwürfen. Sie lassen sich jedoch nicht bestimmen durch wissenschaftliche Platzanweisungen, und schon gar nicht tolerieren sie Hierarchien[60]. Das Selbstbewußtsein der Professionen gegenüber der Wissenschaft ist in dieser Hinsicht absolut modern; es stellt sich neben die akademischen Hierarchien auf die gleiche Stufe, gliedert sich nicht in diese ein.

In der Diskussion der letzten Jahre über den Wert der Psychotherapie hätte man sich manchmal ein Scheibchen von jenem professionellen Selbstbewußtsein gewünscht. Es konnte nicht entstehen, weil diese Diskussionen mit dominanten Leitunterscheidungen geführt wurden, die selbst hierarchisch gedacht waren oder die Hierarchie bestätigten, indem sie sie nur umzudrehen forderten. Man schied die vorwissenschaftliche von der wissenschaftlichen Psychotherapie, stellte quantitative Methoden den qualitativen gegenüber, entwickelte universitäre Ausbildungen und grenzte sie gegen außeruniversitäre als überlegen ab. Andere variierten das Thema „modern/postmodern" auch in der Psychotherapie oder versuchten Aufmerksamkeit für andere Unterscheidungen (z.B. männlich/weiblich) zu erringen. Weil man immer noch im hierarchischen Modell dachte, konnte es auch ausgedehnte Diskussionen über den wissenschaftlichen Status der Psychotherapie, insbesondere der Psychoanalyse geben, die regelmäßig den Beweis zu

[60] Stehr (1994, S.355): „Die Mannigfaltigkeit des Expertenwissens läßt vermuten, daß Experten zwar gelegentlich aus naheliegenden Gründen die Wissenschaft als kognitive Instanz beanspruchen, daß ihr 'Wissen' aber dieser Instanz nur selten unterworfen ist und daher auch nicht unmittelbar an wissenschaftlichen Maßstäben gemessen werden kann". Stehr spricht von Experten, meint aber, was hier als Professionelle beschrieben wird.

erbringen suchten, daß Psychotherapie eine eigene und besondere Form der Wissenschaft sei und für diese Spezialisierung einer psychotherapeutischen Wissenschaft Anerkennung forderten[61] – aber in welcher Hinsicht wäre ein solcher Beweis zu erbringen gewesen? Der Vergleich mit anderen Wissenschaften wäre ja immer schon vorausgesetzt gewesen. Vergleich – das heißt: *Innerhalb* eines als Wissenschaft bezeichneten Terrains hätte man einen Bereich ausweisen müssen, der Nicht-Wissenschaft sei (also „nicht" wie alle anderen) und deshalb gerade Wissenschaft. Dies Vorhaben mußte an seinen eigenen Paradoxien scheitern und hat auch bisher keine Anerkennung gefunden – außer bei denen, die es betreiben.

Der umgekehrte Versuch, die Nicht-Wissenschaftlichkeit aller anderen Wissenschaft nachzuweisen, ist gar nicht erst unternommen worden. Von dieser Auffassung ist unberührt, daß es natürlich eine Vielzahl verschiedener Wissenschaften und -typen gibt, die sich in ihren Zielen, Methoden, Programmen unterscheiden und wechselseitig anerkennen. Man muß nicht einen Einheitstypus von Wissenschaft fordern, um zu sehen: das inhärente Problem, daß die Psychotherapie kein *eigenes* Forschungsparadigma ausgebildet hat, förderte ihre Selbständigkeit nicht gerade, sondern zwang sie zur Anlehnung an Psychologie und Medizin[62], aus denen sie historisch hervorgegangen waren.. Das aber sind Fächer, die der Psychotherapie[63] nicht gerade freundlich gesonnen waren und ihr ihre Methodologien aufzwingen konnten. An den Folgen dieser historischen Konstellation mit dem Ergebnis einer einseitigen methodischen Abhängigkeit zuungunsten der professionellen Autonomie laboriert das Feld noch heute. Seitdem kämpft es um seine Autonomie[64]

---

[61] Einen sehr erhellenden, weil ernüchternden Überblick über diese Diskussionen aus Anlaß der Herausforderungen durch Grünbaum liefert Perner (1997, S. 235): „Mit [psycho-]analytischen Mitteln allein ist diese Frage also nicht zu entscheiden ..."

[62] Neben der Medizin, früher Heilkunde, heute Krankheitslehre, haben sich andere Berufe ausdifferenziert, die den heilkundlichen Aspekt (die implizite, philosophisch inspirierte „Lehre vom guten Leben") gewissermaßen übernommen haben. Zur These über die Medizin siehe den genannten Aufsatz von Reiter und Steiner (1996) und die dort vorgetragene Argumentation und Literaturhinweise.

[63] Zu denken ist hier v.a. an die Psychoanalyse; Medizin und Psychologie akzeptieren die Psychotherapie erst nach politisch motivierten Übernahmen oder aber, wenn unter Psychotherapie ausschließlich jene Varianten verstanden werden, die innerhalb dieser Fächer entstanden sind, dann aber ohne den riesigen professionellen Erfahrungshintergrund, wie ihn außerakademische Varianten der Psychotherapie entwickeln konnten

[64] Im österreichischen Psychotherapeutengesetz ist diese Autonomie anerkannt (Pritz 1996).

Für die soziologische Entfaltung der These von den Professionen als autonomem Funktionssystem ist eine Darstellung des System-Umwelt-Paradigmas, das v.a. mit dem Namen von Niklas Luhmann (1984, 1990, 1997) verbunden ist, erforderlich.

Die Theorie der System-Umwelt-Differenzen

> „Wir taugen zu keiner Art von offiziellem Dasein, brauchen unser Unabhängigkeit nach allen Seiten". – S. Freud an S. Ferenczi, Brief vom 20.4.1919

Luhmann beschreibt die Evolution moderner Gesellschaften als Ausdifferenzierung von Funktionssystemen. Mit dem Begriff der funktionalen Differenzierung wird auf eine Beschreibung des spezifisch „Modernen" abgezielt: nicht mehr „Segmentierung" der Gesellschaft durch Clan-, Familien- oder Stammesbildung noch „Stratifikation" durch Bildung hierarchischer sozialer Schichten ist das dominante Ordnungsprinzip moderner Gesellschaften, sondern die Herausbildung von Systemen, die spezifische Funktionen für die Gesellschaft übernehmen. Spezifisch heißt: Sie können von anderen nicht übernommen werden, und insofern verbindet sich damit sogleich ein Aspekt der Universalisierung. Nur ein bestimmtes Funktionssystem kann diese Funktion erfüllen, aber es erfüllt sie für die gesamte Gesellschaft. Die feudale Gesellschaft des Mittelalters sicherte ihre Einheit durch Stratifikation, und deshalb konnten Wahrheitsfragen als religiöse mit großer Verbindlichkeit für alle thematisiert werden, daneben aber auch als philosophische oder rhetorische Thematisierungen (Luhmann 1997, S. 709). Die Stratifikation ließ aber auch zu, daß die juristische Wahrheitsfindung bei Adelsmitgliedern anders vor sich ging als bei Leibeigenen. In der modernen Gesellschaft hat sich hingegen ein und nur ein Funktionssystem ausdifferenziert, das für Wahrheitsfragen zuständig ist: die Wissenschaft.

Funktionssysteme und ihr Code

Mit dem Begriff der Funktion wird das Verhältnis eines Teilsystems zur gesamten Gesellschaft beschrieben. Funktionssysteme organisieren sich mithilfe eines zweiwertigen Codes; das System der Jurisprudenz nimmt alle Probleme und Aufgaben insoweit wahr, als sie durch den Code „Recht" oder „Unrecht" beschrieben werden können, das Funktionssystem der Wissenschaft ist durch den Code „wahr" oder „unwahr" bestimmt. Funktionssysteme üben eine Funktion für die Gesellschaft aus und erreichen eine ungeheure Steigerung ihrer internen Differenzierung dadurch, daß sie sich operativ gegen Umwelten abschließen; ja gerade dadurch, daß sie diese Schließung operativ vollziehen, vollziehen diese Systeme ihre Autopoiesis. Themen, die nicht als „wahr" oder „unwahr" behandelt werden können, gehören demnach nicht zum System der Wissenschaften, sondern zu anderen Funktionssystemen wie z.B. der Kunst (Luhmann 1995), der Wirtschaft, der Politik, dem Recht, der Liebe oder der Religion. Die Rechtschreibreform wird zwar vor dem Bundesverfassungsgericht behandelt; aber allein in der juristisch behandelbaren Form, ob ein Erlaß genügt oder ein Gesetz erforderlich gewesen wäre. Inline-Skater „zählen" im Straßenverkehr juristisch „als" Fußgänger und daraus ergeben sich Versicherungspflichten – auch wenn dies dem gesunden Menschenverstand unsinnig erscheinen mag. Weil religiöse Wahrheit wissenschaftlich nicht mehr entscheidbar ist, haben sich Religion und Wissenschaft ausdifferenziert. Die Kunst der Gesellschaft oder ihre Wirtschaft finden demnach in der Umwelt der Wissenschaft der Gesellschaft (Luhmann 1990) statt. Gleichwohl können künstlerische oder wirtschaftliche oder juristische Probleme wissenschaftlich dann prozessiert werden, wenn der Code anwendbar ist. Ob ein Kunstwerk echt oder eine Fälschung ist, kann wissenschaftlich entschieden werden, nicht aber, ob es schön oder häßlich ist. Ob es Gott gibt oder nicht, wird nicht mehr als wissenschaftliche Frage – nämlich als mit dem Code „wahr/unwahr" behandelbar – angesehen, wohl aber, welche Folgen religiöse Einstellungen auf Menschen haben. Dann bilden sich eigene Bindestrich-Fächer wie Religionspsychologie oder -soziologie.

Der Code eines Funktionssystems muß bestimmte Merkmale aufweisen. Er übersetzt die Funktion eines Systems in eine Leitdifferenz und übt damit hinsichtlich der Umwelt eine selektive Funktion aus. Er entscheidet informativ über Anschlußfähigkeiten des Systems, legt aber das System nicht so fest, daß es nicht mehr irritierbar wäre. Er erzeugt weitere Differenzen und bestimmt den Operationsraum des Systems damit auf eine zugleich „offene", „unbestimmte" Weise.

Die Ausdifferenzierung solcher Teilsysteme ist im Verlauf der gesellschaftlichen Evolution entstanden. Sie werden dadurch mit einer enormen Leistungsfähigkeit ausgestattet. „Die Teilsysteme übernehmen eine *Universal*zuständigkeit für je ihre *spezifische* Funktion. Das führt zu einer immensen Steigerung des Auflöse- und Rekombinationsvermögens, sowohl in bezug auf die eigenen Operationen als auch in bezug auf die gesellschaftsinterne und die gesellschaftsexterne Umwelt der Funktionssysteme" (Luhmann 1997, S. 131). Füreinander bilden Funktionssysteme Umwelten und reichern ihre Komplexität an, indem sie sich wechselseitig beobachten; die eigene Komplexität kann auch durch Selbstbeobachtung (etwa als Wissenschaftswissenschaft) gesteigert werden.

Beobachter-Umwelten

Beobachtung geschieht dabei immer durch einen „Beobachter". Damit kehrt ein durch Cavell und Searle schon behandeltes Thema wieder, aber mit einer interessanten Akzentverschiebung. Der „Beobachter" wird bei Luhmann nicht als Person gedacht, sondern als Unterscheidung, die einen Anfang setzt. Ein Märchen, so Luhmann (1995, S. 256) in einem illustrativen Beispiel, beginnt mit der Formel „Es war einmal..." – und schließt damit den Rest der Welt aus der Erzählung aus. Ein Beobachter unterscheidet immer „dies" vom Rest der „Welt", und er muß eine solche Unterscheidung operativ vollziehen, weil er sonst überhaupt nicht beobachten könnte. Die Unterscheidung hat demnach immer zwei Seiten. Die eine Seite wird markiert: „dies!", die andere bleibt unmarkiert im Dunkeln.

Die Welt *in toto* – ohne Anführungszeichen – ist deshalb unbeobachtbar. Als Ganze könnte sie nur von einem Standpunkt außerhalb ihrer selbst beobachtet werden und wäre dann nicht: die *ganze* Welt. Dennoch wurde traditionell dem extraterrestrischen Standpunkt der Name „Gott" zugesprochen. Aber auch Gott müßte sich dann als Beobachter von der „Welt" bereits unterschieden haben und als man dies entdeckte, begann sein Rückzug, der mit Hegels These und Nietzsche's Bedauern, Gott ist tot, einen vorläufigen Höhepunkt fand. Im Vollzug einer Beobachtung kann ein Beobachter jedoch seine eigene Unterscheidung nicht beobachten; sie gehört dann weder zu „diesem" noch zur „Welt", sondern fungiert als blinder Fleck, den jede Beobachtung benötigt. Dies aber wiederum kann nur eine Beobachtung zweiter Ordnung ermitteln.

Nicht jede Beobachtung zweiter Ordnung ist selbst schon wissenschaftlich[65]. Ein Hund zu Füßen des Buchlesers weiß nicht, daß der Leser ein Buch in der Hand hat, und wird es niemals wissen, weil ihm die Kategorie der Weltunterscheidung zwischen „Buch", „Leser" und „anderen Dingen" nicht geläufig ist – aber der Leser kann wissen, daß der Hund das nicht weiß und weiter wissen, daß Wissen somit abhängig ist von der Art der Beobachtung – Beobachtung zweiter Ordnung hat zum „Objekt" also nicht einen Gegenstand wie ein Buch, sondern andere Beobachtungen. Überträgt man diese Denkfigur auf das Thema der Funktionssy-

[65] In Clifford Geertz' Buch „Dichte Beschreibung" heißt es (1983, S. 22 f): „Kurz, ethnologische Schriften sind selbst Interpretationen und obendrein solche zweiter und dritter Ordnung. (Nur ein 'Eingeborener' liefert Informationen erster Ordnung – es ist *seine* Kultur)".

steme, dann sieht man als eine Implikation der „Beobachtung zweiter Ordnung", daß es *nie nur eine* solche Beobachtung höherer Art gibt, sondern immer mehrere – die gesellschaftlichen Funktionssysteme beobachten einander mittels der Unterscheidungen, die sie eben treffen können. Sie können auch denselben Gegenstandsbereich beobachten, aber sie beobachten dann verschieden. Der Alltag einer Wohnungseinrichtung erscheint dem Künstler anders als dem Juristen, der Wissenschaftler wird eine besondere Frage entwickeln müssen und der professionelle Psychotherapeut beobachtet vielleicht die besonderen Strategien des Paares, sich auf das notwendige Waschen der Socken und Unterhosen zu einigen (oder nicht). Und diese Beobachter können sich wieder untereinander beobachten und sich so wechselseitig anreichern. Beobachtungen zweiter Ordnung erzeugen die schon erwähnten *metaphorischen Resonanzen*.

Man kann dann die Liebe lieben oder die Wissenschaft oder auch die Liebe wissenschaftlich erforschen oder man kann sehen, daß man das Geld nur definieren kann unter Bezug auf den Glauben – an das Geld. Diese Zweistufigkeit erhöht die Leistungsfähigkeit der Codes und grenzt die Funktionssysteme voneinander ab. Sie konvergieren am menschlichen Körper, der den Funktionssystemen nur je einen physischen Mechanismus zur Verfügung stellt: „der Wissenschaft die Wahrnehmung, dem Recht die physische Gewalt, dem Geld den Konsum und der Liebe die Sexualität" (Schwanitz, ebd.). Man muß also nicht auf die rohen (oder wenn vom Körper die Rede ist: nackten) Tatsachen verzichten, wenn man systemtheoretisch-soziologisch denkt.

Luhmann greift hier Unterscheidungen auf, wie sie Bateson (1982) oder Pollner (1976) schon getroffen hatten. Pollner spricht vom „mundanen Denken", wenn Luhmann Beobachtungen erster Ordnung meint, und unterscheidet diese vom „radikalen Denken". Dem mundanen Denken erscheinen die Dinge stets als „gegeben", als „wirklich". Wer nur mundan denkt, kann niemals feststellen, wie sehr sein eigener „Seinsglaube" (Pollner 1976) – daß dies moderne Gemälde z.B. „häßlich" *ist* – von seinen eigenen und konventionellen Konstruktionen abhängig ist; er könnte niemals seine eigene Unterscheidung beobachten. Dem mundanen Denken erscheinen die Welt und ihre Sachverhalte als fraglos gegeben; es ist eine der wesentlichen und zentralen Voraussetzungen für menschliche Verständigung, die ohne die Annahme, daß andere die Dinge ähnlich sehen wie man selbst, nicht auskäme[66]. Daß das nicht so ist, wird von Zeit zu Zeit und dann immer krisenhaft erfahren. Dann muß das mundane zum radikalen Denken wechseln. Es kann das mundane Denken nun als einen frame der *Realitätsarbeit*[67] (Buchholz 1993) analysieren.

Ein klinisches Beispiel: Fengler und Fengler (1980) haben eine zu recht gerühmte Studie über den „Alltag in der Anstalt" verfaßt. Sie beobachteten die Mitarbeiter einer Psychiatrie bei der Arbeit. Diese erheben z.B. einen „Befund" über ihren Patienten; sie sehen ihn. Wenn sie ihr Tun so konzeptualisieren, dann in der mundanen Sicht, daß da wirklich etwas sei, das erhoben werden kann. Die radikale Sicht sieht hingegen den interaktiven Produktionsprozeß[68]. Der Befund wird „hergestellt", und indem das geschieht, vollzieht die Institution Psychiatrie die ihr eigenen Leistungen. Die Unterscheidung zwischen mundanem und radikalem Denken liegt auf der gleichen Abstraktionsebene wie die zwischen Beobachtern verschiedener Ordnung.

---

[66] Die Nähe solcher sozialwissenschaftlicher Auffassungen zu aus klinischer Praxis gewonnenen Überzeugungen will ich durch ein längeres Zitat des britischen Psychoanalytikers Christopher Bollas (1997, S. 42) illustrieren, in welchem er auf zwei Arten von „dichterischer Freiheit" hinweis: „Wie glauben wir? Basiert die gewöhnliche Wahrnehmung nicht auf einer Überzeugung, daß das, was wir spüren oder wahrhnehmen, tatsächlich auch da ist und wir es erfassen können? Selbst wenn manche philosophischen Schulen die Annahme in Zweifel ziehen, daß sich das „Dortsein" eines externen Objekts verifizieren läßt, und selbst wenn die Psychologie uns mahnt, alles sinnliche Wahrnehmen sei schon ein begriffliches Erfassen, so gilt dennoch, daß unsere individuelle und kollektive geistige Gesundheit auf einer Art dichterischer Freiheit beruht, nämlich auf der unverzichtbaren Illusion, die Welt, von der wir reden, sei auch tatsächlich vorhanden und unserer Erfahrung zugänglich. Diese notwendige Illusion trägt unsere Existenz. Ohne den Glauben an eine verifizierbare Wahrnehmung wären wir alle nicht nur besorgt, die anderen könnten verrückt sein, sondern wir wären uns dessen sicher. Wir wären auch außerstande, gegenseitig unsere Wahrnehmungen zu 'berichtigen', ob nun im alltäglichen Gespräch, wo wir verschiedener Meinung über die Richtigkeit einer Aussage sind, oder im geschützten Raum des literaturkritischen Gewerbes, wo wir die Bedeutung der Texte, die wir lesen, beständig hin- und herwenden. Abgesehen von der kollektiven Übereinkunft, daß wir in derselben Welt leben, nehmen wir uns noch eine andere dichterische Freiheit heraus: Wir setzen voraus, daß die Begriffe, mit denen wir die Welt beschreiben, auch geeignet sind, sie zu repräsentieren. ... Sprache funktioniert mittels Illusion."

[67] Den Begriff der Realitäts*arbeit* habe ich eingeführt, weil das psychoanalytische Realitäts*prinzip* eine für alle Menschen gleichermaßen vorhandene Realität unterstellt (die neurotisch „verzerrrt" werden kann); das Realitäts*prinzip* ist noch mundan konstruiert.

[68] Neuerdings hat Streeck (1998) nachhaltig darauf aufmerksam gemacht, daß auch die sog. „schweren" Persönlichkeitsstörungen an interaktive Produktionen gekoppelt sind – auch wenn der Diagnostiker meint, die Störung selbst beobachtet zu haben.

Beobachtung zweiter Ordnung beobachtet nicht Tatsachen, sondern die Organisation von Tatsachen, und das gilt auch für andere Bereiche. So wird es dann möglich festzustellen, daß man ein Bild auch noch unter ganz anderen Gesichtspunkten betrachten kann. Kunst etabliert sich als eigenes Funktionssystem dann, wenn diese Beobachtung zweiter Ordnung in der Gestalt realisiert wird, daß die *Mittel* der Erzeugung ästhetischer Effekte (und nicht nur diese) beobachtet werden (Luhmann 1995).

Das geschieht im Bereich der Kunst genau datierbar. Kittsteiner (1998) nennt zwei Ereignisse. Einmal waren es die „ready mades" von Marcel Duchamp, gänzlich alltägliche Gegenstände, die nur dadurch, daß sie 1912 von einer Ausstellung gerahmt wurden, überhaupt als Kunst galten. Zum andern war es die „Brillo Box" von Andy Warhol, die dieser 1964 in Manhattan ausstellte. Sie unterschied sich in nichts von jenen Seifenkartons, die man an jeder Ecke kaufen konnte: Kunst wird durch ihre Rahmung und eine bestimmte Kommunikation, nämlich die „über Kunst", zur Kunst. Kittsteiner formuliert, daß für die Gegenwart nur noch das Interesse an einer „Wissenschaft der Kunst" bestehe – eine Beobachtung zweiter Ordnung, die der von Searle beschriebenen Formel „X zählt als Y in einem Kontext K" folgt. Etwas wie ein Seifenkarton *wird* zur Kunst dadurch, daß es als Kunst „zählt". Searle hatte dem „Glauben" (daran, daß das Papier tatsächlich Geld sei) konstitutiven Wert für die Definition sozialer Wirklichkeiten beigemessen. Wir sehen hier, daß dieser „Glaube" zumindest im Bereich der Kunst Berge versetzen kann, indem er soziale Wirklichkeiten schafft.

Funktional ausdifferenzierte Systeme beobachten einander mithilfe ihrer systemeigenen Unterschiede. Was dann als Umwelt bezeichnet wird, ist immer systemeigene Umwelt, ist Umwelt-des-Systems. Natürlich kann die Wissenschaft beobachten, daß ein Kunstwerk mit der Unterscheidung „schön/häßlich" beobachtet wird, und kann dann diese Unterscheidung als Beobachtung in ihr eigenes System aufnehmen und Theorien der Ästhetik entwickeln. Dies aber sind dann wahre (oder unwahre) Theorien über Kunstwerke; sie können ihrerseits vom Kunstsystem daraufhin beobachtet werden, ob sie – die Theorien – schön oder häßlich sind, aber innerhalb des Wissenschaftssystems werden sie daraufhin beobachtet, ob sie wahr oder unwahr sind, also z.B. zu Kunstwerken einer bestimmten Epoche passen (oder nicht). Wo der Code zweistufig wird, können die Systeme aber auch sich selbst beobachten und ihre eigene Evolution durch weitere Ausdifferenzierung vorantreiben.

Das Gift der Kontingenz ist der Apfel vom Baum der Erkenntnis

Luhmann radikalisiert die Beobachterabhängigkeit jeder Wahrnehmung und Erkenntnis und weiß, daß diese Radikalisierung Gift für jeden ontologischen Realismus und dessen naives Verständnis der Lebenswelt ist. „Das Beobachten zweiter Ordnung hat, auf seine Wirkungen hin beobachtet, offenbar toxische Qualität. Es verändert den unmittelbaren Weltkontakt. Es zersetzt die gleichwohl beibehaltene Einstellung erster Ordnung. Es durchsetzt die Lebenswelt (im Sinne Husserls) mit einem Verdacht gegen sich selbst, ohne sie verlassen zu können. Während der Beobachter erster Ordnung die Hoffnung hegen konnte, mit durchdringendem Blick die sich zeigende Oberfläche überwinden und in die Tiefe eindringen und vom Schein zum Sein vordringen zu können, wird dem Beobachter zweiter Ordnung auch diese Intention der 'Philosophie' suspekt." (Luhmann 1995, S. 156 f.)

Wo Searle von „rohen Tatsachen" gesprochen hätte, spricht Luhmann in systemtheoretischer Sicht von der Beibehaltung der Einstellung erster Ordnung, bezieht diese mundane Einstellung aber nicht allein auf die Tatsachenfeststellungen der Naturwissenschaften, sondern auch auf die Lebenswelt; zugleich aber formuliert er die eigentümlich moderne Erfahrung, daß man in dieser Lebenswelt wissen kann, daß alles auch immer ganz anders sein könnte, also die Erfahrung der Kontingenz – und daß man sie dennoch nicht aufgeben kann[69]. Modern ist die Beobachtung von Beobachtungen.

Man kann wissen, daß es Zeiten gab, in denen nicht die Entfernung der Sonne von der Erde in Kilometern oder Lichtjahren gemessen wurde, sondern umgekehrt die Erde als gottgeschaffenes Weltzentrum galt, um das die Sonne kreiste; nicht Kilometer interessierten, sondern ihr natürliches und symbolisches Licht – und das war für die Schaffung kollektiver Intentionalität verbindlich. Dann folgt, daß man wissen kann, daß auch die Beschreibung der Entfernung in Kilometern ein sozialkonstruiertes, nützliches und anerkanntes Maß ist, früher anders konstruiert – und daß dies an den rohen Tatsachen wenig ändert. Und daß es weiter Fälle gibt, in denen der Glaube die Tatsachen konstruiert – das ist der für den professionellen Psychotherapeuten interessante epistemologische Fall. Den Primat des Sozialen würde auch Luhmann unterstreichen.

---

[69] Wo Habermas (1981) Lebenswelt und System als Bereiche der Wirklichkeit unterschied, setzt Luhmann anders an. Sein Denken löst die Lebenswelt durch Beobachtung zweiter Ordnung toxisch auf – und bestätigt ihre Unverzichtbarkeit zugleich im Sinne „roher Tatsachen".

Beobachtung zweiter Ordnung kann iterativ immer weiter auf sich selbst angewendet werden, ändert aber damit nicht die Notwendigkeit einer Unterscheidung, v.a. der zwischen der Operation des Beobachtens und des Unterscheidens (des Beobachtens von seinem Vollzug). Toxisch – in einem metaphorischen Sinn – für Lebenswelten[70] ist der Beobachter zweiter Ordnung deshalb, weil er die Iteration, einmal begonnen, nicht lassen kann – er muß beobachten und auch noch sein Beobachten diabolisch beobachten. Er vollzieht die Aufforderung der Schlange im Paradies, die verspricht, wenn man vom Baum der Erkenntnis esse, werde man sein wie Gott, also den Unbeobachtbaren beobachten können. Hier mag man schon fragen, warum es die Schlange dann eigentlich gibt? Die Antwort (Villeneuve 1991) ist: weil die Geschichte sonst zu Ende wäre; Adam und Eva wären geschaffen, mit ihnen die Welt und das Paradies – und dann? Nur durch das Auftreten der Schlange, d.h. des beobachtenden „Lichtbringers" Luzifer[71] kann die Geschichte weiter erzählt werden; der Preis dafür, daß Gott beobachtet werden kann, ist, daß das Paradies verlassen werden muß.

Auf eben diese Weise beobachten die funktional ausdifferenzierten Systeme einander. Ein System, das ist dann nur ein anderer Name für die Anwendung eines Unterschieds – zur Umwelt. Der Unterschied, ob Wasser warm oder kalt ist, begründet für uns demnach kein „System", wohl aber der Unterschied zwischen Wasser und festem Land. Solche Systeme jedoch sind nicht „wirklich" in dem Sinne, daß sie „an und für sich" bestünden, sondern sie basieren auf Unterscheidungen, die ihrerseits bezeichnet werden – für Amphibien ist der Unterschied zwischen Wasser und Land vielleicht keiner von System und Umwelt. Aber für diese Tiere könnte ein Unterschied von nur wenigen Temperaturgraden derselbe wie der zwischen Leben und Tod sein.

Ein Schlafender unterscheidet nicht zwischen „Wachen/Schlafen" und unterscheidet, während er schläft, die geträumte Wirklichkeit nicht als geträumte von

---

[70] Aber mit dieser Metaphorik ist Luhmann nahe am Habermasschen Thema von den sozialen Pathologien

[71] In einer philosophiegeschichtlichen Kritik erkennt Schulte (1993) in Luhmann die Personifikation des Teufels. Diese Kritik ist kenntnisreich, trifft aber den hier angesprochenen Punkt in keiner Weise. Luhmann könnte antworten: Der Teufel ist die unmarkierte („dunkle") Seite jener Unterscheidung, mit der in der Genesis alles beginnt: Gott. Weil dann aber gefragt werden mußte, wer Gott schuf, hat die Tradition den Teufel auch mit dem Namen des Luzifer beehrt. Der Lichtbringer ist der, der die Unterscheidungen trifft, der Schöpfer also, der Erde und Wasser, Tag und Nacht voneinander scheidet – und wenn Gott und Teufel hinsichtlich des Unterscheidens, Schöpfens und Anfangens gleichgesetzt werden müssen, wird ihre Unterscheidung fraglich.

einer wirklichen Wirklichkeit. Daß er schläft, kann dem Schlafenden deshalb kein „Inhalt“ seines Bewußtseins sein, dies würde ihn zum Aufwachen zwingen. Aber er kann diesen Unterschied – in seltenen Fällen – benutzen, um z.B. Träume zu träumen, in denen er träumt, daß er träumt. Aber dann muß er diesen Unterschied eben träumen und nicht – wissen. Und das verstrickt in Paradoxien wie im Fall jenes Träumers, der aus seinen Träumen dann aufwachte, wenn sie ihm „doch allzu unrealistisch“ erschienen und sie weiter träumte, wenn er sich im Schlaf beruhigte mit dem Hinweis, das Geträumte sei ja wie in der Wirklichkeit[72]. Dann konnte er weiterschlafen – und beim Erwachen wandte er dann die Unterscheidung „realistisch/unrealistisch“ an. Realismus also als Bedingung des Traums – es gibt bestimmte Unterscheidungen, die einen Zustandswechsel blokkieren, und andere, die ihn erzwingen – und das kann im übrigen therapeutisch genutzt werden.

Komplexität statt Totalität

Unterschiede, die nicht wahrgenommen werden können, sind nicht wirklich (für den Beobachter, wohl aber können sie es für andere Beobachter sein) – und im Grunde schließt diese These Luhmanns an das in den Sozialwissenschaften wohlbekannte sog. Thomas'sche Theorem (Thomas 1919/1966) an. Danach ist das für Menschen wirklich, was sie für wirklich halten – wir finden das Searle'sche Thema des Glaubens wieder. Im Bereich der Psychotherapie dürfte ein Beispiel die voranalytische Elektrotherapie sein. Erst als die Nervenärzte entdeckten, daß nicht der elektrische Strom, sondern der Glaube an den Strom bei manchen Patienten Wirkungen hatte (Radkau 1998), waren sie genötigt, neue Unterscheidungen auszubilden. Ob sie sich damit für neue Wirklichkeitsdimensionen öffneten oder ihrerseits neue Wirklichkeiten schufen, ist ein Unterschied, der für sie damals keinen Unterschied machte – erst heute können wir diese Frage diskutieren, ohne allerdings viel mehr daran entscheiden zu können.

Wirklich sind somit Beobachtungen, mit deren Hilfe „etwas“ (das System) von seiner Umwelt abgegrenzt wird. Denn diese Beobachtungen erfolgen tatsächlich. Nur dann, wenn Unterschiede gemacht und bezeichnet werden, kann überhaupt „etwas“ beobachtet werden. Der, wenn man so will, „erste“ Unterschied – also

---

[72] Ein realer Fall.

das Schöpfungsmotiv – ist demnach der zwischen „etwas" und seiner „Umwelt". Genau damit beginnt Luhmanns Theorie[73].

Wenn sich nun auf einer binären Unterscheidung basierende, autopoetisch operierende Funktionssysteme einer Gesellschaft – Religion, Kunst, Wissenschaft, Wirtschaft, Recht, Liebe – herausgebildet haben, dann ist Gesellschaft als „ganze" nicht mehr beschreibbar; jedes Funktionssystem würde eine andere Beschreibung liefern; keine könnte ein überlegenes Recht gegenüber anderen beanspruchen. Die Ausdifferenzierung verschiedener Funktionssysteme zwingt zum Verzicht auf Universalitätsansprüche und zugleich zu einer Haltung der Liberalität. Luhmann ersetzt deshalb den älteren Begriff der (gesellschaftlichen) „Totalität" durch den der „Komplexität", womit gemeint ist, daß Funktionssysteme nebeneinander, nicht mehr in hierarchischer Gliederung angeordnet sind.

Komplexität ist damit mehr als Kompliziertheit. Gemeint ist eine Paradoxie. „Komplexität ist die *Einheit einer Vielheit*" (Luhmann 1997, S. 136). Das wird daran erläutert, daß die Vielheit in der Relation von Elementen bestehen kann. Wenige Elemente können eine Vielzahl von Beziehungen eingehen. Die mathematische Kombinatorik von wenigen Elementen zeigt rasch, daß durch die Hinzufügung nur eines Elementes eine Vielzahl von neuen Relationen entsteht – das System wird komplex. Ein solches Element kann z.B. ein wissenschaftlicher „Satz" sein; er kann aber immer nur auf wenige andere Sätze tatsächlich Bezug nehmen. Die Elemente müssen deshalb selektiv verknüpft werden – und damit reproduziert sich das System auf seine Weise. Kunstwerke des Kubismus reagieren nicht unmittelbar auf externe Realität, sondern auf die künstlerischen Formprobleme von Impressionismus und Expressionismus. Es werden „Elemente" überraschend relationiert und dennoch so, daß sich das System reproduziert. Der Neuigkeitswert der Überraschungen steigert die Komplexität. Daß trotz der entstehenden Vielheit die Einheit des Systems gewahrt bleibt, wird durch den Begriff der Komplexität ausgedrückt.

---

[73] Luhmann durchdenkt hier Themen, die Psychoanalytikern vertraut sein müßten. René Spitz (1973) sah es z.B. als entscheidend für den „Anfang" eines Säuglingslebens an, daß ein Unterschied zwischen lebendigen und unbelebten Objekten gemacht wird; die klassische Objektbeziehungstheorie thematisiert immer wieder die Frage, wie der Unterschied zwischen „Ich" und „Nicht-Ich" erworben wird. Diese Unterscheidung wird selbst noch einmal transzendiert, wenn Winnicott das „Übergangsobjekt" einführt, nämlich als Unterschied zwischen „subjektivem" und „objektivem" Objekt – aber zwischen Subjekt und Objekt muß immer noch unterschieden werden. Diese Unterscheidung ist im Begriff des Übergangsobjekt zugleich „aufgehoben". Luhmann spricht in solchen Fällen von der „Einheit von Einheit und Differenz".

Funktionssysteme schließen Personen als „Adressen“ für Kommunikation ein; sie können ihrerseits anderen Funktionssystemen zugehören. Ein Wissenschaftler gehört auch dem System der familiären Institutionen zu und wird dort als Vater inkludiert[74]. Aber eben nicht als Wissenschaftler; wer dennoch versuchen wollte, in seiner Familie wissenschaftlich zu handeln, wird bald bemerken, welche Effekte Dominanzansprüche und Übersteuerungsversuche eines Systems durch ein anderes haben.

Information, Unterschied, Glaube

Funktionssysteme müssen Information füreinander bilden, es dann aber dem jeweils aufnehmenden System überlassen, was es mit der Information macht. Information ist so gesehen nicht etwas, das es „objektiv“ in einer für alle Systeme gleichermaßen verbindlichen Weise gibt. Information gibt es nach Maßen des Systems. Der über eine bestimmte Uhrzeit informierende morgens klingelnde Wecker „zählt“ für den Träumer gerade nicht als Wecker, sondern – so Freud (1900) in der „Traumdeutung“ über die sog. Weckreizträume – beispielsweise als Spielmannszug mit Klingeln und Schellen. Erst wenn das System seinen eigenen Zustand ändert und aufwacht, „zählt“ der Wecker „als“ Wecker – mit anderen Unterscheidungen werden andere Informationen rezipierbar.

Systeme bilden demnach keine Information füreinander. Diese These Luhmanns ist nicht so zu verstehen, als gäbe es keine „Information“. Sie richtet sich vielmehr gegen den Objektivismus des Informationsbegriffs, der Information so versteht, als sei Information für alle Funktionssysteme in der gleichen Weise vorhanden. Luhmann will dagegen betonen: was eine Information ist, bestimmt das System. Das System der Kommunikation schließt (Shanon 1989) vieles aus. So interessiert die Kommunikation normalerweise weder die Haarfarbe des Gegenübers noch die Tapete an den Wänden oder die Sitzordnung; diese Dinge müssen *für die Kommunikation* erschlossen werden („hier kann man es ja nicht aushalten“). Nur dann ist auch *für die Kommunikation* das eine Information, was es für Augen und Sinne der Teilnehmer vielleicht schon längst war (Hausendorf 1992). Solange das System keine unterscheidenden „Rezeptoren“ ausbildet, gibt es „die“ Information nicht; so wie ultraviolettes Licht oder hochtonige Frequenzen

[74] Und wenn er als „Doktorvater“ tituliert wird, heißt das nur, daß die familären Semantiken ins Wissenschaftssystem hinein „copiert“ (wie Luhmann sagen würde) oder „übertragen“ werden (wie die Psychoanalyse sagen würde) oder daß wir hier ein Beispiel für die genannten „metaphorischen Resonanzen“ haben – auf sie komme ich gleich zu sprechen.

ohne jeweilige „Rezeptionserweiterungen" (durch Apparate) für uns keine Information darstellen; sie liegen jenseits des hörbaren Spektrums. So ist Luhmanns These zu verstehen, daß Systeme geschlossen operieren und gerade dadurch umweltoffen sind. Sie bleiben füreinander intransparent; Nicht-Wissenschaftler verstehen nie genau, was Wissenschaftler treiben. Aber wissenschaftliche Kommunikationen müssen und können Anschluß an andere Kommunikationen finden. Dringt die Umwelt in einer Weise vor, für die das System keine Rezeptoren hat, sind die Effekte destruktiv – wenn das Haus über den Kommunizierenden zusammenbricht, die Raumtemperatur unter den Gefrierpunkt sinkt oder andere Störungen (das Telefon läutet) die Fortsetzung der Kommunikation unter Anwesenden verhindern.

Übersteuerungen sind destruktiv

Das gilt nun auch für das Verhältnis der ausdifferenzierten Funktionssysteme untereinander. Wollte die Politik die Kunst in diesem Sinne „übersteuern" und politisch vereinnahmen (sei es durch Jubelgedichte oder weltanschauliche Malerei), ist dies am ehesten unter diktatorischen Sonderbedingungen erfolgreich, bremst aber auf längere Sicht die Reproduktion der künstlerischen Kreativität. Wenn die Wirtschaft die Kunst übersteuert, heißt das Produkt „Werbung" und muß eine eigene Gebrauchsästhetik und Rezipienten[75] dafür hervorbringen, um als Sonderform einer sich neu ausdifferenzierenden Kunst anerkannt zu werden. „Als" Werbung ist es Teil des Wirtschaftssystems, „als" ästhetisches Phänomen Teil der Kunst – und dennoch „rohe Tatsache". Wenn das Wirtschaftssystem mit seinem Code „Zahlung/Nichtzahlung" in die Politik vordringt, ist von Korruption die Rede mit Folgen im Rechtssystem, die dahin tendieren, die Autopoiesis der Systeme wiederherzustellen. Wenn das nicht gelingt, ist die Autonomie des politischen Systems destruiert. Generell kann man sagen, daß einzelne Funktionssysteme sich gegenseitig irritieren, nicht aber instruieren oder gar determinieren können. Irritation ist der Komplementärbegriff zu „Information" – jedes Funktionssystem muß Irritationen in Information umarbeiten, um weiter prozessieren zu können. Wo Irritation war, soll Information werden.

Dies gilt nun auch für das Verhältnis zwischen psychotherapeutischer Profession und Forschung in der Psychotherapie. Gegen die Übersteuerung der professio-

---

[75] Dies scheinen derzeit besonders Jugendliche zu sein, die eingeblendete Werbespots auswendig kennen und den ästhetischen Reiz einer auf eine halbe Minute kondensierten short-story goutieren.

nellen Psychotherapie durch Forschung werden zunehmend skeptische Stimmen laut, auch von amerikanischer Seite und von wohlinformierten Autoren, die Wissenschaftler und Kliniker in einer Person sind. Ziemlich offenherzig gestehen Maling und Howard (1994, S. 252), woher diese Kontrollfaktoren in der Wissenschaft der psychotherapeutischen „outcome"-Forschung kommen: „What had been a cottage industry of individual pracitioners, accountable to themselves and to their patients, has now grown into a multibillion dollar industry that has come under the scrutiny of third-party payers." Unmittelbar an die Beschreibung dieses Wandels von der „cottage industry" zur „multibillion dollar industry" schließt sich nun der Satz an, der die Ziele der Forschung bestimmt: „One new task for psychotherapy research is to provide these payers with a means for documenting treatment efficacy and guiding the allocation of scare health dollars." Die Ziele stammen demnach nicht aus der Wissenschaft, sondern werden von den „third party payers" vorgegeben, zu deren Dienern die Wissenschaft sich zu machen habe, wie hier unverstellt eingestanden wird. Folgte man dem, würde psychotherapeutische Forschung ihre Autonomie als wissenschaftliches Funktionssystem abgeben und sich von der Wirtschaft übersteuern lassen. Es wäre demgegenüber sinnvoll, die Rationalität des wirtschaftlichen Funktionssystems dort zu belassen, wo sie gebraucht wird, und die Effekte von Psychotherapien an wirtschaftlichen Daten der Krankenkassen, etwa Reduktion von Arztbesuchen, Krankenhausaufenthalten, Medikamenteneinnahme etc. zu untersuchen.

Welche Folgen eine Übersteuerung der Wissenschaft durch die Wirtschaft, der Profession dann durch die Wissenschaft hätte, sehen andere Autoren kritischer. William P. Henry, Mitautor der großen Vanderbilt-Studie (Henry und Strupp 1991) verfaßte eine Stellungnahme zum EST-Projekt der American Psychological Association. EST ist die Abkürzung für „empirically supported therapy". In diesem Projekt wurden äußerst enge und rigide Kriterien für die Wirksamkeit von Psychotherapie formuliert, die sich fast ausschließlich an experimentellen Erfolgsnachweisen und der Zuordnung spezifischer Behandlungsmethoden zu spezifischen Störungen orientierten. Mit der Überschrift seiner Stellungnahme deutet er die Gefahr der Übersteuerung an: „Science, Politics, and the Politics of Science: the Use and Misuse of empirically validated treatment research" (1998). Und dieser erfahrene Forscher schreibt, erkennbar betroffen: „If I had given this talk several years ago, I might have said that my greatest fear was that psychotherapy research would have *no* effect on clinical training. Today, my greatest fear is that it *will* – that psychotherapy research might actually have a profoundly *negative* effect on future training." (S. 126, Kursivierungen i.O.) Und er brandmarkt EST als „pseudoscience".

Waldvogel (1997) hat im deutschen Sprachraum die Diskussion um die sog. Consumer-Reports-Studie sowie um Seligmans Wende ausführlich dargestellt und kommt zu dem Schluß, daß es einem ungerechtfertigten „Alleinvertretungsanspruch" gleichkomme, wenn nur solche „kontrollierten" Studien als valide Methoden eines psychotherapeutischen Wirksamkeitsnachweises gelten würden. Und er zieht die politischen Konsequenzen: „Damit aber würden sich diejenigen unter den Psychotherapieforschern, die diese Auffassung propagieren, zu 'bedfellows' räuberischer Gesundheitsprogramme machen und unwillentlich zum Vehikel dafür werden, daß Patienten, die einer längeren Behandlungen bedürfen, die von ihnen benötigte Behandlung vorenthalten bekommen". (Waldvogel 1997, S. 181).

Leon Eisenberg aus der Harvard Medical School (1995) verfaßte einen brillanten Überblicksartikel über die „nature-nurture"-Kontroverse in der Psychiatrie und zeichnet die Zyklen, in denen die Genetiker gegenüber den Umweltverfechtern dominieren, genau nach. Am Ende dieses Artikels meint er, nicht mehr so sehr die Frage, ob psychiatrische Störungen genetisch oder sozialisatorisch bedingt seien, zeichne die gegenwärtige Debatte aus. Augenmerk verdiene vielmehr ein hintergründig viel wirkungsvolleres Thema: „When cost control is elevated to the overriding determinant of corporate decisions, and medical visits are viewed as commodities on a production line, efficiency is gauged by the number of patients processed per unit of time, however destructive foreshortened consultations are to an ongoing relationship between patient and doctor". Hier wird der destruktive Effekt einer Übersteuerung des professionellen Systems durch ökonomische Imperative prägnant formuliert. Und dann schließt Eisenberg an, wie sich diese Übersteuerung bis in die intimisierte therapeutische Beziehung durchsetzt: „Patients need time with their doctors. They need reason to believe that doctors place paramount emphasis on patient health rather than organizational profit; otherwise they will not provide the intimate personal information needed for accurate diagnosis and appropriate treatment." (S. 1571). Die ökonomische Übersteuerung, so wird hier angedeutet, gefährdet den professionellen Vollzug von Diagnose und Behandlung. Wir begegnen hier erstmals der intimisierten persönlichen Beziehung als einem Kernstück professionellen Handelns. Sie wird auch von soziologischen Professionstheoretikern ins Zentrum gerückt. Ich komme darauf später zurück und nenne weitere Belege für die These von der Gefahr durch Übersteuerung:

Messer und Warren (1995, S. 320) kommen in ihrem ausgezeichneten Buch über kurztherapeutische Verfahren zu ähnlichen warnenden Überlegungen. Die zugrundeliegende Idee bei der Entwicklung und finanziellen Unterstützung kurztherapeutischer Verfahren (5-10 Sitzungen) sei, daß man „dasselbe“ billiger haben könne. Aber, so diese Autoren, falls solcher „economic appeal“ sich allzu sehr durchsetze, könnte der folgende Fall eintreten: „The human context of clinical practice cannot be so easily transformed into the pragmatic language of social technology and health care economics without the loss of the essential meaning of the term ‘psychotherapy’“. Mit einer „industrialization of psychotherapy“ könne sich Bedeutung und Wert der Psychotherapie überhaupt verlieren. Theorell (1997) äußert sich in seinem Editorial zum September-Oktober-Heft der Zeitschrift „Psychotherapy and Psychosomatics“ (1997) im gleichen Sinne: „Absurd Emphasis on Effectiveness and Immediate Results Will Harm Medical Treatment“, schreibt dieser Autor mahnend. Die kulturelle Phantasie, es gäbe für alle Probleme wissenschaftlich ermittelbare Lösungen, verkennt die tragische Seite menschlicher Konflikte; vieles, was uns bestimmt, ist jenseits der Kontrolle durch Funktionssysteme wie Wirtschaft oder Wissenschaft. Psychotherapie als Profession und als Gegenstand wissenschaftlicher Forschung ist also ein Beispiel für das, was die Theorie der ausdifferenzierten Funktionssysteme für den Fall vorhersagt, daß ein System ein anderes übersteuern will. Der genannte Jurist Ulsenheimer (1998) meint in seinem kritischen Beitrag über die normierenden Effekte von „Leitlinien“, daß deren Aufstellung „ganz eindeutig eine Forderung der Gesundheitspolitiker, nicht der Mediziner“ sei. Auch in dieser Klarstellung wird die Differenz der Funktionssysteme anerkannt und mit bezug auf die medizinische Praxis formuliert.

Metaphorische Resonanzen

> „Die Unauflösbarkeit der Metaphern, auch wenn da und dort ein ungefährer Sinn auftauchen mag, ist die Voraussetzung der Schönheit. Eine unzweideutige Relation zwischen den Bildern und dem ‚eigentlich Gemeinten‘ würde alles Licht in den Bildern zum Erlöschen bringen“.
>
> Peter von Matt, *Die verdächtige Pracht* (1999)

Wenn Funktionssysteme autonom sind, wie gestaltet sich dann die Zusammenarbeit zwischen ihnen? Ich will einige wenige Beispiele für metaphorische Resonanzen schildern und mich damit der nicht aus dem Auge verlorenen Frage zuwenden, wie Professionen als eigenständiges Funktionssystem moderner Gesellschaften begründet werden können. Eigenständig gerade dann, wenn sie ihr eigenes Territorium mit höchst unterschiedlichen Metaphern bestellen, deren Bildgebungen sie aus ihren Umwelten entnehmen.

Wir finden, daß verschiedene Funktionssysteme auf dieselben Phänomene „zugreifen“, aber in unterschiedlicher Weise, die durch das Wörtchen „als“ herausgehoben wird. Das wiederum können Systeme aneinander beobachten. Solche Beobachtung zweiter Ordnung erzeugt Komplexitäten, die kommunikativ nicht zu bewältigen sind, wenn alles vollständig flexibel und damit beliebig wäre. Deshalb erzeugt die Kommunikation ihre eigenen zeitweiligen Fokussierungen durch metaphorische Resonanzen, was an einigen Beispielen illustriert sei.

Menschliche Attraktivität als magnetische Kraft

Es erscheint als wissenschaftlich untersuchenswerte Tatsache, daß „Attraktivität“ zwischen den Menschen nach dem Modell der magnetischen „Anziehung“ beschrieben werden kann. Solche physikalischen Kräfte sind es dann, die auf eine Person wie von außen einwirken können dergestalt, daß diese Person sich ihnen nicht entziehen kann. Da es sich um physikalische, also natürliche Kräfte handelt, wäre es unnatürlich oder gar widernatürlich, sich ihnen zu entziehen. Tim Benedek (zit. bei Lakoff 1987) hat in Interviews gezeigt, daß normale Männer – Postbeamte, Angestellte, Professoren – ihre Beziehungen zu Frauen in genau diesem Sinne beschreiben, wenn sie etwa davon sprechen, sich unwiderstehlich zu einer Frau „hingezogen“ gefühlt zu haben, weil sie so „sexy“ war. Benedeks aufregende Beobachtung ist, daß normale Männer und Vergewaltiger sich in diesem Punkt nicht voneinander unterschieden. Die Beschreibung menschlicher Anziehung *als* einer physikalischen Kraft hat Resonanzen bis in die Ethik; denn wenn es um „natürliche“ Kräfte geht, wäre es doch unnatürlich sich dem zu widersetzen; zudem müssen im physikalischen Modell Frauen bzw. deren unwiderstehliche Attraktivität als Ursache solcher Anziehung angesehen werden. Im ethisch-moralischen Sinne haben sie dann die Schuld dafür, wenn Männer sich „natürlich“ verhalten und Frauen sexuell überwältigen – das genau findet Benedek denn auch als Rechtfertigungsstrategie bei den von ihm interviewten Vergewaltigern. Doch ist die gleiche Sichtweise auch bei „normalen“ Männern zu finden; das technisch-wissenschaftliche System der Physik, insbesondere der Magnetismus, hat metaphorische Resonanzen in der Kommunikation der Geschlechter. In der Konzeptualisierung jedenfalls unterscheiden sich „normale“ Männer von Vergewaltigern nicht.

Das ist im historischen Vergleich anders gewesen. Im Zeitalter Newtons dachte man genau umgekehrt: die Anziehung physikalischer Kräfte wurde beschrieben „als“ menschliche Attraktivität, also anthropomorph (siehe dazu die Beispiele bei Leary 1990). Goethe, Antipode Newtons in der Auseinandersetzung um die Farbenlehre, beschreibt die Anziehung chemischer Elemente mit einer Familienmetapher, die er „Wahlverwandschaften“ (Abschnitt IV) nennt: Der Hauptmann nähert sich Eduards Frau Charlotte mit dieser Rede: „Zum Beispiel was wir Kalkstein nennen, ist eine mehr oder weniger reine Kalkerde, innig mit einer zarten Säure verbunden, die uns in Luftform bekannt geworden ist. Bringt man ein Stück solchen Steines in verdünnte Schwefelsäure, so ergreift diese den Kalk und erscheint mit ihm als Gips; jene zarte, luftige Säure hingegen entflieht. Hier ist eine Trennung, eine neue Zusammensetzung entstanden, und man glaubt sich nunmehr berechtigt, sogar das Wort Wahlverwandtschaft anzuwenden, weil es wirklich so aussieht, als wenn ein Verhältnis dem anderen vorgezogen, eins vor dem anderen erwählt würde.“ Die menschlichen Beziehungen werden hier genau anders herum als in Benedeks Interviews für das Verständnis der Chemie genutzt – luzide darin, daß Wahlverwandtschaften dann in beiden Feldern, der Welt der Chemie wie der der Verhältnisse, als „natürlich“ ausgewiesen werden können. Und natürlich folgt dann die Liebe – aufgrund einer chemischen wie menschlichen Anziehung jenseits ehelicher Bande.

Kommunikation als senden und empfangen

Ein anderes Beispiel zeigt den gleichen Vorgang: Kommunikation wurde erst mit dem Aufkommen der Informationstechnologie *als* Sender-Empfänger-Modell formuliert. Kommunikation kann *als* Informationsübermittlung erst gedacht, wenn solche Technik verfügbar und die Technisierung einen hohen Grad lebensweltlicher Durchdringung erreicht hat. Obwohl man natürlich immer wußte, daß damit bestenfalls eine Telefonverbindung dargestellt, nie aber die gesprochenen Worte beschrieben werden konnten, diente das technische Modell für die Strukturierung menschlicher Beziehung. Menschen führen nicht Gespräche, wenn sie *kommunizieren*. Sie verständigen sich nicht, wenn sie *Information austauschen*. Das technische Modell selektiert bestimmte Aspekte, wenn der Akzent auf der Informationsübermittlung liegt. Was geschieht, wird dann nicht *als* Gespräch aufgefaßt.

Die Metapher REDEN IST INFORMATIONSÜBERMITTLUNG hat hochgradig selektive Effekte für Beobachter und Teilnehmer. Formen der Begrüßung oder Verabschiedung, Verletzung von Höflichkeitsregeln und Statuserwartungen konnten nur als „störendes Rauschen“ interpretiert werden. Alles an der Kommunikation, was „nicht Information“ ist, mußte eliminiert werden, aber es dauerte lange, bis man das sah. Das Modell diente der fachlichen Kommunikation als Fokussierung, bis höhere Anforderungen an die Flexibilität erforderlich wurden[76]. Dann aber beobachtet die Wissenschaft nicht so sehr, wie Kommunikation „wirklich läuft“, sondern nachfolgende Kommunikationen beziehen sich kritisch auf das bis dahin implizit verwendete Sender-Empfänger-Modell und dessen Beschränkungen. Beobachtet wird nun nicht mehr mit seiner Hilfe, sondern es selbst wird zum Gegenstand anderer Beobachtungen und verliert so seine Position als Fixstern am Himmel der wissenschaftlichen Kommunikation, wird möglicherweise erstmalig überhaupt formuliert, um kritisiert werden zu können, und damit als Metapher analysiert – im Namen einer neuen.

Postalische Übermittlungen

Ein Metapherntheoretiker (Reddy 1979) hat den Vorläufer dieses technischen Modells als Teil der lebensweltlichen Kommunikation beobachtet und es dadurch beschreiben können. Während die wissenschaftliche Kommunikation sozusagen schon auf dem Niveau der telefonischen Übermittlung angekommen war, dachte die lebensweltliche Verständigung über sich selbst immer noch in postalischen Begriffen nach: hier hat man die Vorstellung, daß Ideen in Worte nur verpackt sind. Entsprechende „Pakete“ werden von einem Absender an einen Empfänger versandt und müssen von diesem „entpackt“ werden. Dann sagen Menschen z.B., „Ich konnte Deinen Worten wenig entnehmen“, „Kannst Du das gleiche noch mal in einfacheren Worten sagen?“, oder teilen umgekehrt mit, der andere habe trotz weniger Worte viel gesagt. Die Worte müssen „ankommen“ und wenn der Zuhörende gerade an etwas anderes denkt, entschuldigt er sich, er sei gerade „abwesend“, könne die verbale Post also nicht entgegennehmen. Auch außerhalb des wissenschaftlichen Diskurses, innerhalb der alltäglichen Selbstdeutungen von kommunizierenden Menschen operiert somit die Vorstellung, daß Kommunikation „Austausch“ und „Übermittlung“ sei. Die technisch-wissenschaftliche Welt hat metaphorische Resonanzen in der Lebenswelt erzeugt. Aber das kann nun beobachtet werden. Und wenn die Systemtheorie ihrerseits intelligente Beobachtungen macht und dadurch Dinge beschreibbar werden,

[76] Diese Entwicklung in der Kommunikationswissenschaft ist sehr schön dargestellt bei Sucharowski et al. (1996)

die es vorher nicht waren, dann kann auch sie selbst wiederum beobachtet werden[77], insbesondere hinsichtlich ihrer Verwendung von Metaphern. Auch das ist geschehen (Soentgen 1992, Helmstetter 1993).

Metaphern- und Systemtheorie konvergieren hier. Letztere beschreibt metaphorische Resonanzen zwischen Systemen in einer Weise, die für das Verständnis der modernen „Nervosität" und ihre Psychotherapie von Bedeutung ist.

Nervosität und ihre Bilder

Ich entnehme weitere Beispiele dem informativen Buch des Bielefelder Historikers Radkau (1998). Der Titel „Das Zeitalter der Nervosität" spricht den Psychotherapeuten an, insbesondere dann, wenn man alsbald erfährt, daß Radkau eine Art historisch unterfütterter Theorie der „nervösen" Entstehung des Ersten Weltkrieges im Auge hat: Wieso konnte der Krieg die Menschen damals als Befreiung von der „Nervosität" begeistern? Was hat es mit der „Nervosität" eigentlich auf sich? Ich lasse die Bezüge zur Weltkriegsthematik außen vor und entnehme seinem Buch Beispiele dafür, wie die „Nervosität" aufgefaßt, mit welchen Metaphern sie beschrieben wurde und welche Folgen das für die Behandlung hatte. Der Historiker und Freud-Biograph Peter Gay hat (1984) teilweise auf dasselbe Material wie Radkau Bezug genommen und versteht es ähnlich. Das Novum an Radkaus Untersuchung ist allerdings, daß er sich der Mühe unterzogen hat, die Akten von Krankengeschichten um die Jahrhundertwende aus verschiedenen Heilanstalten (u.a. Bellevue, Schönberg) zu studieren. So kann er problemlos anerkennen, daß Menschen wirklich gelitten haben und zugleich kann er (in einer Beobachtung zweiter Ordnung) analysieren, wie die Beschreibung ihres Leidens, u.a. auch durch den medizinischen Diskurs, Einfluß auf die Gestaltung des Leidens nahm.

Eine wichtige Etappe in diesem Prozeß der Medizinalisierung des Leidens sind die Schriften des amerikanischen Arztes Beard, der in der zweiten Hälfte des vorigen Jahrhunderts erstmalig von der „Neurasthenie" sprach. Er kommt in Radkaus Analyse (S. 50 ff.) auf die folgende Weise zu diesem Begriff. Zum einen soll er zu „ängstlicher Selbstbeobachtung" geneigt haben und erhielt als 19jähriger den ärztlichen Rat, „geistige Betätigung" zu meiden. Auch Gay (1984) schreibt über ihn, er habe beständig über sein Gewicht, seinen Körper

---

[77] Das tut Peter Fuchs (1992) mit seinem Titel „Niklas Luhmann – beobachtet". Man kann auch so in diese Theorie einführen.

gewacht – und hier finden wir schon den anvisierten Zusammenhang zur Toxizität der Selbstbeobachtung. Als zweiten Punkt nennt Radkau die Abkehr Beards von der väterlichen Frömmigkeit; persönliche Probleme wurden durch ihn nicht mehr „als" seelsorgerliches Thema beobachtet, sondern wissenschaftlich und damit für die Neurologie erobert. Das erwies sich als ein höchst folgenreicher Umbau. Denn wenn Nervosität als „Nervenschwäche" aufgefaßt wird, muß man die schwachen Nerven kräftigen – und hier empfiehlt Beard in seiner Schrift von 1871 durchaus die kräftigende Wirkung des Alkohols. In den puritanischen Traditionen war die Nervosität gerade noch „als" Folge der Ausschweifung und des Lasters angesehen worden. Das bedeutete, daß Nervosität nicht Folge von allzu schwachen, sondern von geschwächten Nerven war. Deshalb mußte man diese Schwächungen beseitigen und konnte dann auf die Wiederherstellung der natürlichen Nervenstärke setzen. Beobachtet man aber nicht geschwächte, sondern schwache Nerven, ergeben sich ganz andere Handlungsanweisungen. Man muß hier die Schlußfolgerung ziehen, daß die Art, wie etwas beobachtet wird, höchst praktische Folgen hat; was aber beobachtet wird, ist geleitet von einer metaphorischen Differenz (Stärke/Schwäche), die ihrerseits bestimmt, was überhaupt beobachtet werden kann und welche Wertigkeit dem zukommt.

Bei Beard taucht nun eine ganz neue metaphorische Resonanz auf, die sich auf den dritten Faktor bei seiner Konstruktion der Neurasthenie bezieht. Das ist seine Beschäftigung mit der Elektrizität. Er hatte eine zeitlang mit dem Erfinder Thomas A. Edison zusammengearbeitet, und hier sieht man höchst illustrativ, wie dessen technisch-wissenschaftliche Modelle ihre Effekte im Nervenreich entfalten. Die Nerven werden *als* elektrische Drähte beobachtet, und darauf folgt dann konsequent die seit etwa 1850 erfundene Elektrobehandlung der Nervosität. Noch 1881 schreibt Beard, „Edisons elektrisches Licht (gebe) die bestmögliche Illustration der Wirkungen der modernen Zivilisation auf das Nervensystem". Das Wort von den „flackernden" und „zuckenden" Nerven geht hierauf zurück, denn Beard sieht das direkt in Analogie zu den Glühbirnen, die flackern, wenn der Strom schwächer wird[78]. Und jene Sprache, die von „Impulsen" und deren Abwehr spricht, dürfte ebenfalls auf den elektrischen Ursprung zurückzuführen sein, während die Rede von der „Kanalisierung" seelischer Energien eine metaphorische Resonanz des anderen technisch-wissenschaftlichen Modells ist, das

[78] Margaret A. Cleaves, Verfasserin einer „Autobiographie einer Nervenkranken" (1910) behandelt ihre Nervosität mit der damals Amerikanern häufiger empfohlenen Europareise und erfährt kurz vor der Abreise einen „schweren elektrischen Sturm" ihrer Nerven.

Beard ebenfalls benutzt, das der Dampfmaschine. Wo die Hitze den Druck erhöhte, muß dann der Patient in Kaltwasseranstalten eingeliefert werden; nicht nur für Albert Moll, einen der Gegner Freuds, war Kaltwasser- und Nervenheilanstalt von derselben Bedeutung (Radkau, S. 109).

Da Beard in seinen Behandlungen auch vor dem Strychnin nicht zurückschreckte, entsetzten sich manche über seine Methoden, während andere begeistert waren. In jedem Fall setzte sich das Wort „Neurasthenie" durch, und Möbius meinte damals, es habe „Ärzte und Laien bezaubert". Oswald Bumke, einer der Großmeister der Psychiatrie, schrieb in den 20er Jahren: „Es gibt wohl keinen zweiten Fall in der Geschichte der Medizin, in dem ein bloßes Wort so große wissenschaftliche Wirkungen und zugleich den Anschein so vieler neuer Erkrankungen herbeigeführt hat wie das Wort: 'Neurasthenie'" (zit. nach Radkau, 1998, S. 54).

Tatsächlich geht es nicht um Worte; Radkau ist zu sorgfältig, um sich einen solchen „billigen" Ausweg zu lassen. An einem anderen Beispiel, dem des Erfinders Rudolf Diesel (1858-1913) lassen sich (S. 242) ganz ähnliche Zusammenhänge wie bei Beard aufweisen. An diesem Beispiel läßt sich sehen, daß ein sozialer Konstruktivismus, wie ihn Cavell, Searle und Luhmann vertreten, nicht Beliebigkeit zum Ziele hat, sondern das Instrumentarium bereitstellt, um zu analysieren, wie soziale Wirklichkeiten tatsächlich konstruiert werden. Die „rohen Tatsachen" des wissenschaftlich-technischen Fortschritts werden benutzt, um auf einem Gebiet „durchzublicken", auf dem es ohne „Bildersprache" (Freud, s.o.) nichts zu „sehen" gab. Seelische Wirklichkeiten sind beobachtungsabhängig.

Das gilt auch für die damalige Diskussion um die Folgen von Geschwindigkeit und Eisenbahnfahrten. 1873 schrieb ein Nationalökonom, also nicht ein psychiatrischer oder neurologischer Fachmann, nämlich Gustav Schmoller: „Die Eisenbahnen wirken ... wie große Nationaluhren. Freilich wer mitkommen will im Leben, muß alle individuellen Wünsche zurücklassen, dem raschen Tempo, den allgemeinen Bedingungen des Dauerlaufs sich fügen. Immer schneller soll es gehen. Immer hastiger stürzt sich das junge Geschlecht in die Bahn des Lebens. Keine Minute verlieren ist die Losung; das ganze Leben gleicht einem dahinbrausenden Eisenbahnzug". (Radkau, S. 58). Wenn das Leben einem brausenden Zug gleicht, dann ist es kein Wunder, wenn man aufgrund einer mechanischen Theorie damals annahm, Nervosität sei „Nervenerschütterung", und diese Theorie hält sich bis in den Ersten Weltkrieg, als man die Störungen der Kriegszitterer durch den lauten Knall und die Druckwellen der Explosionen auf das Nervensystem zu erklären versuchte (Riedesser et al., 1996). Radkau (S. 99 f.) berichtet von einem Lokführer, der im Jahre 1872 einen Schock erlitt und klagte, sein ganzes Nervensystem sei zerrüttet. Radkau kommentiert: „Manchmal grenzt es ans Groteske, wie mechanistische Vorstellungen von der Nervenkraft – als ob diese durch eine genaue Balance zwischen Produktion und Verbrauch gewahrt würde – die Selbsterfahrung von Patienten prägen".

Aber metaphorische Resonanzen laufen auch in umgekehrter Richtung. Die Medizin entleiht ihre Grundbegrifflichkeiten auch an die Politik; Bismarck bezeichnete die Zeit der Freihandelszölle als „Krankheit" und die dagegen eingeführten Schutzzölle als „Kur" (v. Krockow 1997), es ist die Zeit, in der die Gesellschaft als Organismus gedeutet wird. Der Psychiater Kraepelin betitelt seine Schrift „Das Verbrechen als soziale Krankheit" (1907) und sieht darin den Verbrecher als „Krankheit des Gesellschaftskörpers". Eng sind Psychosomatik, Technik und Politik – also noch nicht vollständig differenzierte verschiedene Funktionssysteme – durch ihre Metaphern miteinander verknüpft. Die Sorge darum, ob Wilhelm II im Fall eines Krieges „die Nerven behalten" würde, wär ständiges politisches Gesprächsthema bis in die höchsten Ränge. Radkau (S. 277) formuliert die operativen Folgen einer solchen Nervositätsmetapher: „Sobald Wilhelm II. sich sie zu eigen machte, wurde es klar, daß er seine nervliche Gesundheit und Ehre nur durch Kriegführen unter Beweis stellen konnte!" Das münzt sich dann aus bis in die politischen Parolen: Hatte Freiliggrath mit der metaphorischen Formel „Deutschland ist Hamlet" die deutsche Unfähigkeit beklagt, aus den nationalen Befreiungsträumen politische Tat werden zu lassen, und wurde das dann als Inbegriff der Schwächlichkeit interpretiert, so wird dieser Satz im Ersten Weltkrieg durch eine alternative Metapher ersetzt: „Deutschland ist Hindenburg" heißt es nun. So wird eine Politik der Stärke rhetorisch evoziert wie begleitet.

Wenn überreizte Nerven Nervosität hervorbringen, dann brauchen sie Ruhe; ländliche Abgeschiedenheit der Nervenheilanstalten wird zum Mittel der therapeutischen Wahl – und in der Politik war es die „Isolation", von der man sich „Kur"-Effekte erhoffte. Diese Zusammenhänge zwischen „Nervosität", die wissenschaftlich-technisch gedeutet wurde, und der Modernisierung waren damals selbst thematisiert worden. Die Elektrifizierung wirkt wie ein alle Menschen erfassender Strom, und umgekehrt bekomme die Technik „Nerven", schreibt Radkau (S. 199). Die Begeisterung für technische Lösungen ist gewiß der für den Computer heute vergleichbar. Man kann den Unterschied daran sehen, daß die Röntgenstrahlen sich innerhalb kürzester Zeit in der Medizin durchsetzten und angewandt wurden, ohne daß diese Technik auch nur annähernd auf ihre Gefährlichkeit hin untersucht worden wäre. Für die Einführung des harmlosen Stethoskops hatte es hingegen mehrere Jahrzehnte und viele Diskussionen gebraucht.

Nervosität wurde als „Zeitkrankheit" aufgefaßt, der man durch günstigere Arbeitsbedingungen, Körperschulung und geistige Übungen begegnen wollte – zugleich wurde damit dokumentiert, daß Nervosität weit über den ärztlichen Kompetenzbereich hinausging (Radkau, S. 186). Zu Beginn dieses Jahrhunderts verfaßten die Neurologen Albert Eulenburg, Otto Dornblüth und Albert Moll Bücher, die schon im Titel den Zusammenhang zwischen dem großstädtischen Leben und der Nervosität thematisierten.

Max Weber, von Kraepelin über entsprechende Untersuchungen informiert, stellte deshalb auch im Verein für Sozialpolitik 1911 fest, daß es an gesicherten Resultaten zur Nervosität nichts Gesichertes, keine „rohen Tatsachen" gäbe – alles ist hier soziale Konstruktion durch metaphorische Resonanz[79]. Aber eines läßt sich festhalten: Metaphorische Resonanzen zwischen den Funktionssystemen bilden sich, in glücklichen Fällen wie bei Beard biographisch noch genau rekonstruierbar, indem Bildgebungen aus dem einen Bereich benutzt werden, um andere damit ausdeutbar zu gestalten – und damit beginnt ein Prozeß der Ausdifferenzierung neuer Funktionssysteme wie der der Professionen. Dies ist jedoch keineswegs ein einheitlicher Prozeß. Verschiedene Funktionssysteme können auf den neuen Bereich ihrerseits zuzugreifen versuchen mit der Folge erheblicher Irritationen. Mit dem Begriff der Irritation kann man verstehen, daß es keineswegs nur um semantische Spielchen geht.

Irritationen

> „Die moderne Nervosität ist der Schrei des Systems, das mit seiner Umgebung ringt"
> George M. Beard (zit. nach Radkau 1998, S. 265)

Funktionssysteme können Irritationen nur bewältigen, wenn sie sie in Information umarbeiten können. Stellt eine Gesellschaft auf funktionale Differenzierung

---

[79] Überdeutlich noch einmal Radkau (S. 338 f.): „Die besondere Reizbarkeit des deutschen Nationalismus stammte aus seiner Verquickung mit intimen Lebensproblemen. Das wachsende Gefühl nationaler Unbeliebtheit und Liebesunfähigkeit, verbunden mit einer ewig unbefriedigten nationalen Eigenliebe, hatte eine fatale Ähnlichkeit mit den Onanie- und Potenzsorgen des Neurasthenikers".

um, dann können die Funktionssysteme ihre Kompetenz, auf Umweltveränderungen zu reagieren, erheblich steigern, zugleich wird damit aber Irritation für andere Funktionssysteme in steigendem Ausmaß erzeugt und auf die Koordination der Irritationen zunehmend verzichtet. Man kann sich unter solchen abstrakten Formulierungen Luhmanns (1997, S. 789) durchaus alltägliche Beobachtungen vorstellen, wie etwa die, daß die Straße aufgerissen wird, um Rohre zu verlegen. Nachdem sie wieder zuasphaltiert ist, beginnt ein paar Tage später die Telefongesellschaft, ihre Kabel zu verlegen und muß erneut die Straße aufreißen. Man kann auch an die Folgen wissenschaftlicher Entwicklungen wie im Bereich der Gentechnologie mit irritierenden Effekten für das Rechtssystem denken oder an die Folgen politischer Entscheidungen in anderen Systemen.

Luhmanns Botschaft ist, daß die Ausbildung von Funktionssystemen zugleich bedeutet, daß Gesellschaft als ganze nicht mehr überblickt und nicht mehr gesteuert werden kann, weil ihre Irritationen nicht mehr koordiniert werden können. Auf Irritation kann nur zunehmend irritiert reagiert werden – die Funktionssysteme können dann solche Zumutungen für sich absorbieren, indem sie ihre Lernfähigkeiten steigern – womit sie zugleich weitere Irritationen für andere Funktionssysteme in ihrer Umwelt produzieren. Das Gesamtsystem kann nicht in einen Gleichgewichtszustand zurückkehren, sondern muß sich beschleunigen; mit der Folge von ständigen Innovationen, die Irritationen steigern, die innovativ abgefangen werden, neue Irritationen hervorrufen, die innovativ abgefangen werden mit der Folge neuer Irritationen usw. Die Zyklen der Erneuerung des Wissens und des Veraltens von Erfahrung verkürzen sich. Der Wissenschaft ist es gelungen, so könnte man sagen, den alten Traum von der Erfindung des perpetuum mobile zu realisieren: es ist sie selbst.

Ein anderes Unbehagen in der Kultur

Diese Beschreibung des modernen „Unbehagens in der Kultur“ hebt also nicht mehr auf die Unterdrückung sexueller Triebe ab, sondern analysiert ein Konstruktionsproblem moderner Gesellschaften mit einem Begriffsrepertoire, das Psychotherapeuten meistens nicht geläufig ist.

Aber die hier in Rede stehenden Erfahrungen sind es[80]. Die historische Veränderung läßt sich genau darstellen. Radkau (S. 11 ff.) berichtet, er sei zu seiner Studie u.a. durch das Auffinden der Tagebücher seines Großvaters gekommen. Dieser sei nämlich „nervös" geworden, nachdem er auf einer Reise ins Heilige Land nach Alexandria gekommen sei und dieses Sündenbabel in ihm verwirrende sinnliche Erfahrungen geweckt habe. Just so, wie Freud und Breuer es in den „Studien über Hysterie" von 1895 beschrieben, weckt diese Erfahrung bei dem damals noch jungen Großvater eine frühere Erinnerung, wie er einmal auf Rügen mit der Kutsche fuhr und die Kutscher zwei junge Mädchen mitgenommen haben – die Seelenruhe ist passé. Radkaus Großvater bekommt, nachdem er die Symptome der Nervosität – Herzklopfen und Unruhe – bei sich bemerkt hatte, einen Termin bei dem berühmten Schweninger, Leibarzt Bismarcks, und dieser empfiehlt eine besondere Therapie: heiraten. Genau das wiederholt Freud, wenn er irgendwo notiert, die eigentlich normale Form, der Neurose zu entgehen, sei, eine Ehe zu schließen. Das befriedigt die Sexualität – aber der Unterschied zu heute ist die gestiegene Irritationsproduktion: „Die Erwartungen, die an Intimbeziehungen (Stichwort Liebesheirat) gerichtet werden, sind so stark gesteigert, weil man schließlich Motive braucht, sich darauf einzulassen, daß in den anschließenden Ehen ein erheblicher Therapiebedarf entsteht und es häufig zu Scheidungen und Neuversuchen kommt", so nun wieder Luhmann (1997, S. 802). Heirat und Ehe sind nicht mehr Therapie der Wahl, sondern werden irritiert als wenn auch nicht einzige Orte der Irritationsproduktion wahrgenommen. Vom damals empfohlenen Therapeutikum sind mittlerweile die Nebenwirkungen nur allzu gut bekannt. Nicht die Sinnlichkeit, der Sinn selbst ist „nervös" geworden.

Daß das wirtschaftliche Funktionssystem dann, wenn es sich herauszudifferenzieren beginnt, seinerseits Irritationen erzeugt, ist bereits Adam Smith, dem englischen Ökonomen vor über 200 Jahren aufgefallen. Er notierte bereits, daß Akkordarbeiter, gerade wenn sie gut bezahlt werden, dazu neigen, sich zu überanstrengen und ihre Gesundheit ruinieren; anderen war nicht entgangen, daß überall dort, wo die Industrialisierung begann, „Hypochondrie" zunahm (Radkau, S. 46 f.). Radkau (S. 241 f.) zitiert aus Patientenakten, wie die „nervösen" Patienten darüber klagten, daß ihnen die „Energie" fehle und man es an den „Nerven" ha-

[80] Psychotherapeuten mit Sinn für soziale Wandlungsprozesse beobachten dies auch im Wandel der Bevorzugung bestimmter Theorien. Dornes (1998) leitet einen höchst informativen Überblick über die Bindungstheorie (Bowlby) mit der Bemerkung ein, das neu aufgekommene Interesse an „sicheren" Bindungen reagiere auch auf die lebensweltlichen Verunsicherungen – das Thema der Triebunterdrückung trete deshalb in den Hintergrund.

be. Wir können nun sehen: das sind Selbstdeutungen der Irritationen, denen die Menschen ausgesetzt sind und sie benutzen die Sprache der metaphorischen Resonanzen.

Die Energie-Metapher und ihr Ursprung in der Technik-Entwicklung

Das kann man in biographisch beinah rein kristallisierter Form an dem bereits erwähnten Rudolf Diesel sehen. Dieser Erfinder versucht, den Wirkungsgrad bei Kraftmaschinen zu erhöhen, und setzt dabei sein eigenes Leben gehetzt immer mehr unter Druck – so sehr, daß er 1889 die Pariser Weltausstellung verlassen und zum Arzt eilen muß. Sein Sohn kommentiert, das Zeitalter der Neurasthenie habe ihn in die Krallen genommen. „Mit immer neuen Worten schildert der Sohn, wie der Vater – getrieben durch den 'ingrimmigen Vorsatz der energetischen Übersteigerung alles Bisherigen' – das Prinzip der Selbstentzündung und Leistungssteigerung durch höheren Druck bis ins Extrem getrieben habe: bei seinem Motor und bei sich selbst. Mit einem typischen Ausdruck jener Zeit rechnet er ihn zu den 'Hochdruckmenschen', die nicht an Depression, sondern an 'Suprapressionen' litten. Er sieht in seinem Vater eine typisch moderne Psychomotorik verkörpert: daß nämlich 'die wachsende Kunst, Kraftquellen zu erschließen, eine Zwangshypnose hervorruft, immer mehr Kraft zu entfesseln'" (Radkau, S. 242 f.).

Eine bessere Illustration des von Luhmann theoretisch Beschriebenen kann man sich kaum wünschen. Die Irritationen finden, wenn auch nicht ausschließlich, an den Menschen statt; sie suchen Hilfe bei einem neu sich herausbildenden Funktionssystem, den Professionen. Die psychotherapeutische Profession entsteht dabei aus der Medizin; ihre Autonomie gewinnt sie, als sie sich nicht mehr nur an diese anlehnt, sondern auch andere metaporische Resonanzen zur Ausbildung ihres Codes, ihres Problembereiches und ihrer Operationsweise heranzieht.

Die professionelle Innovation

Zunächst zeichnet sich die Herausbildung der psychotherapeutischen Profession dadurch aus, daß sie sich auf die metaphorischen Resonanzen nur eines Funktionssystems, vorzüglich der Medizin, zur Deutung der Irritationen beziehen. Dann aber wird bemerkt, daß die Medizin, jedenfalls im Fall der Nervosität, ihre Leitmetaphoriken zu einem überwiegenden Teil aus dem Bereich der Technik – Elektrizität, Wasserdruck und Dampfmaschinen – bezieht und auf diese Probleme kaum angemessen reagieren kann.. Zunehmend wird sich deshalb herausstellen, daß der Bezug auf ein und nur ein Bezugssystem gerade die Entwicklung der Professionen behindert. Freud sprengt diese Begrenzung definitiv auf, und darin kann man seine entscheidende Innovation sehen, wie die amerikanische Wissenschaftshistorikerin Patricia Kitcher (1992) in einer brillanten Studie herausgearbeitet hat. Sie zeigt, wie Freud bis etwa 1906 v.a. die Bildgebungen von Medizin und Naturwissenschaft, z.B. das Reflexbogenmodell, das Trägheitsprinzip, den Energieerhaltungssatz nutzte, um mit diesen Metaphern das neue Gebiet der Psychoanalyse wissenschaftlich zu formulieren. Ab etwa 1906 habe er den Kontakt zu den wissenschaftlichen Nachbarn vernachlässigt; tatsächlich benutzt er ganz andere Bildquellen, wie z.B. die der Antike, um Resonanzen bis in die Kulturtheorie und Religionskritik zu erzeugen – und damit emanzipiert sich die Psychoanalyse von ihren Ursprüngen: sie wird als Profession mit einem enorm erweiterten Repertoire metaphorischer Resonanzen zuständig für personal erlittene Folgen des Irritationsexports aus anderen Funktionssystemen, eine Emanzipation, die ihr zugleich Autonomie gewährt und immer wieder gefährdet. Sie bleibt gegenüber den Wissenschaften autonom – *und* abhängig. Kitchers Analyse ist durchaus kompatibel mit Luhmanns Systemtheorie, für den Personen und ihre psychischen Systeme zur Umwelt der Gesellschaft gerechnet werden müssen. Irritationsexport geschieht von den Systemen aus immer in deren Umwelt, hier also zu den Personen.[81]

Die entscheidende Frage ist nun, ob man davon sprechen kann, daß sich die Professionen als eigenständiges Funktionssystem für die Gesellschaft etabliert haben? Zur Erringung einer solchen Eigenständigkeit müßten sie sich von der Wissenschaft emanzipieren. Ich halte es für einen Vorteil der soziologischen Systemtheorie, daß die damit angestrebte größere Autonomie auch der Psychotherapie als Profession nicht nur als Steigerung der Unabhängigkeit gedacht werden kann, sondern zugleich die Steigerung der Abhängigkeit von anderen Funktionssystemen mitgedacht werden muß – so wie Wissenschaft von Wirtschaft und Politik abhängig ist und dennoch autonom in ihrem Vollzug.

Dazu wäre der Nachweis erforderlich, daß Psychotherapie als Profession eine spezialisierte Systemleistung universalisiert, also Irritationsbewältigung für die Gesellschaft in einer Weise erbringt, die von keinem anderen Funktionssystem erbracht wird und werden kann. Für die Bestimmung als autonomes Funktionssystem wäre weiter die Festlegung eines binären Codes, eines Zuständigkeitsbe-

---

[81] Vgl. dazu den von Peter Fuchs und Andreas Göbel herausgegebenen Band „Der Mensch – das Medium der Gesellschaft" (1994).

reiches und einer spezialisierten Operationsweise erforderlich. Mit diesen Fragen werden sich die folgenden Überlegungen beschäftigen.

Psychotherapie als Funktionssystem der Gesellschaft

Ausdifferenzierung von Funktionssystemen ist bei Luhmann strikt antihierarchisch gemeint, aber Funktionssysteme operieren keineswegs in autistischer Abschottung. Für deren Kooperation gibt es Theoriestücke, die uns hier nicht weiter zu interessieren brauchen, denn die grundlegende Aussage ist klar: Kein Funktionssystem kann für sich beanspruchen, den Überblick aufs Ganze zu haben – und das gilt auch für die Wissenschaft. Auch sie hält Irritationsexport für die Gesellschaft bereit: „Mit Systemdifferenzierung verankert demnach die Wissenschaft ihre Funktion, neues Wissen zu ermitteln, in der Welt, wie sie sie sieht. Das bedeutet aber auch, daß die Distanz von Wissen und Wissenswertem sich laufend vergrößert und daß die Wissenschaft kein Wissensziel mehr ausfindig machen kann, in dem sie, wenn sie es erreichte, zur Ruhe käme. Das System kann sich selbst dann schließlich nicht mehr teleologisch begreifen, sondern nur noch autopoietisch: als sich selbst fortsetzende Unruhe. Wissenschaft wird so zu dem Mittel, durch das die Gesellschaft die Welt unkontrollierbar macht". (Luhmann 1990, S. 371). Hier gewinnt Luhmann eine Einschätzung der Wissenschaft, die anders ist als der common sense; Wissenschaft exportiert epistemische Unruhe und muß jene Stelle in der Zeit, wo ihr Wissensdurst befriedigt wäre, immer weiter hinausschieben. Immer mehr stellt sie fest, was sie nicht weiß und irritiert mit dieser Erfahrung ihre gesellschaftliche Umwelt.

Gesellschaften als funktional differenzierte Sozialsysteme zu beschreiben, hat eine Tradition in den Arbeiten von Talcott Parsons, der sich seinerseits mit dem Problem der Schichtung und damit auch der Ungleichheitsproblematik beschäftigt hat. Schwinn (1998) hebt hier kritisch gegen Luhmann heraus, daß er gewissermaßen kontrafaktisch Gleichrangigkeit der Funktionssysteme behaupte, während die Zuordnung von Personen zu diesem oder zu jenem Funktionssystem durchaus mit Chancen sozialer Hierarchien, Prestige-, Einkommens- und Machtverteilungen in Verbindung steht. Funktionen jedoch können keine Hierarchien begründen, beide, so Schwinn zu recht, sind nicht aufeinander reduzierbar. Dem hierarchischen Modell, welches die Wissenschaft als eine Art Supersystem über anderen Funktionssystemen positioniert, wird die Begründung entzogen. Es ist historisch entstanden (s.u.) und verdankt seine Wirksamkeit vielleicht eher anderen Motivierungen, wie z.B. dem Prestige, das Wissenschaftler in westlichen Gesellschaften genießen, der Ausdifferenzierung von Erziehungssystemen mit ihrer Hochschätzung von Bildung als dem Pfund, mit dem das Bürgertum gegen den Adel wuchern konnte u.a. In diesem Zusammenhang ist daran zu erinnern, daß das wissenschaftliche Prinzip der Überprüfbarkeit und Erfahrungsgebundenheit sich seinerseits gegen kirchliche Privilegien und gegen Sonderstellungen von Offenbarungsträgern (v.a. den Klerus) richtete. Wissenschaftliches Wissen sollte demgegenüber gerade für alle, nicht nur für diejenigen, die Latein konnten, zugänglich sein. Insofern wohnte dieser Idee ein egalitäres Prinzip inne. Unter veränderten gesellschaftlichen Umständen wurde es verloren und durch das hierarchische Modell ersetzt.

Wissen und Nicht-Wissen

An dieser Stelle ist es angebracht, den Nutzen einer solchen Theorie für das Verhältnis der Profession zur Wissenschaft für den Fall der Psychotherapie zu erwägen. Die bisher beschriebene Theorie hat einen ausgesprochenen antihierarchischen Effekt mit der Folge einer Relativierung wissenschaftlichen Wissens – auch wenn dieses nicht in Zweifel gezogen wird. Wissenschaftliches Wissen ist als *methodisch gesichertes* Wissen „wahr“, und das wird geradezu bestätigt. Aber zugleich entsteht auf der anderen Seite des Codes ein „unmarked space“, den wiederum andere Wissensformen für sich nutzen und andere damit irritieren können.

Die antihierarchische Relativierung ist innerhalb der Wissenschaft selbst thematisch; hier kommt die Zweistufigkeit des Codes zum Zuge und die Wissenschaft beginnt, sich selbst wissenschaftlich zu beobachten hinsichtlich der Frage, was Wahrheit des wissenschaftlichen Wissens bedeutet. Nicht nur andere Funktionssysteme können Wissenschaft beobachten, sondern diese sich auch selbst.

Es gibt verschiedene Arten der Selbstbeobachtung innerhalb des Wissenschaftssystems. Als Wissenschaftstheorie teilen sie die Grundüberzeugung, daß wissenschaftliches Wissen sich vor anderem Wissen auszeichne, und zwar nicht nur durch Grade an Genauigkeit und Gewißheit, sondern v.a. dadurch, daß dieses Wissen *methodisch* gewonnen ist – und z.B. nicht durch Offenbarung. Hier operiert also eine Unterscheidung – zwischen methodisch kontrolliertem und anderem Wissen -, die das System konstituiert, indem sie es von anderen unterscheidet. Der Wissenschaftstheoretiker Hilary Putnam (1981, S. 129) hatte die Behauptung, „science seeks the truth“ unter die Lupe genommen und kommt zu dem Schluß, diese Behauptung sei ein „empty statement", wenn und solange das Wissen darüber fehle, „what people consider a rational way to pursue inquiry, what their standards of objectivity are, when they consider it rational to terminate an inquiry, and what grounds they will regard as providing good reasons for accepting one verdict or another on whatever sort of questions they may be interested in". Rationalität ist somit abhängig von dem, was für rational gehalten wird, Objektivität das, was objektiv ist, ermittelte Antworten gebunden an die jeweilige Frage und Wahrheit selbst abhängig von Methode[82]. Innerhalb der Psychotherapieforschung wird die Putnam'sche Position fast wörtlich wiederholt; hier kann man den frühen Grawe (1990, S. 295) zitieren: „Vorangegangene Forschungserfahrungen ... haben uns gelehrt, daß in empirischen Untersuchungen festgestellte Therapieeffekte nicht einfach als gefundene Fakten über die Wirkungen der untersuchten Therapien genommen werden dürfen, sondern in einem sehr weiten Sinne als *vom Untersucher hergestellte Produkte* betrachtet werden müssen. Sie hängen nicht nur von den angewandten Therapien, sondern in starkem Maße auch von den Meß- und Auswertungsmethoden ab, die zu ihrer Herstellung verwendet wurden" (meine Kursivierung, MBB).

Mit Bezug auf den Code „wahr/unwahr" formuliert Luhmann (1990, S. 181) gleichsinnig: „Wenn man also wissen will, was Wahrheit ist, muß man nicht nach einem besonderen Ding suchen (etwa nach Eigenschaften bestimmter Sätze), sondern muß diesen Beobachter beobachten, um herauszufinden, wie er mit der Unterscheidung wahr/unwahr umgeht, um weitere Unterscheidungen (Formen) zu erzeugen." Wissenschaftliches Wissen entsteht dabei als methodisch gesichertes Wissen und kann von anderem Wissen – etwa religiösem Wissen oder der Art, wie man einen anderen Menschen „kennt"[83] – unterschieden werden. Man sieht, wie Wahrheit nicht objektiv ermittelt, sondern durch Methoden

---

[82] In der Erforschung der Geschichte der Wissenschaft bildet sich eine historische Epistemologie heraus, die in Deutschland v.a. durch die Direktorin des Berliner Max-Planck-Instituts für Geschichte der Wissenschaften, Lorraine Daston, vertreten wird. Die Geschichte der Wissenschaft wird hier nicht mehr linear verstanden als Fortschritt zu immer größerer Objektivität, sondern es wird die Frage nach den historischen Bedingungen gestellt, die einen ahistorischen Begriff von Objektivität ermöglicht und durchgesetzt haben.

[83] Der kürzlich verstorbene britische Philosoph Isaja Berlin (1982) hat es in bewundernswerter Weise so formuliert: „Es entspricht eher dem Wissen, wie wir einen Freund zu kennen behaupten, seinen Charakter, seine Denk- und Handlungsweisen ... Um solches Wissen zu erwerben, muß man über Imaginationskraft beträchtlichen Ausmaßes verfügen, wie sie Künstler und insbesondere Romanautoren benötigen". Hier kommt also erneut die Imagination zum Zuge.

definiert wird. Das Funktionssystem der Wissenschaft operiert, wie es operiert. Es wird dabei beobachtet, teils intern, teils von außen.

Wissenschaftliches Wissen wird, wie Grawe formuliert, hergestellt vom Untersucher und seinen Methoden. Der eine Streit der Psychotherapieforschung geht deshalb nun über jene Methoden und Methodologien, mit denen wissenschaftliches Vorgehen im Vollzug definiert wird. Innerhalb dieses Streits findet die Debatte über qualitative oder quantitative Verfahren statt. Der andere Streit geht um das, was eigentlich die Daten des Prozessierens sind. Unter den genannten professionstheoretischen Gesichtspunkten wird verständlich, daß innerhalb der Psychoanalyse ein Versuch, die Frage zu klären, was „clinical facts" seien, nicht zum Konsens geführt hat (Tuckett 1993, Spence 1993). In der Forschung zur Psychotherapie ist die Forderung nach Operationalisierbarkeit so selbstverständlich geworden, daß man sich davon in allen Bereichen Antworten auf alle Fragen verspricht, auch wenn sich gelegentlich Stimmen finden (Stiles und Shapiro 1989, Stiles 1993, Strupp 1996), die hier mäßigend wirken. Operationalismus strebt, auf der Basis einer angenommenen Trennung von Theorie und „Daten", die Ermittlung von eindeutigen „Zeichen" der untersuchten Wirklichkeitsausschnitte an, die sich dann als Indices für die theoretisch postulierten Effekte bestimmen lassen. Die Vieldeutigkeit der „Zeichen" kann dabei jedoch grundsätzlich nicht bewältigt werden; das aber ist eine Leistung, die in der Profession erheischt ist, die ihrerseits mit sehr viel unschärferen Begrifflichkeiten operieren muß.

Die Selbstbeobachtung der Wissenschaft resultiert nicht nur auf der globalen Ebene der Wissenschaftstheorie, sondern fachintern auch in fast gleichlautenden Kritiken, insbesondere am Operationalismus und dessen internen Problemen. Der Ethnologe Clifford Geertz (1983, S. 9) stellt fest: „Operationalismus als methodologisches Dogma war in den Sozialwissenschaften nie sonderlich sinnvoll und hat sich – von einigen, fast zu gut ausgefegten Winkeln wie Skinners Behaviorismus, Intelligenztests etc. abgesehen – heute überlebt". Im Bereich der akademischen Sozialpsychologie stellte Rosenwald (1986) die nachdenkliche Frage: „Why operationism doesn't go away." Nachdem er eine Reihe schwerwiegender Kritiken diskutiert hat, stellt er fest, daß der Operationalismus dennoch wie unberührt davon weiter verfahre. Diese Kritiken lassen sich folgendermaßen zusammenfassen: Operationalismus setzt die Unterscheidung von Tatsachen und Theorien voraus. Man formuliert Kriterien, anhand derer man eine Theorie durch das Vorliegen eines Ereignisses als widerlegt (oder als bestätigt) ansehen möchte. Die Kritiker behaupten nun obstinat immer erneut, daß die Unterscheidung zwischen Tatsachen und Theorien im Fall der Psychotherapie nicht durchführbar ist, denn die Theorien färben die Wahrnehmung unvermeidlich in einer nicht zu purifizierenden Weise. Dort, wo die Wissenschaft der Psychotherapieforschung beobachtet, muß sie sich bestimmter Prozeduren wie der rating-Verfahren bedienen – und was rater beobachten, ist zugestandenermaßen immer hochgradig theorielastig – wenn man unter „Theorie" in diesen Fällen nicht nur die großen Glaubenssysteme, sondern auch die kleinen Überzeugungen gelten läßt, die meist unformuliert die Wahrnehmung bestimmen. Rater-Trainings mit dem Ziel der Vereinheitlichung ihrer Beurteilungen müssen dann als Versuche aufgefaßt werden, die rater auf eine und nur eine Theorie zu verpflichten mit der Folge, daß ihre natürliche Kompetenz gerade in der Beurteilung von interaktiven Episoden eher geschwächt wird. Dies Dilemma ist, von Rosenwald ausführlich dokumentiert, in der Sozialpsychologie wohl bekannt. Dort bemerkte man schon vor längerer Zeit, daß „derselbe Reiz" für verschiedene Versuchspersonen keineswegs dieselbe soziale Bedeutung habe und man deshalb nicht von einer Einheitlichkeit der Situationsdefinitionen als unabhängiger Variable ausgehen könne. Man müsse vielmehr diejenigen „Methoden"[84] studieren, mit denen Versuchspersonen selbst die Situation definieren, in der sie sich befinden – also zu einer Beobachtung zweiter Ordnung fortschreiten.

Gerade weil diese Kritik überzeugend ist und teilweise wiederum selbst empirisch bestätigt werden konnte, wird das Festhalten am Operationalismus innerhalb der Psychotherapieforschung problematisch. Operationalismus erscheint einer Beobachtung zweiter Ordnung als Name für soziale Konsensfindungsprozeduren innerhalb der scientific community, als Programm zur Entwicklung von wissenschaftsintern prozessierbarem Wissen – und die Beobachtung zweiter Ordnung ist „Gift" hinsichtlich des Anspruchs auf objektive Wahrheit. Als Antwort auf seine selbstgestellte Frage danach, warum der Operationalismus nicht aufgegeben werden könne, empfiehlt Rosenwald: „We must seek answers outside the philosophy of science, for instance in the sociology of professions..." (Rosenwald 1986, S. 304).

---

[84] „Methoden" – was über die verschiedenen Bedeutungen von „Theorien" weiter oben gesagt wurde, gilt auch hier. Es gibt alltägliche „Methoden" der Situationsdefinition, die v.a. in der Ethnometholdogie beschrieben worden sind, die sich von wissenschaftlichen Methoden unterscheiden lassen.

Anwendung von Wissen?

Diesem Hinweis auf eine Beobachtung von Beobachtungen zu folgen lohnt – tatsächlich ist das Besondere an Luhmanns Theorie, daß er Entwicklungen und Ergebnisse der wissenschaftlichen Welt ohne jeden Vorbehalt anerkennen – und zugleich relativieren kann. Die Wissenssoziologie etabliert sich als eine Form der Beobachtung zweiter Ordnung und hat hier einiges ermittelt. Knorr Cetina (1984, 1995) hielt sich als Beobachterin in den Labors der Teilchenphysik auf und stellte fest, daß Wissenschaftler neben ihrer speziellen „technischen" Sprache metaphorische Rekonfigurationen verwenden, mit denen sie die Transformation natürlicher in „epistemische" Objekte darstellen. Der Computer „antwortet" oder „spinnt". Detektoren werden als „Personen" beschrieben, die Ereignisse „wahrnehmen" oder „verarbeiten". „Detectors operate and communicate and can be played off against each other, but they are also *moral* and *morally responsible* beings" (1995, S. 341). Ein Detektor, der nicht funktioniert und falsche Anzeigen macht, „täuscht". Die Autorin schlußfolgert: „This has strong implications for the orientation of physicists toward this instrument, for what it means, in this science, to do empirical work, and so on" (S. 347). Ähnliche Befunde werden von Amman (1994) über seine Beobachtungen in gentechnischen Labors berichtet. Erst die Zurichtung eines natürlichen Objekts wie einer Hausmaus zu einem Träger von gentechnischen Eigenschaften macht dieses Tier zu einem „epistemischen" Objekt, und nur dann, wenn diese Transformation vollzogen ist, kann die Wissenschaft zu operieren beginnen.

Die Entsprechungen zur Forschung in der Psychotherapie liegen auf der Hand. Auch hier gilt, daß Umwandlungen vollzogen werden müssen; nur dann kann die Wissenschaft in Vollzug treten: Eine irgendwie geartete professionelle Interaktion findet *unter Nutzung „natürlicher" Kompetenzen der Interaktionsteilnehmer* statt. Sie kann dann freilich von Beobachtern unter Kategorien gelegt und in bezug auf die Häufigkeit kategorialer Ereignisse dokumentiert werden. Hier entsteht wertvolles Wissen – aber nur, wenn eine stillschweigende Transformation stattgefunden hat, die die Wissenschaft, *solange sie sie vollzieht*, selbst nicht beobachten kann. Sie sieht mit den Augen der rater, diese wandeln ihre Beobachtungen in Daten um. Erst diese kann die Wissenschaft verarbeiten. Aber die psychotherapeutische Forschung kann die Beobachtungen der rater, ihre eigenen Augen, nicht beobachten, weil und solange sie mit ihnen beobachtet.

Erst eine Beobachtung zweiter Ordnung würde hier weiterführen, aber für die Psychotherapieforschung liegen – mit einer später erwähnten Ausnahme – keine Studien vor, die denen von Knorr Cetina oder Amman entsprechen würden. Gerade die Beobachtung von Transformationen – aus natürlichen werden epistemische „Objekte“ und aus technischen Computern natürliche „Subjekte“ – bestätigt die These einer Ausdifferenzierung. Die psychotherapeutische Forschung verfährt praktisch tautologisch: Sie prozessiert ihre Daten, nachdem sie sie in einer Weise so transformiert hat, daß sie sie prozessieren kann. Dieses Wissen ist anders als das professionelle und muß auf sein Irritierungspotential geprüft werden.

Wissenssoziologische Vorgehensweisen könnten darüber hinaus aus den unfruchtbar gewordenen Alternativen herausführen; es müßte sich beobachten lassen – mit welchen Unterscheidungen? -, wie der Operationalismus in der psychotherapeutischen Forschung verwendet und v.a., wie strikt er verwendet wird. Die Vermutung ist nicht von der Hand zu weisen: Wenn schon Physiker nicht ohne Rückgriff auf eine zweite sprachliche Ebene auskommen, dann dürften es Psychotherapeuten erst recht nicht. Solange sie diese aber nur nutzen, können sie sie nicht beobachten. Ließe sie sich beobachten, könnte man vielleicht sehen, wie der Operationalismus in die Wissenskonstruktionen der Psychotherapieforschung eingewoben wird – und sich von denen der professionellen Praktiker unterscheidet.

Am Beispiel der soziologischen Anwendungsforschung sind diese Probleme exemplarisch bearbeitet worden. Die Soziologie hat sich ihrerseits dafür interessiert, ob und wie ihre Forschungsergebnisse angewendet werden. Auch dabei hat man festgestellt, daß das sozialwissenschaftliche Wissen Transformationen durchläuft – es muß den Bedingungen des Anwenders genügen, es muß gewissermaßen zugeschnitten werden auf die Erfordernisse des anwendenden Systems. Wingens (1997) kommt auf diese Problematik zu sprechen und stellt lapidar, aber deutlich fest, daß das, was „wissenschaftliches Wissen“ sei, von den es aufnehmenden Nutzer-Systemen bestimmt wird – nicht von den wissenschaftliches Wissen produzierenden Funktionssystemen.

Das verhält sich in deutlicher Analogie zum psychotherapeutischen Feld. Was professionelle Praktiker für wissenschaftlich gesicherte Ergebnisse halten, ist nie dasselbe wie das, was ein in der Forschung Tätiger darüber weiß. Der professionelle Praktiker rezipiert vielmehr höchst selektiv das, was er für seine Belange gebrauchen kann, kurz: das, was er beobachten kann ist für ihn Information. Und was er nicht beobachten kann, ist auch „nicht wirklich“. Vieles, was geforscht wird, gelangt nie zur Kenntnis der Praktiker[85], und wenn doch, kann es – aufgrund der Systemdifferenz – nicht rezipiert werden. Dewe et al. (1992, zit. nach Reiter und Steiner 1996) charakterisieren die Rolle von wissenschaftlichem Wissen im professionellen Vollzug mit Begriffen wie *Relationierung, Resonanz und Reflexion*. Es gibt keinen Wissens-"Transfer", vielmehr muß *das Wissensangebot im professionellen Kontext neu konstruiert* werden. Professionelles Wissen wird aufgefaßt „als ein eigenständiger Bereich *zwischen* praktischem Handlungswissen, mit dem es den permanenten Entscheidungsdruck teilt, und dem systematischen Wissenschaftswissen, mit dem es einem gesteigerten Begründungszwang unterliegt. Im professionellen Handeln *begegnen* sich wissenschaftliches Wissen und praktisches Handlungswissen und machen Professionalität zu einem Bezugspunkt, an dem potentiell die Kontrastierung und Relationierung beider Wissenstypen stattfindet" (op.cit., S.81, Hervorhebung im Original). Innovationen wurden im Feld der Psychotherapie vor allem in der professionellen Praxis, nicht in Forschungseinrichtungen entwickelt. Wissenschaftliche Begründungen folgen auf dem Fuße.

Auch Wolff (1994) erinnert an das instruktive Beispiel aus der Geschichte der sozialwissenschaftlichen Anwendungsforschung und sieht sogar die Psychotherapieforschung in deutlicher Parallele zu den schon gelaufenen Entwicklungen in den Sozialwissenschaften. *Wissenschaft produziert demnach nicht besseres, sondern einfach anderes Wissen als andere Funktionssysteme* – und Luhmanns Theorie von der Ausdifferenzierung der Funktionssysteme kann diesen Sachverhalt erklären. Auch die Wissenschaft sieht, was sie sieht und sieht nicht, daß sie nicht sieht, was sie nicht sieht. Luhmann (1990, S. 646) formuliert die Konsequenz, „daß die Systeme, die an Wissenschaftsanwendung interessiert sind, ihrerseits die Position eines Beobachters zweiter Ordnung einnehmen müssen, das heißt: lernen müssen, zu beobachten, was die Wissenschaften (und dann: die einzelnen Disziplinen, Fächer, Forschungsrichtungen, Problemstellungen) an Realitätskonstruktionen ermöglichen *und was nicht*" (Hervorhebung i.O.).

---

[85] Und auch nicht anderer Forscher. Es ist erstaunlich, daß in dem von Talley et al. (1994) herausgegebenen Band, der der Überwindung der Kluft zwischen Forschung und Praxis in der Psychotherapie dienen soll, einzelne Forscher den beitragenden Praktikern immer wieder mangelnde Kenntnisnahme des Forschungsstandes entgegenhalten – und der Forschungsstand regelmäßig die eigenen Forschung sind (am häufigsten zitiert). Deshalb wundert es dann wieder nicht, wenn auch die Forscher untereinander sich mangelnde Kenntnisnahme des Forschungsstandes vorhalten (und erkennbar öfter die eigenen Forschungen meinen, die von anderen nicht zitiert werden).

Diese Formulierung von den rezipierenden Systemen als Beobachter zweiter Ordnung könnte nun dazu verleiten, die Hierarchie einfach umzudrehen und den „Anwender" als der Wissenschaft übergeordnet zu positionieren. Diese Schlußfolgerung würde aber vergessen lassen, daß die Wissenschaft eben dies wiederum beobachten kann und ihrerseits dann den Status als Beobachter zweiter Ordnung beanspruchen müßte. Der Platz eines Beobachters zweiter Ordnung ist weder einmalig noch ständig zu besetzen. Jedes Funktionssystem hat ihn gegenüber jedem anderen inne. Gerade das macht Konkurrenzen überflüssig, nicht aber Kontroversen.

Ich halte also fest, daß Wissenschaft als autonomes Funktionssystem betrachtet werden kann, das insofern selbstreferentiell operiert, als es seine Funktionen für das Gesamtsystem nur unter Bezug auf interne Standards zu erbringen in der Lage ist. Und ich halte weiter fest, daß es andere Funktionssysteme gibt, die ihrerseits Wissenschaft beobachten – aus der Position eines Beobachters zweiter Ordnung dann, wenn sie wissenschaftlich gewonnenes Wissen anwenden wollen. Und schließlich ist drittens anzumerken, daß Luhmanns Theorie nicht einem „radikalen" Konstruktivismus in jener populären Spielart folgt, wonach ein Konstruktivist behaupten würde, „alles" sei erfunden, und dann weiter behaupten müßte, daß dies Tatsache sei. Solche einfachen Paradoxien vermeidet der Paradoxienliebhaber Luhmann wohlbegründet; sein Konstruktivismus ist einer sozialer Provenienz.

Bis hierher habe ich unter selektivem Zugriff auf Luhmanns soziologische Systemtheorie das hierarchische Modell des Verhältnisses von Wissenschaft und anderen Funktionssystemen in Frage gestellt. Wiederum zur Vermeidung unnötiger Kontroversen: ich habe nicht wissenschaftliches Wissen oder dessen Notwendigkeit in Frage gestellt, sondern das hierarchische Modell.

Ich will nun zu der weiter oben schon aufgeworfenen Frage zurückkehren: Bildet die psychotherapeutische Profession ein eigenes Funktionssystem? Worauf wäre sie spezialisiert und welche Leistung erbringt sie universalisiert für die Gesellschaft, die von keinem anderen System erbracht werden kann?

Die Entwicklung von Professionialität

Zur Klärung dieser Fragen will ich mich auf einige wenige Autoren beziehen; zunächst auf einen systemtheoretischen Autor. Stichweh (1996) sieht die historische Herausbildung von Professionen in Verbindung mit der beschriebenen Entwicklung von stratifizierten zu funktional differenzierten Gesellschaften. In diesem historischen Übergang bilden sich Berufe, die – entscheidend – *gewählt* werden können, also nicht als sozialer Status durch Geburt oder Herkunft zugeschrieben werden. Damit kommt ein stark individualisierendes Moment zur Geltung, das im emphatischen Begriff der Berufung, basierend auf „Begabung" oder „Veranlagung", betont wird. Wer die persönliche Begabung hatte, konnte sich grundsätzlich für den Beruf qualifizieren. Stand und Eigentum als Kategorien des sozialen Status werden gewissermaßen überspielt; man kann etwas werden bei zureichender Begabung, auch wenn man nichts hat. Einerseits wird die ständische Klassifikation damit „enthierarchisiert" (Stichweh 1996, S. 52), andererseits aber konnten „akademische Grade in vielen Fällen einen Adelstitel vertreten" (Stichweh ebd.). Wird, so Stichweh weiter, die Berufsidee reflexiv gehandhabt, wird das berufliche Wissen und Ethos kultiviert und niedergeschrieben, dann kann es auch irgendwann lehrbar gemacht werden und löst damit im gewissen Umfang die Idee der Begabung auf. Mit dieser reflexiven Wendung werden aus Berufen Professionen; „*Professionen* sind dann Berufe eines besonderen Typs" (Stichweh 1996, S. 51). Sie bilden und bewahren Wissen, das bestimmte Aspekte des gesellschaftlichen Lebens differenziert. Stichweh nennt die Beziehungen des Menschen zu Gott, zum eigenen Körper und zu anderen Menschen. Für diese Beziehung wird der Pastor, der Arzt und der Jurist zuständig, und man könnte anfügen, daß für die Beziehung der Menschen zu ihrem Wissen Lehrer und mit ihnen die Pädagogik sich professionalisieren. Sachgesichtspunkte verbinden sich mit einer neu entstehenden Ordnung des Wissens, die zugleich stets dem Kollektiv verpflichtet bleibt. *Wissen ist wissenschaftlich basiert, aber nicht mit Wissenschaft identisch*. „Die bei einem Klienten angewandte medizinische Therapie ist in der Regel nicht gleichzeitig ein wissenschaftliches Experiment, und wenn sie es im Einzelfall doch ist, bedarf es besonderer ethischer Vorkehrungen, die die Interessen und das investierte Vertrauen des Klienten schützen", schreibt Stichweh zur Klärung dieses Verhältnisses.

Professionalisierung meint ein bestimmtes System-Umwelt-Verhältnis und zugleich die „Institutionalisierung von Beruflichkeit in diesem System" (S. 58). Intern wird dabei weiter differenziert: Die Träger von Leistungsrollen vollziehen die Autopoiesis des Systems, die Träger von Komplementärrollen hingegen halten die Verbindung zum Publikum.

Diese Unterscheidung der beiden Rollentypen ist für Funktionssysteme generell charakteristisch; Politiker machen die Politik, und ihre Generalsekretäre verkaufen sie. Aber man könnte durchaus auch das Beispiel der professionellen Psychotherapie nennen. Die Träger von Leistungsrollen erbringen die psychotherapeutische Leistung und kommunizieren darüber intern. Zugleich haben sich im Feld der Psychotherapie mehrere Komplementärrollen ausgebildet. Zu nennen sind die Vertreter der Berufspolitik und neuerdings diejenigen, die sich mit Qualitätssicherung befassen, um die Öffentlichkeit von der Wirksamkeit der Psychotherapie zu überzeugen.

Aber was ist die Leistung der Träger entsprechender Rollen und wie wird sie erbracht? Dazu weist Stichweh interessanterweise darauf hin, „daß Personen (und Organisationen) in ihrem Kontakt zu den Leistungsrollen individualisiert werden. Es geht offensichtlich immer um Probleme, die eine individuelle Person (oder: Organisation) betreffen, und zugleich ist dieser individualisierte Klient in Hinsichten betroffen und auf die Unterstützung durch Leistungsrollenträger angewiesen, die für seine Existenz oder für seinen Bestand relevant sein können, also nicht etwa alltägliche Probleme sind. Damit geht eine gewisse interaktive Dichte und Intimität des Kontakts einher, was in den betreffenden Funktionssystemen zur Folge hat, daß die *Interaktionsebene* (als Prominenz von Professionellen/Klienten-Interaktionen) eine besondere Ausprägung erfährt.“ (Stichweh S. 62, seine Hervorhebung)

Individualisierte Leistungserbringung, wissensbasierte Bearbeitung bestandswichtiger Probleme und eine besondere, nämlich intimisierte interaktive Ausprägung – damit beschreibt Stichweh die besonderen Modi der professionellen Leistungserbringung ganz unabhängig von der Psychotherapie, aber doch charakteristisch auch für diese. Und er hebt als Folge der Bindung der professionellen Leistung an die „individualisierte Person“ und an intimisierte Interaktion hervor, daß professionelles Wissen, auch wenn es wie in der theologischen oder juristischen Hermeneutik stark textlich gebunden ist, dennoch immer einer mündlich übermittelten Tradierung und Kultivierung verhaftet bleibt und diese Sphäre nicht verlassen kann.

Der Code „Können/Nicht-Können“

> „Analysts, like other clinicians, sense (rather than know) their patients‘ moods and judge the emotional tone of a session“
>
> (Fónagy and Fonagy 1995, S. 381)

Stichweh wählt eine Darstellung, die sich auf Professionen im allgemeinen bezieht und die besonderen Operationsweisen von Professionen benennt. Damit sind bereits Kriterien bestimmt, die berechtigen, von Professionen als einem

Funktionssystem zu sprechen. Es fehlt nun noch die Bestimmung eines binären Code und der Zuständigkeiten.

Ich schlage vor, Professionen als durch den Code „Können/Nicht-Können" ausdifferenziert anzusehen. Können ist dabei unverzichtbar an die Person des Leistungsrollenträgers gebunden und kann von seiner Person nur schwerlich abgelöst werden. Die Professionsforschung hat solches persongebundene Können schon lange beobachtet. Polanyi (1964) hat es als „hand knowledge" vom akademischen Wissen unterschieden. Professionelle haben ein „Gefühl" fürs Material, einen Sinn für ästhetische Gestaltung oder den „Stil" eines Programms, für Lautstärke und Tonalisierung eines bestimmten Musikstücks; ihr Können kann am besten durch Beobachtung anderer Professioneller erworben und gelernt werden. Was ihnen gelingt, basiert nicht auf Zufall, sondern eben auf Können. Dabei kommt es gerade auf das „Gekonnte" des Vollzugs an.

Ihr Wissen ist, anders als akademisches Wissen[86], persongebunden, aber nicht unbedingt diskursiv, sondern muß sich „gekonnt" als Können realisieren[87]. Reiter und Steiners Vorschlag (1996), ein Funktionssystem der Professionen anhand des Codes „nützliches/nicht-nützliches Wissen" im Fall der psychotherapeutischen Profession zu unterscheiden, zielt in eine ähnliche Richtung. Ich meine allerdings, daß diese Unterscheidung zu sehr am (deklarativen) *Wissen* orientiert ist, während ich den Aspekt des (prozeduralen) *Vollzugs* mit dem Code „Können/Nicht-Können" ins Zentrum stellen möchte. Diese Autoren meinen, daß professionelle Psychotherapeuten nützliches Wissen auch dann anwenden, wenn es wissenschaftlich noch nicht geprüft sei – unprofessionell sei eindeutig nur, wenn sie „unwahres" *und* „nicht-nützliches" Wissen anwenden. Dem stimme ich zu. Hiermit wird allerdings nur Nicht-Professionalität als bestimmbar ausgewiesen, während der Vorschlag, den Code „Können/Nicht-Können" für die Ausdifferenzierung des Funktionssystems anzusetzen, eine positive Bestimmung gestattet.

---

[86] Welches per definitionem personunabhängig gelten, objektiv und intersubjektiv validiert sein soll

[87] Ein Beispiel ist das Können von Richtern bei der Zeugenvernehmung. Die Zeugenvernehmung ist juristisch hochgradig formalisiert; es ist z.B. genau vorgeschrieben, in welcher Weise Zeugen auf ihre Rechte hinzuweisen sind. Dennoch können Wolff und Müller (1996) durch konversationsanalytische Beobachtung in Gerichtssälen zeigen, daß Richter eben diese Maßnahme höchst individuell „zuschneiden"; das geschieht teils typisierend, indem etwa Polizeizeugen von anderen unterschieden und entsprechend unterschiedlich angesprochen werden, teils auf die Person des Zeugen bezogen. Nie handelt es sich um einen reinen administrativen Akt, sondern um „dichte" und „individualisierte", eben „gekonnte" professionelle Interaktion.

Setzt man beim „Wissen“ an und unterscheidet dann zwischen wissenschaftlich bestätigtem und nützlichem Wissen, hätte man zur Verbesserung der professionellen Leistungen nur *einen* Ratschlag zur Verfügung, den Grawe polemisch so formuliert hatte, daß Psychotherapeuten „über die Bücher“ müssen. Man muß Lektüre nicht gering veranschlagen, aber das prozedurale Können kann noch von anderen Möglichkeiten zu seiner Verbesserung Gebrauch machen. Das Defizit der Profession liegt aus meiner Sicht deshalb *nicht* bei einer unzureichenden Verwissenschaftlichung, sondern im Fehlen (einer Theorie) professionstypischer Wissensverarbeitung. Das eigene klinische Wissen wird als „Theorie im wissenschaftlichen Verstande“ aufgefaßt. Es erscheint als (vermeintlich) positives Wissen und muß sich dann der wissenschaftlichen Kritik stellen – mit manchmal unerfreulichen Folgen. Man kann aber auch prozedural analysieren; dann geht es nicht „positiv“ um ein Wissen über „etwas“, sondern um ein professionelles Können, das

- bestimmte Situationen zu handhaben gestattet,
- personengebunden und
- nicht in allen Aspekten formulierbar ist,
- nur im operativen Vollzug beobachtet oder erschlossen werden kann und von dem gefordert werden muß, daß es
- selbst wiederum *als solches*, nicht als positives Wissen, gewußt wird.

Der Code selbst kann somit binär als „Können/Nicht-Können“ positiv bestimmt werden, nicht aber das Können selbst und dieser schwierige Umstand hebt gerade die Professionalität des Gekonnten heraus. Können selbst kann diskursiv nur näherungsweise angedeutet werden. Ich will hier einige Aspekte in der angeschnittenen Abstraktionslage skizzieren; später werde ich zu Detaillierungen im psychotherapeutischen Feld kommen.

Die Probleme, mit denen sich Professionen beschäftigen, sind nicht von der Art, daß es eine eindeutige Zuordnung von Problem und „richtiger Lösung“ gäbe. Die Anwendung einer quasi-technologischen Ziel-Mittel-Rationalität ist gerade unangemessen, weil professionelle Probleme oft nicht in klar definierter Form vorliegen. Die Unstrukturiertheit der Problemlage ist vielmehr professioneller Ausgangspunkt und muß in eine Problemkonstruktion so umgewandelt werden, daß überhaupt Lösungen aufscheinen können; unscharfe Ziele müssen mit unscharfen

Mitteln angegangen werden[88]. Diese Lage schließt technologische Lösungen weitgehend aus. Einmalige Fälle und deren Problemkonstruktion können nicht durch *Anwendung allgemeiner Theorien* beantwortet werden. Die Profession bringt ihr Können zur Darstellung durch handlungsbezogene Reflexion (Schön 1983), durch eine, wie Schön das nennt, reflexive Konversation mit einer einmaligen und unstrukturierten Situation. Die Reflexion bezieht sich, wie Reiter und Steiner (1996) zusammenfassen, auf Aspekte wie Berufsethik (Körner 1995), wissenschaftliches Wissen und auch autobiographische Momente, sie bezieht früher behandelte Fälle und Beispiele aus der Literatur ein. Der bekannte Fall dient als eine Art Metapher für den neuen – hier operiert eine besondere Logik: Fall A *ist* Fall B und zugleich gilt: Fall A *ist nicht* Fall B. Diese besondere Logik werde ich später als metaphorische Prädikation präziser beschreiben.

Nicht unbedingt sind dabei die herangezogenen Wissens- und Interpretationsbestände mitteilungs- und verbalisierungsfähig, sondern sie enthalten vielfältige Problematisierungszugänge und eine reiche Vielfalt von kontextuellen Bezügen. Zum professionellen Können gehört, daß Wissen in einer gegebenen Situation nicht als „stabil" angesetzt werden kann, man vielmehr in ihr „mitschwimmen" muß, und daß die Beschreibung einer Situation den Professionellen einschließt. Situationen werden somit nicht beschrieben, sondern erzeugt. Teil des Könnens ist die „zählt-als-Umwandlung".

Diese Beschreibung der markierten Seite des Codes mag genügen, um die hinreichende Unbestimmtheit zu bestimmen. Diese Unbestimmtheit hängt mit den besonderen „Lagen" zusammen, in denen Professionelle reagieren. So wie das Können eines Violinisten nicht im Besitz seiner Geige erschöpft ist, noch im

---

[88] Eine Untersuchung läßt dies erkennen. Rüger et al. (1996) haben in einer interessanten Studie gezeigt, wie wenig Psychoanalytiker in ihren Kassenanträgen über das *aktuelle* Leben ihrer Patienten mitteilen, wie sehr sie theoriegeleitet auf die Exploration der „frühen" Erfahrungen abheben und mögliche Störungsquellen aktualgenetischer Art *im Bericht* ignorieren. Die Rolle von Ehe- und Lebenspartnern oder beruflichen Verhältnissen werde kaum als störungsrelevant erkannt. Daraus zu schließen, sie ignorierten diese Lebensumstände *in der Behandlung*, scheint allerdings verfehlt; man muß vielmehr sehen, daß Kassenanträge ein Material darstellen, das auf die Belange eines ganz anderes Funktionssystems – des Kassen*rechts* – zugeschnitten wird. Irritationsvermeidung für *dieses* System diktiert den Antrag, über den professionellen Vollzug kann aus dem Material wenig geschlossen werden. Das schließt aber nicht aus, die selektiven Wirkungen der theoriegezeugten Metapher NEUROSE IST INFANTILISMUS wiederum zu bestimmen und hinsichtlich der behandlungsleitenden operativen Effekte zu analysieren – das wäre ein Beitrag zur Reflexion der Profession.

nützlichen Wissen um Bogenhaltung und Fingersätze oder musikalische Interpretation, so kann auch professionelles Können nicht unabhängig von seiner *Darstellung im Vollzug selbst* beobachtet werden. Es kann einerseits vom Nicht-Können unterschieden, andererseits als eine verschiedenen Professionen gemeinsame, persongebundene Leistung abstrahiert werden.

Die Psychotherapie hatte bislang keinen eigenen Code ausbilden können, der allgemeine Zustimmung gefunden hätte. Solange man sich im Feld der Medizin ansiedelte, wurde versucht, den Code „gesund/krank" auch auf psychische Verhältnisse anzuwenden. Innerhalb der Psychoanalyse ist das jedoch umstritten. Freud hatte (zuletzt im „Abriß", GW XVII, S. 127) immer wieder darauf verwiesen, daß die Unterscheidung zwischen „gesund" und „krank" eine Frage der Konvention sei, also aus der normativ strukturierten sozialen Umwelt der Profession stammt und somit als bestenfalls geeignet angesehen werden kann, die Profession zu ihrer Funktion zu motivieren. Die Unterscheidung gesund/krank beschreibt nicht einen Code, sondern Zuständigkeiten. Die Feststellung einer „Krankheit" leitet möglicherweise Maßnahmen ein, aber diese Unterscheidung ist nicht geeignet, Funktion und Operationsweise professioneller Hilfe zu beschreiben[89]. Ähnliches gilt für interne Unterscheidungen wie die von „Reife/Unreife" oder vergleichbare Feststellungen. Alle diese Unterscheidungen machen auf möglicherweise bestehende Behandlungsbedürftigkeit aufmerksam und formulieren den Anlaß professioneller Hilfe, nicht jedoch die Art der Hilfe selbst. Diagnostisch strenge Indikationen erfüllen die gleiche Aufgabe ebenso wie lockere Indikationen, wenn etwa festgestellt wurde, Psychotherapeuten behandeln am ehesten YAVIS-Patienten, also solche, die als „young, attractive, verbal, intelligent, sexy" gelten. Indikatorische Feststellungen sind Anlaß für angenommene Behandlungs*bedürftigkeit*, nicht aber für *Behandelbarkeit*. Behandelbarkeit resultiert nicht aus Patientenmerkmalen, sondern ist (in erster Linie) abhängig vom Können (oder Nicht-Können) in einer professionellen Interaktion.

Die genannten Unterscheidungen sind Motivierungen und deshalb nicht als Code eines Funktionssystems der Profession geeignet. Faßt man aber die psychotherapeutische Leistung als Spezialfall professionellen Könnens, dann ergibt sich die Möglichkeit, das Können als intern informativ anzusehen. So wenig wie es dar-

[89] Baecker (1994) sieht dies ebenso und moniert zu Recht die Neigung, mit dem Hinweis auf wachsende und immer schlimmer werdende Probleme des Klientels den eigenen Bestand zu erhalten.

um geht, die Interpretation eines Yehudi Menuhin für „richtiger“ zu halten als die eines David Oistrach oder Gidon Kremer, so wenig geht es darum, die Interpretationen eines Therapeuten A für richtiger zu halten als die eines anderen Therapeuten B – im professionellen Vollzug operiert nicht der Code „richtig/falsch“. Denn die Interpretationen von A sind gebunden an sein problemkonstruktives und problemstrukturierendes Können; er reagiert auf das, er schwimmt in dem mit, was *er* für das Problem ansieht – und das kann sich von B's Sicht deutlich unterscheiden.

Professionelles psychotherapeutisches Können nun kann innerhalb mehrerer Perspektiven beurteilt werden:

a) Ist die Situationsdefinition (incl. der Problemkonstruktion) des Therapeuten T identisch mit der des Patienten P? Die Antwort allerdings ist nicht eindeutig so zu geben, daß Gleichheit hier immer schon als positiver Wert zu veranschlagen wäre; auch Differenzen produzieren ihre Effekte und die Produktion von Differenz – die kreative Neudefinition – ist ein Aspekt des Könnens

b) Lassen einzelne Äußerungen von T überhaupt eine Problemkonstruktion erkennen? Widersprechen sie als einzelne einem Gesamtkonzept der Situation? Sind diese widersprechenden Äußerungen vielleicht produktive Irritationen?

c) Ist die Problemdefinition so angelegt, daß überhaupt Lösungen sichtbar werden können?

d) Welche Reflexionen werden angeregt oder sind erkennbar? Wie persönlich engagiert sind T und P und wie reflektieren sie dies Engagement?

Die Tatsache, daß hier keine eindeutigen „Kennungen“ zu ermitteln sein dürften, unterstreicht noch einmal, daß technologische Lösungen nicht zu haben sind, sondern daß es sich eher um unscharfe Orientierungshilfen handelt als um Evaluationsinstrumente mit einem hohen Grad an Exaktheit. Aber Anfänger können von Meistern unterschieden werden, und diese erkennen sich untereinander, auch und gerade dann, wenn ihre Meisterschaften höchst verschieden realisiert werden.

Der Code ist in bezug auf die Umwelt selektiv. Professionelles Können sondert jene Umweltprobleme aus, die es nicht bearbeiten „kann“, die aber von einem anderen als bearbeitbar angenommen werden mögen. Dabei aber gilt, daß Umwelt immer Umwelt-des-Systems ist. Was für A als „bearbeitbar“ angesehen wird (unter Berücksichtigung seines Könnens) kann von B anders beschrieben werden; er konstruiert eine andere Umwelt.

Der Code ist unbestimmt genug bestimmt, um weitere Differenzen – etwa bei der Behandlung bestimmter Personengruppen – zu produzieren, und andererseits umfassend genug, um den Funktionsbereich des Systems der Professionen vollständig zu erfassen.

Es gibt Wissenschaft in der Umwelt, die ihrerseits dieses Können beobachten, Programme zu seiner Förderung entwickeln und Verfahren zu seiner Prüfung vorschlagen kann. Wenn Wissenschaft die Professionen bei individualisierter Leistungserbringung, bei wissensbasierter Lösung bestandswichtiger Probleme und bei der Gestaltung intimisierter professioneller Interaktionen wiederum beobachtet, wird sie klären wollen, welche theoretischen Aussagen der Professionellen „wahr" sind, die Wirtschaft wird entscheiden wollen, ob sie Zahlungen an diese oder jene Professionen leisten solle und sich dabei auf Aussagen der Wissenschaft (auch in ihrer Umwelt) stützen – aber nur die Professionellen als Personen werden die Leistung erbringen „können", die wissenschaftlich oder wirtschaftlich oder rechtlich evaluiert („beobachtet") wird. *Und Professionelle müssen auf der Systemdifferenz bestehen.* Denn wenn sie zu Wissenschaftlern mutieren würden, würden sie Theorien auf Wahrheit oder Unwahrheit prüfen, nicht aber ihr „Können" im Vollzug zur Darstellung bringen (oder nicht).

Ein besonderer wissenschaftlicher Zweig, die Professionsforschung, hat in zunehmendem Maße die Art dieses „gekonnten Könnens" zu beobachten unternommen[90]. Während man sich zunächst noch für Fragen der rechtlichen Kodifizierung, der beruflichen Ethik, Bildung von Gruppeninteressen und Lizensierung bei einzelnen Professionen und Professionen insgesamt interessierte, verschiebt sich das Interesse der jüngeren Forschung von den Instituionalisierungen einer Profession immer mehr zu einer mikrostrukturell-interaktionstheoretischen Orientierung. Man möchte wissen, *wie* Professionelle ihre Leistung erbringen. Vielfältige Beachtung haben die Studien von Donald A. Schön (1983, 1991) und Schön und Rein (1994) gefunden, die in eine Epistemologie professioneller Praxis einmünden. Schön beobachtete – ähnlich wie Knorr-Cetina und Amann (s.o.) – nicht Wissenschaftler, sondern Professionelle bei ihrer Arbeit und entwickelte ein Konzept reflexiver Praxis, auf das ich noch ausführlich zu sprechen kommen werde. In der Arbeit von Schön wird erstmalig professionelles „Können" als Querschnitt höchst unterschiedlicher Berufsgruppen (Architekten, Manager, In-

[90] Da diese Entwicklung mit besonderer Relevanz für die Psychotherapie kürzlich bei Reiter und Steiner (1996) beschrieben worden ist, kann ich mir eine Schilderung hier ersparen und verweise nachdrücklich auf diese Arbeit.

genieure und psychotherapeutische Supervisoren) beobachtet, und dabei werden die professionellen Leistungen miteinander verglichen.

Stichwehs Professionstheorie hat außerordentlich wichtige Hinweise für die Frage geliefert, wie Professionen ein eigenständiges Funktionssystem bilden. Nach meinem Vorschlag eines binären Codes enge ich diese Frage nun auf den besonderen Fall der Psychotherapie ein, werde dabei aber gerade nicht zwischen den einzelnen psychotherapeutischen Schulen unterscheiden, sondern Psychotherapie als übergeordnet auffassen. Titel wie „Intimität als Beruf" (Schaeffer 1988) deuten die neue Richtung hin zur professionellen und intimisierten Interaktion an (vgl. Wintsch 1998).

Ganze Personen

> „Die Medizin beschäftigt den ganzen Menschen, weil sie sich mit dem ganzen Menschen beschäftigt"
>
> (J.W.v. Goethe, Wilhelm Meister)

Dem Hinweis Stichwehs auf die „Existenz", auf den „Bestand" von Personen oder Organisationen soll für die nun zu klärende Frage nach dem Zuständigkeitsbereich des Funktionssystems professioneller Psychotherapie nachgegangen werden. In der soziologischen Systemtheorie werden Personen als Umwelt der Gesellschaft aufgefaßt; die Gesellschaft kann Personen immer nur partiell inkludieren, nämlich nach Maßgabe derjenigen Umweltkonstruktionen, die ein Funktionssystem vornimmt. In allen diesen Systemen sind „individualisierte" Personen aber nicht existentiell angesprochen, sondern ihrerseits in bestimmten Funktionen; sie können in reflexiver Einstellung beobachten, daß ihre Person für die Funktionsweise des Systems in weitem Umfang ersetzbar ist. Diese Abstraktionslage kann durch alltägliche Erfahrungen illustriert werden; man denke dazu nur an Bürokratien, Massenuniversitäten oder Großkliniken. Hier treten Personen ins System ein, um *als* Fälle, *als* Objekte administrativer Prozeduren, *als* Träger des Wissens der nächsten Generation, *als* Krankheitseinheiten prozessiert zu werden – und wenn dennoch sich jemand für einen interessiert, dann wird das „persönlich" zugerechnet, dem „netten" Beamten, dem beliebten Professor oder dem besonderen Engagement eines Arztes. Persönlich – d.h. gerade nicht als Systemfunktion. Das mag oder muß man bedauern, insbesondere aus der Betroffenenperspektive; aber die Theorie beschreibt richtig, daß Personen „Umwelt" des Systems sind; sie werden immer nur partiell inkludiert. Als ganze Personen bleiben sie außerhalb der funktionellen Systemvollzüge. Soweit Luhmanns Theorie eine „Gesellschaft ohne Menschen" beschreibt, ist das ihm nicht moralisierend anzulasten; er beschreibt die Verhältnisse nüchtern und präzise – eben als Beobachter mit vielen Unterscheidungsmöglichkeiten. In der jüngsten Fassung seiner Theorie hat er ein Kapitel über gesellschaftliche Folgen funktionaler Differenzierung aufgenommen, in welchem er klar die Feststellung trifft, „daß es so nicht weiter gehen kann". Die Rede ist (1997, S. 805) von den „faktischen Folgen der übermäßigen Ausbeutung der Umwelt" – und zu dieser Umwelt gehören nach seiner Auffassung die „individualisierten Personen", von denen Stichweh sprach. Individualisierte Personen – Oevermann spricht von „ganzen Personen" – muß man deshalb unbestimmt bestimmen als das, was von Funktionssystemen wie Wirtschaft oder Wissenschaft *nicht* betreut werden kann.

Diese Freisetzung erhellt noch einmal in der historischen Differenz. Als Claude Adrien Helvétius anno 1771 seine Schrift *De l'homme* verfaßte, legte er dar, daß die Menschenwissenschaft ein Teil der Staatskunst sei. Diese Staatskunst kann sich berufen auf die entwickelten Verfahren der neuen Wahrscheinlichkeitsrechnung durch Bernouilli, denn so wird es möglich, Verhalten von größeren Bevölkerungsgruppen zu analysieren. Man tut das vorzugsweise an Verbrechern (vgl. Schäffner 1994), um unter allen Umständen der Kriminalität Herr zu werden. Wenn man die Bedingungen kennt – Aufzucht, Armut, Degeneration – könnte man Verbrechen sogar vorhersagen. Aber was ist dann mit der individuellen Schuld? Darf man Verbrecher noch bestrafen, wenn ihre Tat aus den Umständen prognostizierbar ist? In welchem Sinn haben sie dann noch Schuld? Der Mensch beginnt hier zum Thema von wissenschaftlichen Untersuchungen zu avancieren, die teils selbstreflexiver, teils statistischer Art sind. Quetelet, Begründer einer „physique sociale" (1835), schreibt: „Der Mensch, den ich hier ins Auge fasse, ist in der Gesellschaft die Entsprechung zum Schwerpunkt eines Körpers; er bildet das Mittel, um das herum die Elemente des sozialen Systems oszillieren: Es wird sich sozusagen um ein fiktives Wesen handeln, für das sich alle Dinge in voller Übereinstimmung mit den Durchschnittswerten abspielen werden, die für die Gesellschaft als gültig erkannt worden sind" (zit. nach Schneider 1994, S. 318). Die Fiktionalität dieses Durchschnitts-Wesens entkleidet es gerade seiner Individualität und läßt individuelle Besonderheit verschwinden; aber als Durchschnitt liefert er auch die Meßlatte für Normalität und Abweichung. Psychopathie, so stellt 1909 bereits der Psychiater Birnbaum fest, ist als individuelle Abweichung ein Resultat eines Ideals von Normalität, das erst durch statistische Installationen etabliert werden konnte (Link 1997). Es entsteht eine neue gewaltige Datenfülle, aber sie löst die Unsicherheit nicht, „ob nun möglichst allgemeine Kriterien, die auf eine große Gruppe zutreffen, oder aber möglichst individuelle, die Einzelpersonen identifizierbar machen, verfolgt werden sollen", faßt Schäffner (1994, S. 329) seinen historischen Überblick zusammen – und man erkennt in historischer Perspektive, daß hier schon vor mehr als hundertfünfzig Jahren die gleichen Probleme verhandelt worden sind, die uns heute auf dem Feld einer empirischen Psychotherapieforschung begegnen: Man kann Durchschnitte und Verteilungswerte verschiedenster Variablen ermitteln, aber im konkreten Fall hat man nicht mehr als eine Meßlatte zur Hand, anhand derer Abweichung bestimmt werden kann. Das aber nützt zur Behandlung einer „ganzen", einer „individualisierten" Person wenig.

Damals ist das Problem nicht im psychotherapeutischen, sondern im kriminalpolitischen Kontext verhandelt worden. Der einzelne Verbrecher, so stellt man rasch fest, kann durch die noch so genaue Kenntnis seiner Daten nicht beschrieben werden; er ist nur als solcher identifiziert, wenn er tatsächlich ein Verbrechen begeht. Was Abweichung ist, so zieht Luhmann (1984) die Konsequenz aus theoretischen Erwägungen, ist Teil des sozialen Systems; es wird sozial festgelegt, was als Verbrechen gilt. Versuche, das „Wesen" eines Verbrechers mit statistischen Verfahren zu bestimmen, müssen deshalb scheitern.

Aber wie kann die individuelle Person dann doch bestimmt werden? Denn dahin drängt das Bemühen und hier kommen ganz andere als statistische Verfahren zur Anwendung. Dichter wie Alfred Döblin, Robert Gaupp, Theodor Lessing, Jakob Wassermann oder Ernst Weiß verfolgen mit Buchtiteln wie „Der Fall Mauritius" oder „Hauptlehrer Wagner – Zur Psychologie des Massenmords" gemeinsam mit Psychiatern das von dem Juristen Richard Passow 1904 formulierte Programm, die Einzelbeobachtungen nicht nur anzustellen, sondern sie vor allem auch niederzuschreiben; sie befassen sich dazu mit Prozeßakten und nehmen an Gerichtsverhandlungen über individuelle Verbrecher teil. Sie studieren deren Lebensläufe detailliert und produzieren individuelle Biographien als Literatur. Statt der Häufigkeitsverteilung von Anzeichen eines bestimmten Merkmals wendet man sich der prototypischen Narration zu; sie wird dann so umfangreich, wie es Romane nun einmal sind – und Freud wird sich dieser Tradition mit der überraschten Bemerkung anschließen, daß sich seine Krankengeschichten wie Novellen lesen, und hinzufügen, daß sie „des ernsten Gepräges der Wissenschaft entbehren" (Freud 1895/1970, S. 131). Romane wie Novellen schildern das Individuelle exemplarisch; durch Verallgemeinerungen erst könnten sie Eintritt ins wissenschaftliche Funktionssystem erlangen, dann aber in der Gestalt von „Daten“.

„Ganze Person“, so könnte man einwenden, sei nicht mehr als ein pathetischer Begriff, der nicht bestimmt werden könne und deshalb unbrauchbar sei. Ich füge deshalb noch einige andere Gesichtspunkte an, die begründen, daß man auf diesen Begriff nicht verzichten kann.

Personen als Umwelt der Gesellschaft aufzufassen entzieht sie der machtvoll verfügenden Tradition, sie zum Objekt der Staatskunst zu machen – Funktionssysteme operieren. Aber dennoch kann man sich Befunden der Sozialisationstheorie nicht entziehen: Personen müssen gerade in ihrer Individualität sozial anerkannt sein, um überleben zu können. Es genügt nicht, daß eine Mutter „ein“ Baby versorgt, sie muß „mein“ Baby betreuen, ein Verliebter liebt nie nur „eine“ Frau, sondern diese bestimmte Geliebte (im Unterschied gerade zu anderen) und diese Fähigkeit des personalen Bezugs hat – mit Stichweh – existenz- und bestandserhaltende Funktion. Man muß hier sehen, daß dies Argument basal ist. Claessens (1980) hat in evolutionärer Perspektive verdeutlicht, daß schon der urmenschliche Gruppengenosse „Mäzen“ des Gruppengenossen sein mußte, um das Überleben zu sichern; die Gruppe als ganze mußte ihrerseits ihre schwächeren Mitglieder, insbesondere den Nachwuchs, schützen. Man kann dann diese Aufzuchtbedingungen selbst wiederum funktional differenzieren, kommt aber nicht daran vorbei, daß die personale Bezugnahme konstitutiv für das In-Gang-Setzen weiterer Systemdifferenzierungen ist. Personen müssen ihr Überleben personalisierend sichern; sie müssen sich als „ganze Personen“ wechselseitig über lange Etappen ihrer Sozialisation dazu anerkennen[91] – es dürfte kein grundsätzliches Problem darstellen, Luhmanns Theorie um den Begriff der individualisierten Person zu erweitern, auch wenn er selbst weitgehend sozialisationstheoretische Perspektiven außen vor gelassen hat. Da dieser Punkt für eine psychotherapeutische Professionstheorie als zentral angesehen werden muß, will ich dazu folgendes noch weiter entwickeln:

Die Gesellschaft exportiert ihre Irritationen auch in ihre personalen Umwelten. Die Folgen dieses Irritationsexportes bekommen Psychotherapeuten (und andere Professionen) zu Gesicht. Als Gesellschaftsmitglieder werden Personen gewissermaßen in ihre Funktionssystem-Mitgliedschaften zerlegt; außerhalb der Funktionssysteme aber existieren sie als „individualisierte Personen“. Als solche sind sie in die Funktionssysteme deshalb nicht inkludierbar, weil dort die Zu-

---

[91] Vgl. ausführlich dazu Buchholz (1993).

mutungen an das, was für vernünftig ausgewiesen wird, sich geändert haben. Was exportiert wird, ist systemdysfunktionale Unvernunft. Seitdem es innerhalb der Funktionssysteme auf „Leistung und Nutzenmaximierung" (Luhmann 1997, S. 739) ankommt, hat sich allmählich auch eine zunehmende Selbstkontrolle des individuellen Verhaltens (zunächst unterm Stichwort der „Sünde", dann unter dem des „behavior") ausgebildet, die vor Luhmann schon Elias (1969), wenn auch mit ganz anderen Theoriemitteln, festgestellt hatte. Elias beschrieb die Zunahme des „Selbstzwangs" der Verhaltenskontrolle, und Schröter (1985) hat dies am Beispiel der Ausbildung mittelalterlicher Eheformen rekonstruiert.

Was „vernünftig" ist, muß nun die Person für sich unter Anwendung rationaler Mittel entscheiden. Solange der „Fremdzwang" (Elias) bestimmte, riskierte eine Abweichung den Sündenfall; es war sündig, nicht fromm und gottesfürchtig und in diesem Sinne „nicht-vernünftig" zu sein. Mit der Umstellung auf funktionale Systemdifferenzierung mit ihren enthierarchisierenden Effekten kann Vernunft nicht mehr verbindlich diktiert werden; Verhaltensweisen müssen innerhalb eines breiten Korridors mehr und mehr toleriert werden – sogar Schwule dürfen heiraten, während zu den Zeiten des Kaisers Homosexualität noch als staatsgefährdend angesehen wurde (Mosse 1985). Damit wächst aber auch die Last der individuellen Verantwortlichkeit, denn wo Verhaltensvorschriften entschärft werden, kann man dann verlangen, daß jeder ein passendes Verhalten wählt und damit auch individuell verantwortlich gemacht werden kann. Man muß in jeder Situation wählen, kann seine Wahl jedoch nie zureichend begründen und riskiert bei Fehlern, nicht mehr als „Sünder" darzustehen, sondern ein „Fall" für solche Devianz-entsorgende Institutionen zu werden, wie es psychiatrische Klinik oder Gefängnis darstellen. In diese Institutionen werden als Folge „irrationalen" Verhaltens immer *ganze Personen* eingeliefert, Mitglieder also, niemals nur Mitgliedschaften aus bestimmten Funktionssystemen, die dann Mitglieder in anderen Systemen bleiben könnten. Der Export von „Irrationalität" betrifft immer „ganze Personen" und die soziale Kontrolle von deren Abweichungen ebenfalls (Wehrspaun 1989). Soweit Funktionssysteme ihre Integration über Kommunikation vollziehen, bezeichnet das Wort „Person" nur eine „Adresse" für die Kommunikationen – aus der Perspektive der Funktionssysteme zählt nie die ganze Person, sondern deren Partialisierungen, die dem Funktionssystem möglich sind. Aber sowohl in der primären Sozialisation wie als Insasse der genannten Institutionen zählt nur eine „ganze Person" – und das sind Gründe, weshalb auch eine Soziologie der psychotherapeutischen Profession an diesem Begriff festhalten sollte. Hat sich jener besondere Problembereich ausdifferenziert, nämlich die

„unvernünftigen" psychischen Systeme ganzer Personen, wird für deren Bearbeitung das Funktionssystem der professionellen Psychotherapie in wissensbasierter, existenzsichernder und intimisierter Interaktion zuständig[92]. Das setzt die Profession der Psychotherapie dem Anpassungsverdacht aus (Baecker 1994), zugleich aber werden kritische Potentiale der Unvernunft gegen die Gesellschaft gewendet, die das ihren Mitgliedern zumutet. Wie anderen Professionen wird auch der Psychotherapie von hier aus eine ambivalente Stellung gegenüber der Gesellschaft eingeschrieben, der sie sich verdankt und die sie kritisieren muß.

Alle Gesellschaften haben für „ganze Personen" besondere Zuständigkeiten ausgebildet: Die Palette reicht vom Schamanen über den Theologen, der als Pastor das weltliche Seelenheil mitbetreut, über den auf Nervenkrankheiten spezialisierten Arzt bis hin zum modernen Psychotherapeuten. Aber erst mit der Umstellung der Gesellschaft auf das Prinzip der funktionalen Differenzierung konnte sich die Psychotherapie professionalisieren. Die Existenz „ganzer Personen" und deren „Unvernunft", die als solche aus Funktionssystemen exkludiert wurden, sind somit jenes Kernproblem, um das herum sich autokatalytisch ein Funktionssystem ausdifferenziert hat. Es ist als professionell bestimmt durch seinen Code.

Damit ist nun jenes spezialisierte Problem benannt, für das die professionelle Psychotherapie universell zuständig ist; ein spezialisierter Code als Leitunterscheidung wurde vorgeschlagen und bestimmte Modi der Leistungserbringung im Anschluß an Stichweh übernommen, sodaß die Berechtigung besteht, von der Psychotherapie als einem Spezialgebiet professioneller Funktionssysteme zu sprechen.

Stichweh gelangt zu einer Bestimmung der Professionen aus einer makrosoziologischen Perspektive. Die von ihm genannten drei Momente – Leistungserbringung für eine individuelle Person, zur Sicherung von deren Existenz in einer intimisierten Interaktion – werden nun ergänzt von der Bestimmung der Zuständigkeit, die als „ganze Person" genannt wird. Diese Bestimmungen, zusammen

---

[92] Doch geht es nicht um eine Komplettbetreuung der Seele, wie etwa Religionssysteme sie anbieten. Wolfgang Loch (1978, S. 93) formulierte: „Der entscheidende Schritt, der im folgenden dann zur Entwicklung der Psychoanalyse führte, ereignete sich, als es gelang nachzuweisen, daß die 'prima vista' imponierende 'Irrationalität', die für den betrachtenden Diagnostiker wie für das 'leidende betroffene Subjekt' zutrifft, sich aufheben läßt, wenn es gelingt, '*die Existenz verborgener, unbewußter, ...* geheime(r) *Motive* zu nennen' (Freud 1895, S. 298)..." – so das von einem prominenten Psychoanalytiker formulierte Selbstverständnis: Umwandlung jener „Irrationalität", die in die Personen „exportiert" worden war und innerhalb der gesellschaftlichen Kommunikation unverständlich bleiben mußte (Kursivierungen i.O.)

mit dem vorgeschlagenen Code, genügen, um das Funktionssystem der Professionen zu charakterisieren. Lehrer[93] müssen in einer gekonnten Weise mit ihren Schülern interagieren, wenn sie nicht nur Wissen vermitteln, sondern die Lehrer-Schüler-Beziehung als Motivationszuschuß auch beim Lernen nutzen wollen (denn sie können aus der wissenschaftlichen Umwelt wissen, daß dieser Beziehungstyp pädagogisch relevant ist), und in einer ähnlichen Weise müssen Führungskräfte sich für ihre Mitarbeiter interessieren, wenn sie nicht nur administrieren wollen und mit einer solchen Begrenztheit die Funktion ihrer Systeme behindern würden. Auf den Begriff der ganzen Person (als Umwelt von Funktionssystemen) kann eine Professionstheorie der Psychotherapie nicht verzichten.

Professionelle und Experten

Diesen Begriff der „ganzen Person" verwendet auch Oevermann (1996) in der bislang letzten Fassung seiner Professionstheorie. Obwohl Stichweh und Oevermann aus verschiedenen Theorietraditionen argumentieren, empfinde ich es als eine bemerkenswerte Übereinstimmung, die ich ausbauen möchte, um dann zu einem genaueren Blick auf die Ausübung der psychotherapeutischen Profession zu gelangen.

Für Oevermann wäre die Gleichsetzung eines Professionellen mit einem Experten ein grundlegender Fehler, weil der Experte für wohldefinierte Probleme technologische Lösungen parat hat. Aber so kann er immer nur für Teilaspekte und damit für Teilintegrationen – als menschlicher Agent eines Funktionssystems sozusagen – zuständig sein. Er arbeitet im Zentrum eines Funktionssystems, nicht am Zentrum der „ganzen Person".[94] Diese Expertisierung begann der Medizin schon um die Jahrhundertwende selbstkritisch aufzufallen. Kritik an fachlichen Aufteilungen des Menschen innerhalb der Ärzteschaft ist immer wieder formuliert worden. Radkau (S. 88) bemerkt für die Zeit um 1890, daß die „Selbstkritik in den Reihen der Ärzteschaft" gewachsen sei: „die Empfindung nahm zu, daß man bei der Suche nach lokalisierbaren Krankheiten den ganzen Menschen aus den Augen verloren habe". Diese Unterscheidung findet sehr viel später dann ihr fachinternes Echo, als der Psychoanalytiker Balint (1969) forderte, eine krankheitszentrierte Medizin durch eine patientenzentrierte Medizin zu ergänzen oder gar zu ersetzen. Immer wieder stoßen die anderen Funktionssy-

[93] Vgl. Bamberger (1991)

[94] Da in der zitierten Arbeit von Oevermann keinerlei Literaturangaben zu finden sind, ist unklar, inwieweit er die Arbeiten von D.A. Schön und anderen kennt.

steme hier an Grenzen und können den „ganzen Menschen“ weder eliminieren noch integrieren.

Auch Oevermann setzt mit einer Unterscheidung zur Wissenschaft an, um den Unterschied zwischen Expertentum und Profession zu verdeutlichen. Er erläutert ihn an der logischen Form der Prädizierung als der Form des wissensschaftlichen Wissens. Das wissenschaftliche Prädikatenkalkül ordnet einer Welt der Gegenständlichkeit ein Prädikat oder mehrere Prädikate zu. Bezeichnet man die „Sphäre der Gegenständlichkeit“ formal als X, die Prädikate als P, dann erreiche wissenschaftliche Erkenntnis ihren Abschluß, wenn die Bedingungen des Prädikatenkalküls erfüllt sind; die Form der Wahrheit lautet dann „X ist ein P;P(X)“. So findet ein Arzt heraus: Dieser Schmerz ist „Prädikat“ jener Krankheit; ein Biologe bestimmt dieses Blatt als Prädikat jener Pflanze; ein Historiker erkennt eine bestimmte sprachliche Wendung eines Dokuments als in jener mittelalterlichen Kanzlei verfaßt. Die Lebenspraxis jedoch verfahre gänzlich anders: „Unser praktisches Handeln selbst aber wird, ob bewußt oder unbewußt prädizierend, von unseren hypothetischen Konstruktionen geleitet, mit der wir die Wirklichkeit interpretieren und antizipieren“ (Oevermann 1996, S. 73). Damit macht Oevermann eine außerordentlich folgenreiche Unterscheidung zwischen der unmittelbar gegebenen Wirklichkeit des Handlungsfeldes und der Bedeutungs- oder Sinnstruktur. Jener von Oevermann als „Praxis“ gekennzeichnete Bereich bedient sich bei seiner Wissensorganisation nicht des Prädikatenkalküls. Ich zitiere eine längere Passage, die bei Oeverman zur Begründung der sachlogischen Differenz dient.

> „Bedeutungs- und Sinnzusammenhänge sind einerseits empirisch, lassen sich aber andererseits grundsätzlich mit dem Wahrnehmungssinn nicht erreichen. Sie sind nicht konkret sinnlich wahrnehmbar, sondern grundsätzlich abstrakt. Sinnlich wahrnehmbar ist an ihnen nur das stoffliche Substrat ihrer Realisierung im Hier und Jetzt: die Farbigkeit des Graphems, die Frequenz und der 'pitch' der Lautgestalt des Phonems usf. Insofern geht die grundsätzliche Differenz der beiden Sphären 'X' und 'P' natürlich nicht nur erkenntnislogisch in die parallele Differenz zwischen Praxis und Wissenschaft ein, sondern in die Lebenspraxis als Gegenstand der Sozial-, Geistes- und Kulturwissenschaften selbst, also sowohl in die theoretisch begriffliche wie in die naturwüchsige Konstitution dieses Gegenstandes. Und deswegen können natürlich auch die primär, das heißt ihrer Natur nach vermittelten sinnstrukturierenden Gegenstände dieser Wissenschaften in der je konkreten Praxis als 'X'e', das heißt als unmittelbar im Hier und Jetzt gegebene Wirklichkeit krisenhaft wieder auftreten, also von vermittelten Zuständen in unmittelbare Gegenwärtigkeit 'rück'transformiert werden“ (Oevermann 1996, S. 73 f.).

Als Beispiel für dinglich-stoffliche oder materielle Objekte hatte Searle das Papier genannt; erst kollektive Intentionalität verleiht ihm einen „Sinn“ oder eine „Bedeutung“ als Geld. Eben diesen Unterschied hebt Oevermann heraus. Sinnzusammenhänge können nicht sinnlich wahrgenommen werden – aber sie sind gleichwohl empirisch; nämlich so empirisch, wie der „Glaube“, daß Geld Geld sei, empirisch ist – und nicht einfach ein Irrtum, der mit Bezug auf die physikalische Beschaffenheit des Papiers widerlegt werden könnte. Auch ein Laut kann als Welle auf einem Oszillographen sichtbar gemacht werden, nicht aber seine Bedeutung. Seine Bedeutung erschließt sich – wollten wir Oevermann luhmannianisch interpretieren – allerdings nur einem Beobachter, der seinerseits mit der Unterscheidung zwischen (physikalischem) Laut und (sozialer) Bedeutung beobachten kann.

Mit Frege ist Oevermann – wie Luhmann – jedem ontologischen Realismus abhold; Sinn- und Bedeutungsstrukturen, die Welt der psychischen und sozialen Tatsachen, lassen sich wahrnehmend nicht erreichen. An ihnen versagt das Prädikatenkalkül. Auch Oevermann sieht die Differenz zwischen Praxis und Wissenschaft; Wissenschaft nimmt Lebenspraxis zu ihrem Gegenstand, und diese Praxis kann auf die Wissenschaft zurückwirken – aber sie geht nicht in ihr auf. Insbesondere die professionelle Praxis operiert mit einer, wie Oevermann ausführt, „Aufspaltung der beiden Sphären von Wirklichkeit und Möglichkeit“ (S. 72). „Möglichkeit“ ist immer zukunftsoffen. Aus dieser Differenz entstehe die wesentliche professionelle Leistung der „systematischen Erzeugung des Neuen“ (S. 75). Die Lebenspraxis verfährt durch Routine, aber sie kann in eine Krise geraten und muß dann aus dem unerschöpflichen Vorrat des Möglichen Neues kreieren, um dann neue Routinen etablieren zu können. Der Experte ist somit für wohldefinierte Probleme mit seinen wohlerprobte Lösungen zuständig.

Krisen und Routinen

Oevermann (1996) geht in seiner Analyse professionellen Handelns von der Beziehung zwischen *Krisen* und *Routinen* des Handelns aus. Die Krise muß den Grenzfall, Routine den Normalfall bilden. Krise und Routine werden jedoch nicht als scharfe Gegensätze gedacht; die Krise ist nicht das, was störend in die Lebenspraxis „einbricht“. Sie ist vielmehr ihrerseits konstitutiv, denn ohne Krise würde die Praxis verflachen und verarmen. Soweit Menschen es schaffen, ohne das Irritationspotential von Krisen auszukommen, bewältigen sie ihr Leben in „chronischer“ Langeweile, Müdigkeit, Niedergeschlagenheit, Verrücktheit ...

Routinen ergeben sich aus Krisen als deren bewährte Lösungen; Krise bedeutet die nach Schließung rufende Öffnung der Zukunft, Krisenbewältigung die nichtzufällige Erzeugung des Neuen. Siedelt man Professionen im Spannungsfeld zwischen Krisenbewältigung und Routine-Exekution an, so zeigt sich ein scharfer Gegensatz zwischen professionalisiertem und bürokratischem Handeln, wobei zunächst noch nicht zwischen politischem, unternehmerischem oder intellektuellem Handeln unterschieden wurde. Dazu führt Oevermann ein Zweiphasenmodell der Krisenbewältigung ein: In der primären Phase geht es um ein Sich-entscheiden-müssen, das unausweichlich und nicht vollständig begründungsfähig ist. In der zweiten Phase findet dann eine Rekonstruktion der ersten Entscheidung statt zum Zweck einer Generierung von Wissen, das für zukünftige Entscheidungen zur Verfügung steht – man beobachtet mit den Möglichkeiten zweiter Ordnung. Auf der Ebene der Gesellschaft bedeutet dies: Die eine Funktion wird als gesteigerte Praxis bezeichnet, hier geht es um folgenreiche Entscheidungen, die nie vollständig begründbar sind und deshalb durch persönliches Charisma abgesichert werden müssen. Bei der zweiten Funktion geht es um die eigenständige Bearbeitung von Geltungsfragen. In dieser wurzelt die Strukturlogik professionellen Handelns. Wo genügend methodisches Wissen akkumuliert ist, kann das Charisma neutralisiert werden. Ein Arzt braucht sich nicht mehr als Halbgott in Weiß darzustellen, um wissenschaftlich zu handeln. Wo expertisierendes, methodisch gestütztes Wissen nicht ausreicht, beginnt seine Professionalität. Das schließt ein, daß auch seine Methoden professionell gehandhabt werden müssen.

Oevermann führt somit neue Unterscheidungen zwischen Routine und Krise, zwischen Wirklichkeit und zukunftsoffener Möglichkeit ein und grenzt die Autonomie der Professionen gegen Wissenschaft, Expertentum und gegen bürokratisches Handeln ab. Damit wird die Möglichkeit geschaffen, sich nach und nach der psychotherapeutischen Profession intern zu nähern, nachdem ich bislang eine soziologische „Platzanweisung" vorgeschlagen habe. Wo ich im Verhältnis der Funktionssysteme zueinander von metaphorischen Resonanzen gesprochen habe, wird es nun notwendig, dem logischen Prädikatenkalkül eine für die professionelle Leistung zentrale Operation, die metaphorische Prädikation, an die Seite zu stellen.

Logische und metaphorische Prädikation

Ich stimme mit Oevermann nicht überein, wenn er davon spricht, daß Sinn- und Bedeutungsstrukturen „abstrakt" seien. Mir scheint, daß damit zwar die Differenz zum sinnlich Konkreten markiert werden kann, nicht aber der von ihm mit anvisierte Unterschied zwischen den Anforderungen der lebensweltlichen Praxis und denen der Wissenschaft. Auch Wissenschaft hat sinnlichen Umweltkontakt und ist insofern konkret, sie hat auch die als Prädikatenkalkül beschriebene Wissensform, und dies ist zweifellos abstrakt. In der Praxis können empirisch sinnliche Beobachtungen gemacht und zugleich empirische, aber nicht-sinnliche Sinn- und Bedeutungsstrukturen verhandelt werden – kurz, die Unterscheidung konkret/abstrakt konfundiert andere Unterscheidungen. Sinn und Bedeutung müssen „gegeben" werden, und hierbei sieht Oevermann unsere „hypothetischen Konstruktionen" leitend am Werke, die einem „Etwas", also einem „X", ein Prädikat P zuordnen – aber in welchem Sinn wäre das „abstrakt"? Wir haben bei Searle schon gesehen, daß hier die „zählt-als"-Umwandlung operiert, aber die ist höchst praktisch und konstituiert kollektive Intentionalität.

Hier bietet es sich an, weitere Differenzierungen auszuleihen: Nebem dem logischen Prädikatenkalkül gibt es auch eine „metaphorische Prädikation" (Debatin 1995), die für die Rekonstruktion professioneller Behandlungslogik nutzbringend in die Professionstheorie eingebaut werden kann. Ich will sie an einem Beispiel erläutern. Eine Metapher, z.B. „der Mensch ist ein Wolf" oder „Achill ist ein Löwe" sieht zunächst so aus, als gehorche sie dem Prädikatenkalkül – einem X (der Mensch; Achill) werden Prädikate (Wolf; Löwe) zugeordnet. Tatsächlich hat die ältere Theorie die Metapher genau so verstanden. Die neuere Diskussion aber zeigt, daß damit die Metapher höchst unvollständig verstanden wäre. Denn man versteht die Metapher nur dann richtig, nämlich *als* Metapher, wenn man zugleich weiß: „Der Mensch *ist kein* Wolf", „Achill *ist kein* Löwe". Die Metapher erzeugt damit eine Art Gleichung, zugleich aber auch eine Ungleichung. Ricoeur (1986) hat diesen wichtigen Aspekt der metaphorischen Prädikation prägnant herausgestellt. Er sieht (S. 251) keine andere Möglichkeit, „dem Begriff der metaphorischen Wahrheit gerecht zu werden, als die kritische Spitze des (wörtlichen) 'ist nicht' in die ontologische Vehemenz des (metaphorischen) 'ist' einzuschließen". Das bedeutet, wo die Metapher gewissermaßen ontologisch behauptet, daß etwas „ist", muß sie zugleich behaupten, es „ist nicht". Der Witz der metaphorischen im Unterschied zur logischen Prädikation liegt in diesem „zugleich"; etwas „ist" und „ist nicht" – zugleich. Damit überschreitet die metaphorische Prädikation die zweiwertige Logik des Prädikatenkalküls; hier wäre es

„logisch verboten", ein solches „zugleich" gelten zu lassen. Will man den gleichen Zusammenhang nicht sprachtheoretisch, sondern kognitionstheoretisch formulieren, dann kann man (mit Lakoff 1987, Johnson 1987) nicht von metaphorischer Prädikation, sondern von metaphorischer Projektion sprechen. Auf unanschauliche, nicht sinnlich-konkrete Bereiche wird ein sinnliches Bild „projiziert" – und dann erhält man Begriffe wie den vom Atom"kern" oder redet von den „Schenkeln" eines Dreiecks. In dieser Sicht erscheinen „abstrakte" Felder gerade nicht „abstrakt", sondern sie werden durch die metaphorische Projektion sinnlich-konkretisiert – und zugleich nicht, denn man weiß, daß es sich um „abstrakte" Domänen handelt. Es ließe sich m.E. die alteuropäische Unterscheidung zwischen „abstrakt/konkret" ohne substantielle Verluste für die Oevermannsche Position durch die verschiedenen Formen der Prädikation ergänzen. Damit wäre dann eine Möglichkeit gewonnen, Profession intern zu beschreiben – der professionelle Psychotherapeut macht ständig von metaphorischen, weniger von logischen Prädikationen Gebrauch. Diese Konzeption ist gut vereinbar mit der früher entwickelten Sicht, daß es Freuds innovative Leistung war, die Psychoanalyse von der Bindung an eine und nur eine Quelle der Bedeutungsgebung zu emanzipieren.

Metaphorische Projektion bzw. Prädikation stellen Sinn- und Bedeutungsstrukturen bereit. Sinn muß „gegeben" werden, und die Metapher ist eine jener besonders auszuzeichnenden kognitiven und sprachlichen Strategien, mit denen solche Sinngebung in der Lebenspraxis beständig hergestellt wird. Ein Problem tritt dann auf, wenn die metaphorische Prädikation nicht als solche erkannt, wenn sie für eine logische Prädikation genommen würde – das wäre so, als wolle man buchstäblich, und eben nicht metaphorisch behaupten, Achill *ist* ein Löwe. Dem würde man vernünftigerweise widersprechen. Die Metapher wird also verwendet, sie wird lebenspraktisch kreativ produziert und darf eine prominente Rolle in der Erzeugung des Neuen beanspruchen. Aber sie darf natürlich nicht „logisch prädizierend" verstanden, sie muß analysiert bzw. reflektiert werden. Ohne solche Reflexion – die sensu Oevermann eine basale hermeneutische Operation darstellt – tritt die nicht-reflektierte Metapher ontologisierend auf; sie behauptet etwas als so und nicht anders, als „wirklich", von dem erst ihre Analyse zeigen kann, daß es auch „nicht ist" – die Seele ist ein „Dampfkessel brodelnder Energien" und das heißt, sie *ist* natürlich kein Dampfkessel.

Die Metapher schiebt in den binären Schematismus von „ist" *oder* „ist nicht" weitere Möglichkeiten ein; es kann etwas sein *und zugleich* nicht. Das entspricht jener Dimension, die Winnicott (1969) als Übergangsphänomene ausgezeichnet hatte. Unter professionstheoretischen Gesichtspunkten (Schön 1983, 1991) wird hier von „virtueller Realität“ gesprochen. Virtuelle Realität ist flüchtig, ist kein „Abbild“ von „etwas dort draußen“, sondern Leistung eines (Diskurs-)Subjekts. Man sieht etwas „so“ – und nur wenn man es sieht, ist es „da“ (und dann aber auch zuverlässig). Linden (1985, S. 389) faßt die Metapher in diesem Sinn als Übergangsphänomen.

Der Philosoph Mark Johnson (1987, S. 98) nennt dies die Projektion einer Struktur. Ricoeur (1986) drückt es poetischer aus, wenn er vom „Träumen der Worte“ in der Metapher spricht. So kann Mallarmés Satz „Der Himmel ist tot“ verstanden werden, obwohl wir wissen, daß das Prädikat „tot“ nur auf lebende Objekte angewendet werden darf. Ein solcher Satz ist nur dann eine „Abweichung“, solange wir daran festhalten, daß die Struktur der Sprache die einer vorab zugänglichen Wirklichkeit „abbilden“ müsse[95]. Die Metapher hingegen thematisiert erneut die Unabhängigkeit beider. Ricoeur zeigt, daß das Sprechen (parole) einen Sinn formulieren kann, der weder auf die „wirklichkeitsfreie“ Sprache (langue) noch auf die äußere Wirklichkeit reduziert werden kann, sondern den Abgrund zwischen beiden zu überbrücken beansprucht. Die Metapher stellt einen nicht-buchstäblichen Bezug zur Sprache und einen nicht-abbildenden Bezug zur Wirklichkeit her. Sie ist die Lösung des Rätsels, nicht das Rätsel selbst (Ricoeur 1981). Nun kann Ricoeur (1986, S. 87) sie definieren als „das Verfahren, durch das der Sprecher die Abweichung reduziert, indem er den Sinn eines der Wörter verändert“. Der Sprecher verändert die Sprache durch eine kreative Verschiebung und erzeugt mit seiner Metapher eine neue Sagbarkeit von Sinn.

Es zeichnet sich damit eine Lösung für das Problem ab, wie eine *allgemeine* Theorie *individualisierter* Leistungserbringung aussehen könnte und wie der professionelle Psychotherapeut die Aufgabe der Erzeugung des Neuen bewältigt; die Metapher darf hier eine zentrale Rolle beanspruchen.

„Leitlinien“ – Kritik des Expertentums

Wenn wir die metaphorische Prädikation neben die logische Prädikation stellen, dann erhalten wir damit eine Möglichkeit, die von Oevermann ins Auge gefaßte Differenz zwischen Expertisierung und Profession genauer zu fassen: Die metaphorische Prädikation bzw. Projektion ist eine exquisite professionelle Möglich-

---

[95] Der Entkoppelung dieses Verhältnisses verdankte die moderne Linguistik in der Saussure'schen Begründung ihre Entstehung.

keit, neue psychische und soziale Tatsachen herzustellen. Sie durchbricht Routinen, indem sie im Sinne Ricoeurs „abweichende" Deutungsvorschläge macht und so neuen Sinn erzeugt. Sie ist eine, wenn nicht die Strategie der Krisenbewältigung. Dies ist für eine professionalisierte Psychotherapie eine kaum zu überschätzende Möglichkeit – sowohl für professionelles Handeln wie auch für die Theorie der Profession. Ich will an einem aktuellen Beispiel den Unterschied zwischen Expertisierung und Professionalisierung verdeutlichen:

Der Jurist Ulsenheimer (1998) diskutiert die Leitlinieneuphorie in der Medizin kritisch mit dem Argument, der Begriff „Leitlinie" sei rechtlich nicht definiert, aber ihm eigne eine fatale Tendenz zur Steigerung: von der Leit- zur Richtlinie, von da aus weiter zur Norm und dann zum Gesetz – mit schwerwiegenden immobilisierenden Konsequenzen für die ärztliche Haltung: Der Arzt, der ihnen folge, sei hinsichtlich forensischer Risiken auf der sicheren Seite, wer sich aber nicht daran halte, gerate unter Rechtfertigungszwang. Die Expertisierung hat damit einen Verlust ärztlicher Professionalität zur Folge: „Damit wird die Eigenverantwortung, die ärztliche Intuition (!), der Wagemut, neue Wege zu gehen, gebremst und ein Handeln nach 'Vorschrift' oder 'Schema' gefördert.", schreibt der Autor. Tatsächlich seien Leitlinien jedoch viel weniger, nämlich allenfalls Orientierungsmarken und wenn dann das professionelle Moment herausgehoben werden soll, muß auch der Jurist auf eine Metapher zugreifen: „Bildhaft gesprochen,", formuliert er, „stellen die 'Leitlinien' für die juristische Beurteilung der Frage, ob der Arzt einen Behandlungsfehler begangen, d.h. die gebotene Sorgfalt verletzt hat, 'den Rohbau dar, nicht das ganze Haus mit Inneneinrichtung, wohl aber die tragenden Teile, ohne die alles andere nicht halten kann'." Diese Metaphorik – Beispiel der Chancen zu einer *Analyse* dieser Metapher – kann ausgebaut werden, etwa durch die Frage: wer in einem Rohbau wohnen möchte? Ob ein Rohbau überhaupt als „Haus" bezeichnet werden kann, ob also eine leitliniengetreue Medizin überhaupt noch als Medizin betrachtet werden kann usw. – *kurz, man kann sehen, daß das eigentümlich professionelle Moment metaphorisch beschrieben werden muß* – und tatsächlich auch so beschrieben wird[96]. Es

[96] Müller (Manuskript 1995) benutzt die Metapher vom Haus und vom Gerüst, um die Unabschließbarkeit des psychoanalytischen Geschichtenbaus zu verdeutlichen. Es entsteht eine Baugeschichte. Wichtiger aber noch ist der Hinweis von Goffman (1969, S. 232): „Gerüste sind letzten Endes dazu da, andere Dinge mit ihnen zu erbauen, und sie sollten im Hinblick darauf errichtet werden, daß sie wieder abgebaut werden". Goffman bezieht diese Äußerung auf sein eigenes theoretisches Gerüst der Bühnen-Metaphorik, mit der er die Selbstdarstellungen im Alltag analysiert hat. Metaphern müssen auf Interaktion bezogen werden.

ist unverzichtbar. Dem, der die Metapher in ihrer besonderen Logik versteht, erschließt sich so noch einmal der Unterschied zwischen Expertisierung und Professionalität.

Arbeit in diffusen und spezifischen Sozialbeziehungen: Chancen einer Kritik professionalisierungsbedürftiger Praxis

Nach diesen Bemerkungen zur A-Logik der Metapher kehre ich zu Oevermann zurück. Er schlägt vor, bei einer Neuorientierung der Professionsforschung vor allem die inneren handlungslogischen Notwendigkeiten professionellen Handeln, die auf typischerweise zu lösende Handlungsprobleme zurückzuführen sind, explizit zu erfassen, da sich aus ihnen die institutionellen Ausprägungen herleiten lassen (op.cit. S. 70f). Profession wird damit nicht vorab bestimmt durch Zuordnung von Personen zu Institutionen, sondern umgekehrt: ob professionell gehandelt wird (und nicht etwa nur alltäglich, wissenschaftlich, expertisierend oder bürokratisch-administrativ), entscheidet sich daran, ob einer bestimmten Handlungslogik gefolgt wird. Damit gewinnt Oevermann eine Möglichkeit, auch Professionalisierungsdefizite in den Blick zu nehmen. Seine Theorie bietet einen konzeptuellen Rahmen zur Kritik professionalisierungs*bedürftiger* Praxis. Es geht gerade nicht um die Ersetzung der Professionen durch Zweckprogammierung, was ich mit dem Hinweis auf die Leitliniendiskussion in der Psychotherapie verdeutlicht habe; es geht auch nicht um Selbstidealisierungen, da diese im Verdacht stehen, der Untermauerung von Standesprivilegien zu dienen, und es geht auch nicht um eine nur interne Kritik, die ein konkretes professionelles Handeln dann an der hochgehängten Meßlatte zuvor formulierter idealer Maße abmißt.

Ein soziologischer Zugang muß eine Explikation der Profession ermöglichen, und dazu arbeitet Oevermann am Modell des psychotherapeutischen „Arbeitsbündnisses" heraus, was als professionelle Leistung angesehen werden kann. Wissenschaft könne praxisentlastet verfahren und ist dabei Geltungs- und Wahrheitsansprüchen verpflichtet. Sie ist in der Neuzeit erfahrungswissenschaftlich begründet, muß ein interesseloses Interesse an der Wahrheit haben und ist auf den zwanglosen Zwang des besseren Arguments verpflichtet. Sie hat ein „paradoxales Dasein als unpraktische Praxis" (Oevermann 1996, S. 105) „Die Wissenschaft kann nicht mehr tun, als in möglichst großer Klarheit und argumentativer, methodischer Stringenz die wissenschaftlich erweisbaren Konsequenzen einer Entscheidung zu explizieren. Aber die Entscheidung selbst zu treffen, ist sie in keiner Weise kompetent“ (Oevermann 1996, S. 104). Die professionelle Praxis bleibt ihr gegenüber autonom.

Die Zuständigkeit der Professionen für „ganze Personen“, nicht etwa nur für Funktions- oder Rollenträger, wird bei Oevermann weiter aufgeschlüsselt. Letztere sind spezifische Sozialbeziehungen, während den Prototyp für diffuse Sozialbeziehungen die familiäre Interaktion darstellt. Familienmitglieder können sich gegenseitig nicht als „Rollen“ verstehen; das ist nur ein Aspekt innerhalb eines umfassenderen Beziehungstyps, in welchem sie sich eben als „ganze Personen“ begegnen müssen – bei Strafe des Untergangs (Hospitalismus-Schäden bei kleinen Kindern) oder schweren Funktionsstörungen (bei älteren Kindern)[97]. In diffusen Sozialbeziehungen kann grundsätzlich alles thematisiert werden. Wer ein bestimmtes Thema ausschließen will, muß dies begründen – etwa in ehelichen Beziehungen. Dies ist genau umgekehrt in spezifischen Sozialbeziehungen, wie sie für Funktionssysteme charakteristisch sind. Hier gilt, daß nur bestimmte Themen verhandelbar sind. Wer andere einführen will, ist begründungspflichtig. Professionelle Praxis in Psychotherapie und Pädagogik kann nun nicht als eine spezifische Rollenbeziehung verstanden werden, in welcher eine bestimmte „Reparaturleistung“ in einem expertisierenden oder technischen Sinne erbracht wird; vielmehr steht im Zentrum die „zugleich diffuse und spezifische Beziehung zum Klienten“ (Oevermann 1996, S. 115). Eben diesen besonderen Modus bezeichnet Oevermann mit einer Entlehnung aus der Behandlungstechnik als „Arbeitsbündnis“. Wie die besondere professionelle Leistung als auf den „ganzen Menschen“ bezogen erbracht wird, kann hier nun intern analyisiert werden[98]. Die großformatige systemtheoretische Perspektive wird sich von nun an immer mehr zur Analyse des professionellen Handelns im Kontext intimisierter Interaktionen verjüngen.

Um alle die Autonomie des Klienten herabsetzenden Schritte zu unterlassen, braucht der professionelle Psychotherapeut, daß ein Patient von sich aus zu ihm kommt, denn darin gerade dokumentiert er die erforderliche Autonomie, sich in

---

[97] In der älteren familientherapeutischen Literatur hatten Wynne und Singer (1965) Familien beschrieben, deren Mitglieder sich nur als Rollenträger wahrnehmen und definieren – mit verheerenden psychoseträchtigen Folgen.

[98] Pollak (Manuskript 1998) hat dies getan und stützt sich wesentlich auf die Unterscheidung zwischen diffusen und spezifischen Beziehungen. Er nutzt psychoanalytische Begrifflichkeit, um diesen besonderen Beziehungstyp weiter zu differenzieren, und bringt damit die Professionstheorie in einer Strategie von innen her voran. Sie baut auf der Besonderheit der psychoanalytischen Erfahrung auf.

Abhängigkeit zu begeben – die widersprüchliche Einheit von Autonomie und Abhängigkeit, die ich bislang im Verhältnis der Funktionssysteme untereinander beschrieben habe, reproduziert sich auch intern. Wollte der Therapeut von sich aus anbieten, die Lebenspraxis des Patienten zu „verbessern", würde er sich gerade als spezifischer Experte anbieten und ein Moment sozialer Kontrolle realisieren, welches den Patienten de-autonomisiert und einseitig die Abhängigkeit akzentuiert[99]. Das ist bei manchen Aspekten sozialarbeiterischen oder sozialpädagogischen Handelns, etwa als Konflikt zwischen Hilfe und Kontrolle, wohlbekannt, weshalb Stichweh (1996, S. 64) meint, Sozialarbeit bilde kein eigenes Funktionssystem, da sie kein eigenständiges Kernproblem ausdifferenziert habe[100].

Die professionelle Leistung des „Zugleich" von diffuser und spezifischer Beziehung wäre mit wissenschaftlichen Ansätzen, die die professionelle Leistung als „Realisierung von Variablen des Therapeuten-Verhaltens" konzeptuell fassen wollen, radikal vereinseitigt. Verwissenschaftlichung würde auch in Oevermanns Sicht gerade die spezifische professionelle Leistung eliminieren. Dennoch muß der Therapeut, freilich innerhalb des „Arbeitsbündnisses", die Autonomie des Patienten verletzen und „erfüllt somit vollständig das für die ärztliche Behandlung bezeichnende Modell der widersprüchlichen Einheit von Gift und Gegengift, von Heilung durch Verwundung im therapeutischen Eingriff" (Oevermann 1996, S. 119).

Die professionelle Leistung auch des Psychotherapeuten ist somit gebunden an die Einheit von diffuser und spezifischer Sozialbeziehung und an seine, ihn wiederum als „ganze Person" einschließende Kreativität, mit deren Hilfe er auf dem Wege einer metaphorischen Prädikation Krisen bewältigen und neue Routinen etablieren hilft. Ein Professioneller ist unabdingbar und in beiden Aspekten – spezifisch/diffuse Beziehung, metaphorische Prädikation als Instrument der Krisenbewältigung – personal involviert, und darin unterscheidet sich seine Bearbeitung von Geltungsfragen von der des Wissenschaftlers, der zwar Leidenschaft für die Wahrheit empfinden mag, sie aber dennoch immer als von seiner Person unabhängig anderen zur Überprüfung anbieten muß. *Die professionelle Leistung*

---

[99] Beispiel solcher De-Autonomisierung von Klienten ist deren Zwangsrekrutierung durch Anwälte, wie sie in den USA praktiziert werden soll. Dies findet in der Trivialliteratur (John Grisham) viel Aufmerksamkeit – und Empörung.

[100] Das sehen andere anders: „Sozialarbeit konstituiert sich ...als professionelles Handeln ...Sie erfüllt eine gesellschaftliche Funktion", so Nagel (1993, S. 150) anhand einer Analyse von Interviews mit Sozialarbeitern.

kann durch Wissenschaft angeregt, nie aber determiniert werden. Professionelle Praxis verfährt individualisiert und rekonstruiert dann die allgemeine Strukturlogik. Deshalb können verschiedene Therapeuten der gleichen Schule höchst unterschiedliche Stile, Vorgehensweisen, Lösungsmöglichkeiten ins Auge fassen und realisieren; ihre Individualität als „ganze Personen" kann wissenschaftlich nur begleitet, nicht aber festgelegt oder determiniert werden. Dies wird auch in anderen Professionen so gesehen.

Zwanglos erklärt sich so, daß es in der Psychotherapie, gleichgültig welcher Schule, keine einheitliche Verabreichung des „Medikaments Psychotherapie" geben kann. Diese Idee ist in der Psychotherapie-Forschung als „Einheitsmythos" verabschiedet, wird aber dennoch in der Forschungspraxis nach wie vor verfolgt; einige Autoren (Strupp 1994, 1996, Safran und Muran 1994) sehen einen deutlichen Widerspruch zwischen der Bindung der Forschung an die „drug-metaphor" (Stiles und Shapiro 1989) und den die professionelle Leistung limitierenden Effekten eines solchen Denkens.

Hiermit ist nun ein Rahmen gewonnen, in dem Psychotherapie als Profession angesiedelt werden kann. Es geht um professionelle Handlungslogiken innerhalb der Psychotherapie. Professionelles Handeln erfüllt einzigartige Funktionen für andere Gesellschaftssysteme, die deshalb von anderen nicht erbracht werden können. Dieses Handeln hat Wissenschaft „zur Seite" (Stein 1979); Wissenschaft kommt – wie andere Funktionssysteme – in der Umwelt des professionellen Handlungssystems vor, aber Profession und Wissenschaft sind nicht identisch. Die *Theorie* professionellen Handelns ist selbstverständlich Teil des Funktionssystems der Wissenschaft; sie kann die Profession irritieren und anregen; v.a. aber kann sie die Frage aufwerfen, von welcher Art Wissenschaft sein kann, damit ihre Verfahrensweisen Professionellen nutzen. Um Expertisierung kann es sich nicht handeln, weil sie zugleich De-Professionalisierung wäre.

Zusammenfassung

Ich habe theoretische Mittel zur Explikation eines emphatischen Verständnisses der Psychotherapie genutzt, die auf den ersten Blick dem Kliniker nicht vertraut sein mögen. Im Anschluß an einige Aspekte aus der „philosophy of mind" habe ich eine konstruktivistische Position begründet, soziale Tatsachen beschrieben und daraus gefolgert, daß Psychotherapeuten es sowohl mit sozialen Tatsachen zu tun haben als auch diese herstellen; Psychotherapie versteht man am besten als eine soziale Tatsache. Die von Searle als solche bezeichnete „geistige Komponente“ habe ich herausgestellt und sie in Grundzügen mit dem Moment des Sozialen verbunden. Im weiteren habe ich Wissenschaft von Profession begründet unterschieden und bin auf grundlagentheoretische Probleme der Psychotherapieforschung zu sprechen gekommen. Am Beispiel von „Theorie“ habe ich die unterschiedliche Verwendung und Bedeutung dieses Wortes in Profession und Wissenschaft gezeigt.

Mit Luhmanns Theorie der Ausdifferenzierung von Funktionssystemen habe ich das hierarchische Modell des Verhältnisses von Wissenschaft und Profession in Frage gestellt. Das hat zur Folge, daß die Psychotherapieforschung ihre Befunde nicht durch „Transfer“ ihres Wissens zu den Praktikern anliefern kann, denn diese sind nicht „Anwender“ oder „Konsumenten“ wissenschaftlichen Wissens. An die Stelle des hierarchischen Modells habe ich die Operationsweise metaphorischer Resonanzen und von Irritationen gesetzt. Wissenschaftliches – und anderes – Wissen wird durch metaphorische Resonanzen von „Professionellen“ neu konstruiert, nicht nur rezipiert. Ich habe mich gegen die Überwindung des „Grabens“ zwischen Profession und Wissenschaft im Fall der Psychotherapie gewandt und angenommen, daß es dafür gute Gründe gibt, nämlich daß beide als unterschiedliche Funktionssysteme operieren.

Für die moderne Ausdifferenzierung von Professionen als eigenes Funktionssystem habe ich einen Code vorgeschlagen und ihn näher bestimmt. Um Professionen als eigenständiges Funktionssystem zu begründen, war weiter erforderlich, ihre Operationsweise zu bestimmen. Ich habe mich dazu auf Stichwehs Theorie bezogen und ihr die Momente der individualisierten Leistungserbringung, der wissensbasierten Existenzerhaltung und der intimisierten Interaktion entnommen. Dies leitete über zu Oevermanns Professionstheorie, die auf den Begriff des „ganzen Menschen“ (das, was von anderen Funktionssystemen nicht betreut werden kann, aber für diese dennoch unverzichtbar ist) nicht verzichten will; ich habe dafür gute Gründe zusätzlich zu den seinen angeführt. Im Rahmen der Auseinandersetzung mit Oevermanns Theorie habe ich – meiner Leitunterscheidung zwischen Wissenschaft und Profession folgend – der logischen Prädikation die metaphorische Prädikation zur Seite gestellt und darin eine Chance erblickt, nun überzuleiten zu einer Theorie der psychotherapeutischen Profession, die sich von nun an nicht mehr einer soziologischen, sondern einer fachinternen Perspektive bedienen wird. Dabei wird es unvermeidlich sein, angesprochenen Problemen erneut zu begegnen. Dies dient der Beantwortung meiner Leitfrage, wie man Psychotherapie als Profession diesseits rechtlicher Regelungen bestimmen kann.

Psychotherapie – Professionelle Praxis mit Wissenschaft zur Seite

„...Es ist aber bei weitem das Wichtigste, daß man Metaphern zu finden weiß. Denn dies ist das Einzige, das man nicht von einem anderen lernen kann, und ein Zeichen von Begabung."

(Aristoteles: Poetik. Reclam-Ausgabe 1982, S. 75 f.)

Die Analyse von Definitionsversuchen

Bislang wurde mithilfe der soziologischen Systemtheorie eine Verortung des Professionsproblems vorgenommen. Im folgenden wird sich meine Darstellung immer mehr auf eine Perspektive, die sich aus der Perspektive einer Mikrosoziologie der professionellen Interaktion ergibt, verengen; Wissenschaft bildet nicht nur eine Umwelt des professionellen Handlungssystems, im Sinne einer relativ großformatigen systemtheoretischen Betrachtungsweise, sondern auch und gerade für jeden interaktiven Schritt des professionellen (Be-)Handelns. Im Kleinformat des professionellen Dialogs reproduziert sich die großformatige Struktur. Es wird sich für die Auseinandersetzung mit einer Forschung, die Psychotherapie als Realisierung von Variablen des Therapeuten-Verhaltens ansehen muß, lohnen, den professionstheoretischen Zugang intern herauszuarbeiten.

Die Differenz professioneller Psychotherapie zu anderen Funktionssystemen ist nun bestimmt – ich habe einige Versuche diskutiert und eigene Vorschläge gemacht. Damit ist ein Problem im Außenverhältnis bestimmt, das sich im Innenverhältnis so ausformt, daß Psychotherapie nicht diskursiv positiv definiert werden kann. Freud hatte für die Psychoanalyse viele verschiedene Definitionen gegeben; ein Aspekt der von vielen Autoren als krisenhaft eingeschätzten Lage der Psychoanalyse besteht darin, daß niemand autorisiert *sagen* kann, was Psychoanalyse ausmacht, und niemand kann *sagen*, was sie von Psychotherapie unterscheidet. Der Akzent liegt hier auf dem Wörtchen „sagen". Dies Problem – sich nicht definieren zu können – hat nicht nur die Psychoanalyse, wie wir gleich sehen werden. Um herauszufinden, wie professionelle Psychotherapeuten dieses Problem lösen, beginne ich mit einem klassischen Definitionsversuch, dessen Aktualität sich kürzlich erneut bestätigte.

Die Analyse einer exemplarischen Definition der Psychotherapie

Nachdem 1992 der Ärztetag die Einführung der Gebietsbezeichnung „Psychotherapeutische Medizin" beschlossen hatte, kam es zu einer mehr oder weniger offenen Auseinandersetzungen mit der Psychiatrie, die ihrerseits dieses Gebiet gern hatte besetzen wollte. Die Deutsche Gesellschaft für Psychiatrie, Psychotherapie und Nervenheilkunde (DGPPN) unternahm Ende 1996 einen Vorstoß mit einem sog. „Positionspapier", dessen Forderung darin gipfelte, die Einführung des Facharztes für psychotherapeutische Medizin wieder rückgängig zu machen. Darauf reagierten die Vertreter der Deutschen Gesellschaft für Psychotherapeutische Medizin (DGPM) ihrerseits mit einer Stellungnahme (Janssen et al. 1997), in welcher sie v.a. die historische Ausdifferenzierung der Psychotherapie aus der Psychiatrie hervorheben, den einseitigen Krankheitsbegriff und ein ebenso einseitiges Krankheitsmodell der Psychiatrie sowie das Fehlen einer plausiblen Definition der Psychotherapie im Positionspapier der DGPPN monieren. In ihrer Stellungnahme erinnern die Vertreter der DGPM nun an eine Definition der Psychotherapie, die Strotzka vor mehr als 20 Jahren (1975) formuliert hatte und die ich hier deshalb wiederhole, weil sie in diesen Auseinandersetzungen immer noch als aktuell betrachtet wird[101]. Strotzka definierte:

> „Psychotherapie ist ein bewußter und geplanter interaktioneller Prozeß zur Beeinflussung von Verhaltensstörungen und Leidenszuständen, die in einem Konsensus (möglichst zwischen Patient, Therapeut und Bezugsgruppe) für behandlungsbedürftig gehalten werden, mit psychologischen Mitteln (durch Kommunikation) meist verbal, aber auch averbal, in Richtung auf ein definiertes, nach Möglichkeit gemeinsam erarbeitetes Ziel (Symptomminimalisierung und/oder Strukturänderung der Persönlichkeit) mittels lehrbarer Techniken auf der Basis einer Theorie des normalen und pathologischen Verhaltens. In der Regel ist dazu eine tragfähige emotionale Bindung notwendig."

Ich befinde mich außerhalb der entsprechenden berufspolitischen Kämpfe, wenn ich diese Definition nun „auseinandernehme". Mein Ziel ist nicht, diese Definition für „falsch" in irgendeinem Sinne erklären. Ich will an ihr die Schwierigkeit demonstrieren, Psychotherapie zu definieren, und weiter eine Erklärung für diese Schwierigkeit liefern.

Strotzkas Definition ist in ihren Zielbestimmungen (Symtombeseitigung und/oder Persönlichkeitsänderung) nicht nur vage; auch stimmt sie darin selbst

---

[101] Auch im Wissenschaftlichen Gutachten zur Krankenhausplanung für das Fachgebiet Psychotherapeutische Medizin, das im Auftrag des Sozialministeriums Baden-Würtemberg (Janssen, Franz, Herzog, Heuft, Paar, Schneider 1998) erstellt wurde, wird auf diese Definition (S. 21) erneut Bezug genommen; sie darf also als aktuell betrachtet werden.

noch mit der medizinischen Vorstellung von „Krankheitsbekämpfung“ überein. Das professionstheoretische Interesse richtet das Augenmerk auf die besonders ausgezeichneten Prozeßmerkmale; hier werden „interaktioneller Prozeß“, „Konsensus“, „Kommunikation“, „lehrbare Techniken“ genannt. Es bieten sich zwei Möglichkeiten der Reduktion dieser Definition an. Zum einen können „Konsensus“, „emotionale Bindung“ und „Interaktion“, zumal sie verbal wie nonverbal gemeint sind, unter „Kommunikation“ gefaßt werden. Man erhält dann den eigentlichen Kern von Strotzkas Definition: (1) PSYCHOTHERAPIE IST KOMMUNIKATION. Eine zweite Definition ergibt sich zwanglos: (2) PSYCHOTHERAPIE IST TECHNIK.

Die Eigentümlichkeit dieser Definition verdankt sich einer bestimmten Strategie. Auf deren Analyse kommt es hier an. Sie wird erkennbar, wenn man die Definition umdreht. Zu einer solchen Umkehrung wäre man berechtigt, wenn man „ist“ im Sinne eines mathematischen Gleichheitszeichens liest.

Dann erhält man beispielsweise (3) KOMMUNIKATION IST PSYCHOTHERAPIE. Jedem wird sofort einleuchten, daß diese Umkehrung keinen Sinn ergibt. Würde es sich um eine strikte Definition handeln, müßte eine solche Umkehrung ohne Sinnverlust gestattet und möglich sein. Welche anderen Lesarten bieten sich an? Man kann statt einer Definition eine klassenlogische Zuordnung herauslesen. Dann würde man den Ausdruck (1) so auffassen, als sei Psychotherapie als „Fall von“ Kommunikation beschrieben. Das ist nicht verkehrt, doch erscheint gerade das Spezifische der psychotherapeutischen Kommunikation dann nicht. Da ein jeder sich auf Kommunikation einläßt, ist es nicht möglich, aus dem Gespräch, das wir nach Gadamer (1960) „sind“, auszutreten – aber was wäre dann das besondere psychotherapeutische Moment?

Wenn man die Umkehrung im Ausdruck (3) klassenlogisch interpretiert, dann müßten auch andere Fälle der Kommunikation – wie Strafpredigten, dienstliche Anweisungen, eheliche Gespräche, das Diktat eines Briefes usw. – als Psychotherapie aufgefaßt werden können. Die eine Interpretation ist zu weit, die andere zu eng. Beide Lesarten verfehlen offenbar Wesentliches. Vergleichbare Überlegungen kann man auch für Aussage (2) und deren mögliche Umkehrung anstellen.

Faßt man Strotzkas Formulierung streng als *Definition* auf oder ebenso streng als *klassenlogische Zuordnung*, dann resultiert, diese Formulierung als zu weit, zu eng oder überhaupt als inhaltsleer verwerfen zu müssen. Dennoch bleibt das Gefühl, daß Strotzka hier etwas formuliert hat, das vielleicht nicht nach jedermanns Geschmack den Kern der Sache trifft, aber ihn doch auch nicht verfehlt. Gibt es eine Möglichkeit, nicht so sehr den Inhalt, sondern die Strategie von Strotzkas Formulierung zu verstehen und damit das Verständnis zu erweitern? Diese Möglichkeit besteht. Man muß dazu seine Formulierung als *metaphorische Prädikation* lesen.

Metaphorische Prädikationen als Strategien der Definition

Die metaphorische Prädikation beschreibt Ricoeur (1988) als „impertinent". Man versteht sie am besten, wenn man sie gegen die logische oder semantische Prädikation abgrenzt. Das logische Kalkül spricht (Satz-)Subjekten Prädikate zu etwa in der Art „Sokrates ist ein Mensch" oder in der Art „Diese Farbe ist gelb" oder „Peter ist groß". So verfahren wir auch noch, wenn wir sagen „Dies Bild ist häßlich (oder schön)", aber wenn wir sagen „Dies Bild ist ein Schinken" bemerkt man einen Unterschied. Es ist der zwischen semantischer und metaphorischer Prädikation.

Die Anfügung von Prädikaten zu Subjekten dient im Fall der semantischen Prädikation deren Anreicherung, sie erfolgt logisch konsistent. Anders bei der metaphorischen Prädikation. Sie setzt Dinge oder Bereiche einander gleich, die es logisch-semantisch nicht sind. Ein Bildfeld wird in der metaphorischen Prädikation so auf einen Bildempfänger übertragen, daß dessen Bedeutung sich ändert. Lakoff (1987) spricht anschaulich von der metaphorischen Projektion und beschreibt mit dieser Metapher den Vorgang selbst noch einmal metaphorisch: Ein Bild wird aus dem „Projektor" der sinnlichen Anschaulichkeit auf die weiße Wand der Abstraktion geworfen.

Der Sprachwissenschaftler und Philosoph Max Black (1963, 1977) formulierte in seiner Interaktionstheorie der Metapher, daß es zu einer Interaktion zwischen Bildempfänger und Bildspender komme derart, daß überhaupt eine *neue* Bedeutung entstehe. Die Bildgebungen sind, so Black, in einem „System assoziierter Gemeinplätze" miteinander verbunden. Die Metapher ist damit nicht etwas, was eine sorgfältige Rede vermeiden müßte; sie ist eine kognitiv-sprachliche Strategie, mit deren Hilfe Menschen neue Bedeutungen erfinden und die Verständigung über Bereiche ermöglicht, über die ohne Metaphorik nichts ausgesagt werden kann. So wissen wir beispielsweise in einem definierenden Sinne nicht, was das Leben ist, aber wir kennen die Metapher DAS LEBEN IST EIN TAG, oder: EIN GLÜCKSPIEL, oder EINE LAST oder viele andere. Die von dem Chomsky-Schüler George Lakoff (1987) inaugurierte sog. Kognitive Linguistik betont hier die Rolle der Imagination – wir müssen uns bei der metaphorischen Prädikation etwas vorstellen, sie regt die Imagination an. Ohne solchen kognitiv-emotionalen Nachvollzug (die „geistige Komponente“) ist die Bedeutung der „Bedeutung“ nicht verständlich. In diesem Sinn sind Metaphern „absolut“ und haben eine eigene Rationalität.

Wenden wir diese Sicht nun auf Strotzkas Definition an, dann sehen wir, wie eine neue Lesart auf der Grundlage der metaphorischen Prädikation möglich wird. Diese wiederum stimuliert unsere Imagination – man „sieht“ gewissermaßen ein psychotherapeutisches Gespräch vor sich und akzeptiert *deshalb* die Formel PSYCHOTHERAPIE IST KOMMUNIKATION. Im Fall der Strotzka'schen Definition war Bildspender die Kommunikation, die Interaktion und solche „assoziierten Gemeinplätze“ (Max Black) wie „verbal“ und „nonverbal“. Das Moment der Zielgerichtetheit webt den Aspekt des Arbeitsbündisses ebenso ein wie die „Planung“. Eben weil wir ein Bild „sehen“, wird die Widersprüchlichkeit von „Planung“ und „Interaktion“ (Interaktionen können in der Regel nicht geplant werden) nicht empfunden. Wir verstehen, wie wir diese Definition verstehen: die metaphorische Prädikation ist eine geläufige, im Alltag wie in der Wissenschaft selbstverständlich und unbemerkt, also deskripitiv unbewußt, angewandte *kognitive Strategie.*

Diese Strategie ermöglicht vieles und zwar besonders in der Praxis. Koerfer, Köhle und Obliers (1994) beispielsweise listen „Modelle“ der Arzt-Patient-Beziehung auf, die durch die „Vereinseitigung bestimmter Metaphern“ (S. 61) entstehen. Zu ihnen gehört das paternalistische Modell, wonach der Arzt einseitig zum Besten des Patienten entscheide; weiter wird das „Business-Modell“ genannt, indem Arzt und Patient einander wie Käufer und Verkäufer beim Warentausch begegnen bis hin zum Partnerschafts-Modell, wo beide als kooperativ Handelnde angesprochen sind. Diese Autoren diskutieren unter diskursethischen Aspekten dann, ob es eine Präferenz für eins dieser Modelle geben könne und beschreiben, daß es zumindest Phasen geben kann, in denen die Perspektive einer *letztlich diskursiven Verständigung* „eingeschränkt“ sein mag, etwa wenn Patienten vollkommen hilflos und entscheidungsunfähig sind. Insofern können metaphorisch vereinseitigte Modelle gerade nicht absolut gesetzt werden; gefordert ist die professionelle Kompetenz zum flexiblen Wechsel metaphorischer Prädikationen.

Diese Kompetenz wird in professionellen Kontexten besonders gefordert, aber sie hat einen alltäglichen Ursprung. Schon im Alltag handhaben wir vielerlei ohne genaue Definition und Festlegung und es wäre geradezu eine Blockade der alltäglichen Verständigungen, wenn Festlegungen diese operative Flexibiltät fixieren wollten. Durch metaphorische Prädikationen können wir über diskursiv Unsagbares (wie die Zeit, das Leben, die Seele, den Tod, Beziehungen oder die Liebe[102]) sprechen; wir nutzen sie, um unsere Angst vor Neuem zu reduzieren, aber auch, um Neues zu formulieren; sie gestattet uns, tiefe Gefühle zu artikulieren; sie reduziert Komplexität und ist somit wesentlicher Teil unseres Denkens und hilft, unsere Zukunft zu projektieren. Sie integriert Sinnlichkeit und Verstand, indem sie dem Denken Bilder erfahrener Anschauung zuspielt.

Systematisch aber verkennen wir sie *als* eine *Strategie,* mit der wir unsere gelebten, erlebten und erzählten Welten „herstellen". Sie ist eine Strategie, die in ihren Resultaten nicht mehr sichtbar ist und nur auf besondere Weise selbst sichtbar gemacht werden kann. Das ist möglich dann, wenn der bildempfangende Bereich – im hier in Rede stehenden Fall also: „die Psychotherapie" – durch andere Bildgebungen prädiziert werden kann. Die Möglichkeit zur Komplexitätsreduktion, die in *einer* metaphorischen Prädikation liegt, resultiert zwar in Einseitigkeit, stabilisiert jedoch sowohl Weltbilder als auch Selbstbilder. Gelingt es hingegen, eine andere Metapher (oder mehrere) auf den gleichen Bildempfänger zu projizieren, werden dessen sinnlich erfahrbare Dimensionen gesteigert und damit wird die zuerst verwendete Metapher praktisch analysiert. Das hat zur Folge, daß ihre Einseitigkeiten erkannt werden können, zugleich aber auf ihre stabilisierenden Effeke verzichtet werden muß. Dieser Verzicht wird belohnt durch Neues. Komlexitätsreduktion und Steigerung der sinnlich-bildhaften Dimensionen sind zueinander gehörige, aber durchaus gegenläufige Effekte der metaphorischen Prädikation. Wo die Dimensionen eines Bildempfängers durch andere Metaphern gesteigert werden können, wird es möglich, diese Strategie selbst zu „sehen", und zugleich erwerben wir ein Wissen darum, daß nichts außerhalb unserer Erfahrung bestimmt werden kann.

---

[102] Ich verweise auf die Beispiele in Buchholz und von Kleist (1997). Die Zeit kann *als* Gerade und – wie im Mythos – *als* Kreis, *als* Raum oder *als* Punkt im Raum oder *als* Weg („Nach der Analyse hatte er seine Persönlichkeit vollkommen verändert...") metaphorisch prädiziert werden. Das sind zwar logisch „verbotene" (weil untereinander kontradiktorische) Prädizierungen, aber praktisch höchst nützliche Bildgebungen. Die professionelle Nutzung der variablen metaphorischen Prädikation baut auf dieser Praxis auf. Es wäre deshalb für die Profession schädlich, wenn man z.B. die Definition von „Psychotherapie" auf nur eine von doch vielen möglichen und praktisch realisierten Varianten festlegen wollte. Das gleiche gilt für „Ziele" der Psychotherapie, wie sie in Leitlienien oder Psy-Bado's in standardisierter Form formuliert werden.

Die Unbestimmbarkeits-Bestimmung der Psychotherapie

„Im Gegensatz zu der herrschenden Auffassung ist das Problem also nicht die mechanische Aufklärung vermuteter Zeichenprozesse, sondern die zeichentheoretische Abklärung der Metaphern, mit denen mechanische Deutungen arbeiten."

Th. v. Uexküll (1997, S. 449)

Selektive Funktionen und kooperative Effekte

Um das vorzuführen, tausche ich den Bildspender aus, z.B. gegen Wissenschaft. Dann erhält man die (scheinbare) Definition PSYCHOTHERAPIE IST WISSENSCHAFT. In diesem Fall wird die Imagination eines seine Hypothesen sorgfältig prüfenden Wissenschaftlers erzeugt, der mit hoher ethischer Verantwortung seine Operationen vornimmt. Gewiß, andere mögen anders imaginieren, und dennoch schimmert hinter einer solchen „Definition" eine Imagination auf. Diese Imagination schafft Identitäten und bestimmt die Art der Kooperation[103] der Beteiligten in der psychotherapeutischen Dyade, v.a. werden damit einige Aspekte der professionellen Behandlung betont, andere excludiert.

Ein Psychotherapeut-als-Wissenschaftler kann z.B. nur für solche Probleme zuständig sein, für die es wissenschaftliches Wissen gibt. Gibt es dieses Wissen nicht oder kennt er es nicht, muß er seinen Klienten vertrösten, und was auch immer als Problem definiert wurde, muß auf seine Lösung warten; der Patient wird durch die fixierende Verwendung der metaphorischen Prädikation aus dem Horizont des Wissenschaftlers wegdefiniert. Die Kooperation mit ihm nimmt die Form einer „Untersuchung" an und schließt damit viele andere Aspekte aus. Die fixierende Verwendung würde die Wissenschaft aus der Umwelt in das professionelle System hereinholen und damit würde die Profession in ihrer Operationsfähigkeit behindert.

---

[103] Diese Kooperation hat Freud (1937, S. 396) für den analytischen Prozeß so beschrieben: „Wie, wann und mit welchen Erläuterungen er seine Konstruktionen dem Analysierten mitteilt, das stellt die Verbindung her zwischen beiden Stücken der analytischen Arbeit, zwischen seinem Anteil und dem des Analysierten". Analytische Arbeit also als Kooperation zwischen den zerbrochenen Stücken eines „symbolón", die zusammengefügt ein Ganzes ergeben. Der Metapherntheoretiker Black (1977) formulierte, daß „jede Metapher die Spitze eines untergetauchten Modells" sei und daß „die Produzenten einer Metapher die Mitarbeit der Rezipienten zur Wahrnehmung dessen brauchen, was hinter den verwendeten Wörtern liegt".

Wissenschaft bleibt besser zugriffsbereit in der Umwelt des professionellen Psychotherapeuten parat und bietet ihr Wissen professionelles Handeln basierend an; die Diskussionen um die Befunde der „baby-watcher“ haben gezeigt, daß das Modell vom Baby-in-unserem-Kopf hier wesentlich verändert werden mußte – aber es bestimmt nicht, was der Therapeut im einzelnen tut.

Ich spiele das Thema nun mit mehreren Bildspendern durch, weil man nur so zu sehen lernt, daß jede metaphorische Prädikation der Psychotherapie sowohl selektive als auch operative Effekte produziert. Sie stiftet Identitäten, weist dem an der Interaktion beteiligten Anderen eine bestimmte Rolle an und schließt mögliche andere Aspekte aus.

Ich tausche den Bildspender aus gegen die Hermeneutik als „Kunstlehre des Verstehens“ (Schleiermacher). Dann erhält man PSYCHOTHERAPIE IST HERMENEUTIK. Die Imagination nähert sich dem Bilde eines über seine Texte Gebeugten[104], sie mit aller Sorgfalt Studierenden. Wieder kann man leicht sehen, daß wesentliche Aspekte der professionellen Psychotherapie excludiert werden. In der Psychoanalyse gibt es die sog. Grundregel, mit der der Patient *erst einmal* aufgefordert wird, sich als *Produzent* eines „Textes“ zu verstehen, den der Psychotherapeut-als-Hermeneut *dann* interpretieren kann. Diese metaphorische Prädikation verteilt die Rollen *als* Produzent und Rezipient; selektierend wird bestimmt, daß nur etwas bestimmtes, nämlich Textförmigkeit produziert werden darf. Anderes bekommt dann andere Namen (wie z.B. Agieren) und erzeugt theoretische Probleme. Die Art der Zusammenarbeit wird als „Auslegung“ und „Deutung“ idealisiert, anderes bestenfalls als Vorstufe, schlimmstenfalls als Behinderung interpretiert. Diese Interpretationen werden von niemandem bewußt vollzogen, sie legen sich vielmehr durch die Mächtigkeit der einmal verbindlich anerkannten metaphorischen Prädikation PSYCHOTHERAPIE IST HERMENEUTIK wie selbstverständlich nahe.

Tatsächlich zeigt sich die Begrenztheit dieser – wie aller anderen bloß einseitigen – metaphorischen Prädikationen. Die *Aufforderung* zum „freien Einfall“, also zur „Text“-Produktion wäre mit dieser Leitmetaphorik selbst schon nicht eingeschlossen (so etwa Laplanche 1998). Vergleichbares gilt für Erstgespräche, die – folgt man den Lehrbüchern – nie mit einer Auslegung, sondern immer mit einer Aufforderung zur Produktion, mit einer Frage an den Patienten beginnen – und sei diese auch noch so neutral gemeint, bleibt sie doch eine Aufforderung

[104] „Die Psychoanalyse wäre mit einer Lektüre vergleichbar...“, formuliert Laplanche (1998, S. 606)

mit interaktiven Effekten. Was, wenn der Patient nicht interpretierbares „Material" produziert, sondern über Symptomschilderungen nicht hinaus kommt? Wilke (1992) hat in ihrer Untersuchung an Erstgesprächen die Folgen gezeigt – solche Patienten werden in der Regel weiterverwiesen. Das hermeneutische Modell braucht den dazu „passenden" Patienten, der selbst schon eine psychologisierbare, sprich: deutbare Hypothese anbietet.

Eine weitere Folge der Hermeneutik-Metapher ist, daß alles, was der Patient sagt, als „entstellt" (Lorenzer 1970 und 1974 sprach vom „verderbten Text") verstanden werden muß. Das Modell führt den Psychotherapeuten in die Versuchung der Rolle desjenigen, der die „wahre und wirkliche" Bedeutung dessen, was der Patient sagt, immer schon kennt – nicht aber der Patient selbst. Damit würde die mit der „Traumdeutung" (Freud 1900) erreichte Position, wonach der Träumer wisse, was sein Traum bedeutet, aber nicht weiß, daß er das weiß, wieder rückgängig gemacht – es sei denn, auch der Patient würde in einen Hermeneutiker seiner selbst verwandelt[105]. Aber die Frage danach, durch welche interaktiven Beiträge diese Verwandlung wiederum erzielt werden kann und was bis dahin geschieht, könnte vom Hermeneutik-Modell nicht beantwortet werden. Der hermeneutischen Wahrheitssuche geht Kommunikation voraus (Lakoff und Johnson 1980/1998). Das unterstreicht den Primat des Sozialen und verweist darauf, daß Verstehen, wie Cavell (1997) betonte, voraussetzt, sich in einer gemeinsamen Welt zu befinden. Die Gemeinsamkeit der interaktiven Welt muß immer erst hergestellt, sie kann nicht nur ausgelegt werden.

Und wenn wir noch einmal den Bildspender austauschen, erhalten wir PSYCHOTHERAPIE IST KUNST, eine Definition, die das Bild des Genialen, des Begnadeten und nicht durch bloßen Fleiß erworbenen Wissens entstehen läßt. Freud (1905) hatte auch diese metaphorische Gleichung benutzt, als er die Psychoanalyse gegen die hypnotische Suggestion abgrenzte. Er verwies darauf, die Suggestion arbeite wie der Maler *per via di porre,* sie setze Farbenhäufchen auf eine Leinwand; während die Analyse *per via di levare*, also wie der Bildhauer arbeite, nichts hinzufügend, sondern etwas wegnehme. Dabei entstehe aus dem unbehauenen Stein schließlich die Gestalt, die schon als Idee zuvor im Kopf des Künstlers vorhanden war. Winnicott (1974) wandte allerdings gegen dieses metaphorisch formulierte Modell ein, welcher Patient sich wohl darauf einstellen könne, jenes Bild zu werden, das dem Therapeuten vorgeschwebt habe? Gewiß

---

[105] Das hat Freud offenbar tatsächlich versucht, wie man seinem Brief an Fliess vom 18.6.1900 entnehmen kann (diesen Hinweis verdanke ich Michael Schröter, Berlin)

kann der Therapeut auf einen Vorentwurf nicht verzichten, aber modelliert er tatsächlich den Patienten nach seinem Bilde? Was ist mit jenen Aspekten der therapeutischen Interaktion, durch die der Patient das Bild des Therapeuten vom Patienten modifiziert? Und seinerseits aufgrund eines Bildes vom Therapeuten handelt? Welche Effekte erzeugt eine therapeutische Kommunikation, die die Bilder des Patienten vom Therapeuten als „Übertragung“ zusammenfaßt, eine umgekehrte Zurechnung aber einseitig excludiert? Auch hier müssen dann theoretische Schwierigkeiten gelöst werden. Man unterstellt z.B. einfach, daß Therapeuten durch ihre Selbsterfahrung eine gewisse Überlegenheit haben und weniger zu Übertragungen neigen. Diese rhetorische Figur ist m.W. jedoch nie überprüft worden. Doch unabhängig davon, wie das überhaupt möglich wäre – es ist das von der metaphorischen Prädikation PSYCHOTHERAPIE IST KUNST erzeugte Modell der Psychotherapie, welches überhaupt nötig macht, mit diesen Selbstidealisierungen zu argumentieren.

Das Modell schließt, trotz der berechtigten Akzentuierung der ästhetischen Aspekte des therapeutischen Prozesses, die „zurechnenden“ Aspekte der Kommunikation aus. Ein Beispiel solcher Zurechnung wäre: wenn Patient und Therapeut eine Weile schweigen. Irgendwann sagen Therapeuten dann etwa: „Sie schweigen jetzt ...?“ – und rechnen damit das Schweigen dem Patienten zu. Ignoriert wird, daß Schweigen in Gegenwart eines Anderen *immer* eine interaktive Hervorbringung ist; nie kann einer hier für sich allein schweigen. Was also wäre, wenn der Patient antworten würde: „Ich? Wieso – Sie haben doch geschwiegen!“

Das Paradoxon des geschaffenen Schöpfers

Jedes durch metaphorische Prädikation gezeugte Modell der Psychotherapie operiert selektiv. Darin liegt seine Unwahrheit, auch wenn jedes für sich genommen nicht „falsch“ ist. Jedes legt fest, was als Psychotherapie gilt und wann sich ein Patient konform verhält, jedes privilegiert bestimmte Formen der Kooperation gegenüber anderen mit der praktischen Folge, daß bestimmte Metaphernliebhaber auch nur jene Patienten behandeln können, die zu ihren Vorlieben passen. Doch beschreibt jedes Modell natürlich relevante Aspekte, ihre kognitive Verabsolutierung ist das Problem. „Unwahr“ jedoch sind Metaphern jedoch nur dann, wenn das, was Metapher ist, als Definition verstanden wird – dann müssen Abgrenzungskämpfe zwischen Wissenschaftlern, Hermeneutikern und Künstlern folgen. Und leicht könnte man andere Bildgebungen wie die der militärischen

„Interventionisten“, der strategischen „people-changer“ oder der gefühlsbezogenen „Verbalisierer“ anfügen.

Ich ziehe aus alle dem den Schluß: Eine definitorische, auf dem Prädikaten-Kalkül basierende strenge Definition von Psychotherapie ist auf die gleiche Weise unbefriedigend, weil nicht erschöpfend, wie es eine klassenlogische Zuordnung wäre; ein angemessenes Verständnis wird hingegen erreicht, wenn man „Definitionen“ der Psychotherapie als metaphorische Prädikationen bzw. Projektion auffaßt. Wenn man zugesteht, daß *viele Definitionen möglich* und tatsächlich interaktiv realisiert werden, ist damit eine erhebliche Flexibilisierung mit erweiterten Operationsmöglichkeiten erreicht – um den Preis des Verzichts auf Definition.

Freud hatte bekanntlich die Analytiker gemahnt, sich den Chirurgen zum Vorbild zu nehmen, dann aber auch die Spiegelplatte als Metapher der therapeutischen Haltung empfohlen; er beschreibt die analytische Arbeit mit einer Bildgebung aus der Archäologie, nennt aber auch den Lehrer als metaphorisches Vorbild. Bei Chirurgie, Spiegel und Archäologie ist es leicht, den metaphorischen Gehalt zu erkennen; noch jedenfalls hat niemand ernsthaft versucht, die Psychoanalyse nicht-metaphorisch als Chirurgie zu beschreiben. Eben dies aber geschieht, wenn man Psychotherapie nicht-metaphorisch als Hermeneutik oder als Wissenschaft oder als Kunst beschreiben wollte. Man kann aber jetzt sehen, daß es gerade die Vielfalt der von Freud verwendeten Metaphoriken ist, mit der er die Unterkomplexität jeder einzelnen *kompensiert*[106] und *auf diese Weise* die immense Reichhaltigkeit psychotherapeutischer Situationen professionell zu beantworten gestattet.

Es gibt weitere Metaphoriken für „Psychotherapie“, die von Patienten und therapeutischen Autoren mehr oder weniger gleichermaßen geteilt werden. Die Metapher, PSYCHOTHERAPIE IST REPARATUR dürfte sich im fachlichen Schrifttum verschiedener Schulen und in den Äußerungen von Patienten ebenso finden lassen wie die, PSYCHOTHERAPIE IST WACHSTUM. Patienten sprechen weiter davon, dies oder jenes „lernen“ zu wollen und konzeptualisieren PSYCHOTHERAPIE IST UNTERRICHT. Es gibt therapeutische Schulen, die diese Aspekte universalisieren – und dann mit anderen nicht zurecht kommen. Andere Metaphoriken für „Psychotherapie“ werden stärker von Patienten und in Publikationen seltener vertreten; manche wollen sich das Wissen ihres Therapeuten auf eine heimliche Weise aneignen. Für sie gilt THERAPIE IST

---

[106] Zur Kompensationsthese vgl. Buchholz (1996).

DIEBSTAHL[107]. Die nächsten wollen „fit“ gemacht werden und definieren PSYCHOTHERAPIE IST FITNESS-TRAINING nach Art eines seelischen „body building“ – dies alles Beispiele aus qualitativen Untersuchungen therapeutischer Dialoge (Buchholz 1996, 1998 und Buchholz/v. Kleist 1997). Mittlerweile ist empirisch gut bestätigt, daß Patienten mit ähnlichen Störungen unterschiedlich von derselben Therapie profitieren – abhängig von der Passung zwischen dem therapeutischen Konzept (mehr als „Technik“) und den Hilfe-Erwartungen des Patienten (Eckert und Biermann-Ratjen 1990; Strauss und Burgmeier-Lohse 1993; Kantrowitz 1989, 1993, 1995). Die Konfrontation der metaphorischen frames für „Therapie“ in der Interaktion der Bilder ist wichtiger als die Diagnose. Wegen der unendlichen Zahl an Kombinationsmöglichkeiten ist grundsätzlich der Variation der Artenvielfalt keine Grenze gesetzt, gerade darin zeigt sich die Einzigartigkeit jeder Psychotherapie. Aber daß jede Metapher Identitäten selektiert und Kooperationsformen festlegen will, kann wiederum beobachtet werden; es ist der allgemeine Gesichtspunkt, der die individuelle Einzigartigkeit ergänzt.

Jede diskursive Bestimmung der Psychotherapie kann nur *einen* Aspekt der psychotherapeutischen Profession privilegieren. Aber das kann man nur sehen, wenn man sie nicht als Definitionen, sondern als konzeptuelle Metaphern auffaßt. Wer hier definieren will, müßte zugleich normieren – und verbaut sich damit die Möglichkeit, den Artenreichtum therapeutischer Dyaden zur Kenntnis zu nehmen. Festlegende Definitionen hätten gerade schädliche, weil dogmatisierende Effekte und würden den von Freud eröffneten professionellen Reichtum wiederum zurückfahren auf die dogmatische Folgsamkeit gegenüber einer, und nur einer, Theorie.

Daß das unprofessionell wäre, läßt sich im übrigen wiederum empirisch bestätigen. Bringt man gute Kliniker im Interesse eines experimentellen designs dazu, sich an Therapie-Manuale zu halten, werden ihre Behandlungen schlechter. Blatt (1995, S. 135) schreibt über diese Erfahrungen bedauernd: „in order to establish rigorous experimental controls in research ... we have attempted to reduce this complex process called psychotherapy into more manageable modules. We have transformed the patient and his/her suffering into a series of discrete symptoms that have become the primary, if not exclusive, focus of the interventions“. Und etwas weiter heißt es: „Thus we should not be surprised that research findings have little relevance for the wide range of patients seen by experienced clinicians in their clinical practice“. Die normierende, standardisierende Strategie, Psy-

[107] Beispiel bei Buchholz (1998)

chotherapie definieren zu wollen, muß sich auf *eine* metaphorische Prädikation festlegen – und verfährt damit zugleich reduktionistisch. Sie kann dann die Schwächen des gewählten metaphorischen Modells nicht mehr kompensieren. Das ist es, wogegen professionelle Praktiker sich zu Recht wehren, wenn sie mit Fragebögen zu Forschungszwecken überzogen werden. Abstrakt ausgedrückt könnte man sagen: Standardisierung und Professionalität sind Konzepte, die nur eine kleine Schnittmenge möglicher gemeinsamer Phänomene haben.

Neue Entwicklungen der Psychotherapie, wie etwa die kognitive Therapie der Depression (Beck) kamen aus der professionellen Praxis und wurden erst nachträglich codifiziert. Sie in Variablen zu fassen hat, wie Blatt hier andeutet, offenbar eine höchst wichtige wissenssoziologische Folge: Variablen mutieren zu Vorschriften. Jeder Versuch, Psychotherapie auf eine und nur eine „Definition" zu begrenzen, wäre demnach eine Dogmatisierung, von der Entprofessionalisierung droht. Diese Gefahr der Übersteuerung sehen wir bei den empirischen Forschungen deutlich. Sie wird dort neuerdings selbst formuliert, aber sie könnte auch von jenen drohen, die mit anderen Mitteln ihrerseits dogmatisch verfahren wollen. Die Mahnung von Horowitz (1994, zit. nach Henry 1998, S. 136) gilt hier gleichermaßen: „It opens an abyss of heterogeneity by an illusory promise of homogeneity".

An die Stelle solcher Homogeneität und ihrer Illusionen könnte die Forderung treten, daß professionelle Psychotherapie ihre Metaphern im Rahmen ihrer selbstreflexiven Prozeduren aus einer Perspektive der Beobachtung zweiter Ordnung analysiert, d.h. praktisch deren Begrenztheiten dem Patienten vor Augen führt und ihn dadurch nötigt, andere metaphorische Entwürfe an deren Stelle zu setzen, mit denen wiederum so verfahren wird – und dies geschieht keineswegs nur einseitig, denn auch der Therapeut erfährt, wie Psychotherapie noch aufgefaßt werden kann. Diese vom Patienten kommende Erfahrung hilft ihm praktisch, seine Metaphern zu analysieren. Sind eine gewisse Anzahl metaphorischer Bestimmungen der Psychotherapie (und dann auch des Selbst, der Kooperation, der Symptome usw.) durchgearbeitet, dann kann dieser Prozeß selbst den Beteiligten transparent werden; beide treten in eine emergente „Interaktion der Bilder" ein. Hier geht es nicht mehr um Wahrheit oder Falschheit, sondern darum, daß jeder der Beteiligten erfährt, in welcher Weise er an der Erzeugung dessen, was er bislang für die Wirklichkeit (des Anderen) gehalten hatte, beteiligt ist. Dieser Vorgang oder besser: dieses buchstäblich-metaphorisch: „umwerfende" Erlebnis wird zunächst nur in *einem* Bereich erfahren, und das kann auch in einer Kurztherapie erreicht werden, aber wenn er wiederholt werden kann, kommt es rasch zu einer Sinn-Explosion; plötzlich werden die Dinge durchsichtig. Es gibt eine Art psychologischen Ur-Knall im Universum der Bedeutungsgebung. Andere Metaphoriken dafür lauten, ein „Durchbruch“, eine „Wende“ oder ein „Neu-Beginn“ sei erreicht. Mit Searle könnte man sagen, die „zählt-als“-Umwandlung wird selbsttransparent.

In diesem Augenblick werden die Beteiligten gewahr, daß sie Schöpfer ihrer zerstörerischen wie konstruktiven Potentiale sind. Damit endet das Leiden. Da die besondere Interaktion der Bilder es ist, die sie als Schöpfer ihres Universums geschaffen hat, treten sie in das Paradox des geschaffenen Schöpfers ein. Ab diesem Punkt kann und braucht Psychotherapie nicht mehr weiter geführt werden; sie ist an ihr „natürliches“ Ende gekommen. Aber auch dafür hat die psychotherapeutische Fachsprache noch Metaphern parat. Balint sprach vom „Neubeginn“, andere sprechen von der Selbstfindung, die dann nicht mehr von der Selbst*er*findung unterschieden zu werden braucht; in den esoterischen Traditionen wird eine reichhaltige Geburtsmetaphorik vorgestellt. Wenn hier eine Wahrheit liegt, dann wird sie nicht „gefunden“ – denn diese Metaphorik einer Korrespondenztheorie unterstellt, daß Wahrheit überhaupt „gesucht“ wurde und sie immer schon irgendwo „da“ war; sie wird vielmehr interaktiv *er*funden und ist dann immer idiosynkratisch, nicht übertragbar und nicht formulierbar; aber sie kann gelebt werden. Es gibt nicht *eine* wahre Definition, es kann sie nicht geben. Es werden Metaphern formuliert, weil nur sie brauchbare Näherungen für das diskursiv nicht Sagbare gestatten. Sie sind die Leiter, die nach erreichtem Aufstieg nicht mehr so drängend benötigt wird – aber verzichten kann man auf sie auch nicht.

Das, was Psychotherapie ist, kann somit immer nur näherungsweise *gesagt* werden. Es braucht die Erfahrung und erschließt sich, so paradox das klingen mag, nur dem, der die entsprechende Erfahrung damit hat. Sie ist so persongebunden wie die Kenntnis einer Fremdsprache oder interkulturelle Kompetenz und basiert auf intimisierter Interaktion, die die „Existenz“ des ganzen Menschen thematisiert.

Im Grunde ist dies weniger verwunderlich, als es auf den ersten Blick scheinen mag. Es gibt auch andere, für Personen zentrale Bereiche, die nicht definiert werden können, wie z.B. „Liebe“, und dennoch gibt es Verständigungen. Sie reichen soweit wie die Bildspender. Wer einen Satz ausspricht wie „Hans ist in Lisa wahnsinnig verknallt“ und damit die Liebe als Wahnsinn konzeptualisiert, würde dennoch anerkennen, daß der Wahnsinn bildspendende Umwelt der Liebe und nicht diese selbst ist. Just so verhält es sich mit der Psychotherapie und ihren

Definitionsversuchen. Wenn meine Formel lautet, Psychotherapie sei professionelles Funktionssystem mit Wissenschaft (Hermeneutik, Kunst) in seiner Umwelt, dann sehen wir, wie durch die metaphorische Prädikation eine besondere Logik des „tertium datur" möglich wird. Selbstverständlich kann man Psychotherapie als Kommunikation definieren (Strotzka) oder als Wissenschaft (Grawe) oder als Hermeneutik (Holm-Hadulla 1997) oder als Kunst (Freud 1905), wenn man damit zugleich weiß, daß man eine metaphorische Projektion benutzt eben deshalb, weil Psychotherapie zugleich nicht-Kommunikation, nicht-Wissenschaft, nicht-Hermeneutik und nicht-Kunst ist. Sie *ist* dies alles *und* sie *ist* es *nicht*; sie ist Profession, die *alle* diese Perspektiven diffus und spezifisch nutzt. Damit sehen wir zugleich einen kontextsensitiven Aspekt des Professionellen: die Fähigkeit zum flexiblen Wechsel seiner Bestimmungen, während die in einer aktuellen Interaktion stattfindenden metaphorischen Konzeptualisierungen das Moment der Fokussierung bilden. Selbst der „Wissenschaftler" unter den Therapeuten weiß, daß er manchmal ohne sicheres Wissen „deutet"; der „Hermeneutiker" weiß, daß er Dinge tun muß, die überhaupt erst eine Auslegung vorbereiten, und beide wissen, daß dem erhebliche Kunstfertigkeit innewohnt und dabei kommuniziert wird. Profession vollzieht sich zugleich in verschiedenen Umwelten, die die Profession widersprüchlich bestimmen können. Aber die Profession geht in keiner dieser Umwelten auf. Sie bewahrt ihre Autonomie gerade wegen ihrer Abhängigkeiten.

Wird Psychotherapie als Kommunikation, als Wissenschaft, als Kunst oder Hermeneutik „definiert" (mit jeweiligen verfeinernden Zusatzformulierungen), dann wird ein elaboriertes Bildfeld aus diesen Umwelten auf einen neuen Bereich, die Psychotherapie „übertragen". Und durch die gekonnte Vielzahl solcher metaphorischer Prädikationen wird der professionelle Bereich, die virtuelle Realität des therapeutischen Prozesses erzeugt. Die Fixierung auf eine Metapher erhält ihr Gegengewicht durch andere, was die nötige Flexibilität ermöglicht und intern Chancen zur Korrektur und Irritation schafft. Diese Chancen gibt es dann sowohl theoretisch als auch in einzelnen Behandlungen.

Artenvielfalt und metaphorische Einheit

Die Vielzahl metaphorischer Bestimmungen faßt die Vielfalt, deren Einheit der Metapherngebrauch ist. Damit verschieben sich Fragestellungen. Jetzt geht es nicht mehr darum, ob eine bestimmte Definition der Psychotherapie mit der inneren Wirklichkeit des Patienten oder deren Realisierungen durch den Therapeuten korrespondiert. Die Frage kann jetzt vielmehr lauten: Wie können metaphorische Konzeptualisierungen der Psychotherapie – durch den Patienten und durch den Therapeuten – miteinander kooperieren, gerade dann, wenn sie unterschiedlich sind? Wie stellen sie Psychotherapie in ihren Kooperationen her? An die Stelle einer wissenschaftlich orientierten Wahrheitssuche geht es um den „gekonnten" Umgang mit Krisen und Routinen in einer „intimisierten" Interaktion[108]. Die Oszillation zwischen diffusen und spezifischen Beziehungsformen ist zu einem erheblichen Teil geformt von den je einander gezeigten metaphorischen Konzeptualisierungen der Psychotherapie. Aus solcher Kooperation bei bestehenden Rahmungsinkonsistenzen entsteht dann die Einmaligkeit einer Psychotherapie, die dennoch professionstheoretisch allgemein theoretisiert werden kann.

Wenn wir Psychotherapie als Profession bestimmen, dann soll damit nun nicht einfach eine neue zusätzliche metaphorische Prädikation vorgeschlagen werden. Psychotherapie soll vielmehr als *im allgemeinen unbestimmbar*, aber *im individuellen Fall realisierbar* bestimmt werden. Psychotherapie kann – wie die Liebe – immer nur *ad oculos* demonstriert und *in actu* realisiert werden.

Zur Klarstellung: es geht hier *nicht* darum, sich auf einer berufspolitischen Ebene zu bewegen, sondern die Unbestimmtheit professioneller Psychotherapie soll bestimmt werden. Das braucht Vielfalt – jede der genannten metaphorischen Bestimmungen erzeugt einen Rahmen für das, was als Psychotherapie gilt, und zwar sowohl auf einer berufspolitischen Ebene, aber eben auch intern, in jeder Dyade. Letztere interessiert mich hier. Wer also befürchtet, Psychotherapie könne sich mit einer solchen Unbestimmbarkeits-Bestimmung selbst aus dem berufspolitischen Feld hinausdefinieren, verkennt die Absicht. Ich habe Hinweise zur Unterscheidung des Könnens vom Nicht-Können schon gegeben und stimme Strupp (1996) zu, der nach Jahren psychotherapeutischer Forschung mit gruppenstatistischen designs feststellen muß, daß diese designs das Besondere und Einmalige einer jeden individuellen Psychotherapie nicht zu erfassen vermögen, daß damit etwas Entscheidendes außerhalb des Untersuchungsansatzes bleibt. Ich theoretisiere meine Überzeugung, daß professionelles Handeln gerade darin besteht, hochgradig spezifische und einmalig individualisierte Leistungen zu erbringen (die dann aber einer wissenschaftlichen Überprüfung zugänglich werden können). Der professionelle Psychotherapeut hat Wissenschaft, Lebenserfahrung, Hermeneutik, Kunst und vieles andere mehr in seiner Umwelt zur Verfü-

---

[108] Strupp (1960, S. 247) sagte über die Psychotherapie schon zu Beginn seiner Karriere als Forscher: „It is a personal relationship within an impersonal framework".

gung – aber auf welche Bestände seiner Umwelt er zugreift, ist, wie die systemtheoretische Analyse gezeigt hat, eine Funktion des „Nutzer-Systems", also der Profession, die sich auf diese Weise erzeugt und rekursiv am Leben erhält, sich also autopoietisch reproduziert. In allgemeiner Weise kann das diskursiv nicht, in individueller Weise aber durch den Vollzug bestimmt werden.

Psychotherapie wird nicht theoretisch, sie wird praktisch definiert. Diese *allgemeine* Unbestimmbarkeits-Bestimmung erweist sich als Bedingung des professionellen Handelns. Der Code „Können/nicht-Können" öffnet einen durch seine Unbestimmbarkeit bestimmten Raum für Operationen. Dieser Raum kann weiter bestimmt werden.

Professionelle Psychotherapie ist metaphorische Variation

Was Psychotherapie ist, kann über die genannten Formulierungen hinaus nur so bestimmt werden. Ich sage also nicht mehr, Psychotherapie ist Wissenschaft, Intervention, Kampf, Hermeneutik, Kunst oder Beichte. Ich verschiebe die Bestimmungsebene nach oben und formuliere: Psychotherapie erhält ihre professionelle Einheit durch ihre metaphorische Variation.

Die Geschichte der Psychotherapie hat eine Vielzahl von Definitionen hervorgebracht. Sie erstrecken sich über Modelle der rationalen Einsicht bis zur Wachstumsförderung, von Instruktionen zur Verhaltensänderung über subtile hypnotische Beeinflussungen bis zum Arrangement von Umweltarrangements. Diese Definitionen haben selektive, operative und evaluative Effekte, sie legen fest, was getan werden kann und was als „eigentliche" Psychotherapie gilt. Wo rationale Einsicht Leitmetapher ist, werden menschliche Wärme und Humor zur „uneigentlichen" Therapie degradiert, wo Veränderungen von Umweltarrangements das therapeutische Handeln leiten, werden die Potentiale des Verstehens und Selbstverstehens unterschätzt. Wo Psychotherapie „nicht wissenschaftlich" operiert, müssen dann Korrekturen angemahnt werden, wo sie „nicht kunstvoll" ausgeübt wird, ist sie gleich keine Psychotherapie, wo sie „nicht interpretierend" (sondern z.B. direktiv oder abwartend) verfährt, kann man ihr vorhalten, die Wahrheit (was auch immer das sei) zu manipulieren. Wo immer eine konkret stattfindende Psychotherapie jeweils nicht ins Bild paßt, können nur Abweichungen vom Bild oder Bildschema notiert werden.

Für die Reflexionsarbeit des Professionellen entstehen Schwierigkeiten zweierlei Art.

Die eine ist leicht zu erkennen. Debatin (1996) nennt es das Problem der „Metaphernkontrolle“ – die Frage also, welche Metapher welche Wahrheitswerte beanspruchen kann. Die neuzeitliche Lösung, die Metapher zu vermeiden, ist nicht durchführbar. Selbst im wissenschaftlichen Diskurs ist die Metapher mehr als Ornament, sie ist konstitutiv und unhintergehbar. Sie kann deshalb nur „kontrolliert“ werden. Auf die Frage danach, wie das möglich ist, antwortet Debatin (1995) mit einer Reihe von Vorschlägen, von denen ich einen herausheben will: *Man muß alternative Metaphern zulassen. Die Alternative zur Metapher ist nicht der „Begriff“, sondern die alternative Metapher.* Debatin befindet sich mit dieser Auffassung, die ausdrücklich nicht nur für den alltäglichen, sondern auch für den wissenschaftlichen Diskurs Geltung beansprucht, in Übereinstimmung mit einer Vielzahl von Autoren (Goodman 1984; Putnam 1993; Johnson 1981, 1987; Lakoff 1987). Das professionelle Problem ist nicht, ob eine Metapher der Psychotherapie „wahr“ ist, sondern ob sie zu einer gegebenen individuellen Lage „paßt“ und wie sie diese zugleich neu und erstmalig formuliert – also interaktiv herstellt. Auch hier kann Können vom Nicht-Können unterschieden werden.

Die zweite Schwierigkeit ist für den professionellen Psychotherapeuten weitaus folgenreicher. Wenn bestimmte Momente des psychotherapeutischen Geschehens durch die Wahl *einer* bestimmten konzeptuellen Metapher getilgt werden, kann er entweder deren Effekte nicht einschätzen oder aber, im schlimmsten Fall, kann er sie – konzeptuell metaphorisch begrenzt – gar nicht wahrnehmen. Diese Selektion folgt einer metaphorischen Konzeption, die in unserer Kultur auch in anderen Feldern höchst wirksam ist und massive Effekte hat. Man kann sie formulieren als INNOVATION IST DEVIANZ. Diese konzeptuelle Metapher disqualifiziert solche therapeutischen Handlungen als „untherapeutisch“, die im einmal gewählten Konzept nicht „gedacht“ werden können; Beispiele habe ich genannt[109]. Die zerstörerischste Folge der Wirkung dieser Metapher ist, daß durch solche Disqualifikation eine erzeugte Innovation nicht zur Revision des gewählten Konzepts führen kann. Innovation wird sofort als Gegenstück bewährter Konvention wahrgenommen und dann mit „Abweichung“ gleichgesetzt. Das Neue kann dadurch aber nicht vom Unbrauchbaren unterschieden werden,

[109] Die Gleichsetzung des Neuen mit der Abweichung produziert all jene Merkmale, die Wynne (1969) vor Jahren als charakteristisch für pseudo-gemeinschaftliche Familien beschrieben hat. Kernberg (1998) hat genau diese Punkte als diejenigen aufgelistet, die geeignet seien, neugierige und intellektuell brilliante Kandidaten von der psychoanalytischen Weiterbildung abzuschrecken.

denn auch dieses wird in der gleichen Weise disqualifiziert. Die selektiven Wirkungen schränken die notwendige Irritierbarkeit ein.

Im Bereich der Psychoanalyse hatte deshalb Sandler (1983) eine Befreiung vom theoretischen Dogmatismus gefordert (ebenso Grossman 1996), und der New Yorker Psychoanalytiker Stephen A. Mitchell (1993) formuliert, der professionelle Psychoanalytiker habe zwei Fragen zu beantworten: Was braucht der Patient? und Wie kann ich das wissen? Auch Mitchell plädiert für eine Abkoppelung vom theoretischen Selbstzwang. Festlegungen auf eine (und nur eine) „Definition" der Psychotherapie würden in riskanter Weise auf den professionellen Möglichkeitsüberschuß verzichten, der gerade durch eine Vielzahl von metaphorischen Prädikationen geschaffen wird. Komplexitätsreduktionen haben auch für therapeutische Schulen schließende Effekte, wenn sie nicht durch Steigerung der sinnlichen Dimensionen kompensiert werden. Wenn die Psychotherapie den ungeheuren Wert der Metapher anerkennen könnte, dann würde eine Entwicklung fortgesetzt, die in der Psychoanalyse an anderen Themen exemplarisch abgearbeitet wurde. Übertragung, Gegenübertragung, Widerstand – das waren alles solange große Schwierigkeiten, bis ein Bezugsrahmen gefunden war, der aus dem Stein, den die akademischen Zimmerleute verworfen hatten, einen Eckstein des professionellen Gebäudes machte. Dann konnte aus dem, was die Behandlung zu behindern schien, ein mächtiger Verbündeter werden. Ein (und nur ein) solcher Bezugsrahmen ist die Metapherntheorie.

Zentrale Konzepte im Bereich der Psychotherapie sind „leere Konzepte"; sie können, wie ich gezeigt habe, diskursiv nicht bestimmt werden. Sie müssen gekonnt, d.h. im Vollzug, also praktisch definiert[110] werden. Damit ist ein Beobachtungsstandpunkt gewonnen, von dem aus ich die Vermutung ausspreche, daß sich die therapeutischen „Schulen" danach unterscheiden lassen, welche Metaphorisierungen sie privilegieren. Sollte sich diese Vermutung halten lassen, könnte eine „Allgemeine Psychotherapie" realisiert werden: als Theorie der therapeutischen Profession. Die unterschiedlichen Definitionen der Psychotherapie könnten als Resultante professionstypischer und hochgradig individualisierter Interaktionen im Kontext größerer theoretischer und kultureller Einflüsse relati-

---

[110] Mit „praktische Definition" übersetzt Bergmann (1987) den ethnomethodologischen Begriff des „account". Siehe auch Weingarten (1976). Professionelle Psychotherapeuten favorisieren in der Regel eine Theorie; aber *wie* diese im Vollzug umgesetzt wird, unterscheidet sie voneinander. Das kann wiederum bis in die Details der Formulierungen, insbesondere die Einleitungsphrasierungen von Äußerungen, mit konversationsanalytischen Mitteln untersucht werden. Vgl. insbesondere S. Streeck (1989), U. Streeck (1998), Wolff und Meyer (1995)

viert und zugleich gewürdigt werden; Supervisionen als Reflexionssysteme des professionellen Handelns könnten sich für die Art und Weise sensibilisieren, wie die Beteiligten ihre Behandlung metaphorisch konzeptualisieren, und v.a. deren limitierende Effekte aufzuheben versuchen.

Festlegungen in diesem Sinne begrenzen Möglichkeiten, während die professionelle Leistung in der Offenhaltung des Variationsreichtums besteht. Gerade das ermöglicht den individuellen Zuschnitt; dann allerdings erfolgt eine Festlegung, nicht aber dogmatisch als *allgemeine* Bestimmung von Psychotherapie, sondern immer nur individuell – innerhalb einer je gerade stattfindenden Behandlung.

Profession – die praktische Definition der Psychotherapie

Betrachten wir Psychotherapie als Profession nicht auf einer berufs- bzw. standespolitschen Ebene, sondern als „Tun“, als professionelles Handeln, dann können wir feststellen: Der professionelle Psychotherapeut definiert Psychotherapie nicht auf einer seiner Praxis vorgeordneten allgemeinen theoretischen oder berufspolitischen Ebene[111], sondern innerhalb einer gegebenen Interaktion. Die Definitionen werden nicht theoretisch vermittelt, sondern praktisch vollzogen. Selbstverständlich können sie sich nicht nur, sie müssen sich sogar, je nachdem, was erheischt ist, verändern. Es werden verschiedene Fokussierungen möglich, deren Abfolge als „Prozeß“ bezeichnet werden kann. Die professionelle Leistung besteht darin, nicht auf *einer* Fokussierung zu beharren, sondern sie operativ flexibel und situationsadäqut aufgeben und durch neue ersetzen zu können. So kann professionelles Handeln individualisiert erbracht und zugleich allgemein theoretisiert werden.

In Luhmanns Theoriesprache könnte man sagen: die professionelle Leistung besteht darin, durch Erzeugung metaphorischer Resonanzen aus einer Vielzahl von Umwelten (wovon Wissenschaft eine ist) die Komplexität des professionellen Handlungssystems so anzureichern, daß dessen Operationsfähigkeit gesteigert werden kann; je mehr „praktische Definitionen“ der Psychotherapie ein professioneller Psychotherapeut zur Verfügung hat, umso eher wird er in der Lage sein, unterschiedlichste Situationen zu handhaben. Die kontextsensitive Festlegung auf eine metaphorische Prädikation der Psychotherapie erzeugt eine praktisch

---

[111] Auch wenn er zur externen Markierung seiner Position auf sein Praxisschild vielleicht „Psychoanalyse“ oder „Gesprächstherapie“ oder „Verhaltenstherapie“ schreiben mag. Welche Effekte das wiederum für die Selektion seiner Patienten hat, handhabt er in der Interaktion, also intern, unter dem Begriff der Erwartung („Was führt Sie zu mir?“)

nützliche Reduktion der interaktiven Komplexität; die damit *zugleich* ins Spiel kommende Steigerung der sinnlichen Dimensionen durch Heranziehung anderer Bildfelder schafft die Möglichkeit zu einer Flexibilisierung der erzeugten Fokussierungen.

Praktische Definitionen werden nicht formuliert, sondern operativ vollzogen, sie dokumentieren ein Konzept (Garfinkel 1967). Gemachte Äußerungen (z.B. „er hat sie erobert", „sie floh vor seinen Avancen", „Sie ergab sich ihm") verweisen schon in alltagssprachlicher Rede auf ein Konzept (im Beispiel: Liebe ist Krieg). Solche Konzepte können als Metaphern *formuliert* werden, auch wenn dies durchaus nicht immer geschieht. Ich werde, Lakoff und Johnson (1998) folgend, von *konzeptuellen Metaphern* sprechen – im Unterschied zu manifesten, die in einem Text oder in einer gesprochenen Rede auftauchen.

Wir sehen nun, daß PSYCHOTHERAPIE IST WISSENSCHAFT eine konzeptuelle Metapher ist – die Tätigkeit von professionellen Psychotherapeuten unterscheidet sich von der von Wissenschaftlern erheblich. Dieser Unterschied wird dort unsichtbar gemacht, wo eine Definition Wissenschaft mit Profession gleichzusetzen scheint. Der Unterschied erscheint sofort wieder, wenn man alternative Metaphern für die praktische Definition verwendet. Am Beispiel manifester Metaphern ist immer leicht erkennbar, daß die Imagination mit ihren dimensionalitätssteigernden Effekten mit einschießt, aber das gilt auch für konzeptuelle Metaphern, und eine solche Imagination schießt auch bei dieser konzeptuellen Metapher ein. Als Imagination hat sie ihre individuelle „Farbe", aber sie ist natürlich vorrangig von der Kultur informiert.

Profession ist Bildaufbau – mit Rahmungen

Dem Verhältnis von Wissenschaft und Praxis ist ein von Talley, Strupp und Binder (1994) herausgegebener Band gewidmet. An ihm kann man sehen, wie sich die Differenzierungen auf der Ebene von Funktionssystemen intern, nämlich als professionelle Operationsmodi reproduzieren.

Diese renommierten Psychotherapieforscher haben Praktiker und Wissenschaftler zu Beiträgen aufgefordert, um ein Projekt zu realisieren, das im Untertitel als „bridging the gap" bezeichnet wird. Die Metaphorik von der „Lücke", oder der „Kluft" – die metaphorische Variation derselben Imagination – taucht auch hier auf, und empfohlen werden Anstrengungen zum Bau einer „Brücke" über den „Graben". Häufiger verwenden die Autoren des Bandes, gleichgültig welcher schulischen Richtung, noch eine andere Metapher, die der Ehe, die zwischen Praktikern und Forschern gestiftet werden solle.

Profession und Wissenschaft werden mit solcher Metaphorik zwar wie selbstverständlich auf unterschiedlichen Terrains verortet, aber es gibt keine Erklärung für diesen Zustand. Das wiederum ist folgenreich. Ohne solche Erklärung hat man nur die Wahl, diesen Zustand entweder zu belassen, wie er ist, oder aber ihn verändern zu wollen. Letzteres ist Ziel einiger, wenn auch durchaus nicht aller Autoren im Talley-Band. Die allermeisten im Feld der Psychotherapie Tätigen dürften dieses Ziel ebenfalls ohne Frage akzeptieren. Wer aber ein solches Ziel verfolgt, kann es – bleibt die theoretisch befriedigende Erklärung für die „Kluft" aus – letztlich nur mit politischen Mitteln durchzusetzen versuchen. Das hat eine Transformation zur Folge, deren Stellung kaum genügend gewürdigt werden kann; es verwandeln sich sowohl inhaltlich-wissenschaftliche als auch professionstheoretische Fragen in solche der politischen Durchsetzbarkeit. Eine theoretisch fundierte Diskussion des Verhältnisses wäre allerdings erforderlich; wer das Problem als „Kluft" metaphorisiert, legt mit diesem „problem-setting" auch schon ein bestimmtes „problem-solving" (Schön 1979) nahe. Nutzt man, wie hier geschehen, die soziologische Systemtheorie zur Problembeschreibung, kommt man zu anderen Lösungen: daß die Kluft nicht unbedingt überwunden werden muß, weil es um verschiedene Funktionssysteme geht.

Ich will mich der internen Seite solcher Probleme anhand eines Eröffnungs-Beitrages des New Yorker Psychoanalytikers Jay Greenberg (1994) zuwenden, der hier für die Seite der professionellen Psychotherapeuten schreibt. Anhand eines Fallbeispiels, das er dem andernorts veröffentlichten Beitrag eines Kollegen entnimmt, beschreibt er ein professionelles Handlungsproblem, welches an die hier entwickelten Überlegungen zur Unbestimmtheit der Psychotherapie und zur Oszillation zwischen operativer Flexibilität und Fokussierung anknüpft.

Eine Patientin fühlt sich Männern unterlegen, weil die immer alles schon wüßten. Sie schildert dann eine Phantasie, von einem „mad scientist" dadurch gequält zu werden, daß er immer alles über sie wisse. Der Therapeut richtet seinen hypothesensuchenden Blick auf die Patientin und erklärt ihr diese Phantasie auf dem Hintergrund ihrer Biographie; die Biographie wird zum Rahmen für ihr Bild von den Männern und insbesondere der Phantasie vom „mad scientist". Beide sprechen ausdrücklich über das „master-slave"-Thema. Zur Bestätigung reichert die Patientin sogar die Deutung des Therapeuten mit weiteren biographischen Details an. Der Forderung, daß Deutungen der Bestätigung bedürfen, scheint hier Genüge getan.

Nun – so Greenberg – gehe der Therapeut zu seinem Supervisor und berichte ihm von dieser Stunde, zufrieden auch deshalb, weil die Patientin ja bestätigendes Material beigebracht habe. Der Supervisor allerdings meint, dadurch, daß er, der Therapeut, die Phantasie erklärt habe, habe er sich just als so wissend wie jener „mad scientist" verhalten. Damit erscheint plötzlich das, was eben noch Deutung war, nun als Agieren des Therapeuten; auch das, was eben noch als erwünschte Bestätigung erschien, nämlich die Anreicherung mit weiteren biographischen Details durch die Patientin, erscheint nun als „gehorsame" Antwort einer „braven" Patientin, die sich ihrem „master"-Therapeuten unterwirft. Kurz, wo die Herstellung eines biographischen Rahmens eben noch der Erklärung diente, wird dieser Rahmen nun selbst Teil eines neuen, in der Supervision entstehenden Bildes. Die aktuell ablaufende Interaktion wird nun zum Rahmen um ein bestimmtes Bild von der Patientin. Die von der Deutung initiierte Interaktion *agiert* noch einmal das Thema, aber eine nur an biographischer Rekonstruktion interessierte Deutungstechnik könnte dieses Problem nicht einmal wahrnehmen.

Jetzt kann man fragen, wer hat Recht? Der Therapeut, der Supervisor? Oder die Patientin, die doch mit Material, die Hypothese bestätigend, reagierte? Mit einer solchen Frage wäre man mitten in den Debatten um die Richtigkeit einer (und nur einer) Metapher. Greenbergs Antwort geht in eine andere Richtung. Er sieht gerade in der Erzeugung einer neuen, einer erweiternden Perspektive die spezifische professionelle Leistung. *Sie, diese professionelle Leistung, vermeide geradezu die wissenschaftliche Frage (Welche Hypothese ist wahr?).* Der Supervisor sieht nicht nur die Patientin, sondern schließt in seine Hypothesenbildung den Therapeuten und die Beziehung zu ihm ein. Er gibt einen neuen Rahmen, es entsteht ein neues Bild. Die Theorie wird flexibel gehandhabt, auch wenn ihre praktischen Definitionen zeitweilig fokussieren müssen.

Greenberg ist noch nicht fertig. Er läßt nun den Supervisor zu einem „consultant" gehen, dem er von seiner supervisorischen Deutung berichtet, daß er einen neuen Blick auf die Dinge geschaffen habe. Der consultant sieht nicht nur die Beziehung zwischen zwei, sondern die zwischen drei Personen, inclusive des Supervisors, und entwickelt neue klinische Hypothesen. Danach erscheint der Supervisor in der Rolle eines „voyeurs" beim „master-slave"-Spiel zwischen Patientin und Therapeut. Man könnte sagen, das psychosoziale Phantasma von „Täter" und „Opfer" wird durch das der „Zuschauer"-Position komplettiert. Für mein Thema reicht die Feststellung: Auch hier gibt es neue Bilder in neuen Rahmungen.

Greenberg schlußfolgert überzeugend: Fügt man neue Perspektiven hinzu, nimmt jede die vorangegangene Hypothese als neue faktische Grundlage für ihre eigenen Sichtweisen und erklärt die untergeordnete Hypothese. Was Rahmen war, wird nun als Teil des Bildes gesehen. Der Therapeut sieht die Patientin, der Supervisor eine Zwei-Personen-Interaktion, der consultant Dreiecksbeziehungen. Jede Perspektive produziert vertretbare klinische Hypothesen, Wahrheit erweist sich als von der eingenommenen Perspektive abhängig, und deshalb wird die Frage relevant, ob es überhaupt *eine* „Wirklichkeit" geben kann, die als Fels in der Brandung der möglichen Beliebigkeit von Hypothesen standhält? Welche Fakten kann es in der Psychotherapie unabhängig von einer Beschreibung geben?

Der Professionelle sucht möglichst viele Sichtweisen zu etablieren und sie zu koordinieren. Da es immer um mehrere Perspektiven auf mehrere „Gegenstände" geht, koordiniert er diese nicht einfach anhand fraglos vorhandener Fakten, die als „Organisatoren" dienen könnten. Seine Leistung ist eine Abstraktionsebene höher: er koordiniert die Koordination von Perspektiven. Deren Integration ist ein wesentlicher Aspekt der professionellen Leistung, wie das Greenberg-Beispiel zeigt.

Die auf soziologischer Ebene beschriebene Differenz zwischen den Funktionssystemen von Wissenschaft und Profession reproduziert sich intern in den Kasuistiken der Psychotherapie. Während der professionelle Psychotherapeut einen breiten Fächer an Perspektiven öffnet, muß der Wissenschaftler nach von Fakten organisierter theoretischer Einheitlichkeit streben. Das läßt sich an einem Vorschlag sehen, der von der Seite der psychotherapeutischen Forschung für Greenbergs Problem gemacht worden ist.

Luborsky (1994) meint, das Instrument des Zentralen-Beziehungskonflikt-Themas (ZBKT) könne das Problem der Perspektivenabhängigkeit lösen. Mit dem ZBKT hatte Luborsky in jahrelangen Forschungen ein Instrument geschaffen, mit dessen Hilfe psychotherapeutische Narrative kategorisiert werden konnten. Auch wurde der Nachweis geführt, daß Deutungen, die sich auf den zentralen Beziehungskonflikt eines Patienten beziehen, den „outcome" verbessern. In seiner allerknappsten Fassung nimmt das ZBKT-Verfahren an, daß Patienten Wünsche haben, die von ihren relevanten Bezugspersonen beantwortet oder frustriert werden können, und daß sie dann auf diese Reaktionen wiederum reagieren. Luborsky schlägt nun vor, daß alle, die sich mit einem Fall wie dem von Greenberg beschriebenen beschäftigen, die Analysetechnik des ZBKT verwenden könnten: wenn alle dasselbe Instrument benutzen, können sie sich einigen. Den Grad der Einigung kann man als interrater-Reliabilitäten formalisiert erfassen. Luborsky argumentiert hier als erfahrener Wissenschaftler. Tatsächlich kann sich jedoch das wissenschaftliche Verfahren nicht auf die Fakten berufen. Man kann in zweierlei Weise unter Hinweis auf empirische Arbeiten gegen Luborskys Vorschlag argumentieren.

Die Linguistin Jennifer Hartog (1994) hat transkribierte Dialog-Materialien, die mit dem Luborsky-Schema codiert worden sind, erneut recodiert und dabei gezeigt, daß ZBKT-Codierungen auch ganz anders ausfallen können – weil es nämlich nie so ganz eindeutig ist, was es bedeutet, wenn jemand einen Wunsch äußert, sei es direkt oder in verhüllter Form. Im konkreten Fall der von ihr reanalysierten Transkripte ging es darum, daß dem Therapeuten ein Buch mitgebracht wurde – ein klinisch höchst relevantes Moment, das jedoch durch die Maschen der ZBKT-Codierung fällt. Sprache, so die Linguistin, könne nicht nur als äußerer Ausdruck von inneren Wünschen verstanden werden, sondern erfülle eine vielfältige Reihe von Darstellungsfunktionen. Der ZBKT-Prozedur fehle eine allgemeine Sprachtheorie, die aber erforderlich sei, um codierend verfahren zu können. Dies Argument trifft klinisch besonders in jenen Fällen zu, wo Wünsche nach Wunschlosigkeit – etwa bei der Anorexie – codiert werden müßten. Hat man wie Hartog als Linguistin ein anderes Verständnis von Sprache, resultieren auch andere Ermittlungen; viele klinisch bedeutsame Momente, wie etwa kommunikative Mystifizierungen kann Hartog im Material finden, aber sie verschwinden in der ZBKT-Codierung, die von erfahrenen ZBKT-ratern vorgenommen worden war. Das Verfahren muß hochkomplexe sprachlich-interaktive Ereignisse auf wenige Kategorien reduzieren und bleibt, wie Hartog zeigen kann, schon gegenüber der Alltagskompetenz unterkomplex. Hat man als Interpret ein anderes Modell der Sprache im Kopf, sieht man am gleichen Transkript-Material ganz andere Dinge. Luborskys Vorschlag kann sich nicht auf die vermeintlich davon unabhängigen Fakten berufen.

Ein anderes Argument, wenn auch mit ähnlichen Ergebnissen, ergibt sich, wenn man das ZBKT-Verfahren auf eine Gruppendiskussion anzuwenden versucht, wie es eine Supervisionssitzung darstellt. Grabhorn und Stirn (1995), in der ZBKT-Auswertung versiert, haben dies, wohl erstmalig, versucht – und scheitern an der Vielschichtigkeit des Gruppengeschehens. Was in einer Gruppe gesprochen wird, „drückt“ nicht nur Wünsche „aus“ und formuliert nicht nur erwartete Reaktion der Bestätigung oder der Frustration, sondern stellt zugleich die Gruppeninteraktion her. Dabei sind sehr feinkörnige Äußerungen von großer Bedeutung. In einer Gruppe gibt es beispielsweise eine stillschweigende Organisation des Rederechts und der Redeübergabe. Diese Organisation kann funktionieren oder gestört werden, wenn jemand sich das Rederecht erkämpt und es dabei einem anderen entzieht – wie aber wäre das im ZBKT zu erfassen? Wie können plötzliche manifeste Themenwechsel, die aber möglicherweise ein latentes Thema fortsetzen, codiert werden? Dieser Befund ist deshalb bedeutsam, weil in einer Gruppe Multiperspektivität an sich schon konstitutiv ist; jedes Gruppenmitglied hat eine eigene Sicht der Dinge und trägt zugleich zu einer gemeinsamen Themenkonstruktion und Bearbeitung bei.

Luborskys Vorschlag, den ich hier stellvertretend für den wissenschaftlichen Lösungstyp diskutiert habe, hat nur den Vorzug der Vereinheitlichung für sich. Die Folge der Vereinheitlichung wäre aber die Schließung der Perspektiven und damit der Ausschluß des professionellen Könnens. Was ich im Zusammenhang der Ausdifferenzierung von Funktionssystemen unter dem Stichwort der „Übersteuerung" eines Funktionssystems durch ein anderes als destruktive Effekte beschrieben hatte, bestätigt sich nun auch intern am Material. Denn Luborskys Vorschlag läuft auf eine Elimination des perspektivischen Fächers hinaus, den der Professionelle benötigt, will er tun, was er tut. Folgt man seinem Vorschlag, erreicht man günstigenfalls Einheitlichkeit – für wissenschaftliche Ziele; die im professionellen Kontext benötigte Perspektivenvielfalt verschwindet. Das von Greenberg exemplarisch vorgeführte Können in der Integration mehrerer Perspektiven mit dem Ergebnis eines teleskopartig gerahmten Bildaufbaus wird auf den wissenschaftlichen Code wahr/unwahr umgestellt und damit die professionelle Operationsbasis getilgt. Der wissenschaftliche Code übersteuert den professionellen.

Gibt es also tatsächlich keine Fakten, an denen die Wahl einer Perspektive begründet werden kann? Bei der im „International Journal of Psychoanalysis" geführten Diskussion über die „clinical facts" beobachtet Cooper (1996), daß ein Disput über die „facts" der klinischen Situation sich in Windeseile zu einem über Theorien wende – weil Kontroversen über Fakten solche über Theorien verbergen."...what we currently have is something akin to a set of Kleinian facts, Winnicotian facts, Kohutian facts, Interpersonal facts, Intersubjective facts and the like" (Cooper 1996, S. 259). Auch Gedo (1989, S. 7) sieht die Dinge ähnlich liegen:

> „for the past century, we have operated within the assumption that our observational field was like a clean vessel through the use of which we have an opportunity to study the properties of that strange compound, the human mind. If we have recognized that we are, in fact, participant-observers – an insight long proclaimed by the interpersonalists among us – we have li-

kened our role to that of a solvent that does not react with the material that we study. Very recently, we have begun to concede that the minds we observe have powerful effects upon us that cannot be dismissed as mere countertransference complications; but we have thus far failed explicitly to concede that, in fact, some degree of mutual reactivity is inevitable, that we are bound to exert at least as much personal influence on the mind being observed as the observed person exerts upon us. There are no clean vessels in psychoanalysis – our observations are never about the analysand per se; they are at best about the nature of the mutual influence exerted in the analytic dyad."

Wenn Gedo recht hat, daß unsere Beobachtungen nie über „den Analysanden per se" gemacht sind, sondern bestenfalls über die Art des gegenseitigen Einflusses, dann müssen Metaphern wie die vom „psychischen Apparat" neu interpretiert werden – nicht als Befund, sondern als Phantasie eines der beiden Interaktionsteilnehmer über den anderen. Die Theorie erscheint als Ausfluß einer Interaktion und könnte als prozedurales, nicht als positives Wissen untersucht werden. Von einer solchen Untersuchungsstrategie wäre eine Steigerung der Professionalität zu erwarten.

Vermutlich könnte man dieses Argument problemlos um andere Theorien aus humanistischer Psychotherapie oder aus Verhaltenstherapie erweitern. In der Sache würde sich wenig ändern. Gesteht man damit die faktische Schwäche der Psychotherapie zu? Hat Psychotherapie keine Tatsachenbasis? Meine Antwort ist: doch, sie hat. Aber was auch immer als „rohe Tatsache" zählen mag, sie bekommt im Feld der *Psycho*therapie ihre Bedeutung erst durch die „zählt-als"-Umwandlung. Tatsachen sind weder unabhängig von der bildspendenden Theorie noch von der Interaktion der Bilder vorhanden; sie werden immer erst erzeugt und umgewandelt. Das ist nur im wissenschaftlichen Funktionssystem eine Schwäche, im professionellen hingegen Operationsbedingung.

Das Beispiel von Greenberg zeigt, wie mit einem neuen Rahmen die gleichen Tatsachen höchst unterschiedliche Bedeutung erhalten – und dieser Umstand selbst macht Sinn! Es wäre demgegenüber „sinn-los", entscheiden zu wollen, ob die Antworten der Patientin nun „Bestätigung" waren oder ihrerseits Konformismus mit dem „mad scientist". Würde man entscheiden wollen, wäre gerade das Wechselspiel zwischen operativer Flexibilisierung und Fokussierung eingestellt. Sinnreicher ist, die Produktion solcher Befunde in Abhängigkeit von der je eingenommenen Perspektive selbst zu beobachten. Sinnreicher – und irritierender; doch nur so erhalten wir die Möglichkeit einer Theorie, die sich selbst überraschen kann.

Jede Metapher fungiert als Rahmung, innerhalb deren bestimmte Wahrnehmungen möglich, „Fakten" erkannt und über weitere Schritte aufgrund erzeugter

Wertungen entschieden werden kann. Man kann diesen Standpunkt, daß wir psychosoziale Probleme immer nur innerhalb solcher Rahmungen wahrnehmen können, radikalisieren. Auch wissenschaftliche Objektivität ist dann eine Rahmung – neben anderen. Der schon erwähnte Professionsforscher Donald A.Schön faßt den Rahmen der Objektivität in einem, zusammen mit seinem Kollegen Martin Rein verfaßten Werk mit dem Titel „frame reflection" in eben diesem Sinne auf. Diese Autoren schreiben (Schön und Rein 1994, S. 30):

> „For all these reasons, there is no possibility of *falsifying* a frame; no data can be produced that would conclusively disconfirm it in the eyes of all qualified, objective observers. The reason for this is that if *objective* means frame-neutral, there *are* no objective observers. There is no way of perceiving and making sense of social reality except through a frame, for the very task of making sense of complex, information-rich situations requires an operation of selectivity and organization, which is what 'framing' means."

„Information", so hatte Luhmann gezeigt, gibt es immer „für ein System". Die Idee, „Fakten" beobachten zu wollen, ist eine Rahmung *neben* möglichen anderen. Soweit sie wissenschaftlich verfolgt wird, muß sie sich eine Beobachtung zweiter Ordnung durch die Profession gefallen lassen – und kann diese wiederum beobachten. Sinnvoll könnte also werden, nicht „Tatsachen" beobachten zu wollen, sondern ihre Rahmung.

Metaphorische frames sind demnach nicht selbst Beobachtungen, sie *organisieren* Beobachtungen. Ist ein frame formulierbar, kann er auch beobachtet werden[112]. Fakten sind innerhalb eines frames vorhanden und zwar so, daß diese Fakten als „selbstverständlich", als „wirklich" und „seiend" dem erscheinen, der diesen frame verwendet. Und es läßt sich noch etwas mehr dazu sagen, was „Empirie" ist: Empirie ist das, was einem frame als vorhanden dann erscheint, wenn er es wahrnehmen kann durch den Vergleich mit den impliziten Annahmen des frames, die bestimmte Dinge als „erwartbar" auszeichnen und andere nicht. Empirie ist somit nicht nur „gemacht", sondern in einer bestimmten Weise gemacht: durch eine kognitive Operation wie den Vergleich und eingebunden in

---

[112] Im psychoanalytischen Dialog ist das von größter Bedeutung; die Fähigkeit, Fakten zu konstruieren, ist Teil jener professionellen Kompetenz, die den Prozeß ermöglicht. Cooper (1996, S. 256) schreibt als Teilnehmer der Debatte über die „clinical facts", die im „International Journal of Psychoanalysis" geführt wurde: „...all analysts, even those who conceptualize the analytic process as providing 'repair' rather than 'growth' ... implicitly integrate conceptualisations of influence into their use of formulation and interpretation. This makes a good fact hard to find and rarely does a fact emerge in psychoanalytic thinking that does not already come with a point of view".

interaktive Prozesse der konsensuellen Validierung. Diese legen fest, was „ist“ und was „nicht ist“.

Die Profession kann hier die Wissenschaft irritieren, indem sie die gewohnten Verhältnisse umdreht und die Wissenschaft dabei beobachtet, wie sie ihre „Fakten“ durch ihre Beobachtungen herstellt und sie *als* Fakten organisiert – und diese Beobachtung kommuniziert. Die Wissenschaft kann die Profession irritieren, indem sie eine weitere Perspektive (die der „Objektivität“) zur Verfügung stellt und damit den Vergleich ermöglicht. Selbst wenn man die gleichen Tatsachen beobachtet, ist der Akt der Bedeutungsgebung, wie wir eben gesehen haben, abhängig vom frame. Die Annahme, daß Tatsachen selbst schon für sich sprechen, weil und soweit sie festlegen, was „ist“, ist weniger wissenschaftlich als vielmehr mundaner Alltagsverstand. Die Profession kann sich ihrerseits nicht auf „Fakten“ ihrer Erfahrung berufen und damit Kommunikation abbrechen. Sie kann der Wissenschaft gegenüber ihren besonderen Operationsmodus behaupten und ihr Können getrost untersuchen lassen und fordern, daß Wissenschaft nicht übersteuernde Dominanzansprüche erhebt, denn auch das müßte zum Kommunikationsabbruch führen.

Wissenschaftlicher Uniformitätszwang – wie im Beispiel von Luborsky vorgeschlagen zur Lösung der von Greenberg aufgeworfenen Probleme – darf den spezifisch professionell-klinischen Zugang, der viele Perspektiven braucht, nicht eliminieren. Das Risiko besteht, daß eine mit politischen Mitteln[113] durchgesetzte Befriedigung wissenschaftlicher Anliegen nicht professionelle Probleme löst, sondern für die professionelle Praxis Probleme schafft, indem sie die professionelle Operationsweise verkennt und sie unter ein anderes Regime zwingt, das seinen Nutzen für die Profession doch nur dann steigert, wenn beide Umwelten füreinander bleiben. Wo solcher Zwang ausgeübt würde, zögen sich die Professionellen zurück und igelten sich ein, etwa durch Verweigerung von For-

---

[113] In den USA hat die „Division 12“ der „American Psychological Association“ ein Forschungsprogramm zu „empirically supported treatments“ (EST) durchgeführt, als dessen Ergebnis manualgesteuerte spezifische Techniken für spezifische Störungen in sehr kurzen Behandlungszeiten als gesichert gelten und Kriterien für deren weitere Erforschung vorgeschlagen werden. Strauß und Kächele (1998) haben zu Recht darauf hingewiesen, daß die Übertragbarkeit von in solchen experimentellen designs gewonnenen Befunden auf „natuural settings“ keineswegs gewährleistet sei. Wenn diese Autoren ein amerikanisches „Menetekel“ auf uns zukommen sehen, dann klingt mir ein Erschrecken darüber heraus, ob man die gerufenen Evaluationsgeister auch wieder loswerden könne oder ob wir Veränderungen der Profession hinnehmen müssen, die nicht unbedingt als Verbesserungen bezeichnet werden können.

schungsteilnahme. Nur jedoch aus der Forschungsperspektive erscheint dies als Rückzug; aus der Perspektive des professionellen Funktionssystems geht es um Bewahrung der Eigenlogik professioneller Handlungsmöglichkeiten. Profession und Wissenschaft orientieren sich an unterschiedlichen Rationalitätskriterien.

Wenn Fakten immer mit einem „point of view“ daherkommen, ergeben sich zweierlei Folgen für eine professionalisierungsbedürftige Praxis: a) Manche Debatten könnten geklärt werden, wenn nicht allein „Tatsachen“ mitgeteilt würden, sondern zugleich der „point of view“, der diese Tatsachen überhaupt wahrzunehmen gestattet und ihnen Bedeutung verleiht; b) der Umstand, daß solche „frame reflection“ relativ selten in den professionellen Diskussion erfolgt, verweist auf Diskussionsbedarf. Hier könnte die Profession von ihrer Theorie und von wissenschaftlicher Empirie im besten Sinne „irritiert“, angeregt und stimuliert werden.

Wozu aber braucht der Professionelle Psychotherapeut die Reflexion des frames? Die Antwort liegt darin, daß er es mit undefinierten Problemlagen zu tun hat, deren Unbestimmtheit nun weiter bestimmt werden soll.

Die Reflexion professioneller Problemlagen

> „Nun kommt es aber, Gott sei's gedankt, nicht immer nur auf Wissenschaft an. Mitunter ist sie für bestimmte, komplexe Problemlagen der falsche Bearbeitungsort, zuweilen fehlt es ihr an spekulativer, also intellektueller Freiheit, nicht selten sind ihre Unterscheidungen je nach Blickwinkel zu grob oder zu fein, so daß sie nicht den richtigen Ton trifft“.
>
> (Peter Fuchs, Westöstlicher Divan – Zweischneidige Beobachtungen. Frankfurt, Suhrkamp 1995, S. 101)

Neuerdings hat Waldvogel (1997) darauf hingewiesen, daß ein renommierter Vertreter der „harten“ experimentellen Forschungspraxis, Seligman, durch die Ergebnisse der Consumer-Reports-Studie sich veranlaßt sah, sein langjähriges Credo einer allein an biostatistischen Prinzipien orientierten Forschung aufzugeben. In dieser Studie, von einer amerikanischen Konsumenten-Zeitschrift durchgeführt, konnten verschiedene Ergebnisse befriedigend an einer großen Zahl befragter Patientinnen und Patienten (über 7000, vgl. Hutterer 1996) bestätigt werden. Danach sind Psychotherapeuten effektiver als beratende Hausärzte oder als Behandlungen, die nur mit Psychopharmaka durchgeführt werden; Behandlungen, die zu einem „natürlichen“ Ende kommen – also nicht beendet werden, sobald die Kasse nicht mehr leistet – zeigen stabilere und befriedigendere Ergebnisse. Schließlich stellte sich heraus, daß längere Behandlungen auch stabilere Effekte haben als kurze. Naturalistische Bedingungen – das heißt soviel wie Verzicht auf Zuweisungsmanipulationen von Patienten durch Untersuchungsdesigns (ob Patienten einer Kontrollgruppe oder der Behandlungsgruppe zugewiesen werden), Verzicht auf manualgesteuerte Realisierung von Therapeuten-"Verhalten" und Verzicht auf Effektivitätsdruck zur möglichst raschen Beendigung. Seit der Consumer-Reports-Studie und den daraus gezogenen, offen eingestandenen Folgerungen durch einen ausgewiesenen Forscher, Seligman, können wir wissen, daß die Verwissenschaflichung der Profession auch kontraproduktive Effekte zu erzeugen riskiert. Ich habe diese Risiken im Zusammenhang der soziologischen Systemtheorie als „Übersteuerung" diskutiert.

Der Professionelle als Teil komplexer und instabiler Situationen

Ich will nun einen Blick in andere Bereiche werfen, wo über Professionalität schon lange diskutiert wird und die Besonderheit professioneller Problemlagen mit Bezug auf (intimisierte) Interaktion beschrieben wurde. Diejenigen Situationsmerkmale, in denen sich Professionelle befinden, lassen sich an einem Beispiel aus den Ingenieurswissenschaften herauspräparieren. Die dabei gewonnenen Beobachtungen sollen anschließend auf die psychotherapeutische Profession übertragen werden.

Harvey Brooks, Dekan des Harvard Engineering Program, beschrieb bereits 1967 ein Problem in der Ausbildung von Ingenieuren (zit. nach Schön 1983): Bilde man sie so aus, daß sie allgemeine wissenschaftliche Gesetzmäßigkeiten „anwenden", dann können sie nur auf diejenigen Situationen reagieren, für die sie solches gesetzmäßiges Wissen zur Verfügung haben. Solche Situationen sind jedoch selten. Die Anforderungen in ihrer späteren beruflichen Praxis, so stellt Brooks schon damals fest, sind andere. Sie müssen auf *neue* Lagen erfindungsreich und kreativ reagieren, um die Lücke zwischen dem zunehmenden Korpus des Wissens und den sich stetig verändernden Erwartungen ihrer Auftraggeber überbrücken zu können. Würden sie *nur* wissenschaftlich ausgebildet, müßte ihre Lern- und Entwicklungsfähigkeit gerade stagnieren. Wissenschaftliches Wissen wendet gefundene Gesetzmäßigkeiten auf konkrete Fälle an. Brooks stellt demgegenüber fest, daß die Probleme, die Ingenieure als Praktiker zu lösen haben, gerade nicht von der Art sind, daß solches Wissen anwendbar wird. Was gelernt und dann praktiziert werden muß, so damals schon Brooks, lasse sich *nie genau* und *nie vollständig* beschreiben. Ganz ähnliche Überlegungen gelten etwa für das Management oder für Lehrer (vgl. Erickson und MacKinnon 1991, Bamberger 1991).

Es dürfte nicht schwer fallen, die Analogie zum Verhältnis zwischen Wissenschaft und professioneller Praxis im psychotherapeutischen Feld zu ziehen. Wissenschaftlich gefundene Ergebnisse haben hier das Format:

> „Die Variable a erzeugt (evtl. in Kombination mit den Variablen b und c) mit einer Wahrscheinlichkeit von x% bei einer Gruppe von Patienten vom Typ y das Ergebnis z".[114]

So etwa kann man, gewiß verkürzt, aber exemplarisch, die Ergebnisse der Arbeitsgruppe von Luborsky (1988) verstehen, wonach Zentrierung der therapeutischen Deutungen auf das zentrale Beziehungskonflikt-Thema den outcome verbessert. Kritikern wird gerne zugestanden, daß relevante klinische Aspekte außen vor bleiben. Verwiesen wird regelmäßig darauf, daß man irgendwann in der Zukunft das Versprechen einer Professionalisierung der Praxis durch Wissenschaft schon noch einlösen werde. Es ist für diese Redefigur konstitutv, daß solche Versprechungen nie eingelöst werden; sie sollen den Raum für die aktuelle Forschungspraxis von Einsprüchen freihalten.

Die professionstheoretische Kritik an den bislang uneingelösten Versprechen setzt jedoch gundlegender an; es geht nicht darum, daß ein Verfahren noch nicht ausgereift ist. Das Komplexitätsmanagement in einer professionellen Psychotherapie hat andere Strukturen.

Im Bereich des Management und der Ingenieurswissenschaften wird herausgehoben, daß diejenigen Situationen, auf die Professionelle mit Lösungen reagieren müssen, gänzlich anders strukturiert sind und es deshalb fraglich sei, ob Verwissenschaftlichung als angemessene Problemlösungsstratgie aufgefaßt werden könne. Schön (1983) beobachtete Professionelle aus verschiedenen Bereichen und möchte wissen, was die Situationen, mit denen es Professionelle zu tun haben, gemeinsam haben. Ich liste die von ihm gefundenen Situationsmerkmale, auf die Professionelle reagieren müssen, zunächst einmal abstrakt auf; man wird dann den Unterschied zum Wissenschaftssystem in weiteren Differenzierungen bemerken.

Situationen, auf die Praktiker reagiern müssen, sind durch wenigstens die 5 folgenden Merkmale ausgezeichnet (vgl. Schön 1983):

---

[114] So z.B. Stiles 1993

(1) Sie sind komplex. „Komplexität" hat den älteren Begriff der „Totalität" in der wissensoziologischen Diskussion abgelöst. Komplexität erfordert eine Entscheidung darüber, um welche Art von Situation es sich eigentlich handelt? Wobei man zugleich weiß, daß eine solche Festlegung die Situation selbst verändert, weil sie andere, relevante Aspekte ausklammert, die sich einem andern Blick zeigen, einer anderen Entscheidung anbieten würden. Komplexität heißt im Fall der Psychotherapie immer Vieldeutigkeit.

(2) Sie sind unsicher und sie erzeugen Unsicherheit: Es gibt eine Vielzahl von Antworten oder Lösungen, und man weiß dabei, daß keine definitiv als „die richtige" gelten kann. Denn was als „die Situation" bezeichnet wird, ist Ergebnis der eigenen Fokussierung. Im Fall der Psychotherapie würde das in einem gewissen Maß manche Debatten verständlich werden lassen. Ob der Ödipus-Komplex Kern der Neurose ist oder die „frühe Störung", ist vielleicht eher Produkt eigener Festlegungen als „in der Sache liegend"; ob eine Frau, die ihrem Mann abends den Whisky bringt, als „abhängig" bezeichnet wird oder ob sie nicht gerade umgekehrt ihren Mann auf diese Weise abhängig macht, ist, wie die Erfahrungen in kasuistischen Seminaren zeigen, Ergebnis der Unsicherheit, die in der Situation liegt. Viele Perspektiven sind möglich, und welche als „Lösung" gewählt wird, obliegt der letztlich nicht vollständig begründbaren Entscheidung des Professionellen. „Unsicherheit" ist kein subjektives Gefühl allein, sondern beruht auf der Unmöglichkeit, zwischen der Situation selbst und ihrer „Lösung", d.h. der Antwort auf sie, *sicher* zu unterscheiden. Nur wo man (problemhaltige) „Situationen" und ihre „Lösungen" trennscharf unterscheiden könnte, sind Worte wie „Intervention" angemessen. Nur dort kann man die „Dosis" der therapeutischen Intervention messen und ins Verhältnis zu einem Ergebnis setzen (vgl. Stiles und Shapiro 1989). Wo das jedoch nicht der Fall ist, muß die Tätigkeit von Professionellen anders beschrieben und dann auch anders wissenschaftlich erforscht werden.

(3) Situationen, die professionelle Antworten fordern, sind instabil: Die Situationen, auf die eine Antwort gefunden werden muß, gestatten nicht, erst einmal aufwendige Untersuchungen anzustellen; es muß – deutlich in Krisensituationen bei Ingenieuren (wenn die Maschine „aus dem Ruder zu laufen" beginnt) – rasch reagiert werden. Auch Ärzte kennen solche Situationen, auch hier kann die Situation im nächsten Augenblick oder am

nächsten Tag ganz anders sein. Sie sind aber auch instabil, weil der Professionelle selbst Teil der Situation ist, auf die er reagieren soll.

(4) Sie sind einzigartig. Keine gleicht der anderen, jede erfordert eine andere Reaktion. Dies Merkmal ist für die Diskussion des Verhältnisses zwischen Profession und Wissenschaft von besonderer Bedeutung. Gleichartigkeit der Situationen wäre Voraussetzung für Anwendung „gesetzmäßigen“ Wissens. Im Bereich der Psychoanalyse hat E.H. Erikson formuliert: „Every patient is a universe of one“. Erwin Kaiser (1995, S. 199) formuliert: „Es gibt keinen einzelnen Analytiker, sondern es gibt immer nur die Gruppe der Analytiker und dieses Paar Analytiker/Patient“.

(5) Sie erfordern Werte-Entscheidungen, d.h. solche, die mit den „Umwelten“ oder mit den eigenen Normen verträglich sind. Um auf eine Situation professionell reagieren zu können, müssen implizit Unverträglichkeitsprüfungen vorgenommen werden (Was will der Chef? Handle ich gemäß meinen Normen? Wie reagieren andere Patienten? Verhalte ich mich im Einklang mit dem in der Supervision Besprochenen?[115]).

Diese Merkmalsliste gewinnt Schön (1983) aus seiner Beobachtung der Arbeit von Professionellen aus verschiedenen Bereichen. Ich habe sie durch Beispiele aus dem psychotherapeutischen Bereich illustriert. Der Vergleich des Psychotherapeuten mit dem Ingenieur hinsichtlich der professionellen Aspekte ist nicht so befremdend, wie manche vermuten könnten. Der amerikanische Psychoanalytiker Havens (1986) beschließt sein Buch „Making Contact“, in dem er sorgfältig die Aufgabe des Umgangs mit verschiedenen Patienten beschreibt, mit den Worten: „Caring is the term most often used for clinical concern, but the word passion better transmits the deep-running sense of interest and often outrage that must infuse difficult and persistent clinical efforts.“ Das Engagement des professionellen Psychotherapeuten erachtet Havens als zentral; es kann durch wissenschaftliches Wissen so wenig erworben, verfeinert und ausgebildet werden wie das Gehen – aber es gibt nicht-wissenschaftliche Hilfen. Vor vielen Jahren hatte einer der Pioniere in der psychotherapeutischen Behandlung von psychotischen Menschen dieses „Teil-der-Situation-sein“, so formuliert: „Unser Erkennen bewegt sich innerhalb unseres grundsätzlichen Verstrickseins, und ein ursprüngliches Sich-Ansprechen-Lassen läßt sich nicht ‘patentieren’, läßt sich in keiner Methode ‘safe’ unterbringen.“ (Siirala 1961, S. 72).

[115] Vgl. Berman 1988

Aus den genannten Merkmalen nun ergibt sich für die Position des professionellen Psychotherapeuten ein erkennbares Dilemma: Er muß auf Situationen reagieren, von denen er ein Teil ist, weshalb es besser wäre zu formulieren: Er muß in Situationen agieren.

Anerkennt man, daß der Professionelle Teil der Situation ist, muß man der Liste von Schön (1983) ein *sechstes* Merkmal anfügen:

(6) Es kann nicht erwartet werden, daß eine Situation unter solchen Bedingungen *vollständig* beschrieben werden könnte. Dazu müßte sich der Professionelle, Münchhausen gleich, am eigenen Schopf aus dem „Sumpf" der Situation ziehen. Andrerseits kann niemand als der Professionelle selbst die Situation *angemessen* beschreiben, weil nur er die notwendigen intimen und teils auch flüchtigen Detailkenntnisse hat und nur er selbst seine eigene „geistige Komponente" kennt.

Professionelle Reflexion als Umwandlung

Bleiben wir noch für einen Augenblick bei den Ingenieuren, denn es dürfte interessant sein zu erfahren, wie Ingenieure auf solche Lagen mit den Merkmalen der Komplexität, der Unsicherheit, der Instabilität, der Einzigartigkeit, des Werte-Dilemmas und der Unmöglichkeit der vollständigen Beschreibung reagieren. Einer anderen Arbeit von Donald Schön (1979) läßt sich ein illustratives Beispiel entnehmen, das zeigt, wie Professionelle „think in action", und damit will der Autor sagen, daß sie nicht einfach „Anwender" sind:

> Schön (1979, 1982) beobachtete eine Gruppe von Ingenieuren, die die Aufgabe lösen sollten, künstliche Pinsel herzustellen. Nachdem sie eine Weile damit experimentiert hatten, die natürlichen Pinselhaare durch hauchdünne Plastikfäden zu ersetzen, ohne den gewünschten Erfolg zu erzielen, entdeckte einer von ihnen die Theorie: PINSEL SIND PUMPEN. Natürliche Pinselhaare haben Kapillaren, mit denen sie die Farbflüssigkeit aufnehmen und festhalten, sie geben sie ab, wenn sie mit leichtem Druck aufgesetzt werden. Mit Hilfe der als metaphorische Gleichung formulierten Theorie PINSEL SIND PUMPEN konnten nun künstliche Pinsel hergestellt werden.

Das Beispiel kann fast unmittelbar auf die Art und Weise, wie Therapeuten „Probleme lösen", übertragen werden. Entscheidend ist, einen Pinsel nicht nur als Pinsel, sondern auch *als* Pumpe sehen zu können – und dabei natürlich zu wissen, daß ein Pinsel selbstverständlich *keine* Pumpe ist. Die Dinge zu „sehen als“ erzeugt eine Metapher (Berteau 1996), und wo diese gilt, entsteht eine virtuelle Realität, die die zweiwertige Logik überschreitet: Ein Pinsel ist eine Pumpe, und ein Pinsel ist keine Pumpe. Beides gilt, tertium datur.

Das ist interessant genug, um die Erzeugung der virtuellen Realität noch etwas zu analysieren. Offenbar ist die Fähigkeit zum Reagieren auf Komplexität daran gebunden, die Dinge sowohl „so“ als auch „so“ zu sehen. Das erinnert an Batesons (1982) Analyse der „doppelten Beschreibung“, die er aus dem binokularen Sehen ableitet. Die Fähigkeit der Integration von Daten, die aus zwei verschiedenen Sinneskanälen (dem rechten und dem linken Auge) abgeleitet werden, übersteigt die Vorstellung von Wahrnehmung als „Abbildung“. Abbildung (sensu: Korrespondenz) gibt es auf der Retina jedes Auges allein. Die Integration beider Informationskanäle *erzeugt* eine Information anderen Typs; sie hat die Qualität der Tiefe, sie ermöglicht Tiefenwahrnehmung. Offenbar übertragen Professionelle genau diesen Typ von Informationserzeugung auf Situationen mit den beschriebenen Merkmalen, indem sie zwei Bildfelder, im Beispiel das des Pinsels und der Pumpe, so miteinander integrieren, daß eine neue Metapher entsteht, die dann als ad-hoc-Theorie Verwendung finden kann. Die beschriebene doppelte Funktion der Metapher (Buchholz 1996) kann dann zum Einsatz kommen. Sie reduziert die Komplexität der Situation bzw. des Problems und öffnet damit Handlungsmöglichkeiten. Gegenläufig zur Komplexitätsreduktion steigert die Metapher zugleich die Dimensionalität des Problems. Das Bildfeld der Pumpe hat andere Dimensionen, die nun auf das des Pinsels „übertragen“ werden. Wenn Shengold (1981) auch „Einsicht“ als Metapher beschrieben hatte, können wir umgekehrt sagen, daß die Analyse der Metapher den Vorgang des „Einsehens“ transparent machen kann.

Andere Handlungsmöglichkeiten werden eine neue Option – das metaphorische Denken hat eine unlösbare Situation in ein lösbares Problem verwandelt. Mit einer Pumpe kann man kognitiv anders operieren als mit einem Pinsel.

Wenn Professionelle in der beschriebenen Weise „beim Handeln denken“, selbst in einem Feld, das der harten Wissenschaft sicher als näher stehend angesehen werden darf als die Psychotherapie, dann offenbar auf eine Weise, die ein „harter“ Wissenschaftler, Robert Oppenheimer (1956), als „Analogical Reasoning“ beschrieben hat. Gänzlich verkehrt wäre es, wollte man den Satz PINSEL SIND PUMPEN als Definition auffassen; das gerade würde den professionellen Charakter und seinen Status als *metaphorische Gleichung* gänzlich verkennen. Definitionen zu erstellen ist Ziel der Wissenschaft, metaphorische Gleichungen zu erzeugen Ziel professioneller Praxis.

Die metaphorische Prädikation erzeugt eine metaphorischen Gleichung mit neuen Bedeutungen. Ihr Wert liegt darin, daß sie die „Übertragung“ von einem Bildfeld auf ein anderes ermöglicht; die Probe aufs Exempel, ob es sich um eine Definition handelt oder um eine metaphorische Gleichung, ist der Umkehrtest. Das eine will Dauer und Stabilität, das andere ist flüchtig, auf den situativen Moment bezogen. Zielen Definitionen auf allgemeines Wissen, genügen metaphorische Gleichungen für eine individuelle Situation. Schließen Definitionen andere Möglichkeiten – per definitionem – aus, dann schließt die metaphorische Gleichung andere ein. Die Erzeugung metaphorischer Gleichungen stellt eine Strategie zur Lösung professioneller Handlungsprobleme dar. Für das, was durch die metaphorische Gleichung festgelegt werden soll, gibt es zusätzliche alternative Metaphoriken, die die allzu dogmatische Festlegung relativieren und andere situationsadäquate Verwandlungen ermöglichen.

Darüber hinaus aber löst die Metapher nicht nur das Problem, antwortet nicht nur auf die Situation durch Komplexitätsreduzierung und Dimensionalitätssteigerung; sie löst auch den Professionellen aus der Situation und macht ihn handlungsfähig. Ist die Metapher kreiert, ziehen sich die von Schön beobachteten Gruppen der Ingenieure nämlich erst einmal beruhigt zurück. Das ist vergleichbar dem aus der therapeutischen Praxis bekannten Erleben, wonach eine gute Deutung auch den Therapeuten aus einer Verstrickung befreit. Man könnte diese Veränderung des Betrachters *vor* dem Bild direkt als Kriterium einer „guten“ Metapher anführen.

Denken braucht damit nicht mehr *nur* als „Probehandeln“ beschrieben werden, denn diese Definition Freuds enthält noch zu viele Aspekte einer Mittel-Zweck-Rationalität – als ginge es um die Optimierung von Zielerreichungsstrategien. Die professionelle Leistung der Metaphernproduktion und der frame-reflection wandelt unlösbare Situationen in lösbare Probleme um – es ist eine Aufgabe des umwandelnden Denkens, in jedem Fall weitere metaphorische frames zu erzeugen, denn nur so können die Begrenzungen der anderen überhaupt sichtbar werden.

Wenn ich das Denken des professionellen Psychotherapeuten so erweitere, dann knüpfe ich damit an das Gesagte an; der professionelle Psychotherapeut hat es mit unstrukturierten situativen Lagen zu tun, die erst duch seine Leistung – wie den frame – in lösbare Probleme umgewandelt werden müssen. Begrenzungen des eigenen Denkens – auch über das eigene Denken – zu überwinden, ist eine zentrale reflexive Hauptaufgabe professioneller Interaktion. Da diese Form der Reflexion bislang in der Professionstheorie wenig genannt worden ist – meist wird auf biographische oder ethische Reflexionen abgehoben -, könnte sich hier eine weitere Chance zur professionstheoretisch begründeten Qualitätssicherung anbieten.

Dies alles ist nur in der Beschreibung intellektuell, im Prozeß hingegen höchst berührend. Man könnte auch formulieren: Das Denken wird lebendig, und wo es lebendig wird, erzeugt es eine Welt. Patienten erzählen Geschichten *aus* ihrer Welt und es kommt für den professionellen Kliniker (Edelson 1994) entscheidend darauf an, ob dem Therapeuten verwandte Geschichten einfallen, ob er über kreative Imagination verfügt, sich vorstellen kann, was in der Geschichte los ist, und dabei nicht das Gefühl dafür verliert, daß er und sein Patient dabei sind, während erzählt wird, schon die nächste Geschichte zu beginnen. Sie sind immer *in* der nächsten Welt, die sie erschaffen, indem sie sich ein Bild machen.

Umwandelndes Denken im therapeutischen Prozeß – Beispiele

Ein psychotherapeutisches Beispiel soll nun illustrieren, wie Professionelle „think in action"; das Beispiel soll den beschriebenen Aspekt professionellen Handelns auf seine Vergleichbarkeit mit dem aus anderen Bereichen Dargestellten überprüfen.

Es geht um eine junge Frau, die einen Therapeuten aufsucht wegen spezieller Probleme mit ihrem Freund. Im Laufe einer geduldigen Exploration stellt sich etwa folgendes heraus, das am Beispiel von drei Szenen verdeutlicht werden soll .

- Die junge Frau geht mit ihrem Freund einkaufen. Er bestimmt und wählt aus, was ihr steht. Nach dem Einkauf hat sie einen Anfall von Kopfschmerzen.
- Sie geht mit ihm abends zum Essen aus. Er wählt das Gericht für sie. Danach hat sie eine schwere Magenverstimmung.
- Sie möchte mit ihm abends ins Kino gehen. Als sie ihn anruft, erfährt sie eine Absage mit der Begründung, daß er sich ausgerechnet an diesem Abend mit einer anderen Frau zum Kino verabredet hat. Sie bekommt Flimmern vor den Augen.

Wie verfährt der Therapeut, welche Strategien zur Lösung schlägt er ein? Zunächst wendet er seine Theorien an: Er arbeitet die Hemmung durch, die die Patientin hindert, sich durchzusetzen. Sie sieht alles ein, arbeitet gut mit, aber kommt zur nächsten Sitzung, und berichtet ganz entsprechende Situationen. Der Therapeut spricht nun das an, was er für den Masochismus der Patientin hält.

Ähnliche Ergebnisse. Der Therapeut spricht mit Kolleginnen über feministische Positionen, sucht das Selbstbewußtsein der Patientin zu stärken. Tatsächlich, sie kommt attraktiver gekleidet, besser zurechtgemacht zu den Stunden, aber mit dem Freund und den Symptomen geht's ziemlich unverändert weiter. Schließlich sucht der Therapeut den Supervisor auf – daher kenne ich die Geschichte – und damit anerkennt er, daß er Teil der Situation ist. Der Therapeut wechselt damit das Referenzsystem; er ist nicht mehr Anwender einer wissenschaftlichen Theorie, sondern verhält sich professionell.

Der Supervisor nun hat den Einfall, die Tatsache, daß die Patientin so viel mit dem Therapeuten über den Freund spreche, könne man als eine Art Fremdgehen ansehen. Im Supervisionsprozeß etabliert sich die metaphorische Gleichung: THERAPIE IST FREMDGEHEN, die selbstverständlich nur für diesen Fall und die beschriebenen Aspekte gilt. Hier kann man deutlich sehen, daß eine solche Formel keine Definition ist, sondern metaphorische Gleichung. Die Therapie selbst zu „sehen als" Fremdgehen, steckte dem Therapeuten ein beträchtliches Licht auf. Jetzt betrachtete er die attraktivere Zurechtmachung der Patientin plötzlich als Angebot an ihn, jetzt erinnerte er kleine Bemerkungen der Patientin, die so hätten verstanden werden können, als fragte sie ihn, ob er nicht an jenem Kino-Abend frei gehabt hätte. Jetzt verstand er auch, warum er dieses Gefühl hatte, die Patientin mit der Ermutigung ihres Selbstbewußtseins, mit der Deutung ihrer Klagsamkeit nicht wirklich zu erreichen. Er hatte akzeptiert, daß er Teil der Situation ist – und damit wird auch die Patientin *auf eine neue Weise* Teil der Situation.

Wie sich in der Folge zeigte, bedeutete dies mehrere Umwandlungen: Der Therapeut ist nicht mehr nur medzinischer „Behandler" von „Symptomen"; die „Symptome" erhalten eine neue Bedeutung im Kontext einer sich entfaltenden Liebesübertragung auf den Therapeuten, die Beziehung zum Freund wurde in dieser Phase gelöst. Später fand die Patientin eine glücklichere Freundschaft.

„Teil der Situation" zu sein bedeutet konkret: Während die Patientin die eine Geschichte (die mit dem Freund) in den angedeuteten Facettierungen erzählt, entwickelt sich eine andere Geschichte mit dem Therapeuten. Diese Geschichte kann noch nicht erzählt werden, denn sie muß sich erst abspielen. Erzählen – und dessen hermeneutische Auslegung – kann immer erst nachträglich gelingen. Wo wir erzählen können, schaffen wir ein Feld zwischen der Unmittelbarkeit des Erlebens und sprachlicher Gestaltung mit symbolischer Formgebung und ermöglichen so das, was bei den Griechen als „Katharsis" bezeichnet wurde. Erzählen ist immer schon ein zweiter Durchgang mit der Chance zur Distanzierung, nie der erste. Der erste Durchgang findet als Geschehen statt, und an diesem ist der Therapeut, ob er will oder nicht, immer beteiligt. Das aktuelle Geschehen mit dem Therapeuten bezeichnen wir im klinischen Sinne als Übertragung. Es im Licht der bereits erzählten und bekannten Geschichte zu sehen, nennen wir Übertragungs*analyse*. Wenn es schließlich keine anderen Geschichten mehr zu geben scheint, sondern das Geschehen mit dem Therapeuten dominiert, sprechen wir vom Höhepunkt der Übertragungs*neurose*. Indem wir aus einer Geschichte erzählend herauszutreten beginnen, treten wir immer schon in eine neue ein. Soweit diese dann erzählt werden kann, sprechen wir von der Auflösung der Übertragungsneurose. Solche Geschichten und das Geschehen sind immer strukturiert von Leitmetaphern; eine hat hier der Supervisor formuliert.

Dabei kann nicht entschieden werden, ob die Patientin „wirklich" die Phantasie vom Fremdgehen hat. Es wurde vielmehr eine interaktive Rahmung verbindlich eingerichtet, die beiden Beteiligten neue Selbstdeutungen zu erfinden auf eine Weise möglich machte, daß alte Beschwernisse nicht als Symptome ausgegrenzt, sondern als sinnvoll integriert werden konnten. Das bezieht sich auf Patientin wie Therapeut gleichermaßen; die neue metaphorische Rahmung THERAPIE IST FREMDGEHEN macht auch dem Therapeuten das Geschehen und die Art seiner Teilhabe verständlich und damit wieder professionell handhabbar. Die, wenn man so will „Störung" der Interaktion entsteht, wo die Person des Professionellen gerade nicht mehr irritierende und anregende Umwelt der Interaktion ist, sondern von dieser Interaktion bestimmt wird[116]. Deshalb versetzte der Supervisor den Therapeuten mit dieser Metapher in den Stand, wieder professionell zu handeln. Professionelle Strategie ist, das eine im Licht des andern so zu sehen, daß die Teilhabe des Therapeuten selbst Teil einer erzählbaren Geschichte wird. Ihre Bewährung hat die Metapher nicht nur daran, daß sie zur Patientin, sondern daß sie zur gemeinsamen Interaktion „paßt" – deshalb bleibt jede Theorie, die nur individualisierend die unbewußte Landschaft der Patientin thematisieren wollte, unvollständig.

Diese Geschichte ist eine Variante des Greenberg-Beispiels vom „mad scientist". Beide Beispiele illustrieren, daß eine individualisierende Einstellung – die nur wissen will, was mit der Patientin los ist – durch einen Supervisor korrigiert wurde, indem dieser Rahmungen erfand, die den Therapeuten einschließen – was

[116] Man kann daraus die praktische Empfehlung ableiten, daß der Therapeut bei jeder seiner Äußerungen sich wenigstens zwei unterschiedliche Optionen antizipierend durchdacht haben sollte, zwischen denen er eine Wahl trifft.

sich dann im Greenberg-Beispiel auf weiterer Stufe wiederholte. Die eigentümlich professionelle Leistung ist lediglich auf Therapeut und Supervisor auseinandergelegt. Sie wird im optimalen Fall von einer Person erbracht. Die Metapher wird dabei nicht „ge"-, sondern erfunden, und dazu ist gerade die Teilhabe des Professionellen entscheidend. Die Schritte dahin lassen sich skizzieren: Zunächst wurden in beiden Supervisionen die geschilderten Episoden beschrieben. Die dabei sich gestaltende Interaktion wie auch die Episoden selbst begrenzen mit zwanglosem Zwang die Beliebigkeit der Bilder. Es kann dann sein, daß – wie bei den Ingenieuren – über längere Zeit kein Bild entsteht; es kann auch sein, daß theoretische Voreingenommenheiten die Bildentstehung behindern oder determinieren. Ein gewisses Repertoire ist nützlich, aber die Gefahr lediglich theoretisch vorgefertigter Bildern ist, daß sie dazu verführen, nicht mehr geprüft zu werden; man scheint dann immer schon zu wissen, was der Fall ist. Deshalb hatte ich davon gesprochen, daß Theorie den Therapeuten bildet, aber seine Äußerungen und Imaginationen nicht determiniert. Der Therapeut sieht dann seinen Fall.

Der Supervisor schlägt in beiden Fällen einen Rahmen nicht abstrakt vor. Aus den Episoden extrahiert er die konzeptuelle Metapher unter Einschluß des Therapeuten und das gibt den Episoden einen „Dreh" derart, daß der Therapeut als Teil der gemeinsamen Lage erscheint. Der neue Rahmen wird als Metapher (vom Fremdgehen) formuliert und so die interaktive Komplexität reduziert. Die Passung von Rahmen und Episoden kann dann inhaltlich geprüft werden durch erneute Bezugnahme auf die Details der Episoden und erfährt ihre letzte Bewährung darin, daß sie den Therapeuten wieder handlungsfähig macht[117]. Dabei ist selbstverständlich mitgedacht, daß andere nachfolgende Lagen die Erfindung neuer Metaphern erfordern. Auch sie müssen zur gemeinsamen Lage passen, in der sie entstehen, und gerade dadurch stecken sie den Beteiligten ein neues Licht auf. „Therapie ist Fremdgehen" heißt natürlich dann, gerade weil es sich um eine *metaphorische* Gleichung handelt: Therapie *ist* kein Fremdgehen, sondern Reflexion dieser Metapher; die Reflexion kreiiert neue Interaktionen der Bilder.

Ich will einem Mißverständnis vorbeugen. Psychotherapie ist selbstverständlich weder Mangement noch Ingenieurskunst, aber hinsichtlich der Professionalität können diese Bereiche miteinander verglichen werden. Was Professionelle tun ist nicht *Anwendung* von wissenschaftlich gefundenem Wissen etwa zur Behandlung von Kopfschmerzen, Magenverstimmungen und flimmernden Blicken.

---

[117] Es gibt also durchaus professionsinterne Prüfverfahhren

Professionelle tun etwas anderes: Durch Erzeugung virtueller Realitäten mithilfe metaphorischer Gleichungen lösen sie, selbst in einem Feld wie bei den Ingenieuren, das also im Vergleich mit der Psychotherapie als „hart“ angesehen werden kann, ihre Probleme; es ist eine besondere professionelle Fähigkeit, die mühsam erlernt werden muß, aber die einzige Antwortmöglichkeit auf Situationen mit den genannten 6 Merkmalen darstellt. Die metaphorische Gleichung erlaubt, die Situation in einem anderen Licht zu sehen, sie ermöglicht ein „sehen als“. Beide Bereiche treten in eine Art schwingender „Resonanz“ (Black 1954, 1977) zueinander.

Professionell ist, eine Antwort auf komplexe, instabile, einzigartige und unsichere Situationen zu finden, von denen man selbst Teil ist. Die Formulierung, „eine Antwort *finden*“ ist nicht ganz richtig, denn diese Formulierung unterstellt wegen ihres metaphorischen Gehaltes, daß es eine solche Antwort, irgendwo bereitliegend, schon gäbe; richtiger wäre es deshalb, vom „*er*finden“ einer Antwort zu sprechen (Gamm 1992). Professionell ist, das eine im Licht des andern zu sehen, Pinsel *als* Pumpen, Therapie *als* Fremdgehen, und beides nicht miteinander zu verwechseln. Die Fähigkeit zu entwickeln, in der Metapher der Übertragung zu arbeiten, hat auch Anne Alonso (1985, S. 41 ff.) als eine der Supervisionsaufgaben beschrieben.

Beides sehen, ja *und* nein, erzeugt wie beim beidäugigen Sehen „Tiefe“, und damit entsteht etwas Neues, eine virtuelle Realität. Diese ist dem von Winnicott (1969) ausgezeichneten „Übergangsraum“ vergleichbar. Ich spreche von „virtueller Realität“, weil kein Phänomen gemeint ist, das der klinischen Praxis allein zugehört. Auch ist kein Phänomen gemeint, das nur einer „frühen“ oder gar „archaisch-primitiven“ Entwicklungsstufe zugehört. Das sind Wertungen. Virtuelle Realität muß auch in anderen professionellen Bereichen in Anspruch genommen werden. Sie ist flüchtig, kann mit Definitionen nichts anfangen, kann nicht „abgebildet“ werden, weil sie keinen „Gegenstand dort draußen“ hat. Metaphorisch könnte man sagen, sie sei Landkarte ohne Territorium, und dann hämisch auf die Faktenlosigkeit der Psychotherapeuten verweisen. Dagegen hatte Oevermann darauf verwiesen, daß Professionelle es mit Sinn und Bedeutung zu tun haben als Erfahrungen, die mit dem Wahrnehmungssinn nicht erreicht werden können.

Virtuelle Realität wird durch professionelles Handeln *erzeugt* und ist deshalb neu. Neu am erwähnten Beispiel ist, daß die Patientin durch die Metapher in das Paradoxon vom „geschaffenen Schöpfer“ gerät; durch die in der Interaktion dann gegebene Deutung als „Fremdgehen“ wird ihr erlebbar, daß sie nicht nur unter dem Freund leidet, sondern selbst etwas tut – mit der Metapher wird sie verändert. Entscheidend ist die Veränderung ihrer Perspektive: sie tut selbst etwas, sie versucht, den Therapeuten für sich zu gewinnen, und deshalb wird die metaphorische Deutung verbindlich: weil sie sich ihr nicht entziehen kann. So, durch Tiefe, entsteht virtuelle Realität, in der die Erfahrung in der Schwebe bleibt. Der Therapeut sieht die Außenbeziehung seiner Patientin im Licht der Beziehung zu sich, und umgekehrt sieht er die Beziehung zu sich selbst im Licht der Außenbeziehungen. Das nennen wir, wie erwähnt, *Analyse* der Übertragung und bezeichnen damit einen Aspekt der umwandelnden Funktion professionellen Denkens.

Ermöglicht werden neue Sichtweisen, und das nennen wir in der Psychoanalyse den Prozeß des „Durcharbeitens". Neue Metaphern der „Situation" bringen neue Perspektiven hervor, und dabei entsteht therapeutischer Wandel mit dem Paradox des geschaffenen Schöpfers. „Metaphor exerts ist mutative effect by energizing alternative perspectival aspects of experience" (Cox und Theilgaard 1987, S. 99). Die Metapher kann dies auch deshalb, weil ihre Eigenschaft, die zweiwertige Logik zu transzendieren, sie dem Primärprozeß nahe rückt, von dem Freud (1900) schrieb, daß in ihm der Satz vom logischen Widerspruch nicht gelte. Die Metapher ermöglicht so eine „archaische Sprache", die das Medium der Expression tiefer Gefühle ist, wie alle Kliniker, die sich mit der Rolle der Metapher befassen, einheitlich feststellen (Hobson 1985, Wright 1976, Siegelman 1990).

Zunehmend wird der Therapeut Teil der Situation, und das muß so sein; der Prozeß verläuft auf einer Dimension von der Exploration zum Engagement, das immer neue Distanzierungen erforderlich macht. Distanzierungen werden möglich durch gute Metaphern, die zur Situation „passen", von der der Therapeut ein Teil ist. Sie können deshalb nicht aus einem festen Repertoire wissenschaftlicher Bestände abgerufen und „angewendet" werden, sondern brauchen die kreative Leistung des Professionellen – und dies auch schon in jenen professionellen Bereichen, die von der Psychotherapie weit entfernt sind. Professionelles Handeln ist deshalb immer chronisches Provisorium und muß es zwangsläufig sein. Cox und Theilgaard (1987, S. 135) stellen in ihrem schönen Buch nüchtern fest: „The patient is a seeker. The therapist, too." Wissenschaft und Theorie in der Umwelt muß deshalb immer daraufhin geprüft werden, ob sie diese kreative Fähigkeit stört oder fördert.

Professionelle bilden ein Standard-Repertoire von metaphorischen Gleichungen aus, und die vom Supervisor erfundene Idee von der Therapie als Fremdgehen dürfte dazugehören. Solche Standardrepertoires beschreiben auch Symptome mithilfe von metaphorischen Gleichungen. Symptome sind Waffen in Beziehungsauseinandersetzungen – mit einem kriegerischen Bildfeld; sie sind Krankheiten – mit einem medizinischen Bildfeld; sie sind Kompromisse – mit einem Bildfeld aus der Verhandlungsführung; sie sprechen eine Sprache – mit einer linguistischen Bildgebung usw. Wright (1976, aber auch Friedman 1988) sieht es deshalb – in Anlehnung an die berühmte Freudsche Formel – als Ziel des therapeutischen Dialogs an, wo Symptom war, wieder Metapher werden zu lassen. Aber selbst mit einer solchen sympathischen These, wonach Symptome Metaphern sind, muß man eine metaphorische Gleichung verwenden, denn Symptome sind natürlich auch noch anderes. Und diese Liste ist vielfältig erweiterbar, weil auf jede einzigartige, komplexe, instabile und unsichere Situation eine neue Antwort als spezifische professionelle Leistung kreiert werden muß.

Der kreative Aspekt

Kreativität in Situationen, von denen man selbst ein Teil ist – das könnte die professionelle Kreativität von der in der psychotherapeutischen Forschung erforderlichen unterscheiden. Dort bezieht sie sich auf Theorien, empirisches Material und Methoden; hier zielt sie auf die Lösung aus Situationen, denen gegenüber eine ex-zentrische Position (Plessner[118]) entwickelt werden muß: man ist in ihrem Zentrum und doch außerhalb von ihr. In beiden Bereichen gibt es Lösungsroutinen, Strecken „normaler“ therapeutischer Arbeit oder „Normalwissenschaft“. Kreativität wird v.a. benötigt, wenn Krisen auftreten. In der professionellen Psychotherapie wird sie zusätzlich auch benötigt, um Krisen zu *provozieren*.

Die dabei notwendige Erfindung des Neuen spielt im therapeutischen Prozeß eine exquisite Rolle, weil man sich an das Neue nicht adaptieren kann. Gerade schwerer gestörte Patienten finden oft die Standard-Reaktionen ihrer Therapeuten schnell heraus. Hier ist deren Fähigkeit zur Kreativität oft auf eine harte Probe gestellt. Therapie als Fremdgehen zu sehen, ist für die Patientin sicher in eben dem Sinne „neu“ gewesen, wie für die Ingenieure den Pinsel „als“ Pumpe zu sehen. Insofern ruft eine solche Veränderung von Perspektiven etwas in die Existenz, was vorher nicht „da“ war, und diesen Aspekt könnte man mit Cox und Theilgaard (1987) als den poetischen Aspekt des therapeutischen Prozesses beschreiben. Poesie meint damit nicht etwas Schöngeistiges, meint nicht das, *was* gesagt wird, sondern eine *Weise*, etwas zu sagen. Gefordert ist die Fähigkeit zur Imagination, deren Ergebnis die gute Metapher ist, die aber umgekehrt auch von guten Metaphern angeregt wird. Imagination schafft, nach der Überzeugung von

[118] Ich habe die „exzentrische Positionalität“ in mehreren Arbeiten mit einer epigenetischen Theorie triadischer Entwicklung verbunden (Buchholz 1990, 1991, 1993, 1999)

Rose (1980), eine „Pause“ zwischen Unsicherheiten und das ist notwendig, weil die professionelle Antworten erfordernden Situationen komplex, unsicher, instabil und nie vollständig beschreibbar sind.

Ein Beispiel: Eine schwer depressive, sich in der Stunde massiv selbst anklagende Patientin äußert: „Besonders schlimm finde ich, daß ich so schlecht über meine Gefühle *reden* kann.“ Der Therapeut antwortet nach einer Pause: „Ja, weil Sie so *schlecht* über Ihre Gefühle reden.“ Ein kleines, elegantes Wortspiel, aber entscheidend, denn über das Wortspiel muß die Patientin lachen. Das bringt sie für einen Moment aus der Depression heraus. V.a. aber wird ihr wieder bewußt, daß sie selbst es ist, die schlecht über ihre Gefühle redet – auch sie gerät für einen kairotischen Augenblick in das Paradoxon vom geschaffenen Schöpfer. Auch sie, die vorher unter ihrer Unfähigkeit, über Gefühle zu sprechen, nur passiv litt, wird nun für sich selbst sichtbar als tätiges Subjekt. Der Therapeut findet nicht „die“ Bedeutung“, er erfindet eine passende neue, und damit bringt er etwas Neues, eine neue Bedeutung hervor.

Professionelle Therapeuten brauchen einen Sinn für die Kohärenz und für das „Passen“ von Äußerung und Situation, der dem sog. „Materialgefühl“ guter Handwerker vergleichbar ist. Gute Handwerker wissen, daß sie ein bestimmtes Stück Material besser nicht verwenden, denn es könnte reißen, die Hitze nicht ertragen oder sonstwie ungeeignet sein. Sie „wissen“ das, wobei aber ganz unklar ist, was das Wort „Wissen“ hier bedeutet, denn es könnte vermutlich in noch so vielen Worten nicht beschrieben werden. Sie können es. Seit den Arbeiten von Polanyi (1964) spricht man professionstheoretisch vom „tacit knowledge“. Es gehört aber zum „Können“. Nicht nur Menschen, die in Labors arbeiten, verfügen darüber, ebenso auch Ärzte, Geigenbauer, Lehrer. Deshalb würde niemand die Medizin nur als „angewandte Naturwissenschaft“ beschreiben wollen. Patienten rufen im Psychotherapeuten ein Echo hervor, wecken Bilder, Vergleiche mit anderen Erfahrungen, und so konturiert sich allmählich ein Bild von der inneren Wirklichkeit des Patienten. Weil sie mit solchen „Bildern“ operieren, sprechen Cox und Theilgaard (1987) vom ästhetischen Imperativ dieser Seite des therapeutischen Prozesses.

Und schließlich äußern Psychotherapeuten sich optimal an jenem Punkt dynamischer Instabilität, der ihnen die größte Aufnahmefähigkeit ihrer Patienten sichert, weil sie selbst nicht weiter wissen, ihre Abwehr gerade desorganisiert ist und ihre üblichen Methoden, mit sich und Konflikten zurecht zu kommen, erkennbar versagen.

Auch dafür noch ein Beispiel: Eine psychosenahe, sehr ängstlich-mißtrauische Patientin äußert auf der Station, sie habe solche Angst vor dem, was sie in der Nacht überschwemmen könne. Der Therapeut antwortet mit einem Bild in Frageform: „Ist es wie ein Fluß, der über die Ufer treten könnte?" Die Patientin beruhigt sich, weil dieses Bild zugleich verschiedene Aspekte einfängt: die anschwellende Flut *und* die Frage, ob die Grenzen halten können. Und beide Aspekte, die so gegensätzlich scheinen, werden in *einem* Bild integriert. Das Bild fokussiert. Darüber hinaus macht die Patientin die Erfahrung, daß es Worte, besser Bilder, gibt für vorher unsagbar Scheinendes, und das teilt ihr gleichsam zwischen den Zeilen mit, daß andere Menschen ähnliche Erfahrungen kennen. Damit wird sie wieder eingeschlossen in eine gemeinsame Humanität, aus der sie sich durch die Unsagbarkeit ihrer Angst vorher isoliert glaubte.

Professionelle Psychotherapeuten antworten auf das, was der Patient braucht, mit frischen Metaphern, die die Dinge in einem anderen Licht zu sehen erlauben, und wissen zugleich, daß das nur Bilder sind. Nicht aber Bilder, „hinter" denen eine eigentliche Wirklichkeit zu entdecken wäre, sondern Metaphern, die integrieren, weil sie die Angst zu sagen erlauben. Gewiß, ein jeder hat die Bretter vor dem Kopf, die ihm die Welt bedeuten. Das aber darf man nicht so verstehen, als wären die Bilder nur Täuschungen; es ist, wie schon Nietzsche[119] wußte, anders. Bilder weisen nicht auf eine andere, eine eigentlichere oder wirklichere Wirklichkeit hin, die wissenschaftlich erfahren werden könnte. Die Hervorbringung von Bildern ist vielmehr unsere „Weise der Welterzeugung" (wie Nelson Goodman, 1984, sagen würde), hier sind wir Schöpfer und Zerstörer, hier sind wir Geschöpf und werden Subjekt. Canetti hat es so formuliert: „Stark fühlt sich, wer die Bilder findet, die seine Erfahrung braucht". Jede individuell realisierte Psychotherapie findet ihre metaphorischen Resonanzen bei den Beteiligten und in der Theorie.

---

[119] Dem Philosophen Nietzsche ist die Wahrheit ein „bewegliches Heer von Metaphern", und er schreibt in „Wahrheit und Lüge im außermoralischen Sinne: „Logisch geht es also jedenfalls nicht bei der Entstehung der Sprache zu, und das ganze Material, worin und womit später der Mensch der Wahrheit, der Forscher, der Philosoph arbeitet und baut, stammt, wenn nicht aus Wolkenkuckucksheim, so doch jedenfalls nicht aus dem Wesen der Dinge." (S. 313). Nietzsche ist Proponent einer marginalisierten Tradition seit Vico, die die Metapher nicht zugunsten des „Begriffs" abwertet, sondern sie vielmehr als „Vater des Begriffs" sieht. Neuerdings ist diese Auffassung vom Primat der Metapher durch die Arbeiten von Nelson Goodman (1981, 1984), aber auch Debatin (1995), Johnson (1981) und Putnam (1993) wieder gut begründet in die wissenschaftstheoretische Debatte eingeführt worden.

Die institutionelle Version des Junktim

Soweit sich Profession und Wissenschaft ausdifferenziert haben, kann das Freud'sche „Junktim von Heilen und Forschen" nicht mehr personal integriert werden; höchstens noch dann, wenn man unter „Forschen" das versteht, was auch Säuglinge tun, wenn sie das Gesicht ihrer Mutter oder ihre Umwelt „erforschen". Gewiß, das wäre nicht die schlechteste Bedeutung (Schacht 1991), doch psychotherapeutische Forschung ist etwas anderes. Ihr fehlt das Moment des „Heilens", soweit sie Wissen akkumuliert und es anderen Funktionssystemen wie der Wirtschaft zur Verfügung stellt. Heilen *und* Forschen – damit ist heute die kommunikative Verbindung zweier autonomer Funktionssysteme angesprochen, und sie könnte, wie ich vorschlagen möchte, intensiviert nicht mehr in der Person einzelner Therapeuten, sondern auf institutioneller Ebene als Kooperation funktional ausdifferenzierter Systeme realisiert werden.

Nebeneinander positioniert kann die Profession von der Forschung profitieren und muß fordern, daß die Wissenschaft die von Professionellen verwendeten Theorien nicht einfach *ihrem* Diskurssystem einverleibt. Die Differenz beider Diskurse muß in der Kommunikation berücksichtigt werden. Psychoanalytische Theorie z.B. liefert nicht prospositional formulierte Regeln zur Anwendung, zur exakten Vorhersage von Ereignissen oder zu deren experimenteller Kontrolle. Sie liefert vielmehr eine Sprache, die die Anfertigung von Bildern, Beschreibungen und Themen erlaubt und von denen ausgehend bestimmte Formen des „sehen als" möglich werden (Vgl. Auerhahn 1979). Es könnte sich als notwendig erweisen, zu untersuchen, inwieweit die dabei entstandenen Formulierungen epigonal als Definitionen aufgefaßt wurden mit der Folge der Dogmatisierung psychoanalytischer Theoriebestände, die das Bedürfnis erzeugt, aus dem „Prisonhouse of Psychoanalysis" (Goldberg 1990) auszubrechen. Sieht man Freuds theoretische Strategie mit seinen eigenen Worten als „Verbildlichung für das Unbekannte" (GW IV, S. 167), dann müßte das professionelle Handlungssystem der Psychotherapie den Anschluß an die wissenschaftliche Umgebung auch dergestalt wieder finden, daß neue Ursprungsbereiche erschlossen werden, Bildgebungen aus zeitgenössischer Wissenschaft überprüft und übernommen werden. Die moderne Wissenschaft hat Entwicklungen genommen, die ihre metaphorischen Resonanzen im professionellen System finden müssen. Es wäre deshalb interessant, Fleiß auf die Umstellung der Theorie von „Energie" auf „Information", von „Kraft" auf „Funktion" zu verwenden oder die Untersuchungen von Therapietranskripten umzustellen von individueller „Subjektivität" auf „Interaktion“, von der vertikal auf „Tiefe“ gerichteten hermeneutischen „Text“-Analyse auf interaktive, wechselseitige erzeugte horizontale „Kontextuierungen“.[120]

Mit dieser Skizze soll klargestellt sein, daß ich nicht bestehende professionelle Praxis gegen wissenschaftliche Kritik affirmativ verteidigen oder gar immunisieren möchte. Aber ein Teil der Probleme, denen sich professionelle Psychotherapeuten derzeit ausgesetzt sehen, ist weniger mit empirischen Mitteln lösbar, sondern erfordert theoretische Umstellungen, die nicht als „Revisionen“ diffamiert werden dürfen, weil nur so eine Re-Vision des Freudschen Anliegens gelingen kann. Die Rezeption der neueren Befunde der Säuglingsforschung innerhalb der Profession hat zu einem veränderten Bild geführt; die Prominenz der „Bindungs“metaphorik zeigt dabei an, wie in der Forschung gewonnene Ergebnisse nicht-übersteuernd in der Profession genutzt werden können (Dornes 1997, Köhler 1998). Ähnliches könnte man für die metaphorische Resonanz von Befunden der Chaostheorie (Spruiell 1993, Galatzer-Levy 1995, Moran 1994) für die Deutung des psychotherapeutischen Prozesses sagen.

Das Junktim muß sich allerdings nicht nur auf die metaphorische Resonanz-Erzeugung aus der Wissenschaft beschränken; es könnte an dieser Stelle über die Anbindung zur Wissenschaft hinaus erweitert werden und andere Bildquellen einschließen. Schon die Alltagskompetenz nutzt eine Vielzahl von Metaphoriken kontextsensibel und produziert mit solcher Variation Möglichkeitsüberschüsse. Warum also nicht andere Umwelten wie die Literatur hinzu nehmen als Bildspender für die Konstruktion des professionellen „Territoriums“? Es entsteht

---

[120] Und vorher schon in der „Traumdeutung“ (GW II/III, S. 513): „Für die Unvollkommenheiten dieser und ähnlicher Bilder Entschuldigung zu erbitten, halte ich für überflüssig. Diese Gleichnisse sollen uns nur bei einem Versuch unterstützen ...Da wir nichts anderes benötigen als Hilfsvorstellungen zur ersten Annäherung an etwas Unbekanntes...“ Mit „Verbildlichung für das Unbekannte“ bezeichnet Freud präzise, daß wir über die Seele nichts positiv sagen können, es sei denn durch bildliche Darstellungsmittel. Freud vertritt diese Strategie sehr selbstbewußt. Eugen Bleuler hielt Freud in einem Brief vom 20.11.1912 (zit. nach Grubrich-Simitis 1993, S. 356) vor: „Ihre psychologischen Begriffe sind vorläufige, nach Ihren momentanen Erfahrungen geschaffene; Sie sind bereit, sie jeden Augenblick nach neuen Erfahrungen zu ändern, manchmal vielleicht ohne sich dessen zu sehr bewußt zu sein; so haben sie keine bestimmten Grenzen.“ Freud habe in seinem Antwortbrief, so Grubrich-Simitis, diese als Vorwurf gemeinte Stellungnahme Bleulers „als großes Kompliment“ angesehen und hinzugefügt, daß nur so, durch „Begriffsbildung ‘aus Vorläufigkeiten’“ es möglich sei, „sich der fortschreitenden Erkenntnis des Ubw anzuschmiegen“ (Grubrich-Simitis zitiert hier aus Freuds Antwortbrief). Im wissenschaftlichen Kontext ist diese Strategie der sich „anschmiegenden Begriffe“ verwerflich, im professionellen Kontext hingegen unausweichlich – erneuter Beleg für die Ausdifferenzierung beider Systeme.

dann auf eine persönliche, von Umwelten angeregte Weise. Freud verwendete die Antike und den Ödipus-Mythos[121], aber auch mit „Othello" können metaphorische Resonanzen für konkrete familiäre Eifersuchtsdramen erzeugt werden. Sinn wird erzeugt; Sinn ist Zuschreibung, und das meint durchaus „Projektion", aber es handelt sich nicht um einen pathologischen, sondern um einen universalisierten Vorgang. Wenn der Psychoanalytiker Spence (1981) formulierte, es sei die Neigung des Psychoanalytikers, „to project meaning onto phenomena" dann zeigt er damit, daß die professionelle Kompetenz auf dieser alltäglichen aufruht. Aber sie muß es sich gefallen lassen, daß andere andere Sinnzuschreibungen vornehmen, und die Frage ist dann, wie geht die Kommunikation dennoch weiter?

Innerhalb der psychoanalytischen community gibt es hier eine Festlegung auf einige Bildgebungen, die angeblich die psychoanalytische Identität bestimmen; diese Festlegungen werden in professioneller Praxis allerdings längst aufgesprengt, wenn Therapeuten auf Märchen, moderne Literatur oder Dichtung in ihren Äußerungen anspielen und die Bildvorräte nicht nur der Wissenschaft professionell nutzen und darüber in ihren Kasuistiken berichten – als Beispiel kann man die Arbeiten von Léon Wurmser heranziehen. Wer hier nur Identität wahren möchte, benutzt Identität als Metapher für Lernbehinderung.

Meine Sicht der Profession kann ermutigen, solche Bildquellen reichhaltiger zu nutzen. Die Metapher, dieses universelle Sinnesorgan für die psychiche und die soziale Welt, ermöglicht mit diesen Operationen ein neues Junktim. Dabei stoßen wir nun auf eine weitere wichtige Umwelt des professionellen Systems der psychotherapeutischen Interaktion: die Imagination der Beteiligten.

Imagination – Umwelt der professionellen Interaktion

Die Metapher vom Zusammenpassen der Imagination

In allen psychotherapeutischen Schulen wird zu Recht akzentuiert, daß psychotherapeutische Kompetenz immer durch die Person des Psychotherapeuten hindurch gehe. Forschungen, auf die ich bereits verwiesen habe, untersuchten das

[121] Und wir wissen aus seiner Korrespondenz mit Fliess recht gut, wie persönlich seine Motive waren.

„Zusammenpassen“ von Patienten und Therapeuten.[122]. Das Thema ist von professionellen Klinikern (z.B. Ferenczi) schon früher beschrieben worden. In eine vergleichbare Richtung ging der auf Sandler (1983) zurückgehende Vorschlag Streecks (1987), die „Hintergrundannahmen“ von Psychoanalytikern zu untersuchen[123]. Wir haben von den Prozeßphantasien gesprochen und damit diejenigen Momente untersucht, die als „Vorstellung von dem, was hilft“ *im* Prozeß *über* den Prozeß entstehen und nachhaltig und nachweisbar die Interaktion steuern.

Prozeßphantasien (Prototyp: Therapie ist Beichte) sind ad hoc artikulierte praktische Definitionen der Psychotherapie in metaphorischer Form – auf beiden Seiten, Patienten wie Therapeuten. Sie werden meist nicht ausdrücklich formuliert, sondern dokumentieren sich in Redeformen. Sie enthalten eine *Vorstellung* über das, was krank macht, über das einzuleitende Behandlungsprogramm sowie über die Art der Zusammenarbeit der Beteiligten (Plaßmann 1986). Auch solche Vorstellungen, die immer nur erschlossen werden können, lassen sich als Metapher formulieren.

Wie Therapeuten „Therapie“ bzw. „Hilfe“ konzeptualisieren (nämlich durch Metaphern), hat man empirisch zu untersuchen begonnen (McMullen 1989 und 1994, Najavits 1993, Schmitt 1995, 1996) und die metaphorischen Szenarien des therapeutischen Kontakts, die stationäre Patienten in Interviews dokumentieren, sind als kurative Faktoren analysiert worden (Buchholz und v. Kleist 1997). Als *Vorstellungen* von Therapie bilden sie für die Interaktion interne Umwelt, regen Interaktion an, selektieren, was gesagt werden kann und was verschwiegen werden muß. Sie bestimmen weiter, welche Rolle dem Anderen zugedacht ist, was von ihm erwartet wird und welche Äußerungen er seinerseits tun darf. Ein psychosomatischer Patient wird vom Angebot „intensiver Gespräche“ nicht viel haben, solange er passiv „medizinische Behandlung“ erwartet.

Wenn die Prozeßphantasie selbst geändert werden kann, wird anderes mitteilbar, die Erwartungen an den Anderen ändern sich, es entstehen neue Toleranzen und neue Bildgebungen.

Innerhalb eines therapeutischen Gesprächs macht sich der professionelle Kliniker unter Rückgriff auf vielfältige Wissensbestände Mini-Modelle von dem, was er

---

[122] Kantrowitz 1989, 1995, Strauß et al. 1996, Meyer 1988, Spence 1995, Eckert und Biermann-Ratjen 1990, Caspar 1997

[123] Außer Streeck (1986) haben andere Autoren (Bahia 1977, Müller 1976, Plügge 1965) die Rolle solcher Hintergrundannahmen in der klinischen Situation beschrieben; in der Theorie der Familie sei an die Arbeiten von Lidz (1968) erinnert

bei seinem Patienten vermutet und diese kleinformatigen Bilder beeinflussen seinen Beitrag zur Interaktion stärker als es formale Diagnosen könnten. Sie werden nicht direkt als solche mitgeteilt, aber Patienten sondieren, welches Bild ihr Therapeut von ihnen haben mag – und umgekehrt versucht der Therapeut sich ein Bild von zu machen, was er für seinen Patienten sei. Bildhaft organisierte Minimodelle dieser Art bilden „interne", richtiger „imaginative Umwelten" von Interaktionsprozessen.

Mit interner Umwelt ist aber nicht das Ambiente, die Gesprächsbedingungen oder das Honorar gemeint. Für die Dialogorganisation wichtiger scheint demgegenüber der „innere Kontext"[124] , der sich im und durch das Gespräch herstellt und laufend „unterhalten" wird.[125]. Auch ein therapeutischer Dialog ist ein sozialinteraktives Ereignis. Wollen die Beteiligten nicht völlig „aneinander vorbei" reden, muß eine gewisse Geordnetheit organisiert und sichergestellt werden, daß der Andere diese Ordnung dann gleichsinnig versteht. Da die gleichen Ereignisse höchst verschieden organisiert werden können – der Therapeut schweigt, weil er nachdenken will, der Patient fühlt sich zum Reden provoziert -, wird die kognitive, aber durchaus nicht nur bewußte Organisation zur Grundlage dessen, was dann „verstanden" wird. Zugleich produziert Organisation Differenz. Aber es gibt auch gleichsam strategische Gemeinsamkeiten[126], wie solche Organisation bewerkstelligt wird und damit wird nachvollziehbar, wie Verständigung bei unterschiedlicher Organisation dennoch prozessiert werden kann. Verständigung produziert Einheit aus Differenz, um neue Differenz zu erzeugen, damit Verständigung weiter gehen kann; wäre sie immer schon Einheit, wäre sie überflüssig. Die „kognitive Organisation"[127] geschieht stets „sinnvoll" *und nicht* auf der Basis der Anwendung von (statistischen) Gesetzmäßigkeiten, wie Schegloff betont. Sinn wird auf einer „case-by-case"-Basis (Schegloff 1987, S. 102) entwickelt; man „sammelt" Episoden, Ereignisse, Erfahrungen nicht nach Häufigkeiten oder Taxonomien, sondern bringt sie durch kognitive Operationen, Vergleich und

---

[124] Buchholz und Streeck (1994), Buchholz und Seide (1995)

[125] Bergmann (1981, S. 9) machte darauf aufmerksam, daß mit der Einführung des „Kontextes" nicht nur ein alltagssprachliches, sondern auch ein wissenschaftliches Problem thematisch wird: „Kontext und Beschreibung eines Kontextes sind immer durcheinander vermittelt; sie sind wechselseitig konstitutiv." Die folgenden Überlegungen lehnen sich an Schegloff (1987) an.

[126] Günthner und Knoblauch (1994) sprachen von kommunikativen Gattungen.

[127] Der entsprechende Buchtitel des Psychoanalytikers Argelander (1979) hieß: „Die kognitive Organisation psychischen Geschehens".

prototypische Kategorisierung, in sinnstiftende Zusammenhänge. Wittgenstein sprach hier von der „Familienähnlichkeit", die es uns gestatte, so verschiedene Dinge wie eine Lampe, einen Schreibtisch oder eine Couch als „Möbel" zu kategorisieren. Seitdem kann man klassenlogische von prototypischen Kategorienbildungen unterscheiden.

Klassenlogische Zuordnungen verlangen, daß in jeder Klasse immer nur dieselben Elemente erscheinen – die Klasse der Giraffen enthält nur einzelne Exemplare. Die Gebrauchslogik der Alltagskompetenz hingegen verfährt *prototypisch.* Die Prototypentheorie (Rosch 1973, 1975, 1977) hat dies genau untersucht. Prototypisch heißt: es gibt für jede Klasse „Bestbeispiele" und andere Exemplare sind radial darum herum angeordnet. Diese „Gebrauchslogik" verwenden wir als selbstverständliche Methoden, wenn wir soziale Ereignisse klassifizieren und insbesondere dann, wenn wir die Frage aufwerfen, welchen Sinn sie haben.

Jeder, so ein Beispiel von Schegloff, kennt die Art, wie Vorträge gehalten werden. Nun stellt Schegloff die Frage: „But if a lecturer should begin producing bizarre behavior, it is unlikely that those present would find it sufficient to set this aside as just a statistical anomaly. It would not suffice to consider that all the previously attended lectures followed one or another canonical form; that there was bound to be a case which deviated; and that this is it. Rather, observers find themselves making some sense or other what is going on..."

Natürliche Interaktionsteilnehmer „verrechnen" ihre Erfahrungen nicht in einer Statistik-analogen Weise, sie statten vielmehr jede einzelne Erfahrung mit Sinn aus und das ermöglicht ihnen, handlungsfähig zu sein: zu wissen, wann gelacht wird, wann eine Zwischenfrage gestellt werden kann usw. Sie operieren „on reflection", wie Schegloff formuliert. Aufgrund dieser Voraussetzungen kommt Schegloff (1987, S. 112) nun zu einer Definition von „context": „In the final analysis, a notion like 'context' will have to remain substantively contentless and uncommitted to any prespecified referent, and be instead 'programmatically relevant' – relevant in principle, but with a sense of always-to-be-discovered rather than given-to-be-applied."

Mit „Kontext" ist somit ein heuristisches Operationsprinzip gemeint, das ein Untersucher immer in Rechnung zu stellen hat. Es ist „programmatisch relevant" und immer erst zu „entdecken", nie vorgegeben. Der Kontext operiert immer, aber er kann auch immer ignoriert werden – und dann entsteht, wie der Psychoanalytiker Hoffman (1996) in seinem Plädyoer für einen sozialen Konstruktivismus in der Psychoanalyse elegant formulierte, ein „context of ignorance of contexts". Er produziert jenen Typus von Fallgeschichten, in denen die Behandler nicht vorkommen. Es geht also um die interaktive und interpretative Umwelt (Hettinger und Bruns 1990) des therapeutischen Dialogs.

Technik und Dialog bilden interne Umwelten füreinander und zwar so, daß abwechselnd der „technische“ und der „dialogische“ Gesichtspunkt in den Vorder- bzw. Hintergrund treten können[128]. Jede Äußerung hat implikative Macht zur Erzeugung eines Kontextes; wer z.B. davon spricht, etwas „lernen“ zu wollen, rahmt Psychotherapie als „Unterricht“, wer sagt, er müsse „zugeben“, diese oder jene Gedanken zu haben, erzeugt mit hoher implikativer Macht die Imagination, bei einem Richter oder Staatsanwalt zu sein. Die implikative Macht ist hoch, wenn nur ein Kontext als gültig angenommen werden kann; „zugeben“ hat deshalb eine höhere implikative Macht als „lernen“ (denn „lernen“ findet in vielen Kontexten statt). Wer von „zugeben“ spricht, erzeugt deshalb zwingend den metaphorischen frame DAS GESPRÄCH IST EIN VERHÖR.

Die so erzeugten Kontexte haben ihrerseits selektive Macht; sie gestatten oder verbieten bestimmte Redezüge ähnlich, wie es bei Gericht klar ist, wer Fragen stellt und wer Antworten zu geben hat oder wie beim Arzt. Nur dieser kann die Äußerung „Machen Sie sich bitte frei!“ aus dem Repertoire möglicher Äußerungen selektieren. Demnach kann man sich das Verhältnis zwischen innerem Kontext und Äußerung[129] rekursiv vorstellen:

---

[128] Krause und Mertein (1996, S. 264) formulieren: „Über die Analyse hinausgehend gilt offensichtlich, daß man mit schlechten Ergebnissen rechnen muß, wenn eine therapietechnische Regel zur ausschließlichen Beziehungsregel wird. Ein System, das keine Ausnahmen kennt, ist immer unangenmessen. Umgekehrt kann man davon ausgehen, daß schlechte Ergebnisse erwartet werden müssen, wenn die Beziehung die Technik dominiert.“ Und dann weiter: „Wieviel von welcher Art von Beziehung braucht der jeweilige Patient, um die Behandlungstechnik ertragen zu können...“

[129] Vgl. zu den Konzepten der „implikativen“ bzw. „selektiven“ Macht meine frühere Arbeit (Buchholz 1988)

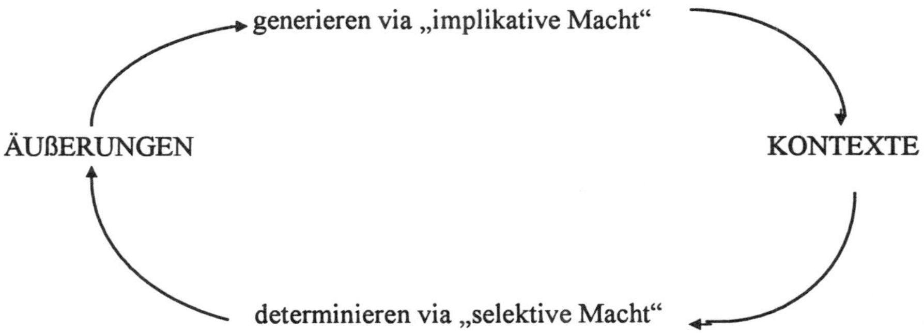

Professionelle Praxis besteht darin, jeweils das Richtige zum richtigen Zeitpunkt zu tun und professionelle Psychotherapeuten müssen dazu ihre Erfahrungen organisieren. Sie wissen immer mehr über ihre Patienten, als sie ins Prokrustes-Bett ihrer offiziellen Theorie oder ihrer Diagnosesysteme hineinzwängen können. Ihr Wissen ist individualisiert und in intimisierten Interaktionen entstanden. Um diese Art „zweites Wissen“ geht es hier; es bildet eine, wenn nicht *die* wichtigste Umwelt therapeutischer Dialoge.

Zu einem beträchtlichen Teil steuert das „zweite Wissen“ das, was Therapeuten in einer gegebenen Interaktion für hilfreich halten. Es bildet einen imaginativen Bezugsrahmen, mit dessen Hilfe ein Therapeut Zusammenhänge zwischen den „facts“ der klinischen Situation herstellt (Baranger und Baranger 1966); ich spreche von operativen Prozeßmodellen (Buchholz 1996).

Operative Prozeßmodelle *organisieren* die Technik und den Dialog, die Themen und die Art und Weise der Interaktion. Solange sie ihre organisierende Funktion erfüllen, sind sie in einem deskriptiven Sinne unbewußt. Als Bezugsrahmen bleiben sie zunächst unsichtbar, entfalten aber Wirkungen, die *für ihn selbst* nicht wahrnehmbar sind. Will man solche unsichtbaren Wirkungen operativer Prozeßmodelle methodisch sichtbar machen, dann können sie nicht als Teil des Dialogs, sie müssen als imaginative Umwelten betrachtet werden. Ich habe weiter oben schon beschrieben, daß solche operativen Modelle sowohl Rolle und Funktion der Beteiligten kodeterminieren als auch deren Kooperation. Der professionelle Psychotherapeut arbeitet innerhalb eines Modells, aber er nutzt auch Strategien, um das Modell selbst sichtbar zu machen und ein anderes in den Dialog zu installieren. Für letzteres nutzt er Strategien der *Analyse* der Metapher. Bevor ich diese beschreibe, will ich nun an einem Beispiel der „Arbeit am Widerstand" illustrieren, wie operative Prozeßmodelle die Details der Interaktion bestimmen.

Ein Beispiel für die „Arbeit am Widerstand"

Wie also *organisieren* und koordinieren Menschen ihre Handlungen gemeinsam auch und gerade dann, wenn sie völlig verschiedene Auslegungen einer Situation vornehmen? Wie können sie in divergent interpretierten Situationen gemeinsam handeln? Das ist der Fall, der als „Widerstand" bezeichnet wird: ein Patient kommt zu spät zur Stunde und erklärt das mit dem Verkehrsstau; der Therapeut aber sieht den „Beziehungsverkehr" blockiert. Der Patient ist mit dieser Deutung nicht einverstanden – was tut ein professioneller Psychotherapeut dann? „Widerstand" läßt sich als Phase im Interaktionsablauf interpretieren, die eine spezifische Problemlösung erfordert: weil auf geteilte Bedeutung desselben faktischen Ereignisses nicht zurückgegriffen werden kann, sind spezielle Operationen erforderlich, die einen Kontext gemeinsamer Bedeutungsgebung erst wieder herstellen.

Zur Beantwortung dieser Frage genügt die Annahme von Minimalbedingungen. Kooperation braucht nicht zur Voraussetzung, daß man sich über die Interpretation der Situation einig ist; es genügt vielmehr die Erwartung, daß es weitergehen wird, und es braucht ein Repertoire von Verhaltensoptionen für Produktion und Verständnis des jeweiligen Verhaltens, durch das der Austausch dramatisch vollzogen wird. Dies Repertoire, welches von den Beteiligten anerkannt wird und auf das sie reagieren können, können sie für die Fortsetzung der Interaktion gebrauchen. Es kann *ähnliche*, muß aber nicht *gleichlautende* Interpretationen erzeugen. Donnellon et al. (1986) sprechen von „äquifinaler Bedeutung" – obwohl die Situation unterschiedlich interpretiert wird, kann man sich auf ähnliche Handlungen einlassen. Donellon et al (1986) nennen vier Bestandteile des kulturellen Repertoires:

a) Die Metapher: Sie ist eine Kommunikationsstrategie, deren Funktion es sein kann, divergente Meinungen zu versöhnen – so daß am Ende trotz unterschiedlicher Interpretationen Einigungen möglich werden.

b) Logische Argumente: Äußerungen mit Prämisse, Schlußfolgerung und Konklusion, die als rhetorische Figur benutzt werden, um eine andere Person durch kleine Schritte zu mehr Zustimmung zu bewegen.

c) Affektmodulation: Eine Sequenz, bei der ein Sprecher mit einem Affektausdruck beginnt, der vom folgenden Sprecher erweitert oder begrenzt wird. Beispiele sind lexikalische Wahlen, die symbolträchtig und affektgeladen sind, agitierte nonverbale Gesten, schnelles Sprechen[130].

d) Linguistische Indirektheit: Mittel wie der Gebrauch einer passiven Stimme, intransitiver Verbformen. Breite und ungenaue Ausdrücke ermöglichen Konsens oder Dissensunterdrückung[131]. Besonders hervorgehoben wird der Gebrauch von Sätzen, durch die der Urheber einer Handlung im Unklaren gelassen wird[132].

Betrachtet man diese vier kommunikativen „Mechanismen", so fällt auf, daß es sich um Kommunikationsstrategien handelt, wie sie auch von Therapeuten in Phasen der Widerstandsarbeit verwendet werden. Ihnen eignet die Fähigkeit, die Grenzen von Bedeutungshorizonten durch Randunschärfe zu einer verallgemeinerbaren Anschlußfähigkeit zu öffnen. Die Kommunikation und mit ihr die therapeutische Arbeit kann weitergehen – obwohl man die Dinge völlig verschieden sieht und Einigkeit nicht herzustellen ist. Hier führt das professionelle Können über die Goffman'sche Problemstellung, die immer einen gemeinsamen Rahmen braucht, hinaus. Aber auch über die landläufige Annahme, daß Konsens Voraussetzung von gemeinsamem Handeln ist. Professionelle Psychotherapeuten hingegen müssen darauf verweisen, daß sie es mit Situationen zu tun haben, in denen Konsens weit entfernt ist. Sie können sich lediglich auf die genannten Bestandteile eines gemeinsamen kulturellen Repertoires verlassen und auch immer auf alle.

Wenn man also (linguistische) Operationen als Bestandteile eines kulturellen Repertoires von Situations-Interpretationen unterscheidet, wird es möglich zu klären, wie bei unterschiedlichen Situationsauslegungen dennoch gemeinsame Operationen gelingen; die Operationen münden in eine „äquifinale Bedeutung" (Donnellon et al. 1986) ein – von verschiedenen Ausgangspunkten aus. Das ist eine Umkehrung des common sense, der immer annimmt, daß man sich doch erst

---

130 Der „archaische" Vorläufer dürfte in dem „affect-attunement" zu suchen sein, daß die neuere Säuglingsforschung herausgestellt hat (Stern 1985, Dornes 1993).

131 Üblich ist z.B. in Besprechungen von Arbeitskollegen, daß ein aufkommendes „heißes Thema" zunächst mit den Worten: „Das würde jetzt zu weit führen" oder „Das ist ein weites Feld" fallengelassen wird; darüber ist dann Konsens mit Aufrechterhaltung der sozioemotionalen Gruppenintegration und Fortsetzung der Kommunikation bei bestehenden Divergenzen möglich.

132 Schafer (1976) sprach hier von den „disclaimed actions" (Beispiele: ich wurde von meinen Gefühlen überschwemmt; er löste Wut bei mir aus – in solchen Fällen wird die personale Verantwortung dementiert).

verständigen muß, über das, was der Fall ist, bevor man gemeinsam handeln könne – hier erweist es sich als umgekehrt: Man setzt fort, und die Bedeutungsgebung wird kooperativ erzeugt. Prüfen wir erst einmal die genannten Bestandteile darauf, wie sie das ermöglichen.

Die Metapher eignet sich, weil sie neue Wege findet, die Realität zu erfahren; sie kann unterschiedliche Situationen in *einer* Interpretation zusammenbinden und damit neue Realitäten *kreieren*. Die *logischen Argumente* sind schon von Freud als ein Mittel der Widerstandsarbeit angeführt worden; für ihn ist der Dialog auch unter dem Aspekt des Kampfes zwischen Rationalität und Triebleben zu verstehen:

> „Dieser Kampf zwischen Arzt und Patienten, zwischen Intellekt und Triebleben, zwischen Erkennen und Agierenwollen spielt sich fast ausschliesslich an den Übertragungsphänomenen[133] ab." (Freud 1912, S. 373)

Die Beschreibung der *„Affektmodulation"* gibt plastisch sowohl Aspekte des therapeutischen Sprechens wieder als auch der Sprache von Patienten. Schließlich scheint die *„linguistische Indirektheit"* ein exzellentes Mittel zu sein, Bedeutungsränder so unpräzise zu lassen, daß der Dialog gerade durch Anschluß divergenter Bedeutungsgebungen fortgesetzt werden kann. Kardinalbeispiel für den Widerstand ist wohl, wenn Patienten im Obskuren halten, wer Urheber oder Ausführender einer Handlung ist, aber das ermöglicht es ihnen, wenigstens Teile der Geschichte zu erzählen. Umgekehrt ist das berühmte „hm, hm" wohl prominentestes Beispiel linguistischer Indirektheit von therapeutischer Seite.

Zusammenfassend ließe sich sagen: Metapher, linguistische Indirektheit, logisches Argumentieren und Affektmodulation sind rhetorische Figuren, die eine *transkontextuelle Kommunikation* ermöglichen. Kurzfristig und für Augenblicke kann der gegenwärtige Kontext des Dialogs verlassen werden. Dadurch kann man in wenigstens zwei Kontexten zugleich sprechen und dies solange, bis die Interaktion die konsensuelle Festlegung auf *einen* imaginativen Kontext erreicht hat. Dieser bestimmt dann neue und erweiterte Bedeutungsgebung. Der dialogische Fluß bewegt sich wellenförmig zwischen divergenter Bedeutung und Konsens; er ist operativ flexibel – weil und solange er überhaupt fortgesetzt werden soll – und fokussiert sich zeitweilig auf Bedeutungsinseln.

Im folgenden möchte ich nun an einem Beispiel prüfen, inwieweit der therapeutische Dialog tatsächlich auf solche kulturell codierten Strategien der Kommuni-

---

[133] Die Übertragung figuriert hier als Beispiel für den Widerstand.

kation in Etappen des Widerstands zurückgreift. Es bietet sich an, dafür ein schon zuvor veröffentlichtes Beispiel einer Widerstandsbearbeitung (Thomä und Kächele, 1988, S. 160 ff.) zu wählen, das unter ganz anderen Gesichtspunkten beschrieben worden ist.

Es geht um die Patientin Nora X, die zur 413. Stunde 5 Minuten zu spät kommt, was für sie ungewöhnlich ist. „Zuspätkommen“ ist definitionsgemäß ein Widerstand, da es die Fortsetzung der gemeinsamen Be-Handlung unterbricht. Ich möchte nun beobachten, wie Therapeut und Patientin, ausgehend von divergenten Interpretationen dieser Handlung, äquifinal zu gemeinsamen Handlungen (Fortsetzung der Arbeit) gelangen und wie sie dabei von den beschriebenen kommunikativen Strategien Gebrauch machen.

Die Patientin überrascht ihren etwas besorgten Therapeuten durch einen „lächelnd-strahlenden Gesichtsausdruck“[134]. Sie sagt:

> „P.: Jetzt bin ich ganz außer Atem, ich bin ja auch zu spät gekommen (kleine Pause). Aber ich merke, daß irgendwie noch etwas los ist. Wobei ich jetzt nicht weiß, ob ich fröhlich bin, weil ich zu spät gekommen bin und Sie habe warten lassen, oder wegen der Situation vorher.“

Die Patientin benutzt eine kulturelle Chiffre: Sie erzeugt den Eindruck des „Gehetzt-Seins“, was im Kontrast zu ihrem Gesichtsausdruck steht. Fortgeschritten in der Analyse macht sie sich schon im zweiten Satz „an die Arbeit“ und benutzt, noch selbst im Unklaren, eine linguistisch indirekte Phrase: „Irgendwie“ ist „noch was los“. Dem folgt eine alternative Bedeutungsgebung: Vielleicht ist sie fröhlich aus dem einen Grund („weil ich Sie habe warten lassen“) oder aus dem andern („Wegen der Situation vorher“). Sie bietet an, das „Fröhlich-Sein“ in zwei alternativen Kontexten zu verstehen; die implikative Macht ist gering. Der zweite Kontext wird elaboriert: Über die „Situation vorher“ wird leider nicht wörtlich, sondern zusammengefaßt mitgeteilt, daß sie mit ihrem Freund in einem Café so angeregt geredet habe, daß sie sich verspätete. Am Ende sei es ums „Bezahlen“ gegangen, auch ein Thema der „letzten Stunden“ – sie hatte die Bezahlung der Analyserechnungen „häufig länger“ hinausgeschoben. „Bezahlen“ ist somit ein Thema, das ebenfalls in zwei Kontexte, den der Szene im Café und den der Analyse, gehört; das ermöglicht jetzt die transkontextuelle Kommunikation. Sie fährt fort:

---

[134] Was ich hier in Anführungszeichen setze, entstammt dem bei Thomä/Kächele (1988, S. 160 f.) mitgeteilten Material; der besseren Lesbarkeit wegen erspare ich mir die jeweiligen Seitenangaben.

„P.: Ja, was mich, glaube ich, schon beschäftigt, war die letzte Bemerkung, mit der ich gegangen bin, wo es ums Zahlen ging, und das ist ja auch das Thema der letzten Stunde, und ich fand es einfach bezeichnend, daß das jetzt ausgerechnet der Schlußpunkt des Gesprächs mit meinem Freund war, bei dem es erst um was ganz anderes ging."

Wieder benutzt sie die linguistische Indirektheit. Indem sie ein „glaube ich" einschiebt, schwächt sie die Form ihrer Aussage ab; sie spricht, als wäre sie unsicher, ob „es" sie „schon beschäftigt" habe. Dies ist ein weiteres Merkmal der linguistischen Indirektheit; die Benutzung des „es" läßt den Urheber der Handlung im Obskuren. Sie nimmt eine kognitive Operation vor, in der sie die beiden Szenen – die im Café und die in der Stunde – miteinander über das „Bezahlen" verknüpft. Dies könnte man als eine transkontextuelle Rochade bezeichnen. Erst diese Verknüpfung, nicht schon jede Szene für sich, enthält eine gewisse Brisanz, die durch weitere linguistische Indirektheiten sowohl eröffnet als auch diffus gehalten wird („einfach bezeichnend", „was ganz anderes"). Zugleich benutzt sie eine manifeste Metapher, den „Schlußpunkt". Im Gespräch mit dem Freund, so wird zusammengefaßt berichtet, ging es um ihre Schwierigkeiten mit dem Vorgesetzten, Auseinandersetzungen, die sie „als Hin und Her wie ein Ballspiel" empfand. Eben dies Hin und Her, so wird zusammengefaßt, „erlebte sie *auch*[135] mit dem Freund, als anlässlich der Bezahlung eines Kaffees ein `komisches Spiel um Geben und Nehmen' stattgefunden hatte." Die Metapher vom Schlußpunkt gehört demnach in den Bedeutungshorizont der anderen Metapher vom „Ballspiel" sowie dessen „Hin und Her". Entlang dieser Metaphorik verknüpft sie erneut zwei Szenen: die mit dem Vorgesetzten und die mit dem Freund ums Geben und Nehmen beim Kaffee-Bezahlen. Der Analytiker reagiert darauf, indem er eine „Analogie zwischen Draußen und Hier", die leider nicht wörtlich mitgeteilt wird, herstellt. Mit dieser Analogie haben wir hier ein erstes Beispiel für die Widerstandsbearbeitung. Beide Beteiligte benutzen im Interesse der „Fortsetzung der Arbeit" die beschriebenen kommunikativen Strategien. Linguistische Indirektheit, Metapher und Analogie gestatten bei divergenter Interpretation der Situation, gerade weil sie bedeutungsdiffus sind, eine dialogische Annäherung auf der Grundlage eines gemeinsamen kulturellen Repertoires. Diese Annäherung wird nun so weiter fortgesetzt:

„P.: Jetzt heute...also ich spiel' es da, wo es darum geht, meine Gedanken zu sagen, zurückzubehalten, dann mit den Rechnungen und...ich überlege, ob das jetzt mit dem Zuspätkommen auch einen Zusammenhang hat.

---

[135] Dies „auch" stammt aus dem Kommentar des Therapeuten

A.: Hmhm, ich denke schon.

P.: Sie denken schon. Also ich nehme Zeit weg. Bloß, ich verteile sie ja eigentlich auch anders, und die Zeit war ich mit meinem Freund länger zusammen.

A.: Kürzlich haben wir davon gesprochen, daß Sie Ihrem Freund eins überbraten, heute bin ich dran.

P.: Ja, das macht mir Spaß.

A.: Deshalb haben Sie mich beim Hereinkommen auch so angestrahlt."

Die erste Äußerung der Patientin in diesem Abschnitt läßt sich mit den beschriebenen Mitteln weiter analysieren: sie expandiert die Metapher vom Spiel („ich spiel es da, wo...), verknüpft über diesen Weg Interaktionsszenen miteinander („ob es einen Zusammenhang hat"), bleibt aber weiter linguistisch indirekt: „das mit dem Zuspätkommen" ist eine Formulierung, die wieder offenläßt, wer der Handelnde bei dieser Handlung ist. Der Analytiker reagiert seinerseits mit einer indirekten Äußerung, die diffusen Charakter hat. Hielte man im Vergleich dagegen, daß er sagen würde: „Ja, ich denke das", wäre das eine direkte, „auf den Punkt zielende" Aussage, die den tastenden Verknüpfungsprozeß der Patientin, gerade weil sie so bestimmend wäre, vermutlich stören würde. Sowohl das „hmhm" als auch das „schon" schwächt wiederum die Bestimmtheit ab, obwohl er zuvor durch Herstellung einer „Analogie zwischen Draußen und Hier" eben diesen Zusammenhang vorgeschlagen hatte. Beide Sprechweisen deuten „an", nicht „hin".

Die Patientin nimmt diese Phrasierung dann wiederholend auf und stellt nun erstmalig linguistisch direkt fest, daß sie Zeit wegnimmt. Da man die Zeit jedoch nicht wie einen Gegenstand „wegnehmen" kann, muß dies wiederum als eine kulturell gängige, metaphorische Chiffre verstanden werden (vgl.dazu Rigotti 1986); die Zeit wird in dieser metaphorischen Sprechweise als „Ding" angesprochen, um an ihr eine Handlung – das Nehmen – ausdrücken zu können, eine Handlung, die einem anderen Schaden zufügt. Eben davon spricht der Analytiker in seiner nächsten Äußerung („überbraten"). Er benutzt eine funktional äquivalente Metapher, die wiederum kulturell codiert ist und so die Anschlußfähigkeit sichert. Die Imagination bleibt gesichert mit dem Effekt der Konstituierung eines gemeinsamen Bedeutungsuniversums, an dem die beiden Beteiligten als Handelnde und Behandelte, aber auch als Be-Deutungsgeber sich profilieren. Der Analytiker benutzt eine andere Metapher („überbraten") als die Patientin („wegnehmen"); ihr gemeinsamer semantischer Überschneidungsbereich kann als „jemandem schaden“ gekennzeichnet werden. Hier wird der gemeinsame Kontext imaginativ *erzeugt* trotz semantisch unterschiedlicher Worte. So entsteht eine Annäherung der Bedeutungen. Das ist der äquifinale „Wert“ der Metapher. Der kulturelle Code stellt sicher, daß der gleiche Handlungs-Sinn imaginiert und auch verstanden wird.

Die Patientin kann diesen Bereich durch Affektmodulation expandieren („macht Spaß“), was zuvor nur der Analytiker bemerkte, sie selbst durch Erzeugung des Eindrucks vom „Gehetztsein“ am Beginn dieser Stunde noch exkommunizieren mußte. Hier ist äquifinale Bedeutung hergestellt worden. Der Analytiker bestätigt die Öffnung der Patientin, diesmal in einer direkten Form („Sie haben mich...angestrahlt“), die auch von der Affektmodulation her personal ist: Sein Kommentar dazu lautet: „Ich stelle der Patientin meine Wahrnehmung zur Verfügung, damit ihr deutlich wird, wieviel Freude sie im Zusammenhang mit der Verspätung zeigte...“ Dieses „Zur-Verfügung-Stellen“ ist behandlungstechnisch gesehen eine Konfrontation; in der professionstheoretischen Terminologie könnte man sagen, er gibt dem gleichen Ereignis einen anderen Rahmen und damit einen imaginativ neuen Sinn. Die Analyse der kommunikativen Strategien macht sichtbar, warum diese Konfrontation produktiv verläuft; die vorangegangenen Dialogsequenzen sind nach einer Etappe des Erreichens äquifinaler Bedeutung in eine „Einigung“ (Buchholz 1983) über den zu verwendenden „frame of reference“ eingemündet.

Hat der Dialog die Patientin als Schöpferin ihres Widerstandes geschaffen, kommt es zur beschriebenen „Sinn-Explosion“ im geteilten Bedeutungsuniversum. Die Patientin fährt jetzt fort:

„P.: Das macht mir ehrlich gesagt – daher kommt wohl auch der Ausdruck – diebisches Vergnügen.

A.: Ja klar, und Sie gönnen sich dieses Vergnügen auch. Ich weiß aber nicht so genau, ob Sie auch die Konsequenzen dieses Vergnügens sehen.

P.: Ja also, die Frage nach dem `Was hab' ich davon', die hab ich mir bisher noch nicht gestellt. Aber wenn ich sie mir jetzt stelle, dann denk' ich schon, daß ich auch eine Aufmerksamkeit von Ihnen damit erreiche, weil Sie ja denken könnten `Wo bleibt die jetzt' oder irgendwie so etwas, und da fällt mir dann halt auch ein, wie ich reagiere, wenn jemand nicht pünktlich ist. Das ärgert mich eigentlich ganz schön.

A.: Hmhm, das wissen Sie genau.

P.: Daß mich's ärgert. Aber daß es den andern ärgert, das will ich nicht so genau wissen.

A.: Das ist doch Ihr Vergnügen daran, daß Sie auf eine ganz unschuldig scheinende Weise viel Ärger unterbringen."

Es macht der Patientin ein „diebisches Vergnügen" – eine neue Metapher, die zugleich eine affektmodulierende Steigerung der Rede vom „Spaß" ist. Diese Metapher, wiederum gängig in kultureller Codierung, enthält indirekte Verweise auf die schon angesprochenen Themen: „Geben und Nehmen", „Zeit nehmen", „Kaffee bezahlen", denen der Therapeut mit seiner Metapher vom „überbraten" die „diebische" Bedeutung imaginativ beigesellt hatte – das war seine Imagination. Das „Diebische" an diesen Themen – und damit das „jemandem schaden" – wird prägnanter. Hier wird der semantische Überschneidungsbereich affektiv intensiviert; „diebisches Vergnügen" ist expressiv stärker als „Spaß".

Das Ereichen einer gemeinsamen Bedeutungsinsel ist jedoch nur Durchgangsetappe. Der Dialog schlägt weitere Wellen. Der Therapeut bestätigt, daß die Patientin sich dies Vergnügen ja auch gönne. Hier ist ein Optimum an Konvergenz erreicht. Jetzt könnte der Dialog aufhören, gemeinsame Bedeutungen sind ja erreicht. Diesen Kollaps verhindert der Therapeut, der mit einem „aber" („Ich weiß aber nicht so genau...") die Fortsetzung des Dialogs erzwingt; die Insel muß verlassen werden. Er schmälert die Übereinstimmung, indem er auf die „Konsequenzen dieses Vergnügens" verweist: das „Diebische" der Patientin begegnet dem widerständigen Verhalten dessen, der davon „den Schaden" hat[136]. Die Patientin, die mit „Spaß" dem Therapeuten metaphorisch Zeit und Geld „stehlen" und ihm – zustimmend – eins überbraten möchte, konzeptualisiert PSYCHOTHERAPIE IST EIN VERBOTSFREIER RAUM. So etwa könnte man ihr operatives Prozeßmodell formulieren, *innerhalb* dessen sie handelt. Dieser frame gibt ihren Handlungen Bedeutung und er wird mit dem operativen Prozeßmodell PSYCHOTHERAPIE IST ANALYSE VON PROZEßMODELLEN des Therapeuten konfrontiert. Aber es wird nicht „wirklich", sondern metaphorisch gestohlen und deshalb habe ich von der Interaktion der Bilder gesprochen. Das „Diebische" begegnet der Analyse.

Um den wellenförmigen kommunikativen „Fluß" sichtbar zu machen, möchte ich den bislang analysierten Verlauf so skizzieren:

[136] Klüwer (1973) formulierte eben dies als ein technisches Prinzip: „Der Zugang zum Unbewußten bleibt nur offen, wenn dem natürlichen Drang zur bewußten Oberfläche ein bewußter Widerstand (durch den Therapeuten) entgegengesetzt wird."

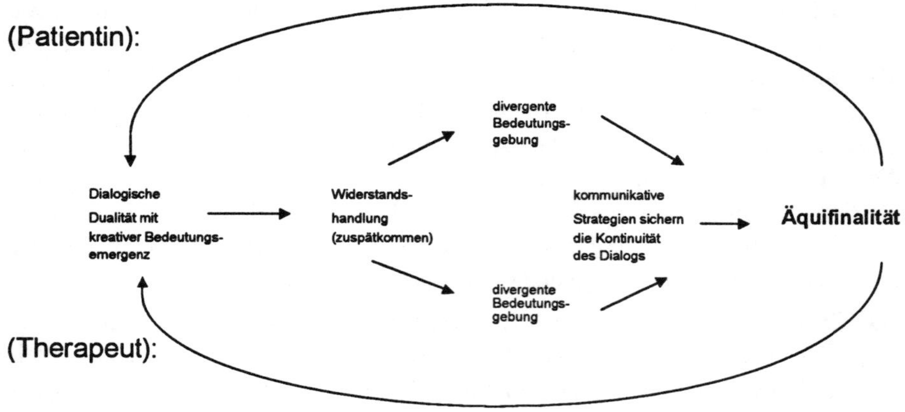

Demnach gibt es den folgenden Ablauf:

1. Der Widerstand findet als „Handlung" statt bzw. muß als solche ausgezeichnet werden können (was die Patientin hier von sich aus schon tut). In anderen, weniger fortgeschrittenen Behandlungen müßte der Therapeut hier erst mit Maßnahmen beginnen, die die unbestimmte Situation in ein lösbares Problem umwandeln.

2. Diese Handlung wird in unterschiedlichen Kontexten („Drinnen" oder „Draußen") interpretiert; mit den unterschiedlichen Kontexten divergieren die Handlungsbedeutungen.

3. Kulturelle Mechanismen etablieren die gemeinsame Wahl *eines* Interpretationskontextes und damit die Kontinuität des Dialogs (die „Fortsetzung der Arbeit"); die Divergenz wird verringert – die beiden Metaphern vom „Zeit nehmen" und vom „überbraten" ermöglichen transkontextuelle Kommunikation. Die Imagination des Therapeuten hat hier durch diese winzige neue Bedeutung professionell sowohl die Anschlußfähigkeit der Kommunikation gesichert als auch den internen Kontext verschoben – hin zum „jemandem schaden".

4. Die „diebische Handlung" kann nun in einen gemeinsamen Kontext (den der „Interpretation") gestellt werden und damit ist der dialogische Prozeß äquifinal in die Handlung des „Analysierens" eingemündet.

5. Erneut ist dialogische Dualität mit kreativer Bedeutungsemergenz (Steigerung von „Spaß" zum „diebischen Vergnügen" mit Bedeutungsverweisen auf das

„jemandem schaden") erreicht; der Dialog kann auf einer höheren Stufe erneut diese Etappen durchlaufen.

Untersuchen wir nun den weiteren Verlauf:

Der Therapeut hat die erreichte „Einigung" durch das „aber" wieder divergieren lassen; die Arbeit ist noch nicht zu Ende, es muß ein weiterer Kontext gemeinsam erzeugt werden. Die hier entwickelte Theorie würde nun erwarten lassen, daß nun als Folge des Verlustes der Einigung erneut auf basalere Kommunikationsmechanismen zurückgegriffen werden muß.

Tatsächlich wird die Patientin mit ihren Äußerungen sofort wieder linguistisch indirekt. Sie schließt mit einer Übernahme an („die Frage hab ich mir noch nicht gestellt") und sichert damit die dialogische Kontinuität, wählt dann eine Bedeutungsgebung („Aufmerksamkeit von Ihnen erreichen"), benutzt jedoch erneut die linguistische Indirektheit („dann denk ich schon", „oder irgendwie so etwas") – aber das ist nur eine kurze Episode: sie endet mit einem Perspektivenwechsel („Wie ich reagiere, wenn jemand nicht pünktlich ist"), der wieder die Herstellung eines gemeinsamen Bedeutungs- und Handlungsuniversums anbietet. Auf dies Angebot reagiert der Therapeut seinerseits linguistisch indirekt mit einem affektmodulierenden „hmhm", wird dann direkt und präzise („das wissen Sie genau") und nach dieser geschwinden Herstellung äquifinaler Bedeutung kann die Patientin selbst eine Einsicht in ihren Widerstand formulieren („daß es den andern ärgert, will ich nicht so genau wissen"). Das ist deshalb eine echte Einsicht, weil ihre Formulierung unterstellt, ein „Wissen" von der Reaktion derer, denen sie „schadet", durchaus zu haben, das sie gleichzeitig nicht haben wollte[137]. Die „bisher vorbewußte (oder unbewußte?) Lust am aggressiven Handeln" (schreiben Thomä/Kächele 1988, S. 163) wird bewußt. Der Dialog schraubt sich weiter: Der Therapeut reagiert wieder mit einer behandlungstechnischen Konfrontation (dem „aber..."), die den Dialog wieder ent-sichert.

---

[137] Dies Spiel von „Wissen" und „Nicht-Wissen" hatte Freud als für die Widerstandsarbeit charakteristisch beschäftigt. Im „Abriß" (GW XVII, S. 103) hatte er das Wissen des Analytikers streng von dem des Patienten unterschieden; in der 6. der „Vorlesungen" (GW XI, S. 98) betont er, daß der Träumer wisse, was sein Traum bedeute, aber eben das wisse er nicht und wiederum im „Abriß" (S. 99) fordert er, mit einer Art „Gegenparadoxon" auf diese „komplexe" Lage reagierend: „Wir wollen von ihm (dem Patienten) nicht nur hören, was er weiß und vor anderen verbirgt, sondern er soll uns auch erzählen, was er nicht weiß". (Vgl. auch die entsprechenden Stellen aus „Zur Einleitung der Behandlung", GW VIII, S. 476f.) Der Analytiker hält am Postulat der Sinnkontinuität fest; und dazu muß im Dialog der „passende" Kontext erfunden werden.

Die Patientin fährt fort:

„P.: Also mir fällt dazu ein, daß mein Freund mich am Wochenende 3mal hat warten lassen. Und beim ersten Mal, da hab' ich noch nichts gesagt, obwohl er das Thema angesprochen hat. Beim zweiten Mal hab' ich auch noch nichts gesagt, erst beim dritten Mal. Da hab ich ja gerade erst erlebt, wie das ist. Ja allerdings, wie ich es auch vorhin gesagt habe, neulich hab' ich ihm eins übergebraten mit...was war das denn eigentlich?

Diesem „interessanten Detail" des Vergessens wendet sich der Therapeut nun nicht zu, sondern sagt:

„A.: Am Wochenende waren Sie diejenige, die warten mußte, und sie haben sich geärgert, d.h. sie waren passiv und waren das Opfer. Nun machten Sie eben etwas, was wir schon verschiedentlich gesehen haben, nämlich Sie drehen den Spieß um und lassen mich warten, also Sie sagen sich: `Ich will nicht, daß mir etwas angetan wird, und deshalb tue ich es anderen an' – das ist Ihr Weg, mit solchen Störungen oder Verletzungen umzugehen. Und so geht es bei der Verspätung um Ärgern und Geärgertwerden.

P.: Hmhm (kleine Pause), ja vielleicht geht's darum zu ärgern und geärgert zu werden."

Die Widerstandshandlung des Zuspätkommens ist nun „analysiert", indem ihr eine verbindliche Bedeutung in bezug auf menschliche Beziehungen gegeben wurde. Die Patientin ärgert so, wie sie selbst geärgert wurde. Damit dies Muster vollständig beschrieben werden konnte, mußten im therapeutischen Dialog kommunikative Strategien verwendet werden, die die Anschlußfähigkeit von Äußerungen trotz zunächst unterschiedlicher Bedeutungsgebungen sichern und das gesamte dialogische Geschehen in eine äquifinale Bedeutung einfließen lassen.

Hier nun passiert etwas Neues: Solange die Patientin in ihrem frame handeln mußte, war es – für das operative Prozeßmodell des Therapeuten – ein Widerstand; die kommunikativen Strategien haben den gleichen frame in einen Interpretationskontext überführt, wobei der frame selbst immer mehr um einzelne Bestandstücke vervollständigt wurde und nun als solcher „angeschaut" werden kann. Als bipolares Muster (mit je einem aktiven und einem passiven Pol der Handlung des „Ärgerns") wird es zum *Inhalt* des Dialogs; als operatives Prozeßmodell war es noch Kontext. Das Konzept der „implikativen Macht" von Äußerungen verlangt nun, daß auch dieser Inhalt einen Kontext impliziert; das ist in der Tat der Fall: Im weiteren Verlauf wird deutlich, daß das bipolare Muster innerhalb einer Dreiecksbeziehung verläuft: die Patientin benutzt das Gespräch mit dem Freund, um den Analytiker zu ärgern etc. Man kann buchstäblich die Evolution des Dialogs sehen – aber ob er sich in die Tiefe oder in die Höhe schraubt, ist, angesichts des „Gegensinns der Urworte“ (Freud 1910) ziemlich gleichgültig.

Ich wollte mit meiner Analyse zeigen, daß es solche kommunikativen Strategien sind, durch die der therapeutische Dialog trotz divergierender Imaginationen und interner Kontexte fortgesetzt werden kann. Der Widerstand, der die „Arbeit“ zu unterbrechen droht, kann als Kontextzerreißung verstanden werden. Wenn seine Bearbeitung „gekonnt“ gelingt, kann dieser Vorgang für sich selbst innerhalb des Dialogs noch transparent werden[138].

Ein „gekonnter“ therapeutischer Dialog in Etappen der Widerstandsbearbeitung hat offenbar die beschriebene kreisförmige Struktur, was hier an zwei Episoden gezeigt werden konnte. Das „Entgleisen“ des Dialogs wird durch den Gebrauch eines kulturellen Repertoires kommunikativer Strategien, an prominenter Stelle durch den Gebrauch von Metaphern, abgefangen. Beide Dialogpartner benutzen solche Strategien. So lassen sich basale kommunikative Strategien identifizieren, auf die dialogsichernd dann zurückgegriffen wird, wenn gemeinsame Bedeutungskontexte erst gesucht oder kreiert werden müssen; zum andern sind diese offenbar kulturell determiniert, was darauf verweist, daß „Kultur“ und „klinische Praxis“ weniger weit voneinander entfernt sind, als man gemeinhin annimmt. Durch Einbeziehung des beschriebenen kulturellen Repertoires, das sowohl differenziert als auch erweitert werden kann, wird deutlich, wie therapeutische Kommunikation prozessiert auch und gerade dann, wenn Bedeutungsgebungen aus höchst unterschiedlichen semantischen Feldern heraus geschehen. Sie sichern die Anschlußfähigkeit der Kommunikation gerade bei und trotz semantischer Divergenzen. Den gekonnten Vollzug dieses Repertoires betrachte ich als wesentlichen Bestandteil der professionellen Leistung. Sie kommuniziert in und durch Unschärfen und zeigt so, daß Kommunikation einer möglichen Wahrheitssuche vorangeht. Die professionelle Leistung nutzt somit im interaktiven Mikro-Format den von Cavell (1997, s.o.) erkenntnistheoretisch hervorgehobenen Umstand, daß man sich immer schon in einer gemeinsamen Welt befindet.

Der imaginative Wert operativer Prozeßmodelle für die Dualisierung

Der professionelle Psychotherapeut kommuniziert weitgehend durch semantische Unschärfen, und das ermöglicht die Fortsetzung der Kommunikation, der thera-

[138] Wie man an einer Fortsetzung der Analyse zeigen könnte – hier muß der interessierte Leser auf die Quelle verwiesen werden.

peutischen „Arbeit“, also die Überwindung von dem, was in der Theorie der Technik als „Widerstand“[139] ausgezeichnet wird. Gerade weil Bedeutungen nicht definitorisch festgelegt werden, können beide Beteiligte auf imaginative Wissensbestände aus ihrer Umwelt zurückgreifen. Sie tun dies so, daß ein optimaler semantischer Überschneidungsbereich hergestellt und dann gesichert wird. Wären Bedeutungsgebungen genau identisch, wäre Kommunikation überflüssig; driften sie zu weit auseinander, wird sie unmöglich. Verständigung setzt Kommunikation voraus und diese wird angetrieben vom Nicht-Verstehen. Wo man sich versteht, braucht nicht kommuniziert zu werden. Damit sind zwei Extrempunkte der Kommunikation bezeichnet, die zu vermeiden einen weiteren Aspekt der professionellen Kommunikation bestimmt[140]. Den optimalen semantischen Überschneidungsbereich bezeichne ich als das „kommunikative Dual“.

Dieser Wellenschlag zwischen Annäherung und Distanzierung wird durch die genannten Strategien ermöglicht. Sie gestatten ungenaues Sprechen und sichern *so* die kommunikative Anschlußfähigkeit; Sprechen ist nicht Übermittlung von Information.

Die professionelle Leistung besteht in der (Wieder-)Herstellung gemeinsamer Handlungsoptionen von unterschiedlichen Situationsdeutungen aus; sie braucht äquifinale Bedeutung. Wir sehen im Detail, wie die professionelle Leistung Bedeutungen herstellt, unscharfe Situationen in lösbare Probleme verwandelt – und das bei divergenten Interpretationskontexten. Das „Intimisierte“ der professionellen Interaktion läßt sich auszeichnen als Operation, die durch kommunikative Strategien Bedeutungskonvergenz so herstellt, daß der Dialog evolvieren kann und nicht in völliger Übereinstimmung oder Diskrepanz endet. Beides würde zur Unterbrechung der gemeinsamen Arbeit führen – es bräuchte oder könnte nichts mehr „erarbeitet“ werden.

Somit läßt sich der Bereich der dialogischen Oszillation zwischen diesen Extremen markieren:

---

[139] Freud (GW II/III, S.521) hatte den Widerstand definiert als all dasjenige, was die „Fortsetzung der Arbeit stört“, was in den „Bemerkungen zur Übertragungsliebe“ wiederholt (GW X, S. 309) wird.

[140] Der Sprachwissenschaftler Karl Otto Erdmann formulierte im Jahre 1900: „Jede interessante Unterhaltung setzt als Stimulans eine gewisse Unklarheit und gegenseitiges Mißverstehen voraus: alles klar heißt alles zu Ende“ (zit. nach Hülzer Vogt 1991).

Im einen Extrem kommt es zum Auseinanderdriften der Bedeutungsuniversen von Therapeut und Patient mit der Folge so weit divergierender Kommunikationen, daß sie nicht mehr aneinander anschließen können:

Im andern Fall kommt es zu völliger Bedeutungskonvergenz:

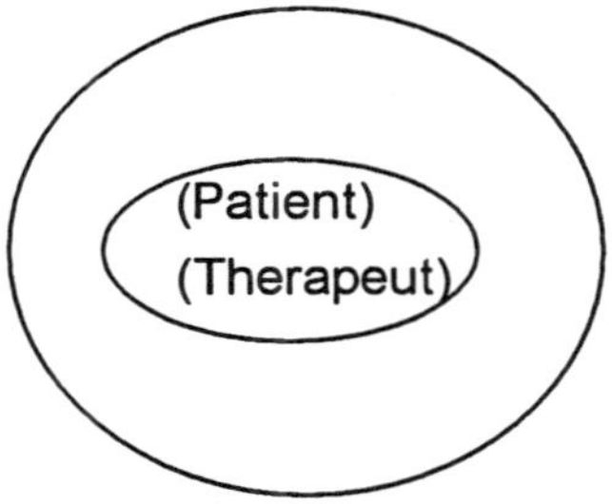

Hier kann oder braucht nicht mehr gesprochen zu werden, die Kommunikation entfällt in diesem Bereich.

Phasen der kreativen Bedeutungsgenerierung sind demgegenüber durch etwas gekennzeichnet, was ich als Dualisierung kennzeichne:

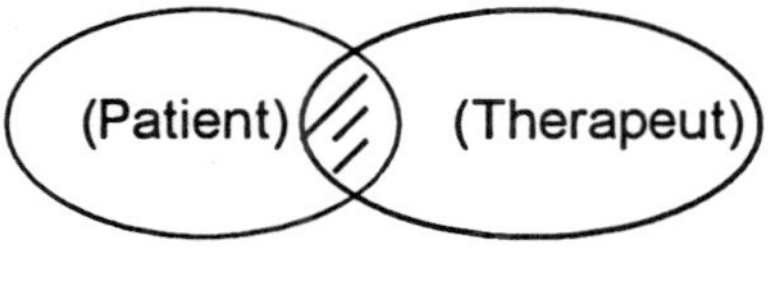

Beispiel: Eine schwer depressive Patientin mit mehreren Suizidversuchen äußert im Interview: „Ich weiß nicht, wie ich anfangen soll. Ich weiß, das ist ein großes Problem von mir. Das wird noch lange ein Problem sein." Der Therapeut antwortet nach einer Phase des Überlegens: „Bis wir dies Problem gelöst haben, können wir ja schon mal anfangen."

Im kommunikativen Dual kommt es zur flexiblen *Überschneidung* von Bedeutungsuniversen durch fokussierende Bezugnahme auf gleiche Handlungsoptionen; das Teilen und Mit-Teilen von Bedeutungen setzt Differenz voraus. „Dualität“ meint die Hervorbringung *geteilter Bedeutungen* durch implikative Macht[141], die die Kontextselektion stabilisiert. Das ist möglich auf dem Hintergrund *äquifinaler Bedeutung* durch Gebrauch von kommunikativen Strategien, die die Verbindung auf der Handlungsebene wiederherstellen, wenn und solange sie auf der Interpretationsebene nicht gelingen will. Indem von Metaphern und linguistischer Indirektheit, von logischen Argumenten und Affektmodulation – und, wie ich gleich hinzufügen möchte: von Analogien und Paradoxien, also vielfachen Umwelten – Gebrauch gemacht wird, kann die Anschlußfähigkeit des Dialogs als Suche nach geteilten Bedeutungen zunächst *flüchtig* gesichert werden. Ist äquifinale Bedeutung stabilisiert, indem man sich auf einen Kontext geeinigt hat, können stärker personale Bedeutungen wieder in den Dialog einfließen.

Die Kommunikation greift zurück auf kulturelle Repertoires, die als basalere Mechanismen der Fortsetzung von Kommunikation dienen; sie tragen zur „Kultur“ auch in einer therapeutischen Dyade bei. Die Aufrechterhaltung von Dualität – im Sinne der Beibehaltung eines optimalen Überschneidungsbereiches geteilter Bedeutungen – kann als Teil therapeutischer Kompetenz beschrieben werden. Wollte man das etwas theoretischer ausdrücken, so ließe sich formulieren: kommunikative Strategien des kulturellen Repertoires erzeugen die Einheit von Einheit und Differenz.

Verstehen ist nicht daran gebunden, daß der Andere beim Gebrauch eines Wortes *genau* dieselbe Vorstellung entstehen läßt. Es genügen *funktional äquivalente* Imaginationen. Sagt jemand von einem Dritten: „er hat gefaucht“, dann ist es für die Verständigung gleichgültig, ob der Zuhörer sich einen Drachen, einen Kater oder einen Löwen vorstellt – die Rede wird metaphorisch verstanden durch Imagination eines Szenarios. Im Kontext eines Zirkuskunststücks würde zwanglos die wörtliche Bedeutung („Feuerspucken“) verstanden. „Funktional äquivalent“ heißt hier, daß eine vernommene Aussage oder ein Wort benutzt wird, um eine eigene Imagination entstehen zu lassen, die so prozessiert werden kann, als sei

[141] Im Beispiel weist der Analytiker auf die von der Patientin ausgesparte Implikation hin, daß sie schon angefangen hat – und das ermöglicht die Fortsetzung des Dialogs.

sie mit dem Gehörten identisch. Die eigene Imagination und das Gehörte werden prozessual zu einer Als-ob-Identität verschmolzen. Wo sich dann ein Bewußtsein vom Als-ob-Charakter bewahrt, kann man von metaphorischer Kompetenz sprechen. Die Verschmelzung selbst ist für weite Teilstrecken der Kommunikation, im Alltag wie in der Profession, unverzichtbare Arbeitsbedingung, denn wir können nicht andauernd fragen, ob der Andere dasselbe „gemeint" habe, wie das, was wir imaginiert haben. Zur Klärung einer solchen Frage müßten wir unsere Imagination mitteilen – und dann käme der Andere ins gleiche Problem: Was hat er imaginiert und was haben wir gemeint? Sofort würde sich die Kommunikation an ihren eigenen Inkonsistenzen aufschaukeln und innerhalb weniger Sekunden zusammenbrechen. Um das zu verhindern, operiert die Als-Ob-Identität funktional. Die Kommunikation ihrerseits stellt bestimmte *Formate* bzw. Repertoires zur Verfügung, die der Sicherung der Verständigung dienen. So gibt es Grußformeln und Miniformate der Beendigung von Gesprächen, es gibt die Selbstverständlichkeit, auf Fragen zu antworten, oder Stufen der üblicherweise erwartbaren Annäherungen im Kontakt (Buchholz und v. Kleist 1997). Imaginative Als-ob-Identität und Sprechformate kooperieren funktional für die Aufrechterhaltung der Kommunikation, aber hintergründig.

Nach diesen mehr ins Detail gehenden Überlegungen zu den Kontexten des therapeutischen Dialogs wende ich mich nun wieder den mehr klinisch beschreibbaren operativen Prozeßmodellen zu. Man kann zunächst hilfreiche und weniger hilfreiche voneinander unterscheiden:

Weniger hilfreich sind wahrscheinlich solche, die Dualisierung eher blockieren, weil sie

a) immer schon vorweg wissen, was der Patient „wirklich" meint (deshalb forderte Balint den „unaufdringlichen" Analytiker); hier geht die Als-ob-Identität verloren, wenn man zu wissen verführt wird,

b) durch einen Mangel an Offenheit insofern gekennzeichnet sind, als sie alles „aus einem Punkt" (nur aus dem Trauma, nur aus dem Konflikt, nur aus der frühen Kindheit, nur aus der Sexualität oder aus der Aggression, nur als Verhalten, nur umweltbedingt oder nur biologisch) erklären, die statisch sind und insofern keine Revisionschancen enthalten oder keine Ausnahmen zulassen,

c) nur *eine* Möglichkeit der Änderung privilegieren (z.B. durch „Einsicht", Einnahme von Pharmaka oder durch „Verhaltensänderung").

Professionell hilfreiche Modelle sind solche, die

a) relativ unscharf und eher bildhaft sind; sie können in verschiedenen Situationen nach dem Prinzip der „Familienähnlichkeit“ verwendet werden; ihre Unschärfe ermöglicht die Anschlußfähigkeit der Kommunikation,
b) vom Patienten assimiliert werden können, weil sie sich auf sinnliche Erfahrungen beziehen, die ihm bildgebend vertraut sind (wie Reparatur oder Wachstum),
c) nahe an der Sprache des Patienten „formuliert“ sind und
d) die multizentrische Erzählstruktur von Geschichten bewahren.

Die Professionstheorie wendet sich damit von den „Tatsachen“ zu den professionellen „Denkgewohnheiten“. Die Ursprungsbereiche derjenigen Bildgebungen, aus denen operative Prozeßmodelle hervorgehen, entspringen der Imagination, und zwar sowohl des Therapeuten, wie auch des Patienten. Eine gelungene Interaktion findet ein gemeinsames Bild, wenn auch verschiedene Worte. In der professionellen Praxis geschieht dies nun nicht abstrakt, sondern indem auf die Motivierungen einer Metapher verwiesen wird. Diese sind natürlich immer imaginativer Art, können aber durch besondere lebensgeschichtliche Umstände besonders bestimmt sein. Freud (GW IV, S. 240 f.) hat dafür ein schönes Beispiel überliefert:

> „Man glaubt doch im allgemeinen die Wahl zu haben, in welche Worte man seine Gedanken einkleiden oder durch welches Bild man sie verkleiden soll. Nähere Beobachtung zeigt, daß andere Rücksichten über diese Wahl entscheiden, und daß in der Form des Gedankens ein tieferer, oft nicht beabsichtigter Sinn durchschimmert. Die Bilder und Redensarten, deren sich eine Person vorzugsweise bedient, sind für ihre Beurteilung meist nicht gleichgültig, und andere erweisen sich oft als Anspielung auf ein Thema, welches derzeit im Hintergrunde gehalten wird, aber den Sprecher mächtig ergriffen hat. Ich hörte jemanden zu einer gewißen Zeit wiederholt in theoretischen Gesprächen die Redensart gebrauchen: 'Wenn einem plötzlich etwas durch den Kopf schießt', aber ich wußte, daß er vor kurzem die Nachricht erhalten hatte, seinem Sohn sei die Feldkappe, die er auf dem Kopfe trug, von vorn nach hinten durch ein russisches Projektil durchschossen worden.“

Was Freud hier beschreibt, könnte für die Lösung eines modernen theoretischen Problems (Luhmann 1984) herangezogen werden: wie sich „psychisches System"[142] und das soziale System der Kommunikation zueinander verhalten. Freud spricht in metaphorischer Weise vom „Verkleiden" der Gedanken durch Worte; indem er Einkleidung und Verkleidung unterscheidet, macht er darauf aufmerksam, daß metaphorische Bilder verhüllen und zugleich enthüllen. Die Metapher enthält, in psychoanalytischer Sprache, immer beides: „Abwehr" *und* „Wahrheit" – Lakoff und Johnson (1998) hatten von den verdunkelnden bzw. erhellenden Aspekten gesprochen. Freud beobachtet nun weiter, die Wahl der Wortkleider sei nicht zufällig. Entscheidend sei die „Form". Es ist genauer die metaphorische Form; die Metapher bildet die „Brücke" (Lakoff und Turner 1989), über die der psychische Sinn ins soziale System der Kommunikation „einwandert" – aber man sieht das nur, wenn man zugleich weitere kontextuelle Kenntnisse – hier über das russische Projektil – mit einbezieht. Danach kann die Analyse der Metapher, ihrer erhellenden wie ihrer verdunkelnden Aspekte, ihrer „Abwehr" und ihrer Motivierungen, genaueres darüber in Erfahrung bringen, wie das psychische System die Kommunikation „irritiert". Die Metapher enthält die sinnliche Erfahrung, die ohne sprachliche Mittel nicht mitgeteilt werden könnte. Solche Sinnlichkeit liefert der Kommunikation innovative Anregung, damit überhaupt Neues gesagt werden kann. Umgekehrt liefert die Sprache ein Repertoire an vorformulierten Mustern und Registern, die die sinnliche Erfahrung überhaupt erst kommunikativ zu gestalten erlauben. Die Gestaltung von sinnlichen „facts" geschieht im professionellen Kontext durch operative Prozeßmodelle. Ich sehe die Verbindung von sinnlicher Erfahrung und sprachlicher Gestaltung nicht im Sinne einer „Einbahnstraßentheorie", wonach das eine Anregung liefert und das andere gestaltet. Vielmehr geht es um die Kreation nicht nur neuer Worte, sondern einer neuen Dimension, die sowohl interaktiver Realisierung bedarf als auch angeregter Imagination. Die Metapher ist sozusagen wie der Flirt: wer nachfragen wollte, was der zugeworfene Blick denn nun „wirklich bedeute", zeigt nur, daß er nicht flirten kann. Es bedarf interaktiver Realisierung *und* der Imagination – und die kann bei Interaktionsteilnehmern höchst verschieden sein. Das aber ist kein Problem, sondern Anstoß für die Fortsetzung der Kommunikation.

Die Metapher verbindet so das psychische System mit dem sozialen der Kommunikation und hält beide zugleich getrennt voneinander; das psychische System ist „Umwelt" der Kommunikation – und umgekehrt. Das sieht Luhmann (1985)

---

[142] Das ist Luhmanns Ausdruck. Luhmann sieht hier immer nur Gedanken an Gedanken anschließen, die sich wechselseitig beobachten. Ich ziehe den Begriff der Imagination vor, weil er reichhaltiger ist und die sinnliche Erfahrung des Körpers einschließt.

richtig: Nie kann der Überschuß der Gedanken, den ein Gespräch begleitet, kommuniziert werden, und schon gar nicht vollständig. Beide „irritieren" sich gegenseitig. Der Züricher Psychoanalytiker Peter Schneider (1996, S. 112) beendet seinen Aufsatz über die psychoanalytischen „Löcher des Wissens" mit den bemerkenswerten Worten: „Es hat allen Anschein, als ob im Bereich der Metaphern jene theoretische 'Vermittlung' von Subjektivem und Objektivem, Welt und Individuum, Natur und Kultur, Instinkt und Trieb, Gesellschaft und Subjekt stattfindet, nach der so oft wie nach dem Stein der Weisen gefahndet und welche im Versuch der *Fundierung* des einem im anderen stets verfehlt wird."

Die Metapher rehabilitiert die Imagination als unverzichtbare Umwelt jedes, nicht nur des therapeutischen Gesprächs. Aber ich will nicht als Romantiker des Imaginären mißverstanden werden. Denn auch die Imagination eines professionellen Therapeuten ist ja gebildet. Eine *Theorie* der Profession muß sich deshalb zur Aufgabe machen, die begrenzenden Wirkungen der jeweils gewählten Metaphern und der damit dann operierenden Prozeßmodelle selbst wiederum sichtbar zu machen. Sie muß die Mittel zu deren *Analyse* bereitstellen. Das soll im folgenden geschehen.

Eine Anregung sei zuvor noch gestattet, die zu verfolgen interessant erschiene: Wäre es angesichts einer derzeit sehr stark an „Effizienz" orientierten Forschung auch sinnvoll zu überlegen, ob Psychotherapie nicht auch auf Nicht-Wandel insofern zielt, als Menschen nur werden können, was sie sind und was in ihnen als Möglichkeit angelegt ist? Die Idee, sich zu „ändern", hat eine semantische Nähe zum moralisierenden „sich bessern". Eine wichtige Dimension des therapeutischen Wandels könnte sein, die Idee sich ständig „ändern" oder „Änderung" erreichen zu müssen, einmal fallen zu lassen – und eben darin die Veränderung zu erblicken. Auch diese Idee müßte als ein operatives Prozeßmodell angesprochen werden.

Die Analyse der Metapher

Wenn die Metapher durch die gegenläufigen Bewegungen von Komplexitätsreduktion *und* Steigerung der sinnlichen Dimensionalität operiert, dann können auch immer andere Komplexitätsreduktionen vorgenommen und andere sinnliche Anschauungen in einen Dialog „eingeschmuggelt" werden. Dafür ein Augenmerk zu entwickeln dürfte für professionelle Psychotherapeuten von nicht zu unterschätzender Bedeutung sein. Beide gegenläufigen Strategien der Metapher sind „motiviert". Die Metapher ist die dafür ausgezeichnete sprachliche Figur, weil an ihr die Einheit von Gegenstandsdarstellung und Perspektiveneröffnung transparent (Buchholz 1993, 1996) werden. Wird ein Bild als „Schinken" beschrieben, eröffnet diese Metaphorik eine Perspektiven und konstituiert damit einen Gegenstand: Man sieht das Bild „als" Schinken, andere sollen es ebenfalls so sehen, sich ähnlich verhalten usw.

Damit man „sieht", wie sehr die Metapher eine bestimmte Perspektive öffnet (und andere verschließt) und zugleich damit ihren Gegenstand erzeugt, muß – und kann – die Metapher analysiert werden. Die Analyse einer Metapher ist Bestandteil der professionellen Reflexion; sie hat das praktisch höchst relevante Ziel, Möglichkeitsüberschüsse zu produzieren, indem sie andere, bislang verschlossene, Sichten öffnet. Auf diese Weise werden Handlungsspielräume eines Patienten erweitert und die Behandlungsgrenzen eines Therapeuten ausgedehnt. Die *Analyse* der Metapher hat somit das der Metaphern*produktion* genau entgegengesetzte Ziel: Die *Analyse* der Metapher will die Komplexität des Gegenstandes wiederherstellen, indem sie alternative Sichten in der Kommunikation anschließt. Sie kann sich an grundlegenden Fragen orientieren:

Welche *Folgen* hat eine Metapher für Handlungen und Erleben? Was wird durch sie ermöglicht, was behindert? Was schließt die Metapher ein, was aus? Was wird durch die Metapher erhellt, was verdunkelt?

Welche *Rollen* und *Aufgaben* werden durch sie auf die Beteiligten verteilt? Wenn Psychotherapie als „ärztliches Gespräch" metaphorisch konzeptualisiert wird, macht der eine „die Untersuchung", der andere wird untersucht. Damit sind die operativen Effekte der Metapher angesprochen.

Welche *Motiverungen* hat eine Metapher? Gibt es sinnlich-körperliche Erfahrungen, die in der Metapher anklingen (zugleich von ihr abgeblendet werden) und die Herstellung biographischer Bezüge ermöglichen (wie im Freud-Beispiel von der durchschossenen Kappe)?

Welche *evaluativen* Effekte werden durch eine Metapher gesetzt? Welche Werte werden durch sie dargestellt? Wie wird stillschweigend geurteilt?

Wie kann eine Metapher zum „Kippen" gebracht werden? Welche neuen Bildgebungen toleriert der Metaphernbesitzer?

Die alternative Metapher

Verschiedene Techniken der Metaphernanalyse[143] sollen nun beschrieben werden. Eine wurde schon genannt: „Gegenstände" können und sollten mit *alternativen* Metaphern beschrieben werden, „selbst wenn dadurch die Konsistenz und die Abgeschlossenheit der wissenschaftlichen Erklärung in Mitleidenschaft gezogen wird" (Debatin 1995, S. 166). Alternative Metaphern relativieren gewohnte Denkfiguren, indem sie das Bewußtsein des *sehen als* wiederherstellen. Die Analyse der Metapher vollzieht eine doppelte Bewegung: Sie stellt Komplextität wieder her und reduziert diese dann auf eine neue Weise. Unvermeidbar wird mit einer solchen Operation die Motiviertheit der bislang verwendeten Metapher erfahrbar und zugleich eine neue Metapher, die als temporäre Fokussierung dient, eingeführt; auch diese kann dann wieder „aufgebrochen", ihre Komplexitätsreduktion reduziert und ins Licht einer alternativen Metapher gestellt werden. Die Analyse einer Metapher ist somit grundsätzlich nicht beendbar; aber man kann sie dann abbrechen, wenn der Metaphernverwender die „Bewußtseinslage der doppelten Bedeutung" restituiert. Das ist eine professionell höchst wertvolle Folge einer Analyse der Metapher; ich hatte davon gesprochen, daß sie den Ort des Betrachters *vor* dem Bild verändert.

Werden alternative Metaphern gestattet, dann kann deren gegenstandskonstitutive Funktion in beschreibungsabhängigen Wirklichkeiten analysiert und die Art der Perspektiveneröffnung berücksichtigt werden – kurz, die Analyse bzw. Reflexion tritt an die Stelle des Sprachreinigungsprogramms. Die Metapher kann allgemein nicht ersetzt, aber die Limitierungen von einzelnen Metaphern können *kompensiert* werden – durch andere Metaphern. Erst durch alternative Metaphern kann die selektive Gegenstandsdarstellung durch *nur eine* Metapher sichtbar und deren operative Folgen elaboriert werden. Das muß für professionelles Handeln sehr hoch veranschlagt werden: Nahezu alle in therapeutischen Dialogen relevanten Themen haben keine „an sich" feststehende Bedeutung, die durch Metapherngebrauch lediglich „verzerrt" würde – sie werden durch Metaphern vielmehr konstituiert und legen damit bestimmte Handlungsfolgen nahe und, therapeutisch höchst relevant, schließen andere aus. Diese können durch neue Metaphoriken wieder in den Bereich des Möglichen eingeholt werden – die Profession arbeitet, wie Oevermann es faßte, mit der Produktion von Möglichkeitsüber-

---

[143] Debatin (1995) spricht von „Metaphernreflexion" als einer hermeneutischen Grundoperation. Hermeneutik kommt damit im Sinne von Raguse (1998) als Reflexionswissenschaft der Profession zu ihrem Recht.

schüssen, um dem von einer (und nur einer) Metaphorik ausgehenden „Zwang" entgehen zu können (Carveth 1993).

Am oben analysierten Beispiel ließ sich sehen, wie das geschieht: Der Therapeut spricht vom „überbraten", wo die Patientin nur vom „Zeit wegnehmen" sprach. Ob damit eine unbewußte Bedeutung bewußt gemacht wurde, ist nicht entscheidbar; denn es wurde zugleich derselben Handlung eine *neue* Bedeutung gegeben, an die die Patientin sich anschließen konnte; das „Diebische" ihrer Handlungen kann thematisiert werden.

Ein anderes Beispiel: Eine Patientin sagt, ihr ganzes Leben drehe sich um Olaf, ihren Freund. Der Therapeut greift dies konventionelle Bild auf und bietet eine alternative Metapher an. Er spricht davon, daß sie eine „Satelitenexistenz" im Anziehungsfeld mächtiger Gestirne zu führen scheine, eine neue Metaphorik, an die die Patientin sich anschließen kann, weil ja scheinbar dasselbe nur durch ein anderes Bild gesagt wurde. Das Gespräch wird einige Minuten lang von dieser Metaphorik strukturiert, die Patientin spricht davon, daß ihre Mutter früher im Zentrum gestanden habe und sie immer nur um sie „gekreist" sei, ängstlich abwartend, daß diese das Licht ihrer Zuneigung nicht mehr leuchten lasse. Dann revitalisiert der Therapeut die gleiche Imagination mit einer neuen manifesten, und dennoch funktional äquivalenten Metapher: Es sei, als könne sie in einem Auto immer nur auf dem Beifahrersitz mitfahren, nie selbst am Steuer. Hier sagt die Patientin: „Mensch, davon träume ich ja immer! Daß ich zu anderen ins Auto steige und die dann die Richtung bestimmen". Hier ist die konventionelle Metapher des „sich-drehens-um" durch zwei alternative, aber funktional äquivalente Metaphoriken kompensiert worden. Solche Metaphern können revitalisiert werden; im therapeutischen Prozeß ist es nicht selten, daß dies durch ein Traumangebot oder eine Metapher der Selbstbeschreibung beantwortet wird. Man sieht beinah die „geistige Komponente", die Beweglichkeit des Geistes am Werke.

Die Verlebendigung der toten Metapher

Eine weitere Technik der Metaphernanalyse erhellt, wenn man sieht, daß viele sprachliche Ausdrücke erstarrte Metaphern sind; sie sind zu Katachresen geworden und erscheinen dann erst als Begriffe oder Bezeichnungen. Das gilt für solche Worte wie „Tischbein" oder Ausdrücke wie „am Fuß der Berge"; es gilt aber auch für fachterminologische Begrifflichkeiten wie z.B. „der Widerstand" oder

„das Ich“[144] – eine ursprüngliche Interaktionserfahrung wird hier terminologisiert und dann substantialisiert. Die Analyse der Metaphern kann sich auf therapeutische Konzepte und Modelle erstrecken, aber auch im therapeutischen Dialog praktiziert werden.

Ich schildere Beispiele aus therapeutischen Dialogen[145]:

Ein Kindertherapeut spricht mit einem Vater über die Notwendigkeit begleitender Elterngespräche bei Behandlungsbeginn seines Kindes. Man sieht auf dem Video folgendes: Der Vater, ein etwas übergewichtiger Jurist, hört sich alles, was der Therapeut zu sagen hat, geduldig an, rutscht vor jeder eigenen Äußerung etwas tiefer in den Sessel und beginnt seine Äußerung dann regelmäßig mit der Bemerkung, er aber stehe auf einem ganz anderen Standpunkt – den er dann erläutert. Der Therapeut ist etwas „genervt“, hört seinerseits geduldig dem behäbigen Vater zu und leitet dann eine seiner nächsten Bemerkungen mit den Worten ein: „Also, Sie liegen auf dem Standpunkt, daß...“ Nun beugt sich der Vater vor, schmunzelt und erklärt dem Therapeuten, daß er glaube, mit ihm reden zu können.

Eine Patientin spricht mit dem Therapeuten über ihr unerklärliche Wutausbrüche. Der Therapeut exploriert sie zunächst auf der Suche nach auslösenden Situationen, bleibt damit aber ergebnislos und wechselt dann seine Strategie. Er fragt die Patientin nach ihren Imaginationen: Ist es mehr wie ein Vulkanausbruch? Oder

---

[144] Solche Substantialisierungen haben Generationen von Forschern dazu gebracht, das Ich wie ein Organ zu „sehen“ und es dann so zu behandeln, dessen „Stärke“ oder „Schwäche“ messen zu wollen, seine Funktionen aufzulisten usw. In der amerikanischen Psychoanalyse hat sich, vertreten durch Autoren wie Roy Schafer oder Donald Spence, schon seit den 70er Jahren eine heftige Kritik an solchen essentialistischen Denkformen artikuliert (siehe auch meine frühere Auseinandersetzung, Buchholz 1985). Schafer schlug als „Antidot“ seine „Handlungssprache“ vor, also die neue Grundregel, daß es nicht „etwas“ sei, was in einer Person handle, sondern die Theorie so zu formulieren, daß erkennbar wird, es ist immer die Person, die handelt (und nicht etwa die Gefühle, die in ihr „ausgelöst“ werden). In dem Ziel, der Verdinglichung entgegen zu arbeiten, muß man mit diesen Autoren übereinstimmen, aber Schafers Programm haftet noch allzusehr die Vorstellung von einer möglichen „Bereinigung“ der Theorie an; wenn überhaupt gereinigt werden muß, dann nicht die Sprache, sondern unsere Köpfe. Will (1999) erinnert daran, daß für Freud der Widerstand eine „erlebte Erfahrung“ war. Daß die Einfälle eines Patienten stockten, „legte mir die Deutung nahe (...), ich hätte einen Widerstand zu überwinden“ (Freud 1895, S. 268). „Widerstand“ ist somit nichts, was der Patient „hat“, sondern was der Therapeut „sieht“ – es ist ein operatives Prozeßmodell, das dem Professionellen zu handeln gestattet.

[145] Sorgfältige Analysen an Therapietranskripten finden sich bei Buchholz (1996), Buchholz und von Kleist (1995, 1997).

mehr wie der Ausbruch aus einem Gefängnis? Sie schmunzelt und legt sich nicht fest, meint dann aber ihrerseits, einen Vulkanausbruch könne eigentlich niemand beherrschen. Hier schließt sich der Therapeut an: was dann eigentlich eine Therapie bewirken könne? Nach einem Vulkanausbruch gäbe es nur die Möglichkeit der Schadensbegrenzung, man müsse Aufräumarbeiten hinter sich bringen, die Verletzten bergen und versorgen – kurz, das Gespräch bewegt sich *innerhalb* des Bildes, aber die Patientin kommt aus ihrer wütend gegen die Wut ankämpfenden Stimmung heraus.

Eine andere Patientin spricht davon, daß sie in Auseinandersetzung in ihrem Büro von einem Kollegen immer „niedergetrampelt“ werde. Der Therapeut hat die Imagination eines großen Elefanten-Fußes, der „niedertrampelt“. Er teilt der Patientin mit, wenn sie vom „Niedergetrampelt-Werden“ spreche, dann klinge das, als ob ein großer Elefantenfuß sie platt mache. Hier fährt sie sich mit der Hand über den Mund: Davon habe sie letzte Nacht geträumt! Daß ein Löwe einen Elefanten angreife, der Elefant sich auf den Rücken gelegt habe und der Löwe ihn „bespringe“. Der Therapeut deutet nach einigen Klärungen an, dies Traumgeschehen lasse weniger auf eine aggressive Auseinandersetzung schließen, sondern sehe doch eher wie ein Liebesakt aus? Beschämt teilt die Patientin mit, sie sei in den Kollegen eigentlich verliebt; vielleicht trampele der sie weniger nieder, als daß er ihre Erwartungen nicht erfülle? – Hier sieht man deutlich die beschriebene Operationsweise: Die Metapher vom „niedertrampeln“ reduziert die Komplexität der Interaktionserfahrung. Diese Reduktion wird in Frage gestellt durch die Bildgebung aus der imaginativen Umwelt des Therapeuten, was die Reduktion reduziert mit der Folge des Traumberichts. Hier taucht nun aus der imaginativen Traum-Umwelt der Patientin eine neue Metaphorik der Liebe auf, die rückwirkend das Geschehen mit dem Kollegen in ein neues Licht taucht. Auch dort geht es nicht um Auseinandersetzung, sondern eher um Liebe. Die tote Metapher vom „Niedertrampeln“ – tot, solange ihre Als-ob-Identität nicht bemerkt wird – wird verlebendigt, und dann kann das *gleiche* Geschehen mit dem Kollegen *von der Patientin* neu gedeutet werden.

Extension

Bei anderen Gelegenheiten kann eine Metapher zum „Kippen“ gebracht werden, indem sie extendiert und ihre Gehalte sondiert werden. Als Beispiel sei die Erfahrung genannt, daß auf bestimmte Kommunikationen innerhalb der Kommunikation fokussiert und diese Fokussierung dann wiederum metaphorisiert wird.

Man hat das Gefühl – oder sagt es auch -, vom anderen „zurückgewiesen“ zu werden, ihm oder ihr „nachlaufen“ zu müssen, oder daß der Andere „Haken schlägt“, während man mit ihm spricht, indem er ständig das Thema wechselt. Wenn solche Metaphorisierungen im therapeutischen Dialog selbst wiederum angeschaut werden können, fällt manchen Patienten die biographische Verwurzelung wie im Freud'schen Beispiel von der durchschossenen Mütze auf.

Eine sehr schnell die Themen wechselnde Patientin wird auf dieses Muster, das sich im Gespräch realisierte, angesprochen und verwendet sofort die Metapher vom „Haken schlagen“ dafür. Die Therapeutin extendiert das Bild: Haken schlagen sei das, was Hasen tun, wenn sie von Hunden gehetzt und verfolgt werden – ob sie sich so fühle? Nun erinnert sie sich daran, wie sie Gesprächen mit ihrem Vater entkam, indem sie nach oben über die Treppe im Einfamilienhaus entfloh und dann erst in dieses, dann in das andere Zimmer verschwand mit dem erinnerten Ziel, den Vater darüber im Unklaren zu lassen, wo sie sich befindet. Man kann formulieren: Die Erinnerung des Körpers wird in der Kommunikationsform bewahrt. Die Patientin „sieht“, wenn der Dialog auf dieses dialogische Muster fokussiert, eine Metapher und kann deren Limitierungen verlassen

Ein anderes Beispiel: Ein Mann Anfang Dreißig, der sich mit halblegalen Geschäften finanzierte und immer wieder in Schwierigkeiten steckte, sprach in forciertem Optimismus davon, er sei ein „Stehaufmännchen“. Die Fähigkeiten eines Stehaufmännchens wurden besprochen, v.a. sich von „Nieder-Lagen“ zu erholen, dann aber wurden die Begrenzungen thematisiert. Bis hierher wurde die Metapher vom Stehaufmännchen solange extendiert, bis sie schließlich in der Entdekkung mündete, daß ein Stehaufmännchen sich nicht von der Stelle bewegen kann, es kann keine „Fort-Schritte“ machen und kann sich nicht entwickeln. Damit war eine Lösung aus dem Griff der Metapher, die die Selbstdefinition bestimmte, erreicht und zugleich ein Behandlungsziel metaphorisch vereinbart: Betroffen davon, wie einschränkend die metaphorische Selbstbeschreibung vom Stehaufmännchen sei, erklärt er, er müsse wohl lernen, auf zwei Beinen zu gehen – und extendiert damit zugleich die „Einbeinigkeit“ seines Bildes.

Diese Techniken, über die man sehr viel mehr Theoretisches sagen könnte, zeigen, daß man *an* und *in* der Metapher arbeiten kann – je nach Umständen. In jedem Fall wird ein Kippeffekt erreicht, der eine Neuorganisation nach sich zieht – durch alternative Metaphern. Metaphern können für sehr verschiedene *Domänen* verwendet werden, von denen ich hier vier besonders erwähnen und darauf zurückkommen werde; professionelle Psychotherapeuten interessieren sich vorrangig für diejenigen, mit denen das *Selbst* (die Selbstbeschreibung), die *Konzeption der Therapie*, die *Interaktion* und der *Affekt* beschrieben wird.

Der Bildbruch in der Metapher als Zugang zu ihrer Motivertheit

Eine Metapher kann „erschöpft" werden, indem ihre Bedeutung übermäßig verallgemeinert wird oder ins offensichtlich Absurde kippt. Metaphern können mit Bildbrüchen konfrontiert und schließlich kann ihre biographisch-historische Bedeutung ermittelt werden. Auch dafür ein Beispiel:

Mario ist ein 21jähriger junger Mann, der mich wegen seiner Unfähigkeit, mit Frauen zu schlafen, aufsucht. Er leidet an einer Erektionsschwäche, die dann eintritt, wenn er in die Frau einzudringen versucht. Er sieht sehr gut aus, und ich glaube ihm sofort, wenn er davon spricht, er brauche nur in eine Disco zu gehen und könne „abschleppen", wen er wolle. Er intellektualisiert außerordentlich, spricht „geschliffen", und als ich diese Metapher fand, fiel mir immer mehr die Schärfe seines Sprechens auf. Deshalb wunderte ich mich nicht, als er in seinem ersten Traum berichtete, einer Frau das Gesicht zerschnitten zu haben. Ich habe in der Deutung dieses Traums v.a. auf die Verbindung zwischen der Schärfe seiner Worte und dieser metaphorischen Traumdarstellung abgehoben und hatte den Eindruck, ihn damit gut erreicht zu haben. Viele Stunden später kommt er und teilt mit, heute gehe es ihm so, er habe sich viele Themen überlegt, die er mit mir besprechen wollte, aber jetzt sei er da und es sei, wie wenn *ein Korken auf der Flasche* wäre.

Zunächst fasse ich diese Metapher als endopsychische Darstellung seiner Affektisolierung und der Verdrängung auf, dann aber auch als metaphorische Darstellung seiner Potenzstörung. Ich sage zu ihm, es wäre ja nun möglich, so zu verfahren, daß er sich einfach anstrengt und hofft, daß ihm die entfallenen Themen wieder einfallen. Aber wir könnten statt dessen ja auch zu verstehen versuchen, was es mit dem Korken und der Flasche auf sich habe, z.B. wäre ja denkbar, daß ihn im Augenblick, als er hier hereingekommen sei, etwas beschäftigt habe, was die anderen Themen in den Hintergrund habe treten lassen. Jaja, unterbricht er mich ungeduldig, es falle ihm schon wieder ein. Er verliebe sich immer in Frauen, die sich zu ihm nicht hingezogen fühlen. Und darüber habe er gestern mit seinem Freund Alf gesprochen. Ich weiß bereits, daß Alf ein schwuler junger Mann ist, der sich in Mario verliebt hat und, so empfindet es Mario, sehr unterwürfig um ihn wirbt. Mario kann den Hundeblick von Alf nicht ausstehen. Und gestern sei es so gewesen, daß Mario sich so für Alfs Themen zur Verfügung gestellt habe, er habe alles, was Alf sagte, in sich aufgenommen und kaum etwas von sich gesagt. Ich sage an dieser Stelle zu Mario, er sei wohl so eine Art Gefäß gewesen, und Alf habe keinen Korken auf der Flasche gehabt. Genau so habe er sich empfunden, antwortet er. Aber irgendwie habe er sich nach dem Gespräch mit Alf, nein: nicht leer, sondern „wund" gefühlt. Er wählt eine neue Metapher für die Darstellung seines Gefühls. Es ist nur *ein* Wort, das aber eigentlich ein ganzes Szenario[146] enthält. Die Metapher vom „wunden" Gefühl deutet ein Szenario an.

Ich sage zu Mario: „Hm, das könne ich verstehen. Aber wie passe dies Gefühl „wund" zu sein, zu dem Gefäß und der Flasche?" Er merkt auf: „Ja, das passe ja tatsächlich nicht". Dann fährt er fort: als er gestern mit Alf sprach, habe er sich überlegt: Wenn es den Frauen, in die er sich verliebe, so gehe wie ihm, in den sich Alf verliebe, dann hätte die Liebe heutzutage keine guten Chancen. Verliebtheit mache abhängig, und vielleicht habe er so einen Hundeblick wie Alf und die Frauen ihrerseits könnten dann ja nur verächtlich reagieren.

Ich formuliere jetzt meine Deutung und sage: „Sie stellen sich vor, daß die Frauen, in die sie sich verlieben, Ihre Zuneigung nicht erwidern, also unerregt und körperlich trocken bleiben. Dann würden die Frauen wund, wenn der Sekt aus der Flasche perlen wolle. Und Sie stellen sich das vor, weil Sie Ihrerseits sich so bemühen, emotional trocken zu bleiben, wenn jemand sich in Sie verliebt, und sei es auch Alf. Er schweigt und sagt dann, er denke an eine ziemlich miese Geschichte. Marlene war eine Frau, mit der er entkleidet und zärtlich eines Nachts auf seinem Bett lag. Sie mußte den letzten Bus um 24 Uhr kriegen. Er sei erregt gewesen und sie auch. Es kam aber nicht zur körperlichen Liebe, denn als es nach Mitternacht wurde, habe er plötzlich erklärt, er sei jetzt müde, sie solle gehen. Komisch, die Geschichte stehe ihm vor Augen, als sei sie gestern passiert, fügt er leicht höhnisch an. Ich sage hier, er schaffe es wohl im Moment nicht, emotional trocken zu bleiben. Nein, antwortet er. Aber verurteilt habe er sich deswegen schon lang genug selbst. Ich antworte ihm, vielleicht wolle er mir damit sagen, daß ich ihn jetzt nicht auch noch verurteilen solle. Ich würde aber verstehen, daß er sich schäme. Es treten ihm Tränen in die Augen, die wiederum mich bei diesem Superintellektualisierer zutiefst berühren, und bevor ich die Stunde beende, gibt er sich selbst eine Deutung: es sei vielleicht die Scham dar-

[146] Den Begriff des „Szenarios" entnehme ich Lakoff (1987). Er beschreibt u.a. Szenarien der Gefühle und macht damit auch die Nähe seiner Auffassung zum psychoanalytischen Konzept des „szenischen Verstehens" (Argelander 1970, Lorenzer 1970) deutlich.

über, wie schäbig er manchmal sei, von der er nicht wolle, daß sie aus der Flasche komme.

Ich habe dies Beispiel gewählt, weil ich illustrieren wollte, wie sehr der psychoanalytische Dialog eine Arbeit an der Metapher ist, ein Austausch von Metaphern. Die Metapher von der Flasche und dem Korken organisiert das Material der ganzen Stunde. Flasche, Korken und dann auch das Gefäß sind metaphorische „Organisatoren“ (wenn ich diesen Ausdruck von René Spitz entlehne) für die Beschreibung von Marios Beziehung zu Frauen, der Beziehung zu Alf und schließlich auch zu mir. Denn seine letzte Bemerkung deutet ja an, daß er sich vorstellt, ich sei es, der „wund“ werden könne, wenn er die Flasche öffne. Aber die Flasche ist nicht nur Metapher seiner Impotenz, sie stellt auch seinen psychischen Binnenraum dar, der sich hier zunächst in den Tränen ergießt.

Der Dialog ist ein Spiel (denkt man an Winnicott: natürlich auch Ernst) mit der Metapher. Sie ermöglicht eine dialogische Praxis der Andeutung, indem sie den Konflikt nicht zentral angeht, sondern ihn tangential berührt. Sie spricht an, nicht aus. Die Deutungen der Theorie werden zu Andeutungen im Dialog. Die Theorie regt die Imagination des Therapeuten an, und er nutzt sie zur Förderung der Interaktion der Bilder.

> „In der psychotherapeutischen Behandlung besteht z.B. der Schritt zum Verstehen des eigenen Selbst darin, daß der Klient sich bewußt macht, wie er nach unbewußten Metaphern lebt und wie diese sein Leben bestimmen."
>
> (Lakoff und Johnson 1980/1998)

Mit den genannten Techniken können Metaphern – der Theorie wie des Dialogs – analysiert werden. Meine Beispiele dürften verdeutlicht haben, daß die professionelle Analyse der Metaphern im therapeutischen Dialog sich nicht auf alle Metaphern beziehen kann, die in einer Rede vorkommen. Wenn die sprachwissenschaftliche These von der Universalität der Metapher stimmt, wäre die Menge zu analysierender Bilder sofort derartig groß, daß die therapeutische Aufgabe nicht gelingen könnte. Die Aufmerksamkeit fokussiert deshalb vorzugsweise auf diejenigen Metaphern, die bestimmte Domänen ausleuchten, in denen Metaphern vorrangig als operativ wirkam, selektiv Realität bestimmend und evaluativ normierend angesehen werden müssen: Die Metapher hat konzeptuelle, affektive und interaktive Domänen. Die Profession thematisiert stets die ganze Person in ihren Bezügen sowohl zum Körper und Erleben als auch in deren sozialen Beziehungen. Sie tut das nicht unmittelbar und direkt (weil es nicht ginge), sondern sie sensibilisiert sich für die metaphorischen Resonanzen, mit denen eine Person ihre eigenen Umwelt- und Selbstbezüge primär deutet. Reflexion dieser metaphorischen Resonanzen ist dann eine sekundäre Deutung, eine Interpretation von Interpretationen[147].

Da ich für das Selbst soeben Beispiele gegeben habe, sollen hier nun die anderen Domänen nacheinander dargestellt werden. Ich will aber gleich darauf hinweisen, daß die Richtung der Aufmerksamkeit auf diese Domänen im Sinne einer Vorrangigkeit gemeint ist, also nicht ausschließt, daß auch andere Bereiche, die metaphorisch konzeptualisiert sind, im Dialog gemeinsam analysiert werden.

---

[147] Es ist bmerkenswert, daß Raguse (1998), der die Hermeneutik als Reflexionswissenschaft ansetzt, zu genau dieser Formulierung von der „Interpretation von Interpretationen" gelangt, die ich unabhängig von ihm, aber zeitgleich (Buchholz 1998) verwendet habe. Früher schon hatte ich (Buchholz 1993) primäre und sekundäre Deutung unterschieden. Die Übereinstimmung in der Sache ist befriedigend; hermeneutische Reflexion als wissenschaftliche Operation findet in der Umwelt der Profession statt. Das schließt nicht aus, daß das gleichzeitig, während der Stunden geschieht. Aber was der Therapeut denkt, ist noch nicht Behandlung.

Die Domänen des Selbst, der Interaktion, des Affekts und der Therapiekonzeption werden als beschreibungsabhängige Wirklichkeiten durch die Metapher konzeptualisiert. Sie können nur durch eine Metapher (oder eine andere figurative Form) konzeptualisiert werden. Vergleichsweise leicht ist es, die metaphorische Konzeptualisierung zu erkennen, wenn metaphorisierte Domänen auch nichtmetaphorisch bekannt sind. Wir wissen dann, daß der Mensch kein Wolf *ist* – und wissen doch, daß es sich so verhält. Schwieriger wird dies, wenn es sich um „Gegenstände" („Ich") handelt, die ohne Metaphorik (z.B. *als* „Stehaufmännchen") nicht sichtbar wären. Ohne Metaphorik bleiben diese Konzepte „leer", sie haben keine sinnlich-anschauliche Bedeutung an sich. Sie regen die Imagination nicht an. Sie ohne Anschauung zu verwenden bedeutet nicht mehr, als einen Platz im semantischen Raum zu markieren. In allen Domänen ist die Metapher ein „psychological tool" (Wygotsky), ein kognitives Arbeitsinstrument, mit dessen Hilfe wir uns Neues erschließen und es an Bekanntes anschließen, unsere Angst reduzieren, tiefe Gefühle ausdrücken, Zukunft projektieren und Unsagbares formulieren können. Letztes gilt insbesondere für diejenigen Konzepte, deren bildempfangender Bereich „leer" ist, unter denen wir uns ohne Bildgebung nichts (oder noch nichts) vorstellen können. Dazu eine Illustration.

> Cameron (1996) hat an Transkripten von Unterrichtsstunden gezeigt, wie Lehrer die leeren Konzepte von Schülern „füllen". Die Klasse nahm das Thema der Vulkanausbrüche durch. Die Schüler wußten noch nicht, was „Lava" ist. Am Transkript der Unterrichtsstunde zeigt Cameron (1996) nun ausführlich, wie die Lehrerin diese Leere füllt; sie sagt, Lava sei schmelzende Butter – eine erste Metapher. Jetzt „sehen" die Kinder, daß sie zerfließt; dann fragt sie, was schmelzende Butter noch mache, wenn sie weiter erhitzt wird? Die Kinder finden die Antwort, es bilden sich Blasen und weiter, es komme zum „Blubbern". Usw. Es entsteht eine Metapher LAVA IST BUTTER – doch mit dem Unterschied, daß zugleich gilt: LAVA IST KEINE BUTTER.

Wenn solcherart „leere Konzepte" metaphorisch mit Anschauung „gefüllt" werden, wird die kognitive Strategie der metaphorischen Prädikation genutzt. Wir können verstehen, wie die Kinder dieser Schulklasse verstehen und wie sie sich Neues aneignen. Dieser zweistufige Verstehensvorgang operiert insbesondere dann, wenn es sich um bildempfangende Bereiche handelt, die *nur und ausschließlich* in ihrer metaphorischen Veranschaulichung durch sinnliche Bildgebungen existieren. Dann sind wir in deren Paradox verstrickt: Die gewählte Bildgebung bestimmt, was der „Gegenstand" *ist*, weil er nicht außerhalb dieser Prädikation bestimmt werden kann. Erst eine andere Metaphorik bestimmt den Gegenstand anders. Analyse dieser Metaphern heißt dann Analyse des Konzepts durch das Angebot einer alternativen Metapher. Die metaphorische Prädikation bestimmt die *Form* der Konzeptualisierung. Eine solche Analyse muß den „Gegenstand“ (z.B. die Therapie) immer anders konzeptualisieren. Nur so wird seine Konzeptualisierung durch die zu analysierende Metapher sichtbar. In der professionellen Reflexion müssen deshalb alternative Metaphoriken zugelassen werden, um die metaphorische Prädikation sichtbar zu machen. Diese Forderung nach alternativen Metaphern habe ich oben benutzt, um meine These von der Unbestimmbarkeit der Psychotherapie zu begründen. Hier soll auf die operativen Folgen gewählter konzeptueller Metaphoriken aufmerksam gemacht werden, denn es macht einen Unterschied: Wenn man die Seele als „Apparat“ oder als „Dampfkessel“ sieht – dann kann gelegentlich Hammer oder Zange das richtige Reparaturwerkzeug sein[148]. Wenn man das Selbst hingegen als zerbrechliche („fragmentierte“) chinesische Vase sieht, sind diese Werkzeuge gerade fehl am Platze; die Vase muß vielmehr in den Brennofen – der Übertragung. Sieht man Menschen als Pflanzen, die ans Licht zu „wachsen“ streben, dann muß man wenig mehr tun, als Wasser und Düngemittel bereit halten, und das Licht leuchten zu lassen. So macht es auch einen Unterschied, ob sich der Analytiker als „Detektiv“ sieht (Lorenzer 1985, Spence 1993, Shepherd 1985) – dann will er ein Verbrechen aufklären, und es gibt nur *eine* Wahrheit, die man dann auch „ermitteln“ kann; oder ob er „unaufdringlich“ (Balint 1970) ist – dann geht es gerade nicht darum, das letzte Wort zu haben, sondern ein nächstes zu finden. Die Metapher in der konzeptuellen Domäne ist immer auch Instrument der Projektierung von Zukunft.

Die metaphorische *Konzeptualisierung der Therapie* zu analysieren, hat somit praktische Bedeutung: Sie sucht danach, ob es nicht andere, weitere Möglichkeiten gibt, etwas zu tun. Sie öffnet zukünftige Optionen. Die Art und Weise der metaphorischen Konzeptualisierung der Behandlungstechnik und der -ziele dürfte in der Ausbildung von professionellen Psychotherapeuten verstärkte Auf-

---

[148] Ein Beispiel: Plaut (1993, S. 52) formuliert die operativen Effekte der Metapher vom „psychischen Apparat“ konsequuent: „Did the apparatus, in the service of causal determinism and rigorously applied by conscientious analysts, possibly also reinforce resistance? Differently put, could the analyst's wish to control the analytic process and to see his/her theory confirmed by favourable results be the cause of a secondary trauma against which the patient defended him/herself? Whatever the answer, it seems more than likely that the apparatus lends itself to intellectual games. It can fascinate by the power to work out a solution to intricate problems as well as vindicate ist existence by curing the patient. The excitement of the chase can become the *analyst's repetition compulsion*“. Das Modell eines „Apparates“ muß dann im Prozeß bestätigt, entsprechende Äußerungen „erjagt“ werden und, so Plaut, es könnte sein, daß eben dies zu einem sekundären Trauma für den Patienten wird.

merksamkeit beanspruchen. Welches Konzept der Behandlung hat jemand, der sagt, eine Deutung „trifft“, oder: er habe „Material gefunden“, oder: das Gespräch sei „flüssiger“ geworden, oder: die Intervention habe die Patientin „geöffnet“, oder: die Behandlung „gehe gut voran“ wie der gesamte „Verlauf“ zeige usw. Immer wird dabei zu beachten sein, was gesagt und was nicht gesagt wird – und darauf, was die eigene metaphorische Konzeptualisierung zu vernehmen *und* nicht zu vernehmen gestattet. Die Analyse der Metapher hat Folgen für die professionelle Praxis.

In der *affektiven Domäne* ist die Metapher eine Form der Artikulation, der Sequenzierung und der Zuweisung. Die Mitteilung von Gefühlen geschieht selten unmittelbar; physiologische Erregung des Einen schließt selten unmittelbar (ohne Vermittlung durch Wahrnehmung z.B.) an physiologische Erregung des Andern an[149], und wenn sie bemerkt wird, wird sie als Gefühl, als Empfindung bemerkt und dann mitgeteilt. Stellt man in den Mittelpunkt, wie Menschen von ihren Gefühlen „bestimmt“ werden, dann lokalisiert man diese metaphorisch als „außerhalb“ der Person mit der möglichen Folge, daß eine Person die Verantwortung für ihr Handeln ablehnen kann, denn es waren ja „die Gefühle“. Wo wir solcherart unsere Gefühle normativ belasten, entlasten unsere Gefühle uns. Wenn es der „Instinkt“ oder das „egoistische Gen“ ist, dann sind wir nicht selbst für manche Inhumanitäten verantwortlich. Wenn Patienten klagen, von den Eltern erblich belastet zu sein, legen sie dem Therapeuten nahe, daß man eigentlich nichts tun kann – es sei denn, diese Idee wird nicht mehr *als* Gedanke, sondern *als* Phantasie thematisierbar.

Der Körper liefert die Schemata, aber die konkreten Bildgebungen sind kulturell variabel (Lakoff 1987, Buchholz 1996). Dementsprechend werden Affekte häufig einem Bereich außerhalb der Person zugewiesen („Ich wurde von meinen Gefühlen überschwemmt“) mit der Folge normativer Entlastung. Man braucht keine Verantwortung für eigene Handlungen zu übernehmen, wenn sie als von anderen Personen verursacht metaphorisch dargestellt werden können. Wenn wir unsere Gefühle mit Verantwortung belasten, dann entlastet dies uns.

Wir erhalten dann die konzeptuelle Metapher GEFÜHLE SIND PERSONEN: „ich hatte Mühe, meinen Zorn niederzukämpfen“; „die Wut packte mich“, „die Rührung hatte mich ergriffen“. In diesen Sprechformaten artikuliert sich als Identität die Imagination, daß Affekte Personen sind, insbesondere, daß der Ärger ein GEGNER ist. Aber eben diese Identität ist unbewußt und deshalb so

---

[149] Ausnahme sind manche Mutter-Kind-Interaktionen

wirksam. Kann eine andere Metaphorik verbindlich gemacht werden, dann sind es nicht mehr die „überschwemmenden Gefühle", sondern vielleicht das zu Recht bestehende Gefühl einer Ungerechtigkeit oder Hilflosigkeit angesichts des Todes eines Kindes. Ich will diese Sprechweise nicht kritisieren. Sie kann im individuellen Fall der Abwehr dienen, aber sie kann auch die Ahnung oder Erfahrung von jenen Kräften der conditio humana darstellen, die wir nicht unter Kontrolle nehmen können.

Andere Affekte werden im kulturellen Deutungsmuster dem Körper zugewiesen („Erhitz' Dich nicht so!", „Kühl dich ab!", „bleib cool !"[150]) – eine metaphorische Resonanz, die den Körper sozial codiert. Diese Zuweisungen haben wiederum operative Folgen, denn sie bestimmen den Umgang mit den Affekten. Es macht einen Unterschied, ob jemand eine „Depression hat" (Zuweisung des Affekts an einen Bereich außerhalb der Person), oder ob er „niedergeschlagen" ist (dann kann man nach dem Ereignis suchen, dem Mißerfolg oder der Niederlage). Es macht einen vergleichbaren Unterschied, ob jemand „Angst hat" oder „in Panik ist". Wie der Affekt metaphorisiert wird, das bestimmt die Operationen und deren Sequenz.

In der *interaktiven Domäne* ist die Metapher Sinnesorgan der psychosozialen Orientierung. Kaum können Beziehungen anders als durch Metaphern beschrieben werden. Einige der meist verwendeten dürften die folgenden sein: aus der räumlichen Metaphernwelt die Metaphern von Nähe und Distanz, des „Aufeinanderzugehens" und der dann folgenden „Berührung"; aus der elektromagnetischen Metaphernwelt solche Wendungen wie die vom „überspringenden Funken" oder von der „Zündung"; solche aus der Welt des Wassers („sich einlassen", „flüssig werden im Gespräch") oder jene, die direkt aus der Körpersphäre des Sehens übernommen sind wie „klären", „durchblicken", „spüren", „im Nebel tappen", die „Orientierung verloren haben" usw. Der Körper spricht mit, wenn wir davon sprechen, uns zu „verhärten" oder zu „verschließen" oder wenn es mit anderen zu „Reibungen" kommt.

Grundsätzlich ist dem Metaphernreichtum keine Grenze gesetzt. Nur – was „Beziehung" wäre *ohne* Metaphern, können wir nicht sagen; auch Beziehung ist in diesem Sinn ein leeres Konzept. Wir haben in einer qualitativen Studie gezeigt (Buchholz und v. Kleist 1997), wie auch in der interaktiven Domäne die jeweils gewählte Metapher operative Effekte hat. Wer auf den anderen „zugehen"

---

[150] Das „Kühlbleiben" ist schon 1912 ärztlicherseits als typisch großstädtische Reaktion beobachtet worden.

möchte, will nicht Kontake „anknüpfen" – das „Zugehen" legt die Imagination von sich aufeinander zu bewegenden Körpern nahe, während das Anknüpfen von Kontakten der Welt der Fäden und Gewebe entnommen ist; hier bewegen sich die Personen nicht, wohl aber knüpfen sie ihre Netze. Das besondere Moment, das eine gute Metapher artikuliert, kann in noch so vielen Sätzen nicht paraphrasiert werden; man kann nicht Umformulierungen (Paraphrasen) für die Metapher finden, die gleichzeitig die Prägnanz und Würze, die ansprechende Form, den sinnlichen Gehalt und ihre Wertung artikulieren. Paraphrase und Emphase stehen in einem wechselseitig sich ausschließenden Verhältnis zueinander (Debatin 1995); wo die Emphase einer Metapher hoch ist, nimmt auch ihre „Absolutheit" (Blumenberg 1960) zu; dann nähert man sich der Unnmittelbarkeit der Imagination – ohne sie jedoch je erreichen zu können. Paraphrasierungen einer guten Metapher gelingen immer nur unter Inkaufnahme erheblicher Informationsverluste (Schildknecht 1996). Eine gute Metapher ist „treffend", sie schlägt ein wie ein „Blitz" oder sie steckt ein „Licht" auf – wie auch immer die Metaphern für die Metapher lauten mögen: eben dies kann durch eine Paraphrase nicht ersetzt werden. Die Metapher regt die *Suche* nach Wahrheit an, aber wo sie *gefunden* scheint, ist Skepsis angebracht. Immer kann der Andere anders und Anderes imaginieren.

Trauma und Verstehen

Ihre Logik, die der des Primärprozesses, wie Freud ihn beschrieben hat, sehr nahe kommt, macht die Faszination der Metapher für professionelle Psychotherapeuten aus. Sie gestattet, etwas zu sagen, das sie zugleich dementiert; sie weiß, daß das, worüber man reden kann, noch nicht alles ist, worauf es in der Psychotherapie ankommt – aber man kann nicht anders, als *darüber* reden[151]. Die Metapher bietet diese einmalige Chance und resigniert zugleich vor ihr, gerade weil sie vom Unsagbaren weiß, das der Kommunikation verschlossen bleiben muß. Aber sie ist die einzige Form, in der die Sprache das artikulieren kann. Ein früher Metaphernforscher (Stählin 1914) sprach hier von der Notwendigkeit der „Be-

[151] Und es ist vielleicht nicht überflüssig, darauf hinzuweisen, daß in einem solchen Satz das Wörtchen „darüber" auch Metapher ist. Worte, Sprache, Bewußtsein sind „oben", während „unten" das Dunkle, Tiefe, Geheimnisvolle, Unaussprechliche behaust wird (vgl. Lakoff und Johnson 1998) – eine kulturelle Formgebung, die die „Tiefenpsychologie" ausgebaut hat.

wußtseinslage der doppelten Bedeutungen".[152] Die Profession braucht diese „Bewußtseinslage" zwischen operativer Flexibilität und Fokussierung, nicht aber Fixierungen an Fest-Stellungen. Die Metapher referiert nicht nur auf einen Gegenstand, sondern erzeugt *und* präsentiert ihn in einer bestimmten Weise – und nur ein Verstehen, welches das versteht, vernimmt sie *als* Metapher. Deshalb ist die Metapher nicht nur an die Sprache, sondern zugleich an die Kognition gebunden; sie kann ihren Gegenstand verdunkeln und erhellen. Sie ermöglicht Verstehen durch einen Anderen in jenen Bereichen, auf die anders nicht hingezeigt werden kann. Deshalb spreche ich davon, die Metapher sei soziales Sinnesorgan.

Menschen, die Traumata erlitten haben, leiden in den vom Trauma ergriffenen Bereichen daran, daß sie von imaginativen Bildgebungen keinen Gebrauch mehr machen können. Das Trauma kann u.U. noch als Ereignis geschildert, nicht aber als Erlebnis integriert werden. Manchmal kann das Trauma, wie eindrucksvolle Fallberichte von Volz (1998) zeigen, nur in Fragmenten angedeutet werden. Diese Autorin spricht davon, daß solche Patienten ihren Therapeuten „mit Erfahrungen von Bildlosigkeit und Sprachlosigkeit" konfrontieren, und nennt andere Autoren, die metaphorisch von einem „Loch" in der psychischen Struktur sprechen. Deshalb hatte Grubrich-Simitis (1979, 1984) zu Recht die Wiederherstellung der metaphorischen Kompetenz als wichtigstes Therapieziel ausgewiesen. Gerade in der professionellen psychotherapeutischen Arbeit mit traumatisierten Menschen stellt sich die Notwendigkeit, daß Bildgebungen angeboten werden, um die psychische Integrationsleistung anzuregen; die Metapher erweist hier ihre exquisite Rolle als Brücke zwischen Imagination und Kommunikation. Die Heilung des „Loches" wird vorrangige Aufgabe. Volz (1998, S. 210) beschreibt anschaulich die Entwicklung einer Interaktion der Bilder. Ihre Patientin hört nicht auf das, *was* ihre Therapeutin sagt, sondern antwortet mit einer Ereignisbeschreibung: „Ich höre Ihre Stimme, verstehe aber nicht, was Sie sagen. Dabei habe ich die Vorstellung, auf Ihre Augen und Lippen zu sehen. Das passiert mir draußen auch oft". Die Therapeutin reagiert „überrascht und befremdet". „Dann denke ich, sie beschreibt das Kontaktverhalten eines Babys, das guckt und auf Stimme und Wörter lauscht". Mit diesem Schritt, auch wenn er zunächst noch in der Imagination der Therapeutin verbleibt, wird das ereignishafte Geschehen um eine sinnliche Dimension angereichert; die erwachsene Patientin wird metaphorisch *als* Baby imaginiert. Das Befremden wird umgearbeitet in eine Metapher

---

[152] Die Arbeiten Stählins sind mit denen des Sprachforscher Karl Bühler vergleichend kürzlich gewürdigt worden durch Hülzer-Vogt (1989).

und dadurch eine Möglichkeit geschaffen, der Patientin mitzuteilen, daß die Therapeutin versteht, wovon sie spricht, ohne es sagen zu können. „Die Beschreibung dessen, was in der Sitzung gemeinsam erlebt wird, und die Vermittlung von Bildern der infantilen traumatischen Szene sind die zentralen Interventionsformen zum Aufbau bildhafter und wortsymbolischer Repräsentanzen von neuer Struktur“ (Volz 1998, S. 213)[153]. Die Therapeutin nutzt dabei in bemerkenswerter professioneller Sensibilität ihre eigenen Körperwahrnehmungen. Sie bekommt z.B. Ohrenschmerzen und kann der Patientin, deren Ohren als Kleinkind bei einem höchst schmerhaften chirurgischen Eingriff operiert wurden, dadurch glaubwürdig mitteilen: „Ja, ich spüre Ihren Schmerz“ (S. 214) – sie spürt an ihrem Körper den eines anderen, eines kindlichen Körpers.

Wenn ich weiter oben davon gesprochen habe, daß die kommunikative Form die Erfahrung des Körpers bewahrt, dann wird dieser Vorgang durch die bereits beschriebene metaphorische Projektion verständlich. Traumabearbeitung heißt dann, die Projektion der traumatischen Erfahrung *aus der körperlichen Dimension in die Domänen des Selbst, der Interaktion und des Affekts* zu ermöglichen. So kann das Trauma „verarbeitet“ werden und zur Sprache gelangen. Dabei kann es für den Traumatisierten zeitweilig nötig sein, den anderen mit seinem Körper, seiner Sensibilität und Bilderwelt stellvertretend zu gebrauchen. Definiert man die Übertragung als „gebrauchte Beziehung“[154], dann enthält diese Bestimmung sowohl den Aspekt der Wiederholung – die Beziehung ist „second-hand“; aber sie wird auch gebraucht, um etwas Neues entstehen zu lassen: Die Verbindung einer sinnlichen Erfahrung mit einem Bild, durch die Metapher. Das Trauma kann dann repräsentiert werden und Küchenhoff (1998) weist darauf hin, daß Repräsentation „kein einsamer, sondern ein intersubjektiver Prozeß“ (S. 16) ist. Denken findet während der Interaktion der Bilder nicht im Kopf des Einen statt, sondern die Metapher ermöglicht das gemeinsame Bilderfinden, jenes „gemeinsame Träumen“ von Analytiker und Patient, von dem schon Arlow (1969) gesprochen hatte. Das schließt die Arbeit am Detail ein; Körpererfahrungen insbesondere müssen erlebt, ausgesprochen und mit dem gefundenen Bild verbunden werden. Das verleiht dem sinnlichen Bild erst Verbindlichkeit. Anzieu (1991) hatte formuliert: „Jede psychische Funktion entwickelt sich auf der Basis einer körperlichen, deren Funktionsweise auf die psychische Ebene *übertragen* wird“

[153] Ganz verwandt hatte Drees (1989, 1996) seine Erfahrungen mit traumatisierten Patienten beschrieben.

[154] Wie ich das (1998) vorgeschlagen habe.

Über psychotherapeutische „Gegenstände“ (wie Liebe, Erfahrung oder Beziehungen, Erlebnisse, Trauma, Verlust, Tod und Seelisches) kann immer nur metaphorisch gesprochen werden. Eine Metapher eröffnet eine bestimmte Perspektive – und keine andere. Dies Andere aber kann der Andere „sehen“. Lacan behauptete, daß das Ich, das spricht, die Bedeutung eines anderen, sein Sprechen organisierendes „Es“ immer nur in der Rede des Andern vernehmen kann[155]. Das Sprechen erzeugt sich einen „blinden Fleck“. In diesem sieht auch Luhmann (1988, 1997) die Bedingung dafür, daß überhaupt beobachtet werden kann. Das Subjekt beobachtet sich selbst und scheitert, wo seine Beobachtungen nur sehen, was sie sehen können. Der Andere kann hier mit seiner Imagination eingreifen und eben diesen „blinden Fleck“ gewissermaßen verschieben; andere Selbstbeobachtungen gerade auch der Körperlichkeit werden nun möglich.

Interessanterweise gibt es hier eine beträchtliche Nähe zwischen Luhmann und Lacan. Beide thematisieren die Aporien der Selbstreflexion. Beiden gemeinsam ist die Lösung durch eine Beobachtung höherer Ordnung, die die Begrenztheiten einer Lösung erster Ordnung aufhebt. Bei Lacan ist es der „Andere“, der die Beobachtung höherer Ordnung anbietet, der deshalb immer schon dort sein kann, wo das Subjekt im Sprechen nicht ist. Wo Luhmann ein Problem „alteuropäischer“ Begrifflichkkeiten einer verirrten Epistemologie sieht, verortet Lacan das Problem in der Differenz zwischen dem im Bezeichnen nie einholbaren Realen und dem Symbolischen der Sprache. In seinem Sprechen ist das Subjekt nie schnell genug, holt sich nie ein und ist gehetzt immer zu spät, doch die Differenz, die der Andere mit seiner Imagination sowohl dokumentiert als auch erzeugt, bringt es zur Ruhe.

Drei heilsame Erfahrungen werden so möglich:

a) der Andere ist das Subjekt selbst; b) die Reichhaltigkeit der kommunikativ evozierten Imagination läßt auch die eigene Imagination erfahren; c) wo Identität zwischen dem Imaginierten und dem Realen fingiert wurde, entsteht Als-ob-Identität und mit ihr metaphorische Kompetenz. Es muß nicht mehr gleichgesetzt werden, was nicht gleich ist. Durch die professionelle Interaktion erfährt sich das Subjekt mit seiner Imagination als Schöpfer *und* als Geschöpf. Die Imagination bleibt Umwelt der Kommunikation, und damit wird, wo Lacan die *Einheit* von

---

[155] Lacan (1953, S. 143: „Was ich im Sprechen suche, ist die Antwort des Anderen. Was mich als Subjekt konstituiert, ist meine Frage. Um vom anderen erkannt zu werden, spreche ich das, was war, nur aus im Blick auf das, was sein wird. Um zu mir zu finden, rufe ich ihn bei einem Namen, den er, um mir zu antworten, übernehmen oder ablehnen muß.“

Subjekt und Anderem sieht, zugleich mit Luhmann die *Differenz* zwischen Subjekt und Anderem anerkannt.

Die Bilderwelt der Metapher ist so gesehen Brücke zwischen Imagination und Artikulation. Sie kann nach beiden Seiten begangen werden. Sie kann die Imagination anregen oder sie benutzen. Imagination meint einen psychischen Prozeß, der umfassend als „Bild- und Differenzproduktion" beschreibbar wird. Soweit Bilder nicht nur „Abbilder" sind, können für diese phantasmatische Produktion nur begrenzt Regeln angegeben werden, und dennoch ist Kommunikation auf Imagination in ihrer Umwelt angewiesen. Man muß sich etwas vorstellen, wenn gehört und vernommen wird, denn nie kann „alles" gesagt werden; Imagination opfert insofern auch der kommunikativen Ökonomie. Weil sie, wie Luhmann (1984) richtig festgestellt hat, nie vollständig kommuniziert werden kann, bildet sie eine – unverzichtbare – Umwelt auch der professionellen Psychotherapie. Doch der professionelle Psychotherapeut nutzt seine Imagination, um seinerseits die des Patienten anzuregen – zur Differenz- und Bildproduktion, und er läßt sich seinerseits genau dazu anregen.

Wenn ich (mit Lakoff und Turner 1989) die Metapher als Brücke bezeichne, dann will ich eine Imagination entstehen lassen; ich spreche über die Metapher metaphorisch[156]. Die Brücke geht über Gründe und Abgründe, und das meint: Es sind immer nur bestimmte Übergänge möglich. Theoretisch sprechen wir von der selektiven Funktion der Metapher. Aber wo in der professionellen Psychotherapie eine neue Metapher kreiert werden kann, dort werden neue Brücken gebaut.

Übergeordnete Ziele – Zuarbeit der Profession für die Wissenschaft

Professionelle Psychotherapeuten sind nicht nur Chirurgen oder Archäologen, sie sind insofern auch Architekten. Vielleicht hatte dies Freud vorgeschwebt, als er an jener Stelle, wo er den berühntem Satz formulierte „Wo Es war, soll Ich werden" hinzufügte: „Es ist Kulturarbeit, wie die Trockenlegung der Zuydersee". Professionelle Psychotherapeuten könnten dann mit einer weiteren Variation metaphorisch bestimmt werden als Kultur-Architekten, die Wissenschaft und Imagination in ihrer Umwelt haben. Kultivierung der Psychotherapie wäre gewiß lohnende Ergänzung ihrer Verwissenschaftlichung; wir können erneut sehen, warum Verwissenschaftlichung innerhalb des therapeutischen Dialogs Folgen

[156] „Wenn es die Metapher ist, was die Sprache begründet, kann man über Metaphern nur metaphorisch sprechen" (Eco 1985, S. 134)

hätte, die die professionelle Kompetenz eher herabstufen. Würden therapeutische Äußerungen als Variablen formalisiert, wäre damit nicht nur Imagination aus der Umwelt verbannt, sondern zugleich reduzierte sich die Kommunikation auf prognostizierbare Formate. Das prototypische Beispiel ist die Manualisierung von psychotherapeutischen Vorgehensweisen.

Psychotherapeutische Kommunikation würde damit in institutionelle Kommunikation umgewandelt oder expertisiert, im schlimmsten Fall gewißermaßen „bürokratisiert“: Wenn dies oder jenes Problem vorliegt, wende Verfahren A, B oder C an.... Mit dem Ausschluß der Imagination würde das personale Moment fehlen, das professionelle Psychotherapie allererst zur *Psycho*therapie macht. Das Fehlen intimisierter Interaktion, die den Körper einschließt, würde traumatisierte Patienten erneut dadurch traumatisieren, daß sie nicht als ganze Personen angesprochen werden.

Allerdings kann der Professionelle nicht nur seine Imagination ins Kraut schießen lassen. Ich formuliere, metaphorische Kompetenz bestehe im Bewußtsein der Als-ob-Identität. Daran läßt sich anschließen, daß der professionelle Psychotherapeut, mit Wissenschaft und Imagination in der Umwelt des Dialogs, zwei Ziele verfolgen kann: Er kann reflexiv jene relevanten Punkte zu identifizieren versuchen, wo bei seinem Patienten und/oder bei ihm selbst metaphorische Kompetenz verloren ging und er kann Strategien entwickeln zu deren Wiederherstellung. Solche Strategien habe ich als Analyse der Metapher bezeichnet und sie entfalten in diesem Kontext ihren Wert für die professionelle Reflexion. Am bloßen Metapher*ngebrauch* ist die Profession nicht zu erkennen, sondern daran, ob und wie sie Metaphern *analysiert*. Dabei können Wissenschaft und Hermeneutik die Profession aus der Umwelt heraus produktiv irritieren, nicht aber die Imagination ausschließen.

Für den Bau solcher Brücken ist die Metapher auch zwischen verschiedenen Wissensgebieten hervorragend geeignet:

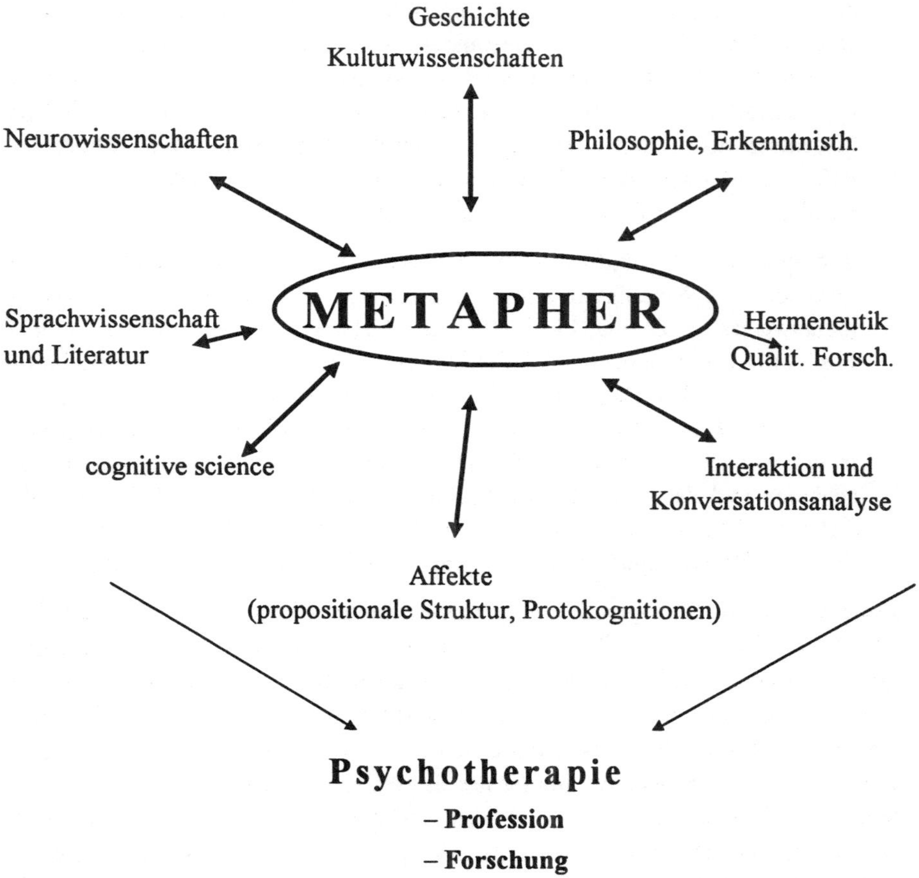

Ein allgemeines Ziel professioneller Psychotherapie könnte, im Bilde so reichhaltiger Umwelten, so formuliert werden: Immer geht es darum, besonders in den genannten Domänen metaphorische Kompetenz aufrechtzuerhalten oder wiederzuerlangen. Da ich Forschung in die Umwelt der Profession verlegt habe und davon sprach, daß auch die Profession der Wissenschaft Anregendes zureichen kann, sollen einige Aspekte genannt werden, die die Psychotherapieforschung aufgreifen und weiter verfolgen könnte. Die Analyse der Metaphern des Selbst, der Affekte, der Interaktion und der therapeutischen Konzepte hätte mehrfache Ziele:

- Die *sinnliche Erfahrung* der beteiligten Personen wird in die Wahrnehmung des therapeutischen Geschehens eingeschlossen. Das Beispiel der Schüler zeigt, daß das, was Lava ist, verstanden werden kann, wenn sinnliche Erfahrungen mit „Butter" gemacht werden konnten. Damit wird eine Dimension thematisierbar, die professionelle Psychotherapeuten nie, Wissenschaftler fast immer ausschließen. Hier geht es um die Bild*spender*. Das schließt ein, daß u.U. zum abstrakten Begreifen sinnliche Erfahrungen des Körpers notwendig sind – und sie sind immer in Überzahl vorhanden.

- Therapeutische Verläufe können individualisiert verstanden werden. Die Interaktion der Beteiligten könnte hinsichtlich des metaphorischen Anregungswertes im Dialog, hinsichtlich der Verwendung konventioneller oder origineller Metaphern, hinsichtlich der Strategien der Metapherninstallation untersucht werden. Das wären Ziele professioneller Begleitforschung, die ansatzweise schon realisiert werden. So hat Stuart (1997) eine Studie vorgelegt, in der zwischen „novel metaphors" und konventionellen Metaphern unterschieden und darin der therapeutische Prozeß abgebildet wird. Die Beteiligung des Therapeuten könnte, wie es der Entwicklung hin zu einer „Zwei-Personen-Psychologie" entspricht, prägnant mit in Rechnung gestellt werden.

Zugleich lassen sich operative Effekte bestimmter Metaphern bestimmen. Ein gewaltiges Problem der Psychotherapieforschung könnte einer Lösung näher gebracht werden: daß Psychotherapien, die manual-gesteuert gleichsam nur als Realisierung einer Verhaltensvorschrift stattfinden, so langweilig sind[157]; daß Beobachtungen, die ins Prokrustesbett einer immer schon Zustimmung fordernden Theorie gepreßt werden, immer nur das gleiche wiederholen; daß viele professionelle Praktiker zu glauben scheinen, daß sie nur dann „gut" arbeiten, wenn sie theoriekonform verfahren (also der Metapher *gut ist theoriekonform* folgen), wenn sich ihre Fallgeschichten mit der je gängigen Theorie zur Deckung bringen lassen. Neues wird so nicht entdeckt, es kann dann immer nur als Abweichung vom Bewährten disqualifiziert werden.

- Die Frage, in welchen Behandlungskontexten welche Metaphern therapeutisch hilfreiche Operationen limitieren oder fördern, kann einer Beantwortung näher kommen. Die Inhalte der Metaphern und nicht nur ihre Häufigkeit

---

[157] Im Feld der Familientherapie faßte ein prominenter Forscher, David Reiss (1988), den „state of the Art" unter der geduldig klagenden Frage zusammen: „How To Do Family Psychotherapy Research without Dying of Boredom".

müssen, wie auch McMullen (1995) forderte, einer Untersuchung zugänglich werden.

Will man ein genuin professionstheoretisches Forschungsprogramm in der Psychotherapie entwickeln, muß man solche Aspekte den bisher untersuchten Aspekten des therapeutischen Prozesses an die Seite stellen. Wenn Patienten und Therapeuten metaphorisch formulierbare operative Prozeßmodelle ausbilden, dann sehen wir, daß es sich bei der metaphorischen Prädikation der Psychotherapie als Chirurgie, Wachstum oder Archäologie, Schulunterricht, Beichte oder Bergführung um metaphorisch verfaßte Prozeßmodelle, Resultate aus Interaktionen der Bilder handelt. Professionelle Psychotherapie sondert gewissermaßen auf diese Weise Theorie ab[158], die erforderlich ist, weil der Professionelle sonst nicht handlungsfähig wäre. Sie ist Bedingung der *Bildung* seines Könnens. Professionelle Praxis kann den Primat beanspruchen, die von ihr hervorgebrachten Theorien sind einer wissenschaftlichen Überprüfung fähig. Aber es könnte viel interessanter sein (und die Profession befördernder), wenn man die *Entstehung* von Theorie im Prozeß selbst rekonstruieren könnte. Dann wäre vielleicht entscheidbar, ob manche metaphorisch formulierten Prozeßmodelle vielleicht nicht „wahr" sind, aber bestimmte Operationen gestatten, die nicht möglich wären, wenn der Therapeut sie nicht im Kopf hätte. Das ist der Aspekt der Nützlichkeit. Aber im Vollzug kommt es aufs „Können" an, weshalb ich diese Unterscheidung als zentral angesetzt hatte. Aber es wäre natürlich absurd, wollte man sich auf nur eines dieser Modelle festlegen lassen.

Als Kriterium für eine gute Professionstheorie (die selbstverständlich wissenschaftlich diskutiert werden kann) hatte ich gefordert, daß die Theorie Platz lassen muß für die kreativen Leistungen des Professionellen. Das bedeutet Raum

---

[158] „Theorien" über eine Interaktion als von solcher Interaktion hergestellt zu begreifen ist so abwegig nicht. Die berühmte Patientin Anna O. erfand eine Metapher für die „Kur", die Joseph Breuer ihr angedeihen ließ; sie sprach vom „chimney sweeping". Eben die gleiche Imagination der „Reinigung" formulierten Breuer und Freud, als sie von der „Katharsis" sprachen. Eine funktional äquivalente Bild*gebung* wird von den Beteiligten in gleicher Weise (!) benutzt, um die *Interaktions*erfahrung zu formulieren. Wegen der von Plaut wie Gedo gleichermaßen beschriebenen Folgen solcher Metaphoriken der Interaktion erscheint es unabdingbar, daß die *Analyse der eigenen Metaphern* Bestandteil professioneller Psychotherapie wird. Innerhalb der Psychoanalyse ist die Metapher *Instrument* der Darstellung, und wird seit Freud kunstvoll gehandhabt; aber sie muß auch zum *Objekt* der Analyse selbst werden können. Ziel einer solchen Analyse ist nicht deren Ersetzung (durch Operationalisierung und Begriff – das wäre die Strategie, die in Richtung „positive" Wissenschaft führt), sondern durch Erweiterung des Metaphernpotentials, durch Steigerung der metaphorischen Kompetenz.

für die Erzeugung des Neuen und damit des Nicht-Prognostizierbaren. In eine solche Theorie muß die Möglichkeit eingebaut werden, den Patienten und sich selbst (!) überraschen zu können. Sie muß die Möglichkeit bieten, professionelles psychotherapeutisches Handeln zu generieren. Nur so läßt sich die Gefahr vermeiden, daß professionelle Praxis von einer (und nur einer) Theorie „übersteuert" wird. Die Theorie muß so formuliert sein, daß sie nicht immer schon weiß, was in der Profession passiert, v.a. aber muß sie vermeiden, dem professionellen Praktiker *vor*schreiben zu wollen, was er zu tun und zu lassen habe – aber sie kann den Professionellen anregen und verlocken und ihn zu neuen Sichtweisen befreien. Dazu, wie das erforscht werden könnte, nun ein Vorschlag, der erweitert und ausgearbeitet werden kann:

Erforderlich ist die Untersuchung therapeutischer Transkripte. Die Abfolge konzeptueller Metaphern in der Interaktion bildet eine vorzügliche Möglichkeit, den therapeutischen Prozeß darzustellen (so auch Thomä und Kächele 1988, Kap. 7) Das kann in den genannten und weiteren Domänen geschehen: Welche manifesten und konzeptuellen Metaphern verwenden Therapeut und Patient für sich selbst, für die Therapie, für die Seele, für Symptome, für ihre Interaktion, für Affekte?

Wir wissen aus einer Vielzahl von Untersuchungen, daß Patientenmerkmale allein keinen prognostischen Wert haben; interessant ist die interaktive Synchronisation der Bilder. Deshalb bietet es sich an, in den genannten Domänen die ersten drei bis fünf therapeutischen Sitzungen bzw. deren Transkripte zu analysieren und Prognosen über den zu erwartenden Behandlungserfolg abzugeben. Das setzt voraus, daß die Therapeuten-Patienten-Paare nicht verändert werden, sondern während der Untersuchung der Patient bei dem Therapeuten seine Behandlung durchführt, mit dem er auch das (untersuchte) Erstinterview gemacht hat.

Entscheidender als die Häufigkeit manifester Metaphern dürften aber sowohl die Inhalte der Metaphern als auch das „sharing" zwischen T und P sein. Wo metaphorische Welten in einem Erstinterview geteilt werden, ist man möglicherweise schon einen Schritt weiter, als wenn sie nur „bedient" werden. Das ist ein wohlbekanntes Problem bei psychosomatischen Patienten. Sie bringen ihre Erwartung zum Ausdruck, daß sie selbst weitgehend passiv bleiben können und der Behandler ihr Symptom mit „pills and needles" angehe. Ihre konzeptuellen Metaphern lauten: *Psychotherapie ist eine ärztliche Untersuchung* und *Symptome sind Körperliches Geschehen*. Man sieht, wie die Fixierung an diese konzeptuellen Metaphern die Behandlungsmöglichkeiten limitiert – solange die Metapher selbst nicht zum Thema gemacht werden kann. Professionelle Psychotherapeuten haben hier ihre skills, aber wir wissen wenig über die Feinheiten der interaktiven Umwandlung. Gelingt diese, entstehen die beschriebenen „Kipp-Effekte“.

Der Prozeß der Interaktion der Bilder kann dann beschrieben werden durch eine Abfolge über die Elaboration und Extendierung bis hin zur „Transzendenz“, zum „Überschreiten“ der von einer konzeptuellen Metapher gezogenen Grenzen. Meine Hypothese lautet: Dort, wo solche Abfolgen sich in den Anfangsphasen von Behandlungen gehäuft finden lassen, ist nicht nur die therapeutische Beziehung produktiv, sondern auch der zu erwartende „outcome“ hoch.

Ich deute die gemeinten Zusammenhänge graphisch an:

Bedienen sharing elaborieren expandieren transzendieren
-> kommunikativer Anschluß --> Verstehen ------> Kipp-Effekte --------> Einsicht

Ich meine, daß eine solche Art Forschung durch die Verbindung von hermeneutisch zu rekonstruierendem Prozeß der „Interaktion der Bilder“ mit dem therapeutischem Wandel Ergebnisse von Relevanz für professionelle Praktiker zeitigen wird. Ich möchte betonen, daß ich nicht von manifesten Metaphern allein spreche, sondern von einer wohlfundierten Bedeutungstheorie und hermeneutischen Auswertungen, die zugleich den Körper rehabilitieren. Entsprechende Untersuchungen könnten mit Befunden aus der Bindungsforschung verknüpft werden und dann die Frage sondieren, welche Bindungserfahrungen den Erwerb metaphorischer Kompetenz fördern oder behindern? Und andere Fragen schließen sich an: Wie werden Weltbilder transgenerational weitergegeben und welche Rollen spielt dabei die metaphorische Kommunikation? Welche traumatischen Erfahrungen behindern auf welche Weise den Erwerb metaphorischer Kompetenz, und was tun Therapeuten zu deren Wiedererlangung?

Ich habe die Metapher bislang ins Zentrum einer Interaktion der Bilder gerückt, weil sie die Möglichkeit bietet, den genannten Kriterien am ehesten zu entsprechen: eine Theorie der psychotherapeutischen Profession zu entwickeln, die sich nicht schon dadurch, daß sie ausformuliert wird, um ihre eigenen Anwendungsmöglichkeiten bringt (Leclaire 1965). Aber ich glaube natürlich nicht, daß die Metapher schon alles sei in der Profession, und habe deshalb immer wieder auf andere Aspekte, v.a. die Interaktion, hingewiesen; diesem großen Stichwort will ich mich nun gesondert zuwenden. Wenn Psychotherapie nicht nur *als* Wissenschaft definiert werden kann, wenn diese Gleichung auf einer metaphorischen Prädikation beruht, wenn es alternative Metaphorisierungen gibt und diese für eine Analyse der Metaphern sogar unerläßlich sind, dann muß es möglich sein, Psychotherapie professionstheoretisch zu bestimmen (nämlich: als im allgemeinen unbestimmbar, im individuellen Fall realisierbar) ohne deswegen unwissenschaftlich zu werden oder in einen wilden Irrationalismus zu verfallen. Ich werde nun also Psychotherapie *als* spezialisierte Interaktion bestimmen.

Professionelle Psychotherapie als Interaktionsspezialisierung

„Simply making interpretations cannot possibly be doing the job" (Stephen A. Mitchell, Influence and Autonomy in Psychoanalysis. 1997, S. 48)

Psychoanalytische Denkfiguren sind mit dem Wachsen ihres kulturellen Einflusses in anderen Wissenschaften immer souveräner gehandhabt worden; manche (Reiche 1995) vermuten, daß sie dort sogar besser noch gehandhabt werden als von Psychoanalytikern selbst. Das gelte insbesondere für alle auf Reflexion des Subjekts setzenden Unternehmungen vorzüglich interpretierender Art wie Oevermanns objektive Hermeneutik[159], qualitative Sozialforschung, und sogar Habermas' Theorie des kommunikativen Handelns oder auch für die Arbeiten von Literaturwissenschaftlern wie Peter von Matt (1991) und Manfred Schneider (1994). Auch die moderne Philosophie übernimmt die Geste, sich selbst jene begrifflichen Stufen unter den Füßen weg zu analysieren, die vom Kopf schon weit überragt werden. Daß alles, selbst die eigene Begriffsleiter, analysiert werden kann, ist vielleicht – seit Nietzsche – nicht psychoanalytische Erfindung schlechthin, aber von ihr doch systematisch zu einem erregenden Unternehmen ausgebaut worden. Tatsächlich – der Aufstieg in die Höhen der Abstraktion schafft ungemeine Ausblicke in die Tiefe, aber bewahrt er auch vor dem Absturz? An irgendeiner Stelle macht der Diskurs deshalb Halt und erklärt seine zuletzt gefundenen Begriffe zu letzten Befunden. Sie stabilisieren dann Identität, für die mit dem Preis des Verlustes metaphorischer Kompetenz gezahlt werden muß.

Die „Bewußtseinslage der doppelten Bedeutung" geht verloren. Es sind solche Begriffe wie Identität, Autonomie, Objekt, Grenze, das Ich, der Widerstand und manche andere, die dann als Fixsterne an den Begriffshimmel montiert werden. Der Diskurs der psychoanalytisch inspirierten Nachbarwissenschaften aber ist schon weiter; er dekonstruiert beispielsweise die Vorstellung einer Identität (Fitzgerald 1993), der Autonomie (Böhme 1990) oder analysiert die verdunkelnden Aspekte der räumlichen Metapher von „Grenzen" (Rosenblatt 1994) – denn mit den „Grenzen" wird eine soziale Praxis metaphorisiert, die genau untersucht

[159] Obgleich Oevermann sich vielfach gegen das psychoanalytische Erbe seiner strukturalen Hermeneutik verwahrt hat – auch soziologische Autoren (Willems 1996) sehen dies Erbe deutlich.

werden kann. Das hat erhebliche behandlungspraktische Implikationen. Innerhalb der Psychoanalyse sind es Autoren wie Jessica Benjamin, Horst Brodtbeck, Donald A. Carveth, Arnold Goldberg, Donald Spence, Stephen A. Mitchell u.v.a., die in der Neigung zur Selbst-Fixierung (in) der Theorie das gegenwärtige Kernproblem psychoanalytischen Denkens sehen; soweit das Denken aus Angst vor Identitätsverlust an seine Begriffe fixiert bliebe, käme die Psychoanalyse tatsächlich nicht von der Stelle. Identität, so müßte man befürchten, wäre ein Synonym für Denkhemmung.

Mit solcher Fixierung verliert die Psychoanalyse ihre avantgardistische Position; sie kann nicht mehr andere Wissenschaften inspirieren, sondern braucht selbst, will sie nicht ganz ermattet zurückbleiben, eine theoretische Infusion. Aus Fixierungen löst bekanntlich nichts besser als Psychoanalyse, und so bringt die Strategie einer Psychoanalyse der Psychoanalyse (Balmary 1982, Plaut 1993, Lütkehaus 1995, Lickint 1996) einer kulturell höchst einflußreichen Theorie des Menschen vielfältig angereichert etwas zurück, was sie zuvor an andere abgegeben hatte. Psychoanalyse der Psychoanalyse – das heißt vor allem: Analyse der eigenen Metaphern (Carveth 1993), die beschreibungsbhängige, interaktive und seelische Wirklichkeiten erzeugen. Durch ihre Selbstanalyse wird die Psychoanalyse wieder theoretisch anspruchsvoll, sie avanciert zur Anschlußfähigkeit an andere Wissenschaften (von denen sie, nebenbei, gute Argumente gegen absurde Anforderungen berufspolitischer Gegner entleihen könnte), aber eine Psychoanalyse der Psychoanalyse ist unvermeidlich auch kritisch und selbstkritisch. Hier soll nun in einem weiteren Aspekt – nämlich interaktionsanalytisch – dargestellt werden, wie der Psychotherapie Zukunft durch Professionalisierung gewonnen werden könnte.

Empathie – gemeinsame Interaktionsorganisation

> „Ich wurde nicht schlau aus ihm. Ich konnte mich nicht mehr in ihn hineinversetzen, nachdem ich mir selbst zugezogen hatte, woran der Schwede litt: die Unfähigkeit, Schlüsse über irgend etwas anderes zu ziehen als Äußerlichkeiten."
>
> (Philip Roth, „Amerikanisches Idyll")

Ich will einen zentralen Aspekt der psychotherapeutischen Profession ansprechen, der im allgemeinen als Empathie bezeichnet wird. Empathie ist ein Konzept, über das es höchst unterschiedliche Vorstellung gibt; Überblicke haben

Basch (1983) und neuerdings Körner (1998) aus klinisch-psychoanalytischer Sicht vorgelegt. Empathie ist zunächst als eine besondere Form des Verstehens und Zuhörens ausgezeichnet worden; an prominenter Stelle muß man Reiks (1976) Wort vom „Hören mit dem dritten Ohr" nennen. Methodisch hat man es als „Szenisches Verstehen" (Argelander 1970) ausgearbeitet oder Empathie als „Instrument" im familientherapeutischen Prozeß beschrieben (Stierlin et al. 1977). Diese Detaillierungen waren nötig, denn Empathie kommt leicht in den Geruch von unüberprüfbaren Intuitionen, von manipulativen Manövern bzw. unkontrollierbaren Mystifikationen oder gar in die Nähe der Suggestion. Wer Empathie favorisiert, kann leicht vom Pfad der akademischen Tugenden abkommen.

In den siebziger Jahren erhielt Empathie empirische Aufmerksamkeit und wurde aus eher philosophisch-phänomenologischen Zusammenhängen herausgelöst. Dann konnte man Empfehlungen lesen, Therapeuten sollten mit vorgebeugtem Oberkörper reden, viel mit dem Kopf nicken, wenn ihre Patienten sprechen, und selbst mehr gestikulieren, weil diese Verhaltensweisen als positiv wahrgenommen würden. So blieb man tugendhaft auf dem schmalen Weg der Empirie, aber der führte ins Nichts.

Noch einem Sender-Empfänger-Modell der Kommunikation verpflichtet, verstand man Empathie als Fähigkeit, affektive Signale eines anderen empfangen und decodieren zu können (Danish & Kagan 1971), und entwickelte Skalen zur Messung dieser Fähigkeit. So wurden Videoausschnitte von nur wenigen Sekunden Dauer ohne Ton Versuchspersonen gezeigt und deren Fähigkeit zur Decodierung von gezeigten Stimmungen und Emotionen gemessen. Fiedler und Rogge (1990) haben die Zusammenhänge zwischen Empathie und Suggestion im klinischen Rahmen empirisch untersucht.

Dieser Typus von Untersuchungen leidet daran, sowohl normativ als auch individualistisch verfahren zu müssen. Beides ist zu dem, was Empathie meint, kaum passend.

Der normative Charakter zeigt sich daran, daß man zur Überprüfung der evaluativen Fähigkeiten von Versuchspersonen schon vorab „wissen" muß, was ein gezeigter Gesichtsausdruck „bedeutet", und kann nur dann die Beurteilung durch eine Versuchsperson als Varianz von deren individueller Fähigkeit messen. Ob eine untersuchte Person in natürlichen Kontexten nicht ganz andere Fähigkeiten entwickelt, kann so nicht ermittelt werden. Individualistisch ist der theoretische Ansatz, wonach eine Person einen „inneren" Zustand mit Signalen „außen" anzeigt – das wäre im Grunde so, als wollte man „Intimität" messen, ohne daß ein anderer Mensch, mit dem man Intimität hergstellt hat, dabei ist. Im Fall der Empathie könnte es ja immerhin auch so sein, daß mimisch nicht innere Zustände angezeigt werden, sondern Kommentare zum Ausdruck des Anderen, und daß der andere deshalb nicht nur gebraucht wird, sondern die Fähigkeit mit organisiert und aktualisiert. Hier erst würde, wie das in brillanter Weise in der neueren Affektforschung geschieht (Steimer-Krause 1996[160]) ein individualistischer Ansatz verlassen; Affektexpression und soziale Sensibilität ebenso wie Empathie erscheinen als gemeinsame interaktive Hervorbringung. Allerdings keimen diese Ansätze erst in jüngerer Zeit auf.

Es gibt entwicklungspsychologische Untersuchungen (Zahn-Waxler 1991, Bischof-Köhler 1996), wonach Empathie sich in verschiedenen Stufenfolgen entwickelt. Hier hat man klinische Erfahrungen mit Beschreibungen aus verschiedenen Richtungen zu verknüpfen bzw. zu korrigieren versucht; Empathie spielt eine gleichermaßen wichtige Rolle in der Gesprächspsychotherapie wie in der psychoanalytischen Selbstpsychologie – auch wenn höchst Verschiedenes darunter verstanden wird. In der Gesprächspsychotherapie kann man gelegentlich die Formulierung finden, daß Therapeuten „empathisches Verhalten zeigen"; das ist immer noch individualisierend gedacht. Die Rede vom „Beziehungsverhalten" oder von „empathischem Verhalten" ist im Grunde ein Mixtum Compositum. Man will „Beziehung" – aber benutzt individualisierende Begriffe (Verhalten). Es wäre hilfreicher, sich auch hier zu einer Konzeptualisierung von Empathie als gemeinsamer Interaktionsorganisation zu entschließen.

Das wird in Kohuts Selbstpsychologie (1973, 1977) durchaus anvisiert. Hier ist Empathie Gegenbegriff zum distanzierten Beobachten. Deshalb spricht Kohut mit einer Metapher (für die Domäne der Interaktion) vom „Eintauchen" in die interpersonale Matrix der therapeutischen Beziehung. Damit wird ein Versuch unternommen, Empathie nicht in individualisierenden Dispositionsbegriffen zu beschreiben, sondern als interaktives Geschehen, auch wenn dieser Versuch theoretisch noch auf halber Strecke stehen bleibt. Das, was in umgekehrter Richtung passiert, Empathie von Patienten für ihre Therapeuten oder von Kindern für unbewußte Vorgänge ihrer Eltern, bleibt ohne systematisch ausgebildetes theoretisches Repertoire, auch wenn Kohut seine Beispiele öfter in diese Richtung orientiert.

Mir kommt es darauf an, *Empathie als Prozeß der gemeinsamen Interaktionsorganisation* aufzufassen. Damit Empathie möglich werden kann, muß die Interak-

---

[160] Siehe meine Rezension in der Zeitschrift „System Familie" (1998)

tion organisiert, von den vielen Möglichkeiten einer interaktiven Ordnung muß eine als empathische Interaktionsordnung hergestellt werden – und zwar gemeinsam. Eine solche theoretische Orientierung an der Interaktionsorganisation schließt aus, in individualisierender Weise von „empathischem Verhalten" zu sprechen oder als Variable des Therapeutenverhaltens zu untersuchen. Empathie ist dyadenspezifische Leistung.

Sie wird nicht nur in professionellen Interaktionen, sondern auch zwischen Freunden, Ehepartnern und in den verschiedenen Gruppierungen des Alltags erbracht. Nicht jedoch so, daß der eine sich in den anderen „einfühlt", sondern so, daß eine Interaktion entsteht, die Empathie möglich macht. Wem sie dann *zugerechnet* wird, ist Teil der Interaktion selbst, etwa in gleicher Weise, wie man in Gegenwart eines anderen Menschen nicht „allein schweigen" kann; der andere muß das tolerieren und organisiert das Schweigen insofern mit. Dennoch können beide zurechnend meinen, nur der eine schweige.

Empathie ist zugleich Voraussetzung wie Folge der Interaktion. Hier müßten im Grunde Untersuchungen ansetzen, die gleichermaßen entwicklungs- wie interaktionstheoretisch orientiert sind, also „vertikal-biographische" und „horizontal-aktuelle" Aspekte miteinander verbinden. Das ist ein Desiderat.

Die Fähigkeit, andere Menschen „auszulegen", erfordert keine hermeneutischen Spezialkenntnisse, sondern ist Überlebensbedingung in interaktiv organisierten sozialen Welten schon von Kindesbeinen an – ohne eine solche Fähigkeit gäbe es keine Entwicklung. Hermeneutik ist methodische Verfeinerung und Reflexion dieser Fähigkeit, die dann v.a. auf Wahrheit setzt. Diese Fähigkeit ist außerordentlich störanfällig, und sie kann auf wenigstens zwei verschiedene Weisen – unmittelbar und reflexiv – gehandhabt werden. Deswegen werde ich einen Blick auf einige Befunde der Säuglingsforscher werfen und eine reflexive Interaktionstheorie des Selbstaufbaus skizzieren. Empathie kann nicht als „Einbahnstraßentheorie" konzipiert und muß von erzwungenen Perspektivenwechseln, von Konformität unterschieden werden.

Ich lege deshalb Wert darauf, daß Empathie auch Selbst-Empathie einschließen sollte. Professionelle Psychotherapeuten brauchen eine Vorstellung darüber, wie die Empathie ihrer Patienten für sich selbst verstört worden ist. Vielleicht könnte man sogar sagen, daß Verstörungen auf ein erzwungenes Übermaß an Empathie für andere zurückgeführt werden kann; wo Empathie *für andere* erzwungen wurde, ist die *mit sich selbst* reduziert. Patienten begegnen ihren Therapeuten ganz außerordentlich sensibel, sie bringen ihnen gegenüber ein hohes Maß an Empathie auf[161]. Sie registrieren sehr wohl, wie sie behandelt werden, und manchmal müssen die gegenseitigen Empathisierungen mühsam ausgehandelt werden. Agieren, „enactments“ und Inszenierungen von Patienten sind ein vieldiskutiertes Thema innerhalb der psychoanalytischen Literatur; selten jedoch sind noch die Hinweise auf den interaktiven Kontext.

Die gängige Auffassung sieht Agieren als Form des Erinnerns. Mir scheint es dringend erforderlich, einer solchen diachronen Perspektive, die einseitig die Störung auf seiten des Patienten betont, eine synchrone Perspektive zur Seite zu stellen. Dann wäre Agieren aufzufassen als eine Reaktion des Patienten auf einen Empathiemangel seines Therapeuten, es wäre nicht nur Erinnerung, sondern aktualisierte Mitteilung – unter der Bedingung der gestörten Einfühlung in sich selbst. Es wäre eine Mitteilung, die selbst nicht weiß, daß sie Mitteilung ist, und die obendrein ihren Empfänger nicht kennt, sozusagen nicht adressiert ist. Zudem ist sie meist nicht-sprachlich verfaßt. Dies alles sind Momente, die traditionell dem Unbewußten des Patienten zugerechnet werden – wenn er nicht weiß, daß er etwas weiß; wenn er „falsch verknüpft“ und nicht-sprachlich agiert. Aber es kommt in der therapeutischen Interaktion nicht nur auf die biographischen Ableitungen an, sondern ebenso auf das Unbewußte in der aktuellen Interaktion.

Leitfrage des professionellen Therapeuten ist: Was will der Patient *mir* sagen, wenn er über dies und jenes aus seinem Leben berichtet? An welcher Stelle werde *ich* gebraucht? Wie werde *ich* emotional positioniert? Und wenn der Prozeß weiter entwickelt ist, entwickeln sich auch die Leitfragen weiter: Was an *meiner* Äußerung war es, das den Patienten so reagieren läßt, wie er nun einmal reagiert? Und schließlich: Wie nähme der Patient es auf, würde ich mich so zumuten, wie ich bin, so ärgerlich oder erfreut, so verdrossen oder begeistert, so erregt oder deprimiert, so gelangweilt oder so fasziniert? Ich füge sogleich hinzu, daß dies Fragen sind, die sich Therapeuten denkend beantworten; es ist selbstverständlich, daß sie sich mit ihren Leidenschaften, Vorlieben und persönlichen Stellungnahmen enthalten. Was sie von den Antworten auf solche Fragen dann mitteilen, ist eine gesonderte Frage.

Mit solchen orientierenden Leitfragen entwickeln Therapeuten einen Sinn für die individualisierte Art und Weise, wie sie ihren Patienten beeinflussen und ihrerseits beeinflußt werden. Denn auch Patienten stellen sich ähnliche Fragen und

---

[161] Harold Searles (1956, 1958) hat uns gezeigt, in wie hohem Maß gerade schwer gestörte Patienten Therapeuten einen Spiegel vorhalten.

sondieren, was sie ihrem Therapeuten zumuten können: wieviel von meinen schlechten Seiten kann ich zeigen? Wird er den Behandlungsplatz anderweitig vergeben, wenn ich auch meine Fähigkeiten zeige? Wie kriege ich heraus, ob er mich eigentlich versteht? Will ich eigentlich, daß er mich versteht, es könnte ja auch schwierig werden...?

Solche und viele andere Fragen bewegen Patienten und Therapeuten gleichermaßen; für ihre Interaktion aber ist entscheidend, daß und wie sie sich ihre Stellungnahmen zueinander hörbar und sichtbar anzeigen. Wortwahl, Stimme und Stimmungen, Blicke und gestische Kontextualisierungen spielen hier eine außerordentlich große, aber immer noch wenig gewürdigte Rolle. Professionelle Psychotherapeuten müssen nicht ein „Mehr" an Empathie aufbringen, sie müssen die Empathie des Patienten nicht überbieten. Sie müssen vielmehr Sinn entwickeln für interaktiven Austausch und verstehen, daß Patienten nicht nur etwas „von sich" oder „aus sich" mitteilen, sondern auch auf ihren Therapeuten reagieren, womit eine Interaktion entsteht, die gemeinsames Produkt ist, als Psychotherapie bezeichnet wird, und die in einer hilfreichen Weise zu organisieren professionelle Aufgabe wird.

Empathiemängel sind, wie wir nicht nur seit Kohuts Arbeiten anerkennen müssen, sondern auch aus vielen Studien und der professionellen Erfahrung wissen, unvermeidlich; nicht auf andauernde und ungestörte Empathie kommt es an. Gefragt ist eher eine Fähigkeit der professionellen Interaktions*organisation*. Das schließt ein, abschätzen zu können, wie hoch die Wirkung der eigenen Person auf den Patienten und dessen Darstellungen sein mag, d.h. die Synchronizität der Interaktion zu verstehen. Der Therapeut muß sozusagen wissen, *daß* Patienten auf seine Empathiemängel reagieren, er wird im Laufe einer Behandlung immer besser verstehen, *wie* sein Patient, aber auch wie *er selbst* reagiert. Beide gemeinsam werden ihre Interaktion so organisieren, daß Mängel und Schäden *repariert* werden können. Können unvermeidliche kleine interaktive Schädigungen – sensu: „Mißverständnisse" – nicht repariert werden, verläuft die Therapie insgesamt unproduktiv oder aber Patienten brechen ab. Kurz, der Therapeut muß von unvermeidlichen Empathiemängeln reflexiven Gebrauch machen können und die Interaktion so organisieren, daß Empathiemängel wenn schon nicht vermieden, so doch prägnant werden – damit sie repariert werden können.

Eine solche an professioneller Interaktion orientierte Sicht bedeutet eine Verabschiedung von zwei traditionellen Auffassungen. Nach der einen ist alles, was in einer therapeutischen Sitzung geschieht, von der Pathologie des Patienten bestimmt, die aufzuklären oberstes Ziel wird. Diese Auffassung resultiert aus einem obsoleten naturwissenschaftlichen Ideal, wonach das Feld der Untersuchung durch diese nicht verunreinigt werden dürfe. Diese Auffassung hat zusammen mit anderen Faktoren ergeben, daß Autonomie ein hoch geschätzter Wert im fachlichen Diskurs geworden ist. Verbunden damit ist die zweite traditionelle Auffassung, daß Patienten nicht „beeinflußt" werden dürften; schnell wird der Suggestionsverdacht erhoben und Psychotherapie gerät in den Geruch, nicht mehr wissenschaftlich zu sein.

Solange man so denkt, kann man sich gegen entsprechende Angriffe – man denke nur an die Grünbaum-Debatte – nicht verteidigen. Aus der Sicht der hier entwickelten Professionstheorie muß man feststellen, daß drei Faktoren – die Überschätzung individueller Autonomie, als negativ eingeschätzte Beeinflussung, verbunden mit einem fragwürdigen Wissenschaftsideal – zu einer Art Selbstlähmung der Profession geführt haben. Es resultieren Tabus.

Autonomie, wird sie erst einmal als metaphorischer „Kern" einer Persönlichkeit verstanden, darf dann nicht tangiert werden. Demgegenüber steht hier die Auffassung, daß es Autonomie nie als individuelle Verfaßtheit geben kann, sondern immer nur in Abhängigkeit von Umwelten, die sie gewähren. Will man Patienten nicht beeinflussen, stellt man einerseits das ganze therapeutische Unternehmen in Frage, andererseits täuscht man sich über das, was man tatsächlich tut. Deshalb wird es unvermeidlich, mehr zu untersuchen, wie Psychotherapeuten tatsächlich ihre Patienten beeinflussen, und sie tun das, indem sie mit ihnen interagieren und nicht nur etwas ermitteln – auch wenn sie meinen, „neutral" zu sein.

Solche Überlegungen werden meist dadurch behindert, daß Beeinflussung mit Manipulation gleichgesetzt wird. Manipulation ist schlecht. Doch dies ist eine Zurechnung innerhalb der Kommunikation, die den Blick dafür versperrt, daß in jeder Interaktion unvermeidlich manipuliert wird. Daß Patienten durch Psychotherapie beeinflußt werden, wollen wir doch annehmen?! Die Frage ist nicht, *ob*? Sondern *wie*. Beeinflussung muß nicht mit Zynismus assoziiert, sie kann und muß mit Respekt vor dem Patienten verbunden werden. Respekt ist eine moralische Kategorie und als solche nicht verwerflich; worüber wir wenig wissen ist, wie Respekt in der Interaktion *gemacht* wird: Was muß ein Therapeut wie tun, damit ein Patient sich respektiert fühlt? Was muß ein Patient tun, damit ein Therapeut ihn mit Respekt beeinflussen kann?

Wenn man so fragt, übersetzt man eine Eigenschaftskategorie in eine interaktive Dimension und kann dann weiterfragen, wie Therapeuten es schaffen, ihre Patienten zu respektieren und zugleich zu beeinflussen? Man könnte weiter fragen, ob die Beeinflussung elegant geschieht, ob die unvermeidliche Verletzung der

Autonomie des Patienten durch eine gewisse Ästhetik der Formulierung abgefangen, kompensiert wird; ob Patienten etwas Neues mitgeteilt wurde, wie hoch der Grad der kommunikativen Anschlußfähigkeiten ist, wie direkt und subtil die Einflußnahme eigentlich ist usw. Selten äußern sich Therapeuten in jenen sprachlich bereinigten Formen, wie sie in veröffentlichten Fallgeschichten wiedergegeben werden. Was aber trägt es bei, wenn Therapeuten „stottern und stammeln", sich eher unbeholfen äußern, nach Worten ringen, wenn sie sich ungeschickt äußern – und dennoch verstanden werden? Was wird da *getan*? Wie geschieht das *genau*, wenn wir in Fallberichten lesen, daß Patienten böse und abgelehnte Selbstanteile auf dem Wege projektiver Identifizierung in ihren Therapeuten „hineingesteckt" hätten? Wie machen sie das? Und welche Folgen hat es für die Dialogorganisation, wenn der Therapeut sich ärgert, aber den Ärger für den des Patienten hält? Darf der Patient ebenfalls seine Gefühle für die des Therapeuten halten? Welche Asymmetrien in der Regelverwendung gibt es, und *wie* wiederum werden sie reflektiert?

Übersetzung von Eigenschaftskategorien in interaktive Dimensionen öffnet ein riesiges Feld an Möglichkeiten; Behandlung wird möglich, wo Sinn für gegenseitige Beeinflussung entsteht, genutzt und gegenseitig reflektiert werden kann. Damit werden auch Patienten als wirkmächtige Agenten aufgefaßt, die durchaus Einfluß auf ihre Therapeuten, deren Selbstzustände und theoretische Auffassung, sogar auf deren Schlaf und Träume (Zwiebel 1977) haben – und sie als solche Beeinflusser anzuerkennen, könnte selbst ein kurativer Faktor sein. In diesem Sinne hat Kantrowitz (1997) den Einfluß von Patienten auf ihre Therapeuten zu untersuchen begonnen.

Freud hatte das Regieren, das Erziehen und die Psychotherapie als „unmögliche" Berufe bezeichnet. Ein Grund für diese „Unmöglichkeit" könnte in der paradoxen Anforderung liegen, daß ein Therapeut gleichzeitig Respekt vor der Autonomie des Patienten haben und ihn beeinflussen soll. Steven Mitchell (1997) erläutert das hier Gemeinte einfach; er erinnert an jene Episode, als ein Violinist zum ersten Mal ein Solokonzert von Strawinsky probte. Wütend soll er dem anwesenden Komponisten die Noten vor die Füße geworfen haben mit der Bemerkung, das Ganze sei unspielbar. Ruhig lächeld habe Strawinsky geantwortet, er habe auch nicht gewollt, daß es klinge, als könne jemand das Konzert spielen, sondern es solle klingen, als *versuche* jemand es zu spielen. Der *Versuch* zu verstehen ist ein Beitrag zur Interaktionsorganisation innerhalb der professionellen Psychotherapie, und hier handelt es sich paradoxerweise um ein Können, das scheitern muß – aber gerade darin seinen Erfolg hat.

Zur Klärung von *Empathie als Interaktionsorganisation* werde ich nun mit einem illustrativen Freud-Beispiel beginnen und dann Befunde zu einer interaktionstheoretischen Begründung der psychotherapeutischen Profession heranziehen.

Das Subjekt der Deutung

> „Doing this kind of interpretive work sounds more complicated than it is. In fact, we make such interpretations of people's talk continually and unconsciously every day."
>
> Anne Donellon, „Team-Talk – Between the Lines to Improve Team Performance" 1996, S. 30)

Niemand kann *sicher* wissen, was sich in der Seele eines anderen Menschen abspielt – deshalb muß es Empathiemängel geben. Die Psychoanalyse behauptet mit ihrem zentralen Konzept des Unbewußten sogar, daß niemand das von sich selbst wissen kann. Das Unbewußte ist mit Freuds Formel „inneres Ausland", und wir erhalten manchmal in Träumen oder Fehlleistungen oder verwandten Phänomenen eine gewisse magere Kunde von den Vorgängen dort. Wir können es nicht *wissen*, wir können es nur modellieren. Wir erschließen unbewußte Vorgänge, wir „erraten" sie, wie Freuds vielfach gebrauchtes Wort dafür lautet. Dies ist ein Vorgang, den er sogar im Alltag am Werke sieht. In seinem Buch über „Die Psychopathologie des Alltagslebens" hat er ein schönes Beispiel dafür überliefert, und zugleich läßt sich daran professionelle Kompetenz demonstrieren.

> Einer Dame will in einer Gesellschaft der Titel des Buches „Ben Hur" nicht einfallen, und Freud (1904, S. 26) fügt dieser Schilderung an, „auch den anwesenden Herren versagt sich der richtige Einfall". Freuds These ist klar: Die Dame setze das Aussprechen des Buchtitels einem sexuellen Angebot gleich. Interessant ist nun, wie Freud die Teilhabe der Herren an dieser Fehlleistung beschreibt. Er sagt: „Ihr Unbewußtes hat das Vergessen des Mädchens in seiner wirklichen Bedeutung erfaßt und es ... gleichsam gedeutet."

Um keinen Zweifel daran zu lassen, daß Freud hier das Unbewußte nicht als *Objekt* der Deutung sieht, sondern ihm die Kompetenz der Deutung zuspricht, schreibt er weiter:

> „Man kann in der Tat ganz allgemein behaupten, daß jedermann fortwährend psychische Analyse an seinem Nebenmenschen betreibt und infolgedessen diese besser kennenlernt als jeder einzelne sich selbst."

Damit visiert Freud einen interaktiven Aspekt an; man muß den anderen auf irgendeine Weise immer schon verstanden haben, selbst wenn dies „Verstehen" in einer gemeinsamen Fehlleistung resultiert. Freud war wichtig, daß das Unbewußte hier als interaktives Verstehensorgan – nicht nur als Gegenstand – ins Spiel kommt. In „Totem und Tabu" (GW IX, S. 191) wiederholt er deshalb, die Psychoanalyse habe gelehrt,

> „daß jeder Mensch in seiner unbewußten Geistestätigkeit einen Apparat besitzt, der ihm gestattet, die Reaktionen anderer Menschen zu deuten, das heißt, die Entstellungen wieder rückgängig zu machen, welche der andere an dem Ausdruck seiner Gefühlsregungen vorgenommen hat".

Das ist eine starke These; sie behauptet, das Unbewußte sei *Subjekt* der Deutung, nicht nur deren Objekt. Es deutet, nimmt wahr, ordnet ein, diagnostiziert – mit allen Ungewißheiten, aber beständig. Das ist ein Beziehungs-Vorgang zwischen zwei Menschen. Wir haben gesehen, daß Beziehungen aufgefaßt werden müssen, dabei metaphorisch prädiziert werden und einen frame erhalten. Freud deutet an, als wie weitreichend er solche Auffassung ansieht. Da nie vollständig kommuniziert werden kann, was die Dinge bedeuten, müssen Menschen einander deuten. Es ist kein Zufall, daß Freud am Beispiel einer alltäglichen Interaktion ein Wort – "deuten" – verwendet, das ansonsten der psychoanalytischen Behandlungstechnik als zugehörig angesehen wird. Ohne solche Auslegung kann es keine Beziehung, keine Interaktion geben, und ich nenne dies – unter Rückgriff auf Luhmann – eine „Deutung erster Ordnung".

Eine Deutung erster Ordnung ist ein „sehen als". Ein Patient kommt und sieht seinen Therapeuten, sagen wir, „als" Vater. Er weiß nicht, daß er das tut, doch diese Auslegung bestimmt seine Interaktionen, wie er seinen Therapeuten „testet", seine Gefühle (v.a. die Art seiner Angst) und seine Konzeptualisierung der Behandlung, also was er erwartet, befürchtet, und was er meint, was hilft. Wird die Deutung erster Ordnung formuliert, hat sie die Gestalt einer Metapher (*der Therapeut ist mein Vater)*, und diese Formulierung heißt in der Sprache der psychoanalytischen Behandlungstechnik „Übertragung", was die Eindeutschung von „Metapher" ist. Eine für die Behandlung wichtige Frage ist, ob der Patient über metaphorische Kompetenz verfügt, ob er also weiß oder ahnt, daß es eine Metapher ist. Dann erzeugt er in der Übertragung eine Als-ob-Identität – für sich selbst (*als* Sohn) und für den Therapeuten (*als* Vater). Die andere Möglichkeit ist, daß er die Metapher als Identität auffaßt – dann hat es der Analytiker etwas schwerer. Eben diese besondere Schwierigkeit verläuft vom „Bedienen" der Metapher über deren Elaborierung, bis schließlich ein Punkt erreicht ist, an dem sie „transzendiert" werden kann. Dann ist ein Standpunkt der „Anschauung" erreicht, von dem aus rückwärts auf die Metapher geblickt werden kann, die den Patienten im Griff hatte.[162]

Was dann der Psychoanalytiker in seiner Behandlungstechnik eine Deutung nennt, ist im Grunde eine „Deutung der Deutung", eine Deutung zweiter Ordnung[163]. Er deutet, wie ein Patient eine bestimmte Gegebenheit deutet. Er zeigt ihm damit, wie er eine bestimmte Perspektive auf seinen Gegenstand eröffnet und damit den „Gegenstand" erschafft. Solche „Deutung der Deutung" schließt die Detailarbeit ein: *wie* der Patient zu seinen Deutungen kommt und welche biographischen oder anderen Not-Wendigkeiten ihn dazu bewegen. Die Deutung der Deutung zeigt dem Patienten, daß er im Griff einer Metapher ist, z.B. der Metapher *der Analytiker ist mein Vater* (vgl. dazu Carveth 1993). Je mehr der Patient dann registrieren kann, wie er im Griff der Metapher ist, daß er dies bei den verschiedensten Gelegenheiten und nicht nur im Griff *einer* Metapher ist, wie solche Metaphern seine Welt-Deutung in den verschiedenen Domänen erzeugen, umso mehr befreit er sich davon. Er bekommt die Metapher in den Griff und rückt damit in eine „exzentrische Positionalität" ein – von der Plessner (1982) sprach. Die Metapher ist nicht ein bloß linguistisches Phänomen. Sich aus dem Griff einer Metapher befreien kann man auch präziser formulieren: Die „Bewußtseinslage der doppelten Bedeutung" wird durch Elaboration, Extension und Transzendenz hergestellt, die metaphorische Prädikation wird transparent und durch diese Interaktion der Patient sich selbst als Schöpfer, Konstrukteur seiner „Welt". Immer „ist" etwas und „ist nicht" – das ermöglicht, in Freuds Terminologie, eine Annäherung an den Primärprozeß; oder anders gesagt, es beschreibt, wie aus „Es" (den versteinernden Fest-Stellungen) „Ich" (die Freiheit der Vor- und Dar-Stellung) wird. An diese metapherntheoretische Sicht müssen nun interaktionstheoretische Überlegungen anknüpfen.

Person – immer exzentrisch

Es wird eine neue, wirkungsvoll andere Metapher des Selbst etabliert, und damit ist eine Bereicherung des professionellen Repertoires möglich geworden. Das

---

[162] Dies ist genau analysiert am Transkript einer vollständigen Behandlung in Buchholz (1996)

[163] So sieht es auch Raguse (1998), der die therapeutische Operation als „Interpretation der Interpretation" ausweist und damit, unabhängig, die gleiche Formulierung verwendet wie ich in einem Aufsatz zur Kritik formal-klassifikatorischer Diagnose-Systeme (Buchholz 1998); so auch Loch (1993).

soll nun mit entwicklungspsychologischen Befunden verbunden werden und muß dann erneut für die professionelle Praxis konzeptualisiert werden.

Der Patient erscheint als aktives, sich seine Welt und seine Beziehungen „deutendes“ Subjekt; er ist „kompetent“ (Buchholz 1993), wie es auch in der Säuglingsforschung (Dornes 1993) mittlerweile gesehen wird. Er gewinnt einen Standort „außerhalb“ und zugleich „innerhalb“, den Plessner (1982) mit den folgenden Worten beschrieb:

„Der Mensch ... lebt und erlebt nicht nur, sondern er erlebt sein Erleben. Ihm ist der Umschlag vom Sein innerhalb des eigenen Leibes zum Sein außerhalb des eigenen Leibes ein unaufhebbarer Doppelaspekt der Existenz, ein wirklicher Bruch seiner Natur. Er lebt diesseits und jenseits des Bruchs, als Körper und Seele *und* als die psychophysisch neutrale Einheit dieser Sphären“. (Plessner 1982, S. 10f.)

Innen und außen also zugleich – damit ist die exzentrische Position einem einfachen Innen-Außen-Dualismus enthoben. Konventionelle Spaltungen zwischen „hier Subjektivität“ und „dort Objektivität“ können überwunden werden, worauf auch Lakoff und Johnson (1998) nachdrücklich hinweisen. Und wie um das zu unterstreichen, packt Plessner das, was er „Einheit des Bruchs“ nennt, in die prägnante Formulierung von der dreifachen Positionalität des Lebendigen, wonach „das Lebendige Körper *ist, im* Körper und *außer* dem Körper ist als ein Blickpunkt, von dem aus es beides ist“. Dieser aufregenden Formulierung ist das Moment der Selbstüberschreitung der engen Grenzen des Individualismus eigen[164].

Hier kann eine Verbindungslinie zwischen dem Körper, der ganzen Person und dem sozial-interaktiven Moment gezogen werden. Merton Gill (1987, 1994) sieht die Person im Mittelpunkt psychoanalytischer Wahrnehmung stehen. Person – das ist zunächst nicht mehr als eine Art Koordinatensystem – Cavell (1996) sprach vom Netzwerk – für die sinnstiftende Integration von Beobachtungen.

Person macht Sinn aus Kommunikation; sie kommt zwar in der Umwelt der Kommunikation vor, bildet aber deren unverzichtbare Ressource. Aber Kommu-

---

[164] Seit Freuds „Einführung des Narzißmus“ (1914) versuchen Theoretiker des Selbst (Stein 1979, Wahl 1985) die Ausdehnung von dessen Pseudopodien zu beschreiben – erfreulicherweise immer freier von negativen Wertungen. Was auch wäre an einer solchen Fähigkeit, die Welt zur eigenen Sache zu machen und sich zur Ur-Sache der Welt, in einem abwertenden Sinne „narzißtisch“?

nikation ist umgekehrt für sinnhafte Kontinuität von Personen notwendig. Weil Person Ressource für Kommunikation ist, wird „Welt“ nicht einfach „in“ einer Person abgebildet. Personen *erzeugen* Wissen an Kommunikation, sie bilden nicht einfach Information ab. Insofern gibt es einen komplexen Zusammenhang zwischen der Entwicklungspsychologie einer Person, ihren Kommunikationen mit anderen Menschen und der Fähigkeit, sich selbst und andere mit der Ressource Sinn auszustatten. Und weiter: Empathie ist insofern mit der Fähigkeit zur Besinnung verbunden, als sie voraussetzt, daß überhaupt „etwas“ (z.B. das Zukken eines Mundwinkels) wahrgenommen und sodann „*als* etwas“ (ein unterdrücktes Weinen und nicht als bloßer Reflex) wahrgenommen wird. Und dieses etwas kann am Anderen oder an sich selbst wahrgenommen werden – aber seine Ausstattung mit Sinn ist nie sicher. Diese Unsicherheit treibt dann die Kommunikation wiederum an, denn wo man nicht weiß, muß man kommunizieren.

Dieser Zusammenhang ist komplex; es wäre eine eigene Arbeit wert, die Positionen verschiedener Autoren zu referieren; das müßte sozialwissenschaftliche Arbeiten einschließen. Empirisch ist der hier anvisierte Zusammenhang zwischen aktualisierter Interaktion und entwicklungspsychologischen Perspektiven erstmalig von Hausendorf und Quasthoff (1996) untersucht worden. Ich verweise auf diese ungewöhnlich informierte Arbeit.

Selbstaufbauten

Psychoanalytiker haben es mit menschlichen Beziehungen zu tun, und Gill (1987) erklärt, Muster interpersonaler Interaktion so plastisch erlebbar wie nur möglich zu machen, definiere für ihn das Kernstück der psychoanalytischen Kunst. Um Beziehung thematisch werden lassen zu können, muß man alles, was in ihr geschieht, „doppelt beschreiben“, aus der Sicht des Einen *und* des Andern, wie Bateson (1982) forderte. Beziehung ist perspektivisch angelegt, sie muß „doppelt beschrieben“ werden. Die körperliche Erfahrung bietet dazu die Grundlage, etwa wenn wir Gegenstände nicht nur mit dem Gesichtsinn wahrnehmen, sondern sie auch betasten, beriechen, ihr Gewicht prüfen oder uns an ihnen verletzen. Mehrere Perspektiven werden in der Erfahrung integriert und bilden die Überzeugung von der „Permanenz“ (Piaget) der „Objekte“ dann, wenn die eine Erfahrung, „daß da etwas ist“, von einer anderen bestätigt wird. Wir müssen uns schon als Kleinkinder auf Gegenstände, die „vor uns liegen“, mit Kraftanstrengung krabbelnd zubewegen, und diese sinnlichen Erfahrungen konstitutieren durch metaphorische Projektion in abstrakte Domänen, wie Johnson

(1987) und Cassirer (1923) überzeugend gezeigt haben, unsere Konstruktion der Zeit, wonach Zukunft „vor uns", Vergangenheit „hinter uns" liegt, und die Sprache bildet dann metaphorische Konzepte wie „Vorhaben", „sich etwas vornehmen" oder „Absicht". Die Erfahrung der Kraftanstrengung wird metaphorisch projiziert, etwa wenn wir vom „Gewicht" der Argumente, der „Stärke einer theoretischen Position", der „Schwere einer Depression" usw. sprechen. Vergleichbares gilt für coenästhetische Erfahrungen der Lage im Raum, für Erfahrung der Wärme oder Kälte und des „Gehaltenwerdens". Auch diese klingen an, wenn wir davon sprechen, eine Beziehung sei „im Gleichgewicht", eine Bemerkung als „unterkühlt" bezeichnen o.ä. DeRivera (1977) formulierte die metaphorische Projektion für Gefühle: „We speak of the emotions that vary belonging as if they operated on an horizontal plane – pulling an object to us or pushing it away, going toward an object or running away from it. In the recognition dimension we operate in a verticale plane – we 'look down on' or 'up to' the person for whom we have contempt or admiration. Finally, in dealing with being, we use the metaphor of 'in' and 'out' as when we are 'open' to a person or 'close them out'". Eben dieser Zusammenhang zwischen der sinnlichen Körpererfahrung und der abstrakten Dimension wird in der Affektforschung unter dem Titel der „Protokognitionen" untersucht (Krause und Merten 1996). Körperliche Grunderfahrungen werden in abstrakte Domänen metaphorisch projiziert (Johnson 1987); wir „sehen dann klar" oder „blicken durch". Wir können davon sprechen, daß der Körper sinnliche Ursprungsschemata für die Konzeptualisierung unserer Erfahrungen liefert. Schemata erklären gut die Beobachtung der sog. kreuzmodalen Wahrnehmung (Stern 1985).

Danach kann der Säugling Erfahrungen eines Sinneskanals einem anderen zuordnen. Paradebeispiel ist der genoppte Schnuller, den er ohne ihn zu sehen im Mund hatte und den er dann später allein visuell von einem glatten unterscheiden kann. Es scheint eine Fähigkeit zur Gestaltwahrnehmung anhang prototypischer Ganzheiten zu geben, was für Stimm-Muster und das Gesicht der Bezugsperson bestätigt ist (Slater 1997). Das befähigt das Kind, auf die gleiche „Gestalt" zu referieren (Messer 1997), deren Bedeutung dann in der Kommunikation „gegeben" wird. Man spricht von „referential communication" als dem Übergang zwischen der körperlich-organismischen und der sozialen Welt. Gestaltwahrnehmung wird als Fähigkeit angenommen, die dem Kind mitgegeben ist; das Kind setzt nicht einzelne Reize additiv zu einem Bild zusammen, sondern die Entwicklung verläuft genau anders herum: *Die Gestalt ist nicht mehr nur übersummativ „mehr als die Summe ihrer Teile", sondern vor allem auch „früher" als die Teile* – und das findet sich als gemeinsamer Befund sowohl bei den babywatchern (Stern 1996)[165] als auch bei den Schemata, wie sie von der kognitiven Linguistik formuliert werden. Schemata, wie das der *Kraft*, der *Verbindung*, des *Containers*, des *Pfades* oder die von Zentrum-Peripherie sind als abstrakte, aber dynamische Organisatoren der Erfahrung da, bedürfen jedoch der interaktiven Validierung durch eine „lenkende" und fürsorgliche Person.

Ist hier erst die Mutter Bedeutungsgeberin, übernimmt das Kind später deren Part. Es zeigt auf einen Gegenstand, aber nicht mehr nur, um ihn zu bekommen, sondern will auch die Aufmerksamkeit der Mutter mit der sog. „protoimperativen Geste" auf diesen Gegenstand lenken. Das Kind schaut, ob auch die Mutter dorthin schaut, wohin es zeigt. Fivaz-Depeursinge et al. (1994) haben, nach langen Erfahrungen mit der subtilen Beobachtungen bei Säuglingen und ihren Eltern, ähnliche Blickmuster bei der mikrostrukturellen Beobachtung in den sich bildenden Dreiecken von Paaren und ihren Therapeuten gefunden.

Sinnliche Erfahrungen dienen als Organisatoren auch für unsere Konzeptualisierungen von Beziehungen, die wir „doppelt zu beschreiben" lernen – aus beiden Perspektiven. Bateson (1982) sieht ein körperliches Vorbild zu solcher doppelten Beschreibung in der Fähigkeit zum binokularen Sehen. Jedes Auge für sich erzeugt nur ein korrespondierendes Abbild – erst deren Integration in unserem Geist *erzeugt* eine neue Information, die auf die Gegenstände „übertragen" wird, und ermöglicht so die Wahrnehmung der Tiefe und das ist eine Metapher, für die sich Psychotherapeuten natürlich interessieren müssen.

Vom Körper in die soziale Welt – ein allgemeines Modell

Die Umstellung der psychotherapeutischen Profession auf „Interaktion" und relationale Perspektiven wird durch das Zusammentreffen solcher sowohl erkenntnistheoretischer, sozialwissenschaftlicher und auch entwicklungspsychologischer Einsichten aus der wissenschaftlichen Umwelt erzwungen. Angesichts der außerordentlichen Differenziertheit der Säuglingsforschung ist es vielleicht gewagt, wenn ich ein allgemeines Modell des Übergangs von körpergebundenem Geschehen in eine soziale Welt vorschlage[166]. Ich möchte es dennoch tun, weil es viele Befunde zu integrieren gestattet.

---

[165] Stern (1985) meint eine generalisierte Erfahrungsrepräsentation, die selbst keinerlei einzeln gemachter Erfahrung entsprechen muß. Es ist gleichsam der „Mittelwert". – Die Schemata der kognitiven Linguistik sind übersichtlich dargestellt in Buchholz und v. Kleist (1997).

[166] Vgl. meine früheren Formulierungen in Buchholz (1988).

Danach äußert ein Kind irgendein körperliches Bedürfnis (z.B. Hunger, will beachtet werden oder spielen), es gibt dann ein Signal (es schreit oder zappelt). Dies Signal muß von einer anderen Person (der Mutter) rezipiert werden. Das setzt voraus, daß die Mutter ihrerseits hier bereits einen Unterschied macht: Sie muß die Äußerungen des Kindes nicht nur als reflektorisches Geschehen, sondern als *bedeutsame Mitteilung* betrachten. Nur, wenn sie mit diesem Unterschied beobachtet, kann sie dem Verhalten ihres Kindes einen Mitteilungssinn geben; aus Verhalten wird durch ihre Antwort Handlung. Von ihrer Bedeutungs*gebung* dann hängt ab, inwieweit sich das Bedürfnis des Kindes in eine soziale Welt symbolisch vermittelter Steuerungen einfädeln kann – oder nicht.

Die Mutter hat genau zwei Alternativen (und es reicht für ein allgemeines Modell, diese zu bestimmen).

Die eine Alternative ist: Das kindliche Signal kann ratifiziert werden, das Bedürfnis wird validiert. Das Kind erfährt dann Bestätigung der eigenen Initiative, wird durch diese Interaktion als Schöpfer, der etwas in seiner Welt bewirken kann, geschaffen. Das geschieht durch optimale Einstellung der Mutter auf das Erregungsniveau ihres Säuglings. Die Interaktion gewinnt hinsichtlich Rhythmisierung und Intensität eine charakteristische Kontur und kann sich sogar mit Mustern des neuronalen Taktes synchronisieren. Das Kind erwirbt ein körperliches Gefühl der Urheberschaft. Die Feinfühligkeit (Großmann et al. 1985) bzw. der Takt der Mutter führen zur Ausbildung eines zunächst situationsgebundenen und episodischen „Arbeitsmodells" von der Mutter, das dem Kind ihre Abwesenheit erträglich macht.

Die andere Alternative ist, daß die Mutter sich mit dem Signal nicht synchronisieren kann, wenn sie z.B. irrtümlich glaubt (Dornes 1997), das Kind wolle sie ärgern, es sei eine bloße Unart o.ä., mit der Folge, daß die kindliche Initiative nicht validiert wird. Sie handelt dann aufgrund eines Bildes bzw. Phantasmas vom Kind, das die Besonderheit hat, die Interaktion *gegen* rekursive Rückkoppelungen durch das Kind zu stabilisieren – das Kind hat gewissermaßen keine Chance, die Mutter wissen zu lassen, daß ihre Synchronisation gestört ist, denn alles, was das Kind tut, erscheint der Mutter als Bestätigung: Wenn es seinen Unmut durch lauteres Schreien äußert, kann die Mutter sich in ihrer Auffassung bestätigt fühlen, das Kind wolle sie provozieren, ärgern o.ä. Es entsteht ein Interaktionssystem, das als ultrastabil bezeichnet wird. Damit ist gemeint, daß es aus sich selbst heraus nicht lernfähig ist. Um zu überleben, gibt es für das Kind nur die Chance der selbstverändernden Anpassung an diese Ultrastabilität. Das ist der Grund, weshalb minimale Störungen zu Beginn einer Entwicklung so schwerwiegende Folgen haben können – dann, wenn keine Reparaturmöglichkeiten entwickelt werden können.

Die Fähigkeit zur wechselseitigen Korrektur hingegen mündet in einer „Passung“ zueinander, deren erste größere Etappe während der ersten 4-6 Lebenswochen erreicht wird; Mütter haben dann das Gefühl, ihr Kind zu kennen, haben sich auf dessen Fütterungs- und Schlafzeiten eingestellt und beginnen auf diesem neuen Plateu erreichter Passung neue Interaktionen, die wiederum immer die gleichen Alternativen lassen: Die mütterliche Bedeutungsgebung kann *validieren oder übersteuern* und immer wird sich die Frage nach den internen Korrekturmöglichkeiten stellen; mit zunehmender Entwicklung aber tritt auch das Kind als Bedetungsgeber und -initiator auf.

Diejenigen, die Störungen im ersten Lebensjahr durch Behandlung der Mütter behandeln (Papousek 1996), sprechen von einer „intuitiven elterlichen Kompetenz“. Eltern halten ihren Säugling nicht nur im Abstand von 23-26 cm in jenem Bereich von ihrem Gesicht entfernt, wo das kindliche Auge am schärfsten einstellen kann; sie benutzen „baby-talk“ (hohe Stimme), „open face“ (Hochziehen der Augenbrauen) und vieles mehr, um das kindliche Selbstgefühl zu stimulieren – oder nicht. Das alles erfolgt in einem „Korridor“ von Möglichkeiten wechselseitiger Passung, und so können „Variationen“ eines Themas gestaltet werden: erst wird die Stimme rhythmisiert, dann der klopfende Rhythmus des Zeigefingers auf der Tischkante und dabei das Kind hin und hergewiegt. Auch wenn die Passung zueinander nicht gelingt, stabilisiert sich ein interaktives Muster *dieser* Mutter mit *diesem* Säugling; und es gibt Beobachtungen, wonach derselbe Säugling bei anderen wie ein anderes Kind zu sein scheint (Dornes 1998). Welche der Alternativen die Mutter auch immer wählt: immer *gibt* sie Sinn und kann das nicht vermeiden. Die Säuglingsforscher Shotter und Newson (1982) haben in einer schönen Metapher von „Sinn-Infusion“[167] gesprochen, und das unterstreicht den Aspekt der mütterlichen Bedeutungs*gebung*. Unspezifische Äußerungen des Kindes werden so behandelt, *als ob* sie schon einen artikulierbaren Sinn hätten, und dabei werden dem Kind Intentionalität, Mitteilungswille und eine Handlungsgestalt, kurz: ein Selbst unterstellt – oder eben nicht. Fonagy et al. (1993,

[167] Und es ist etwas unverständlich, warum eben dies als „Verführung“ (Laplanche) beschrieben werden muß, insbesondere, nachdem viele familientherapeutische Autoren ganz ähnliche Beobachtungen mitgeteilt haben; hier eilen die baby-watcher der klinischen Erfahrung hinterher und zugleich verändern sie diese, weil sie nachweisen können, daß solche Sinn-Infusion viel früher beginnt, als die klinische Beobachtung annahm. Bestätigt wird die Beobachtung, aber ihre Datierung verändert.

1996) haben in mehreren Arbeiten gezeigt, daß die mütterliche Fähigkeit, das Kind zu „halten", von der anderen Fähigkeit, es sich als Zentrum eigener Initiative vorstellen zu können, unterschieden werden muß. Letztere ist hier gemeint; das ist der „ghost in the nursery". Die Mutter „verführt" (Laplanche 1997) das Kind ins Sein – wobei klar ist, daß mit „Mutter" hier nur eine Metapher für die gesamte personale Umwelt des Kindes gemeint ist. An dieser „Verführung", die man weniger sinnlich als sinn-voll verstehen könnte, konturiert sich das kindliche Selbst, und wir wissen mittlerweile recht gut, daß hier die Väter schon eine ziemlich wichtige Rolle spielen; man unterscheidet schlagwortartig die „nurturing mother" vom „exciting father" (Yogman 1982, Stern 1985).

Die bifokale Modellbildung – validieren oder übersteuern – schließt subtile „Reparaturen" von Mißverständnissen zwischen Mutter und Kind ein; es bilden sich interne wechselseitige Korrekturmechanismen aus – oder nicht. Letzteres ist z.B. der Fall, wenn die Mutter aufgrund einer Phantasie vom Kind handelt, die durch das Kind nicht korrigiert werden kann. Paradigmatisch ist jener Fall, wo die Mutter glaubte, ihr Kind könne verhungern und deshalb überall Essen plazierte, das sie dem Kind bei den verschiedensten Gelegenheiten in den Mund stopfte mit der Folge, daß das Kind erbrach – und die Mutter in ihrer Überzeugung, es könne verhungern, zu bestätigen schien (Dornes 1998).

Ich formuliere also nicht, daß die Mutter die Signale ihres Kindes „richtig" entziffern können muß, weil das nicht feststellbar wäre; ich ziehe eine prozeßorientierte Beschreibung vor, wenn ich davon spreche, daß das Bild der Mutter von ihrem Kind korrekturfähig sein und sich in Interaktionen so erweisen muß. Dabei erinnere ich an die vielen Befunde (Stern 1996), wonach tatsächlich viel mehr an Mutter-Kind-Interaktionen „entgleist", als in einem idealisierten Bild von Mutter-Kind-Beziehungen oft beschrieben worden ist. Aber nicht in immer möglichen „Entgleisungen" entsteht der Schaden.

Auf einer übergeordneten Ebene wird „entschieden", ob eine Störung entsteht: wenn sie repariert werden kann, ist sie gar nicht entstanden, sondern hat dann entwicklungsförderliche Effekte. Man kann vermuten, daß Entgleisungen, so sie denn repariert werden können und den Korridor mütterlicher Feinfühligkeit (Grossmann et al. 1985) nicht überschreiten, Erhebliches zum Aufbau eines repräsentativen Bildes beim je Anderen beitragen. Die gebräuchliche Rede davon, daß die Mutter das Kind spiegele, muß tatsächlich als Metapher im hier entwickelten Sinn verstanden werden: Der mütterliche Spiegel gibt dem Kind wieder, wie es *ist* – und die Mutter gibt wieder, wie es *nicht ist*, sondern wie sie ist und wie sie das Kind sieht. Ein übermäßig großes *Bedürfnis* danach, „gespiegelt" zu werden, könnte vielmehr als Resultat einer schon entgleisten Entwicklung angesehen werden, dann, wenn der Bedarf nach Validierung und nach Korrektur gleichsam zu kurz gekommen ist. Kohut (1973) könnte sich mit seiner Idee von der „optimalen Frustration“ bestätigt fühlen. Allerdings kann daraus kein pädagogisches Programm gebastelt werden, weil Frustration sowieso geschieht und geschehen muß. „Optimale Frustration“ muß nicht triebtheoretisch, sondern kann interaktionstheoretisch verstanden werden und bezeichnet dann die Bandbreite wechselseitiger Validierungen und deren Korrekturen im Fall von Mißlingen.

Als Metakognition (Fonagy und Target 1996) entsteht die Möglichkeit zur „Vorhersage“ des Verhaltens des Anderen und weiter zu einer Einschätzung der Sicherheit, mit der diese Vorhersage eintreffen wird. Bindungsforscher beschreiben dies als Entwicklung eines „inneren Arbeitsmodells“. Es ist dreipolig, bezieht die eigene Person, den Anderen und den beteiligten Affekt mit ein; bislang sind die Dimensionen der Sicherheit und der Vorhersagbarkeit untersucht worden (Köhler 1998). Es gibt Zusammenhänge zwischen frühkindlichem Bindungsstatus und psychotherapeutischer Ansprechbarkeit (Fonagy, Leigh et al. 1996).

Natürlich ist ein solches Modell auf verschiedenen Entwicklungsniveaus anwendbar und beschreibt dann immer erneut die Gefahr der „Übersteuerung“, die, wenn sie sich durchsetzt, das hervorbringt, was Winnicott (1974) klinisch als „falsches Selbst“ beschrieb, nämlich einen übermäßigen Konformismus mit interaktiven Imperativen der Mutter (oder eines Anderen oder abstrahierter generalisierter Erwartungen)[168]. Mead (1934) hatte hier zwischen „Me“ und „I“ unterschieden. „Me“ ist das generalisierte set von übernommenen Einstellungen Anderer, „I“ meint die Fähigkeit, sich eben darauf wiederum zu beziehen und sich somit auch davon zu differenzieren, also eine „exzentrische Position“ einnehmen zu können. Wollte man das interaktionstheoretisch reformulieren und dabei die Körpererfahrung einschließen, muß man – leider abstrakt -formulieren, *daß „I“ eine Relation ist, die sich auf „Me“ als eine Relation bezieht. Das Gesamt der Relationierung dieser Relationen macht das aus, was als Person in einem klinisch und empirisch gehaltvollen Sinne bezeichnet werden soll.* Das Selbst bewahrt die Erfahrung gelingender und scheiternder Interaktionen und setzt sich „exzentrisch“ dazu in Beziehung.

---

[168] Die familientherapeutischen Erfahrungen bestätigen dies genau. Und umgekehrt formuliert der britische Psychoanalytiker Bollas (1997, S. 126): „Ein Kind entwickelt meiner Ansicht nach einen Fixierungspunkt nie aus sich allein heraus, vielmehr muß man von einem Stokkungs- und Fixierungspunkt der Familie sprechen“.

Das Kind macht, in welcher Form auch immer, die Unterscheidung von „unreparierten" und „reparierten" Zuständen – in Abhängigkeit von den Bedeutungsgebungen der Mutter. Es kann nicht nur, sondern es muß das Erlebnis dieser beiden Zustände miteinander vergleichen – bezüglich des Angstniveaus, der Sicherheit, der Befriedigungs- und Einflußmöglichkeiten. Gerade darin zeigt sich seine Kompetenz, die es entwickelt, indem es überlebt. Vergleichen ist hier eine noch präkonzeptuelle kognitive Aktivität auf körperlich-organismischer Ebene, also eine Protokognition.

Der Vergleich resultiert irgendwann in der Entdeckung, daß es überhaupt etwas Vergleichbares gibt, die Andere(n) und sich selbst. Daß diese dann als ganze Personen ausgezeichnet werden, ist somit Resultat präverbaler Interaktionen und kreuzmodaler Wahrnehmungen. Diese Sichtweise geht also nicht davon aus, daß „Person" immer schon gegeben sei, vielmehr wird Person durch Interaktion gemacht. Person – das ist der Auszug der Invarianz aus einer Vielzahl von Interaktionserfahrungen. Aus den variierenden Erfahrungen wird das Invariante herausgezogen als Ergebnis eines Pendelns zwischen verschiedenen Zuständen.

Das Kind gelangt durch pendelnde, protokognitive Reflexion seiner Zustände auf ein neues Niveau seiner Konstitution. Die „subjective self-awareness" kann durch die der „objective self-awareness" (Duval und Wicklund 1972) ergänzt und schließlich zu einem weiteren Verständnis der „Welt" ausgearbeitet werden; ich möchte vorschlagen, hier von „reflective self-awareness"[169] zu sprechen. Dabei werden die Erfahrungen mit Anderen in die Selbstkonstitution unvermeidlich „eingebaut". Nicht mehr nur Erfüllung wird erwartet, sondern die Erwartungen des/der Anderen werden erwartet, man stellt sich darauf ein und die Befriedigung in einem auch affektiv fordernden Prozeß darauf um. Das Kind begehrt nicht nur, sondern will vom Begehren des Anderen begehrt werden und begehrt dies Begehren – und bleibt von dessen Gewährung abhängig, weshalb es sich darauf einstellen muß.

Wo allerdings in einem verallgemeinernden Sinn von der „Übernahme" der Perspektive des Anderen als Basis der Entwicklung von Empathie gesprochen wird, muß man differenzieren. „Übernahme" meint gewissermaßen ein „Zuviel", und dann kann der Fall des totalen Konformismus nicht mehr unterschieden werden von dem, was ich als „Berücksichtigung" des Anderen und dessen Erwartungen und Zuständen bezeichnen möchte. Sie können dann u.U. in Fehlleistungen indi-

[169] Ich erfinde diesen Begriff hier und beziehe mich auf Döbert und Nunner-Winklers (1982, S. 334) Formulierung vom „Prozeß der reflexiven Wendung des Denkens".

ziert und, wie das Freud'sche „Ben-Hur"-Beispiel zeigt, sogar „verstanden" werden, indem die „Reparatur" nicht erwartet, sondern in einem Akt unmittelbarer Empathie durch Selbst-Anpassung an den Zustand der Anderen vorgenommen wird.

Das ethische Moment, das im Wort „Rücksicht" anklingt, aktualisiert die Bedeutung der personalen Souveränität: Anerkennung der Abhängigkeit. Immer sind es Andere, die die eigene Autonomie gewährleisten, sie respektieren und ihr Zeit sowie Darstellungsmöglichkeiten zur Verfügung stellen müssen – oder sie ihr entziehen können. *Autonomie – ein hoher Wert im professionellen Diskurs – kann interaktionstheoretisch reformuliert werden: als gesteigerte Abhängigkeit von Anderen, die immer Aufmerksamkeit, Zeit und Ressourcen gewähren müssen.* Auch auf solchen weit fortgeschrittenen Entwicklungsniveaus wiederholt sich bis ins Erwachsenenalter, daß der Andere Autonomie validiert – oder nicht. Erwachsene haben etwas größere Chancen, ausbleibende Validierungen zu kompensieren, indem sie sich (I) in Beziehung setzen zu den eigenen Erwartungen und den erwarteten Erwartungen des Anderen (Me), und sie tun das auf dem Hintergrund einer personalen Interaktionsgeschichte. Das individuelle Selbst und seine Autonomie kann nicht mehr als „given", als „Substanz" betrachtet und seine Wahrheit dann auch nicht in rückwärts gewandter Perspektive „gesucht" werden. Das Selbst muß vielmehr definiert werden als Relation (zu anderen), die sich auf sich selbst als Relation (mit anderen) bezieht.

Was sich theoretisch so kompliziert anhört, weiß die Sprache präzise. Sie metaphorisiert einfach die hier beschriebene Gegliedertheit und Schichtung durch die metaphorische Rede vom „Aufbau" einer Person, die dann zu weiteren Metaphoriken, die vom architektonischen Bildfeld des Hauses[170] abgeleitet sind („altes Haus", „gelehrtes Haus", ein „verschlossener Mensch", die Augen als „Fenster" der Seele, einen „Zugang"[171] zu jemandem finden usw.) führt. Eine solche Metaphorik präsentiert ein subtiles Wissen. Die interaktionstheoretische Perspektive analysiert diese Metaphorik praktisch.

Ich habe diese Befunde referiert und im beschriebenen Modell zu bündeln versucht, weil ich nun den Versuch anschließen möchte, Folgen für die professionelle Psychotherapie auszuloten. Ich werde dabei an die Überlegungen zur Empathie wieder anknüpfen.

---

[170] Vgl. dazu Rigotti (1995)

[171] „Zugang" ist sowohl der „Weg" zum „Haus", hat aber auch medizinische Bildspender (einen Zugang legen).

Störungen in der Entwicklung können bezogen werden auf relationale Kontexte, vorrangig in der frühen Interaktionserfahrung der Familie. Die Person bezieht sich auf sich in Ableitung und Verarbeitung jener Erfahrungen, wie andere sich auf sie bezogen haben. Das schließt Körpererfahrung und deren Verarbeitung durch die genannten Schemata ein. Damit möchte ich einen linearen Determinismus ausschließen. Ereignisse müssen immer in Erlebnisse umgearbeitet werden, wenn sie Effekte für den Selbst-Aufbau einer Person haben sollen. Dieser Selbstaufbau einer Person nutzt interne Reparaturmöglichkeiten.

Das Ausmaß der Anpassung von Kindern an schwierigste Lebensumstände ist von vielen Autoren immer wieder herausgestellt und dabei verwundert beobachtet worden, daß Kinder gerade an jenen Personen zu hängen scheinen, von denen sie wenig Gutes erfahren haben. Sie scheinen eine Phantasie auszubilden, daß sie ihre Bezugspartner doch noch dazu bewegen können, ihnen das Notwendige zuteil werden zu lassen. Sie „reparieren" schwierige Interaktionen, indem sie die Beziehung zu solchen Anderen primär deuten und aufgrund dieser Deutung handeln. So findet man in Multiproblemfamilien immer wieder Vorschulkinder, die den Haushalt komplett managen, Einkäufe erledigen und die depressive Zurückgezogenheit von Müttern kompensieren, die genau wissen, was die Mutter „braucht", wann der Vater schlagen wird oder aber ansprechbar ist; Scheidungskinder rechnen sich selbst die „Schuld" an der Trennung der Eltern zu. Sie bilden früh und dann ein Leben lang interne Kompensationen und Lösungsstrategien aus – und erst, wenn diese versagen, wird professionelle Hilfe in Anspruch genommen.

Krise – was sie konstelliert

Die gewohnte Semantik, wonach Menschen wegen ihrer „Probleme" professionelle Hilfe in Anspruch nehmen, erweist sich als korrekturbedürftig. Die meisten Menschen kommen mit ihren Problemen irgendwie, mehr oder weniger gut, allein zurecht. In jedem Fall nutzen sie nach Möglichkeit nichtprofessionelle Hilfe, sprechen mit Familienangehörigen oder Freunden. Professionelle Hilfe wird nicht wegen „Problemen" gesucht, sondern wenn Problemlösungskapazitäten erschöpft oder unzureichend sind. Mit Bezug nicht auf Probleme, sondern auf fehlende Kapazitäten zu deren Lösung, kann man von einer Krise sprechen. Man kann unter Rückgriff auf das über den Selbstaufbau Gesagte wenigstens 5 Bedingungen des Versagens von Problemlösungskapazitäten auflisten, die eine Krise konstellieren können:

a) Vorhandene Validierungen entfallen. Dies ist z.B. dann der Fall, wenn mit anderen Personen, die bisher Autonomie gewährt haben, nicht mehr interagiert werden kann. Sie sterben, ziehen weg oder verschwinden sonstwie aus dem Gesichtskreis. Der Wegfall vorhandener Validierungen kann aber auch gegeben sein, wenn andere Personen Autonomiegewährung entziehen, aber anwesend bleiben. Mütter werden aufgrund eines Todesfalls in ihrer Herkunftsfamilie depressiv und entziehen dem Kind Zuwendung und Aufmerksamkeit; arbeitslose Väter destabilisieren und können ihren Kinden nicht mehr den notwendigen Halt als idealisierbare Objekte bieten; Ehepartner machen eine Therapie und reagieren ihrerseits Autonomie fordernd statt gewährend o.ä. Die bisher unproblematisch operierende praktische Kongruenz der Relevanzsstrukturen zerfällt.

b) Die Vorhersagbarkeit der Ereignisse wird so irritiert, daß sie nicht mehr gedeutet werden können. Das dürfte bei traumatischen Störungen der Fall sein. Ein Verkehrsunfall zerstört den Glauben an die Sicherheit gewohnter Umweltbedingungen; ein Überfall zerstört das Vertrauen in die Vertrauenswürdigkeit der Mitmenschen; eine Vergewaltigung vernichtet Liebesfähigkeit. Kinder erleben die Trennung ihrer Eltern oder werden verletzt und mißbraucht. Je früher in der Entwicklung der Aufbau eines stabilen, d.h. zu Vorhersagen befähigenden affektiv-kognitiven Weltbildes irritiert wird, umso größer ist die Chance, daß überhaupt keine stabilen Deutungsschemata entwickelt werden, sondern Welt und Selbst chaotisiert werden. Was ein Trauma ist, kann somit nicht als „objektives Ereignis", sondern immer nur mit Bezug auf die zur Verfügung stehenden primären Deutungen (und deren Zerreißung) definiert werden – ein anderes Beispiel für die Unbestimmtheiten, mit denen professionelle Psychotherapeuten operieren.

c) Die Deutungsschemata werden invalidiert. Das ist bei der Enthüllung von Geheimnissen der Fall. In einer der von uns (Buchholz und Dümpelmann 1993) untersuchten Biographien von Anorektikerinnen fand sich als Beispiel, daß die Patientin durch einen Zufall darauf stieß, daß ihr Vater schon längere Zeit ein Verhältnis mit einer von ihr sehr verehrten Lehrerin unterhielt. Die Zuneigung zum Vater *und* die Verehrung der Lehrerin waren mit einem Schlag ungültig geworden. Andere Beispiele, wenn z.B. Erwachsene die Nazivergangenheit ihrer Eltern erfahren, sind in der Literatur ausführlich beschrieben worden.

d) Mehrere Deutungsschemata werden zugleich aktualisiert und konfligieren. Dies dürfte bei der Entwicklung der Angststörungen von Bedeutung sein. Eine als „normal" gedeutete Situation, z.B. aus dem Haus zu gehen, kann nicht bewältigt werden, weil zugleich eine andere Deutung, z.B. damit ein verfügbares Sexualobjekt für andere zu werden, sich hochgradig intensiv vorschiebt. Der dann einsetzende Verdrängungskampf kann als Versuch interpretiert werden, die anstößige Deutung zu invalidieren, ein Versuch, der, soweit er nicht gelingt, Angst freisetzt. Wenn er gelingt, resultieren verschiedene Formen der Selbsteinschränkung.

e) Ein Deutungsschema kann nicht revidiert werden. Dies ist bei den sog. Entwicklungsstörungen der Fall. Beim Übergang ins Erwachsenenalter akzeptieren junge Menschen häufiger nicht die Umstellung darauf, daß Sexualität eine relevante Metapher für die Strukturierung von Beziehungserfahrungen wird, und versuchen, ihre eigene Entwicklung gleichsam aufzuhalten. Ein anderes Beispiel sind diejenigen Störungen, die als Dysmorphophobie bezeichnet werden, nämlich die feste Überzeugung, daß irgendein Körperteil wie Nase oder Oberschenkel häßlich und entstellt sei[172]. Diese Überzeugung ist ihrerseits in vielfältigen und kompliziert verschachtelten Interaktionen entstanden, und sie kann ohne therapeutische Aktualisierung dieser Erfahrungen selbst nicht revidiert werden. Diese Störungen sind deshalb therapeutisch schwierig, weil sie – wie oben bestimmte Interaktionsmuster – als ultrastabil imponieren; sie können sich an anderen Erfahrungen nicht revidieren und schränken erheblich die psychosoziale Lernfähigkeit ein. Einem solchen Menschen in professioneller Interaktion zu sagen, seine Nase sei doch gar nicht häßlich, ist deshalb sinnlos. Nicht nur, weil er dies vielfach schon von anderen gehört hat, sondern weil erst die Art, wie er sie „deutet" (nämlich *als* häßlich), nicht aber die Nase selbst, zum Thema des Dialogs gemacht werden muß. Der Satz, daß Therapeuten Interpretationen interpretieren, erweist seine professionelle Nützlichkeit hier besonders.

Wenn ich von Deutungen spreche, meine ich nicht nur eine bewußte, formulierbare, sondern eine affektiv-sinnliche Qualität, die den erlebten Körper mit seinen Schemata einschließt und in Interaktionserfahrungen erworben wird. Solche primären Deutungen – des Selbst und der „Welt" – brauchen Validierung und Stabilisierung durch Andere; aber die entstandene Stabilität kann auch zum Problem werden. Probleme werden immer innerhalb der von ihnen bestimmten Horizonte gelöst; solche, die außerhalb liegen, provozieren die Krise. Krise – das ist immer eine der Deutungen. Ein solcher Krisenbegriff ist weit genug gefaßt, um die verschiedensten Aspekte einer Krise zu integrieren, und zugleich bestimmt genug,

---

[172] Einen ausführlichen klinischen Fallbericht habe ich dazu (1996) vorgelegt.

um verschiedene Krisen, auch solche auf unterschiedlichen Entwicklungsniveaus, zu umfassen.[173] Und man kann die Bemerkung anschließen, daß es in der professionellen Psychotherapie nie nur um *eine* Krise geht, sondern immer um mehrere.

Krisenfolgen

Irritation der Deutungsmuster hat mehrere Folgen. Die bedeutsamste ist die Entstehung von Angst, die ihrerseits eine Umstellung nach sich ziehen kann; gelingt diese nicht, bleibt Angst ein stabiler Faktor im Selbst- und Weltverhältnis.

Eine zweite Krisenfolge kann als emotionale Erstarrung und kognitive Einschränkung beschrieben werden. In der Krise kann nicht mehr mit der sonst zur Verfügung stehenden Bandbreite von Bewältigungen reagiert werden; die Situation wird so erlebt, daß die „exzentrische Position“ einzunehmen nicht gelingt; das bestimmt die metaphorische Rede, „*in* einer Krise zu stecken“. Es ist dieses Erleben des Umklammertwerdens von der Krise, welches Reaktionen nach sich zieht, die vom „reflektorischen Strampeln“ über die resigniert-depressive Bewegungslosigkeit bis zum „wütenden Umsichschlagen“ reichen. Wenn das Erleben später, sobald man *aus* der Krise heraus ist, formuliert werden kann, wird die Krise nicht selten als Person metaphorisiert, die *festgehalten* oder gleichsam *hypnotisiert* habe.

Eine dritte Krisenfolge ist die Verzerrung des Zeiterlebens. Die Zeit beschleunigt oder verlangsamt sich. Im Augenblick einer Bedrohung können innerhalb von Sekundenbruchteilen ganze Lebensgeschichten vor dem inneren Auge ablaufen, teleskopartig verdichtet werden mehrere Geschichten gleichzeitig nacherlebt. Zugleich verlangsamt sich die Zeit, die Krise läuft immer wieder im Zeitlupentempo innerlich ab. Und schließlich scheint die Zeit überhaupt stehenzubleiben. Man kann sich von ihr nicht fortbewegen, sie scheint fixiert zu sein.

Krisenbewältigung

Die Frage ist nun – wie wird die Krise bewältigt? Krisenbewältigung muß von der Krise und den Krisenfolgen unterschieden werden. Wenn man einteilen wollte, könnte man verschlimmernde, lediglich beruhigende, mobilisierende und schließlich revidierende Hilfemöglichkeiten unterscheiden. Diese Hilfen können von anderen kommen, materieller oder immaterieller Art sein. Sie können aber

[173] Einen informativen Überblick über „Krise“ und „Krisenintervention“ haben Simmich und Reimer (1998) vorgelegt

auch als „Selbstbehandlungen“ gegeben werden, etwa indem nun die Krise „gedeutet“ wird. Dabei geschieht es nicht selten, daß die Krise mobilisierende Effekte hat: nachträglich erscheinen in ihrem Licht frühere Ereignisse mit vorausweisendem Sinn ausgestattet. Sie erhalten eine neue Bedeutung – rückwirkend, ebenfalls mit Folgen für die Verzerrung des Zeiterlebens. Lassen sich Eltern endlich scheiden, kann es dem Kind nachträglich so erscheinen, als seien auch die früheren friedlichen Zeiten nur „trügerisch“ gewesen.

Welche Bewältigungen auch immer zur Verfügung stehen, sie bestimmen das klinische Bild ganz wesentlich mit. Zudem geht es im professionellen Kontext selten um nur eine Krise, und manche Bewältigungen ziehen andere Krisen nach sich. Immer gibt es eine mehr oder weniger lange Geschichte der nichtprofessionellen Selbstbehandlung, auch und v.a. durch familiäre Angehörige. Selbstbehandlungsversuche – das kann man auch wörtlich nehmen: als Modifikation an sich selbst. Menschen ziehen sich von schwierigen Interaktionen oder Interaktionspartnern zurück, engen die Bandbreite ihrer Möglichkeiten ein oder tauchen zeitweilig unter. Sie behandeln sich, indem sie sich schneiden (statt z.B. „verletzende“ Formen des Zusammenlebens aufzugeben); sie greifen andere an (z.B. wenn sie sich schämen); sie führen zwanghafte Rituale zur Selbstbestrafung aus (z.B. statt Schuldgefühle zu erleben oder andere anzuklagen); sie legen sich ins Bett (und zwingen so z.B. andere, ihre Autonomie zu übernehmen und sich für ihre Pflege verantwortlich zu fühlen). Andere werden unschuldige Tyrannen oder hilflose Welterlöser. Sie behandeln sich selbst – aber schlecht. Schlecht deshalb, weil ihre Empathie für sich selbst auf irgendeine Weise interaktiv gestört ist.

Was ihnen dann als professionelle Psychotherapie angeboten wird, könnte angemessener als *Supervision schlechter und unzureichender Selbstbehandlungen* in einer weiteren Variation verstanden werden. Freud (1991, S. 65) könnte dies vorgeschwebt haben, wenn er eine psychotische Patientin mit den Worten wiedergibt, „daß mindestens häufig auch bei ganz schlimmen Zuständen in irgendeinem Winkel ihres Gehirns ein scharfer und ruhiger Beobachter (saß), der sich das tolle Zeug ansah“. In dieser Formulierung wird das reflexive Verhältnis von „I“ und „Me“ artikuliert; es gibt einen „Beobachter“ (I), der das „tolle Zeug“ von Me betrachtet. Professionelles Können in intimisierter Interaktion zeichnet sich dadurch aus, mit diesem ruhigen Beobachter ins therapeutische Gespräch zu kommen – auch und gerade dann, wenn solche Patienten vom Introjekt besetzt, ja besessen sind und ihnen nur die unwürdige Wahl zu bleiben scheint, vom Andern „besetzt zu sein“ oder „nicht zu sein“. Dies in der entstehenden Interaktion zu beobachten, zeichnet ein zentrales Stück des therapeutischen Könnens aus, weil die Erfahrung lehrt, daß dabei eine traumatische, jedenfalls nichtformulierbare Beziehungserfahrung mit dem Behandler wiederholt wird; Patienten „testen", ob der Behandler ihre aus schwierigen Interaktionen abgeleiteten Überzeugungen bestätigt oder nicht (Sampson 1992, Volkart 1995, Weiss 1998). Die Petition der „Re-Petition" richtet sich auf Verbesserung der destruktiven und schädigenden Selbst-Behandlung, also auf *Supervision,* und das nennen Patienten und ihre Behandler in einer gemeinsamen Metapher *Therapie*. Die „pathogenic beliefs" sollen gerade widerlegt werden, damit eine bessere Selbstbehandlung auf der Grundlage reflektierter Empathie für sich selbst möglich wird.

Interaktion – der höhere Organisator

Eine solche Sicht bietet eine Lösung für ein wohlbekanntes Problem der psychoanalytischen Behandlungstheorie an. Was ist, wenn die Deutung des Analytikers nicht *als* Deutung gehört wird (Friedman 1988, Mitchell 1997)? Sondern als Fortsetzung der Verführungen, der sadistischen Attacken, der emotionalen Ausbeutung, der kühlen Vernachlässigung? Das Konzept des Wiederholungszwangs legt nahe, daß es in der Behandlung genau dazu kommen muß[174]. Wenn innere Objekte aber so organisiert sind, wie sie es nun einmal sind, dann *kann* der Patient die Deutung nicht *als* Deutung hören. Denn entweder der Patient *wiederholt*, oder aber nicht. Hier gibt es keine weiteren Möglichkeiten, solange die Theorie nur individualistisch verfaßt ist. Die Theorie läßt sozusagen offen, wie weit der Wiederholungszwang reicht; sie kann nicht ausweisen, wie die Fähigkeiten eines Patienten beschaffen sind, die der Wiederholung entgegenarbeiten. Auf solche Fähigkeiten müßte eine Behandlung aber setzen können.

Man kann die Frage auch anders formulieren: Was eigentlich könnte einen Patienten motivieren, einsichtsvoll zu handeln? Warum eigentlich sollte jemand tun, was ihm seine Einsicht abverlangt? Ein interaktionstheoretischer Ansatz bietet hier an, Interaktion als höheren Organisator aufzufassen, der den Patienten zur Entwicklung und Verfeinerung von Selbst-Empathie anregt. Nur, wenn er sich in Abhängigkeit von einem Anderen begibt, kann er seine Konflikte durch Autonomiegewinne lösen; nur, wenn er Existenz und Sicht des Anderen berücksichtigt, kann er die eigene zur Geltung bringen; nur, wenn er den Anderen versteht, versteht er sich und wird verstanden; nur, wenn er aufhört, sich schlecht zu be-

---

[174] Weshalb Inderbitzin und Levy (1998) neuerdings die Erklärungskraft dieses Konzepts auch bestreiten – wegen der ungünstigen behandlungstechnichen Folgen!

handeln, hört er auch auf, andere schlecht zu behandeln; nur soweit er Einfühlung für sich aufbringt, erwirbt er sie für andere; nur, wenn er sich in diesem Sinne individuiert, sieht er die sozialen Grundlagen seiner Personalität.

In individualistisch verfaßten Theorie-Ansätzen kann man dann die Empfehlung lesen, daß der Analytiker die Beziehung des Patienten zur Deutung deuten solle, also aussprechen, daß der Patient die Deutung *als* Verführung, *als* Angriff, *als* abhängig machende Fütterung etc. gehört habe. Diese Lösung, wie sie innerhalb der Psychoanalyse von kleinianischen Autoren vorgeschlagen wird, ist strukturell nicht verschieden von der Idee einer Metakommunikation (wie bei Watzlawick et al. 1969), verfängt sich aber genauso in deren Widersprüchlichkeiten. Denn was geschieht, wenn die Deutung des Verhältnisses zur Deutung wieder nur als Angriff, wieder nur als ängstigende Bemerkung, wieder nur als Kontrolle, wieder nur als sexualisierendes Angebot gehört wird? Soll man das dann wieder deuten und Deutungen von Deutungen übereinander türmen? Ein solches Vorgehen muß dazu führen, daß man die Patienten für immer kränker hält, sie für immer gestörter ansieht, ihre Störung für immer früher angelegt – aber das ist möglicherweise nur selbsterzeugter Effekt des Verzichts auf eine interaktionstheoretische Perspektive.

Dann kommt man aus der Falle nicht heraus – die Behandlung ist hier nicht die Lösung, sondern wird Teil des Problems (Mitchell 1997). Es gibt mit Mitchell nur eine Möglichkeit: Die Behandlung muß etwas Neues anbieten, etwas, das Mitchell mit einer neuen Metapher (S. 57) als „outburst" formuliert. Nicht einen Wutanfall, der nachträglich als „therapeutisch wirksam" rationalisiert wird, sondern eine neue Deutung der Situation, die die Gefangennahme des Therapeuten in der „Falle" freimütig anerkennt und „a different kind of emotional connection" (S. 58) vorschlägt. Dafür kann es keine Regeln geben; aber hier wird allmählich innerhalb der psychoanalytischen Profession mit theoretischen Revisionen auf den Umstand reagiert, daß der Analytiker nicht „von außen" auf das Geschehen „einwirkt" und dabei selbst ein „blank screen" bleibt, sondern daß der professionelle Therapeut Teil der Situation ist. Manche (z.B. Streeck 1998) allerdings meinen auch, daß die verbalen Bekenntnisse zur „Zweipersonenpsychologie" oft tatsächlich nicht sehr weit reichen; mir scheint, hier besteht in der Tat Professionalisierungsbedarf.

Das Kriterium, daß eine neue emotionale Bindung entsteht, schränkt eine mögliche „Wildheit" des Neuen ein, und man kann hinzufügen, daß diese Verbindung – so sieht es auch Mitchell – für die weitere Arbeit förderlich und so gestaltet sein muß, daß es Kolleginnen und Kollegen berichtet werden kann[175]. Es geht um die Möglichkeit für beide Beteiligte, auf eine neue Weise in der psychotherapeutischen Situation präsent zu sein.

Hier wird eine interaktionstheoretische Grundlage für die Reorganisation einer Person durch professionelle Interaktion sichtbar, die ihrerseits Folgen für die Theorie haben müßte. „Pathogenic beliefs" oder „Phantasie" sind dann nichts mehr, was als „Abkömmling" eines Triebs und dessen Abwehr verstanden werden kann; Phantasie ist vielmehr primäre Deutung einer wie auch immer schwierigen interaktiven Lage. Sie ist Derivat einer Interaktion – auch der professionellen[176]. Die Deutung dieser Deutung verbindet die Phantasie (z.B. schuld zu sein) mit spezifischen Interaktionserfahrungen. Das kann *überzeugend* für den Patienten nur gelingen, wenn die intimen Details sowohl der Interaktion als auch ihrer nur von dieser Person vorgenommenen phantasmatischen Verarbeitungen an- und ausgesprochen werden können. Das ist der Grund, weshalb professionelle Psychotherapien Zeit brauchen. Wenn diese Details – und der Affekt hängt an den Details! – erinnert und dargestellt werden können, kann ein Patient schließlich „sehen", wie er sich immer schon selbst „behandelt" hat, bevor er in eine professionelle Behandlung eintritt. Aber dazu braucht es dann ein *neues* interaktives Moment, dessen Ziel sein muß, „exzentrische Positionalität" zu reetablieren. Hier finden Revisionen des bloßen Einsichtsmodells und eine neue Auseinandersetzung mit dem Suggestionskonzept statt.

Der professionelle Psychotherapeut seinerseits nutzt just dieselben Verstehensmöglichkeiten, wie sie auch die „anwesenden Herren" in Freuds Beispiel genutzt haben; aber er paßt sich nicht einfach den Wiederholungen und Fehlleistungen an, sondern nutzt seine Registrierung der eigenen Neigung zu solcher Selbstanpassung zum Aufbau eines – korrekturfähigen – Bildes von seinem Patienten. Man könnte formelhaft verkürzen: wo „die anwesenden Herren" *unbewußt verstehen,* will der professionelle Psychotherapeut *Unbewußtes verstehen* und die bisher stattfindenden Deutungen revidieren. Er nutzt Empathie nicht unmittelbar, sondern reflexiv. Professionelle Psychotherapie *muß* beeinflussen[177], und wir sehen heute deutlicher, daß „Einsicht" nur *eine* von mehreren Möglichkeiten für

---

[175] Damit will ich auf die derzeitig Debatte um den sexuellen Mißbrauch reagieren.

[176] So z.B. der New Yorker Psychoanalytiker Edgar Levenson (1991).

[177] Renik (1996, S. 515) formulierte: „the analyst's affectively driven intention toward personal influence is inextricable from our clinical method" – und räumt mit dem Neutralitätsmythos auf.

dieses Ziel ist; auch sie findet innerhalb einer Interaktion statt, die deshalb das umgreifendere Konzept ist. Der Grund, weshalb eine therapeutische Deutung überhaupt verändert, ist, daß sie als etwas Neues erfahren werden kann und zugleich durch ihre interaktive Form Verbindlichkeit für das Selbstdeutungsrepertoire des Patienten erlangt. Das therapeutisch Neue ist einerseits *Irritation* der affektiv-kognitiven Selbst- und Weltdeutungen, andererseits *Information* für die Person; das Irritierende des Neuen ist kommunikativ anschlußfähig, also ist es auch das Alte. Wenn die metaphorische Gleichung „Das Neue ist das Alte“ einen professionellen Sinn macht, dann den, daß sie die Person verändert: sie sieht die Dinge und sich anders.

Vielleicht ist es genau das, was Bollas (1997) meinte, als er das Unbewußte als das „ungedachte Bekannte“ reformulierte. Unbewußtes – das ist das, was außerhalb des Deutungsrahmens des Patienten liegt. Das schließt sinnliche Körpererfahrung, organisiert in abstrakten Schemata, metaphorische Projektion, symbolische Verdichtungen und affektive Verschiebungen, ein. Wenn Bollas (1997) die Idee vom Unbewußten als dem Nicht-Gedachten-Bekannten elaboriert, muß man – um Einheitlichkeit nicht zu fingieren – sofort hinzunehmen: Das Unbewußte der Kleinianer unterscheidet sich wesentlich von dem Freuds und beide sich von dem der Interpersonalisten oder der Selbstpsychologen oder der baby-watcher, von dem der Hypnotherapeuten und von dem Grawes. Diesen so verschiedenen Bestimmungen ist dennoch gemeinsam, a) daß damit ein „Jenseits“ der Selbstdeutungen als Potential der Innovation und Irritation als „unmarked space“ ausgezeichnet wird, und b) daß dieser „unmarked space“ nicht bestimmt werden kann. Man kann auf ihn nur (hin-) deuten. Weder werden Wahrhnehmungen dann gemacht noch Gemachtes wahrgenommen, noch kann Bekanntes gedacht und Gedachtes bekannt werden. Hier greift die therapeutische Interaktion als der höhere Organisator ein; sie operiert jenseits der Selbstdeutungen – der Andere gewährt immer einen anderen Blick. Er liefert seinerseits seinen Beitrag zur Konstruktion des Selbst, der Interaktion, des Affekts und zu den weiteren, in Rede stehenden Domänen.

Ein großer Erzähler, Harry Mulisch, sagt es in „Die Prozedur“ so: „‘Selbst wenn das Leben einen Sinn hat, so kann man doch weiterhin behaupten, daß es sinnlos ist, denn welchen Sinn hat es, daß es einen Sinn hat?‘ Er legte die Hand um den Fuß seines Glases. ‚Aber in einer sinnlosen Existenz besteht der Sinn dieses Glases im Trinken, der Sinn meines Redens jetzt darin, daß Sie mich hören. Im Augenblick sind Sie der Sinn meines Lebens‘, sagte er und sah mich an, ‚und ich bin der Sinn Ihres Lebens. Alles hat einen Sinn außer <alles>‘“.

Professionelles Können ruht auf diesen alltäglichen Verstehensmöglichkeiten auf, wird aber in einer reflexiven Weise durch erweiterte Verstehensrahmungen genutzt. Wenn der hörende Therapeut „Sinn“ wird, wie man mit Mulisch sagen könnte, dann wird er zugleich, wie Blankenburg (1982) phänomenologisch beschrieben hat, durch die Interaktion mit seinem Patienten „verandert“. Reflexive Verwendung alltäglicher Verstehensmöglichkeiten heißt dann in einer genauen Weise, die Beobachtung dieses „anderen“ Zustandes an sich selbst wiederum in Relation zu den Beziehungserfahrungen des Patienten zu bringen. Wenn man formuliert: er nimmt wahr, was der Patient nicht wahrnehmen kann oder mag, setzt man damit immer noch eine interaktiv wirksame Asymmetrie mit der Folge einer überlegenen Autorität des Therapeuten. Interaktiver wäre es deshalb zu formulieren: Er nimmt das, was der Patient wahrnimmt, auf eine andere Weise wahr, und er nimmt den Patienten wahr, der seinerseits wahrnimmt, was er wahrnimmt – nämlich auch seinen Therapeuten. Das alles erfordert ein hohes Maß an interaktiver Präsenz und ermöglicht beiden Psychotherapie-Teilnehmern die gemeinsame Hervorbringung von Erfahrung, Bedeutung und deren Reflexion – im Kontext fortlaufender Interaktion. Verschweigen wir nicht, wieviel an Lebenserfahrung professionellen Psychotherapeuten durch ihre Patienten vermittelt wird...

Empathie – einige Forschungsbefunde zur Interaktion

Wegen dieses „innovativen“ Moments kann Empathie nicht einfach als Einfühlung beschrieben werden. Empathie ermittelt nicht Sinn (der vorhanden, aber nur verborgen wäre), ebenso *gibt* sie Sinn und selbst wenn dieser gegebene Sinn nicht „wahr“ wäre, ist es doch das in der Interaktion registrierbare Bemühen, welches der Behandlung selbst Sinn gibt – hier liegt ein Minimum an Heilungschancen. Wenn ich vom registrierbaren Bemühen spreche, denke ich an den Vergleich mit Strawinskys Violinkonzert und will jene Fälle ausschließen, in denen der Therapeut in einer Haltung überlegener und/oder autoritärer Besserwisserei Sinn „gibt“ – und damit den Sinn des Wortes „Empathie“ entwertet, der doch in der gemeinsamen Herstellung und im identifizierbaren Beitrag jedes Einzelnen besteht.

Für das dabei entwickelte, umfangreiche und detaillierte, wenn auch unbewußt bleibende, in der Interaktion erworbene Wissen voneinander, hat die empirische Forschung interessantes Material beigebracht. Es ist vergleichbar jenen, in rasantem Tempo ablaufenden Deutungen erster Ordnung, wie Freud sie im Ben-

Hur-Beispiel beschrieb. Krause und seine Mitarbeiter (1992, 1997, Krause et al. 1996, Steimer-Krause 1997) beobachten die mimische Synchronisation von klinisch Gesunden mit psychiatrisch auffälligen Partnern. Sie vollzieht sich in Sekundenschnelle, und Krause zögert nicht, darin das Stellen einer „vorbewußten Diagnose" zu sehen. Das schließt die unbewußte Deutung des Gesunden in genau der Weise ein, wie Freud sie beschrieb. Die Diagnose wird gleichsam im Gesicht des Gesunden abgebildet, und zwar auch gerade dann, wenn dieser seine eigenen Reaktionen nicht beobachtet und infolgedessen gar nicht selbst mitbekommt, daß er eine Diagnose stellt. Das stimmt gut mit einer klinischen Beobachtung, wie sie z.B. Havens (1986) mitteilt, überein: Betritt man ein Konferenzzimmer, in dem gerade ein depressiver Patient interviewt wurde, dann könne man die Diagnose am leeren Gesichtsausdruck der Interviewer ablesen – selbst wenn der Patient schon gegangen ist. Eine weitere Studie aus Krauses Arbeitsgruppe (Merten, Anstadt, Ulrich, Krause, Buchheim 1996) beginnt mit der Feststellung, die „therapeutic relationship" sei eine wesentliche Frage der psychotherapeutischen Prozeßforschung. Genannt werden: „Communicative contact variables such as the expressivity of the patient, the empathy of the therapist, the mutual attunement of patient and therapist, and affective exchange" (S. 198). Mithilfe des Emotional Facial Action Coding System (EMFACS) wurden zwei kurztherapeutische Behandlungen miteinander verglichen; die eine erfolgreich, die andere nicht. Eine andere Skala, die DAS (Differentielle Angst Skala), maß den Grad der affektiven Erfahrung, wie sie in einer solchen Skala verbalisiert werden kann, bei allen vier Beteiligten. Die Korrelationen zwischen EMFACS und DAS erwiesen sich als dyadenspezifisch: In der erfolgreichen Behandlung reagierte der Therapeut auf die mimisch mitgeteilten Affekte komplemenär, während der erfolglose Therapeut reziprok reagierte.

Damit ist das Folgende gemeint: Beide Patienten zeigten ein annähernd gleiches Maß an Affektausdruck (133 bzw. 114 codierte Affektexpressionen im Durchschnitt pro Sitzung), in der erfolglosen Behandlung war die Varianz größer. In der erfolgreichen Behandlung jedoch hatte der Therapeut die höchsten Werte, der Patient die niedrigsten. Wenn die erfolglose Patientin A wenige negative Affekte zeigte, dann zeigten sie und ihr Behandler gemeinsam Freude; zeigte sie negative Affekte, insbesondere Angst, dann verstärkte sich auch der Angstausdruck des Therapeuten. Kam es zu keinen positiven Affekten durch die Patientin, war der Therapeut „sad" (S. 205), war sie unkonzentriert, dann reagierte der Therapeut mit einer Zunahme von „social smiling" – diese affektive Entsprechung, dieses „Mitgehen" wird als reziprokes Muster der Affektkommunikation bezeichnet. Es ist dem komplementären Muster des erfolgreich behandelten Patienten H genau entgegengerichtet. Hier geht der Therapeut mimisch nicht mit, ist auch nicht überfreundlich, sondern komplementiert sozusagen auf seinem Gesicht die Affektgestalt. In einem Rückblick auf diese Untersuchung schreibt Krause (1996, S. 196), hinter dem „komplementären" Muster verberge sich „das, was man früher als Takt, Höflichkeit, Herzensbildung oder vielleicht überhaupt Bildung verstanden hat" – ist der Patient traurig, ist es nicht taktvoll, ebenfalls Traurigkeit zu „zeigen", sondern freundlich-zugewandt, aber distanziert zu bleiben.

Aber in beiden Behandlungen gab es keine Kongruenz zwischen der rückblickenden verbalen Beurteilung der eigenen Affektlage durch die Therapeuten und dem affektiven „display". Aufgrund dieser Ergebnisse plädieren die Autoren für sorgfältige Einzelfallstudien, denn die gleichen statistischen Parameter wären in einem Gruppenvergleich „verschwunden". Obwohl die Autoren noch in Begriffen wie „sender" und „receiver" argumentieren, sind sie für die Vieldeutigkeit von mimischen Zeichen hochgradig sensibel: „The facial affective sign per se has no built-in information to indicate whether it reflects the state of the sender, the relationship, or whether it is attached to an object the sender is discussing" (S. 210). Auch auf mimisch-expressiver Ebene gilt somit, daß Affekt-Äußerungen keinerlei feststehende Bedeutungen haben; sie können sich auf die Situation, auf das Gegenüber, aber auch auf das gerade besprochene Thema beziehen. Die Evaluation erfolgt demnach schon von den Beteiligten selbst in der gleichen Weise, wie sie von dritten Beurteilern erfolgen muß: durch Einbeziehung interaktiver Kontexte.

Mimische Zeichen werden von den Beteiligten selbst interpretiert: Ist der Ärger, der sich auf einem Gesicht zeigt, Ausdruck der Person, bezieht er sich aufs Thema oder kommentiert er die Beziehung? Der stillschweigende soziale „consensus" (S. 210) lautet im allgemeinen, daß er sich auf den Gesprächsgegenstand bezieht, und der „behavioral context" wird benutzt, um solche attribuierenden Bedeutungsgebungen auszurichten. Die Zeichen selbst haben keine „built-in"-Information. Der gefühlte Affekt variiert mit dem mimischen Ausdruck des Partners. Therapeutische „Fehler" entstehen nach dieser Untersuchung dann, wenn die Affektregulation des Therapeuten sich an die unbewußten affektiven Signale des Patienten so bindet, daß er „mitgeht" – dann entsteht gerade nichts Neues.

Außerordentlich wichtig für die Rolle der Empathie und des interaktiv erworbenen Wissens voneinander erscheint mir der Nachweis, daß mit der Feststellung interaktiver Muster ein Prädiktor für den Behandlungserfolg bereits nach dem

Erstinterview gefunden zu sein scheint: Das „mitgehende" reziprok hedonische Muster, das eine therapeutische Interaktion kaum von einer Alltagsbeziehung unterscheidet, hat den geringsten Erfolg. Aber der Leitaffekt (viel Freude und social smiling) des in dieser Behandlung erfolglosen Therapeuten korreliert negativ mit r = -.67 mit der verbalen Erfolgseinschätzung durch den Therapeuten. Er zeigt sich also „freudig" und schätzt dennoch den Erfolg negativ ein. Das interpretieren Krause und Merten so: „Das heißt, unsere Therapeuten haben ganz unabhängig von ihrer theoretischen Orientierung bereits in der 1. Stunde ein vorbewußtes Wissen über das Mißlingen, das sich unbewußt daran aufhängt, inwiefern sie selbst in der 1. Stunde einen einzigen mimischen Affekt haben." (S. 271). Was hier als „vorbewußtes Wissen" bezeichnet wird, ist von Freud im Ben-Hur-Beispiel exemplarisch beschrieben worden; in der Supervisionsarbeit versucht man es zu nutzen. Hier aber gelingt ein empirischer Nachweis der prognostischen Bedeutung dieses Wissens. Nur einen einzigen Affekt zu haben, könnte man als Krisensymptom im obigen Sinne beschreiben, der Therapeut ist es, der hier affektiv gelähmt reagiert und an seiner eigenen Krise die Erfolglosigkeit gewissermaßen abliest.

Studiert man therapeutische Interaktionen nur feinkörnig genug, kann man die subtilen interaktiven Abstimmungen genau beobachten (Streeck 1998). Der Therapeut berührt sich am Kinn, innerhalb einer Sekunde folgt eine Selbstberührung des Patienten. Ein Mann-zu-Frau-Transsexueller spricht davon, sich besser behaupten zu wollen und reckt dabei das Haupt und hebt beide Hände zu Fäusten geballt, verhält sich nach konventionellen Klischees also „männlich"; währenddessen streicht sich die Therapeutin in zarter Geste durch das Haar, zeigt sich als Frau (Streeck und Dally 1995). Ein Patient spricht nachdrücklich davon, sich selbst besser „ver*treten*" zu wollen und legt dabei die Beine weit ausgreifend übereinander, so daß er an den Fuß des Therapeuten stößt. Ähnlich auch die Untersuchungen von Doermer-Tramitz (1990) über die ersten 30 Sekunden der blickhaften Begegnung von Mann und Frau; sie gestatten ziemlich weitreichende Vorhersagen über die wechselseitige Einschätzung der Attraktivität.

Der Sozialwissenschaftler Frank Nestmann (1988) hat eine Untersuchung über „alltägliche Helfer" vorgelegt, also Gastwirte, Friseure, Barkeeper, Taxifahrer. Diese werden oft als Ansprechpartner für Problemlagen wahrgenommen. Wie reagieren sie? Nestmann beobachtet, daß sie ebenfalls ein „Diagnostikum" (S. 201) verwenden. Wirte schätzen ihre Gäste z.B. nach der Sitzplatzwahl im Lokal ein. Wer sich in eine Ecke verdrückt, wird wohl irgendwie problematisch sein. Taxifahrer beobachten den Gang aufs Taxi zu, registrieren die Entscheidungsdauer bis zum Einsteigen und rechnen von da aus auf zu erwartende Problemgespräche hoch – und sie können diese Fähigkeiten in Interviews beschreiben. Danach werden also auch im Alltag „Diagnosen" gestellt; will man eine medizinische Semantik vermeiden, kann man davon sprechen, daß Interaktionspartner sich „Bilder" voneinander machen, aufgrund derer sie dann handeln – und auch hier ist nicht entscheidend, ob solche Bilder „richtig", sondern ob sie korrekturfähig sind. Das wiederum ist ein wechselseitiger Vorgang, der sich innerhalb weniger Sekunden abspielt und erst durch die neuere Videotechnologie überhaupt untersucht werden konnte.

Die Mikrosoziologie der Interaktionen hat beschreiben können, daß solche Deutungen erster Ordnung *Methode* haben. Sie sind nicht nur als Emanationen aus dem individuellen Unbewußten des Patienten anzusehen; sie sind sozial und kulturell unbewußte „Methoden", mit denen die Aufrechterhaltung sozialer Ordnung immer wieder selbstverständlich gelingt – die jungen Männer in Freuds Beispiel halten die Ordnung aufrecht, indem sie ihre Deutung erster Ordnung nicht deuten, sondern verleugnen. Sie sind in einer Krise, resultierend aus einem Konflikt von wenigstens zwei Deutungen. Man könnte mit Freud sagen: sie verstehen sehr wohl – und: sie „verstehen" (ihr eigenes Verstehen) nicht. Ihre Empathie bleibt unmittelbar und reflektiert sich nicht. Sie partizipieren so an der Fehlleistung, und das reetabliert die soziale Ordnung, die von der Fehlleistung riskant hätte durchbrochen werden können. Es ist wahrscheinlich hilfreich, wenn eine Theorie des professionellen psychotherapeutischen Handelns einen Blick auf die „Methoden" der Aufrechterhaltung sozialer Ordnung wirft. Es sind diese „Methoden", die sich auch in der psychotherapeutischen Interaktion darstellen und die, wenn sie nicht analysiert werden können, die professionelle Leistung behindern. Kann hingegen auf sie fokussiert werden, bieten sie eine enorme Möglichkeit für die professionelle Empathie. Damit will ich nicht sagen, daß sie zu beobachten schon Empathie sei; aber Empathie, die nicht im luftleeren Raum hängen will, braucht ihre Stützung in der Wahrnehmung. Eine Theorie der Empathie muß einschließen, daß auch Patienten über diese „alltägliche" Fähigkeit verfügen.

Die Studie von Spence, Mayes und Dahl (1994) berücksichtigt dies interaktive Moment. Die Autoren verwendeten als Material eine in den 60er Jahren durchgeführte Analyse, von der mehrere hundert Stunden transkribiert vorliegen und an der schon viele Studien durchgeführt worden waren. Es wurde ein raffiniertes Maß für die Beziehung entwickelt: Äußerungen des Patienten teilen manchmal einfach etwas mit, dann aber gibt es auch solche, in welchen er sich direkt an seinen Analytiker wendet. Der Typus der letztgenannten Äußerungen ist erkennbar daran, daß der Patient sich als Person indiziert (durch Verwendung des Personalpronomens erste Person Singular oder durch Possessivpronomina) und in wenigen Worten darauf seinen Analytiker anspricht. Gemeint sind Sätze von der Art: „*Ich* wollte, daß *Sie*...“, „*Ich* dachte gerade, wenn *Sie* ...“, „*Meine* Gedanken beschäftigen sich damit, was *Sie* in der letzten Stunde ...“ Die Autoren finden nun, daß sich Stunden danach unterscheiden lassen, ob solche kombinierten Äußerungen gehäuft oder weniger gehäuft vorkommen. Sie sprechen von „related hours“ und „isolated hours“. Das interessante Phänomen ist nun, daß der Analytiker in „related hours“ nicht nur mehr, sondern auch zu einem früheren Zeitpunkt spricht als in „isolated hours“. Die Analyse der „scheinbar“ oberflächlichen linguistischen Merkmale enthüllt eine „Technik“, mit der ein Patient seinen Analytiker zum Sprechen bringt, ihn gleichsam „steuert“. Das ist ein Phänomen der Interaktion, es kann nicht dem Patienten allein zugerechnet werden.

Aber Eindeutigkeit ist hier nicht ohne Deutungs-Kontexte zu haben. Overbeck et al. (1996) fanden in einer Untersuchung, daß sich das „Anrede-Sie“ bei der von ihnen untersuchten anorektischen Patientin während 13 Sitzungen überhaupt nicht fand; während die Patientin sich in den Anfangsphasen der Behandlung im Sinne übermäßiger Anpassung auf ihr Gegenüber bezog, mußte der Wegfall des Anrede-Sie klinisch als zunehmende Selbstbehauptung interpretiert werden. Nachdem eine solche selbstbezügliche Form der Selbstbehauptung, sozusagen demonstrativ „gegen“ oder sogar „ohne“ den Therapeuten etabliert war, tauchte das Anrede-Sie auch wieder auf. Eine Analyse rein linguistischer Merkmale muß deshalb auf die klinische Falldarstellung interpretierend bezogen bleiben. Wenn ein Patient seinen Analytiker nicht adressiert, kann dies entweder Rückzug oder aber vertiefte Introspektion bedeuten – die klinisch-professionelle Beurteilung hat hier Vorrang. Eindeutigkeit von Zeichen ist nicht zu haben.

Linguistische Modelle und Befunde, die diese Vieldeutigkeit berücksichtigen, werden in der empirischen Psychotherapieforschung verstärkt rezipiert. Sie müßten auch den professionellen Psychotherapeuten interessieren, der aus dieser Forschungsumwelt inter essante Anregungen gewinnen kann. Matarazzo et al. (1987) fanden, daß die meisten Zwei-Personen-Beziehungen auf zwei stabilen Faktoren beruhen: a) wie lange schweigt jemand bzw. wartet, bevor er antwortet (Antwortlatenz), und b) die Zahl und Dauer dieser Kommunikationshandlungen. Zwei weitere Faktoren beeinflussen die Beziehung, werden aber als weniger einflußreich eingeschätzt: c) wie häufig setzt jemand einen *neuen* Kommunikationsakt, d) wie gut oder schlecht gelingt die Synchronisation mit einem Partner. Diese Autoren fanden zwar, daß es große Unterschiede zwischen den Personen gibt, aber bei den einzelnen Personen sind sie relativ stabil, allerdings nur dann – und das ist eine entscheidende Einschränkung -, wenn auch der Partner selbst einen relativ stabilen Stil benutzt. Stabilität des persönlichen Stils ist damit an die Interaktion gebunden, es ist keine davon unabhängige persönliche Variable! Die Stabilität der Reaktionsweise des je Anderen wird somit ein Faktor, der die eigene Stabilität beeinflußt, oder anders ausgedrückt: Dieser Befund kann als Hinweis darauf aufgefaßt werden, daß Interaktionspartner einander einschätzen, und zwar auch auf der Dimension der Stabilität. Sie rechnen diesen Faktor einander wechselseitig zu.

Individuelle „Stabilität" muß somit als ein Faktor angesehen werden, der sich gewissermaßen nicht manifest äußert, sondern von komplexen kognitiven und wechselseitigen Interpretationsleistungen erbracht wird. Er ist Produkt der Interaktion, auch wenn er durch die Interaktion den jeweiligen Partnern individualisierend zugerechnet wird. Die Zurechnung in der Interaktion ist selbst Teil der Interaktion.

Die theoretischen Folgen solcher Befunde bestehen v.a. in einere Reihe von Fragen, die geeignet sind, die Profession zu irritieren: In welchem Sinne kann man eigentlich noch von einer *individuellen* Psychopathologie sprechen? Inwieweit ist eine individualisierende Diagnostik sinnvoll und möglich? Lassen sich die Probleme eines klassifikatorischen Ansatzes durch Bezug auf „Interaktion" und deren Zurechnungsprozeduren lösen und welche Folgen hätte das für das klassifikatorische Anliegen?[178] Ich referiere diese Befunde hier auch deshalb, weil sie ein Beispiel für das Irritationspotential der Wissenschaft für die Profession sind.

In die gleiche Richtung gehen die weiteren Befunde der Autoren: Ein Therapeut wird dann als empathisch empfunden, wenn er längere und häufigere Äußerungen macht, weniger schweigt und eine längere Reaktionszeit zeigt, bevor er antwortet und schließlich den Gesprächspartner nur selten unterbricht. Empathie ist damit nicht mehr „Eigenschaft", kann nicht mehr in dispositionellen Begriffen, sondern muß in interaktiv-evaluativen Formaten beschrieben werden – auch Empathie ist Teil der interaktiven Zurechnungen. Aufgrund solcher Analysetechniken kann näherungsweise verstanden werden, was Empathie erzeugt. Empathie ist nicht besondere Fähigkeit begnadeter Therapeuten, sondern wird als Produkt gemeinsamer interaktiver Herstellungen analysierbar. So halten Makari und Shapiro (1993) zu Recht fest, Empathie könne nie (!) sicher (!) sein, den anderen

[178] Einige Überlegungen hierzu bei Buchholz (1998) und Streeck (1998).

„von innen“ her zu verstehen. Es gibt kein sicheres und genaues Kriterium, mit dem eine Projektion von einer therapeutischen Deutung unterschieden werden kann. „Like Reiks third ear, empathy can too easily be reified into an organ, and therefore become mystified“. Empathie ist kein einseitig vom Therapeuten verwendetes „Instrument“ zur Entzifferung verborgener Wahrheiten, sondern interaktive Erfahrung. Ihre Reichweite dürfte neben anderen Momenten auch von philosophischen Grundüberzeugungen eines Therapeuten bestimmt sein, die wiederum seine Imagination – in der Umwelt der Interaktion – beeinflussen.

Empathie kann somit beschrieben werden als jene professionelle Operation, mit der ein Therapeut durch Teilnahme an einer Interaktion die imaginative Umwelt eines Anderern erschließt, weil und soweit er unterstellt, daß der Andere nicht nur als deterministische Reiz-Reaktionsmaschine operiert, sondern als sinnvoll Handelnder und Planender. Ich sage doppeldeutig: „erschließt“, denn Sicherheit ist nicht zu haben. Soweit seine Äußerungen dann aufgrund des Erschlossenen erfolgen, wird Empathie als „empathische Haltung“ ihrerseits Moment der Interaktion, und wieder schließt das Korrekturfähigkeit ein.[179]

Edelson hatte (schon 1975) vermutet, daß viel von den Verstehensfähigkeiten eines Analytikers, die er bewußten oder unbewußten Prozessen zuschreibt, eher mit seiner erworbenen linguistischen Kompetenz zu tun habe. Spence (1981) hatte formuliert, das Bedürfnis des Analytikers sei „to project meaning onto phenomena“. Unter Bezugnahme auf diese Autoren entwerfen Makari und Shapiro ein eigenes Modell, das sich auf empirische Befunde stützen kann. Die Autoren meinen, alles Zuhören beginne mit einer Unterscheidung (und darin ähneln sie Luhmann!) zwischen Sprechen und Schweigen. Es ist der Zuhörer, der diese Unterscheidung operativ verwenden muß, er muß „Geräusche“ aussondern[180]. Der Analytiker hingegen deutet das, was in anderen Kommunikationen wegge-

---

[179] Mit wie wenig Reizmaterial man dabei manchmal auskommen muß, beleuchten Berichte aus zweiten Analysen. Mitchell (1997) berichtet von einer Patientin, die am Quietschen des Sessels ihres Analytikers gemerkt habe, daß er affektiv doch viel beteiligter war, als seine Stimme erkennen lassen sollte; berühmt ist in der deutschsprachigen Literatur das Beispiel eines Pfeife rauchenden Analytikers, dessen Patientin an der Intensität seines „Zuges“ seine demnächstige Sprechbereitschaft vorauszusagen lernte.

[180] Shanon (1989) hatte deshalb provokant, aber konsequent formuliert, Kommunikation basiere auf Ignoranz! Ignoriert werden muß alles das, was in der Kommunikation nicht *als* Kommunikation zugerechnet wird (die Farbe des Zimmers, Straßengeräusche, die Kleidung der Personen). Aber dies alles kann natürlich unter kontingenten Umständen auch der Kommunikation zugerechnet und mit kommunikativen Prozeduren zum Thema einer Kommunikation werden – unter Ausschluß von anderem dann.

blendet wird (Beispiel: Fehlleistungen) als unbewußte Mitteilung. Drei semiotische Kategorien werden unterschieden:

- „paralinguistics“: gemeint ist „the music of the words“;
- „kinesics“: Gesten und körperliche Bewegungen, die das Sprechen begleiten, und hier werden „representing“ von „focusing gestural behaviors“ unterschieden;
- „linguistics“ im engeren Sinne: Es gibt immer eine deutliche und prägnante Mitteilungsabsicht, aber jede Mitteilung hat auch einen „shadow“; sie verrät immer mehr, als in der Mitteilungsabsicht liegt.

Therapeutisch-professionelles Zuhören kann man nun bestimmen als jene Interaktion, die „shadow narratives“ in „intended narratives“ verwandelt und diese Umwandlung für den Patienten verbindlich werden läßt. Das bislang im Hintergrund Gebliebene bekommt eine Chance, selbst Gestalt zu werden; die neue Verbindlichkeit hat Folgen für eine Veränderung des Selbstdeutungsrepertoires des Patienten.

Ausdrücklich wird auf etwas verwiesen, das in anderen Modellen nicht gefaßt wird. Nonverbale Gesten und intonatorische Markierungen werden als relevante Kontextualisierungen herausgestellt und die Kommunikation mit einer Metapher aus der Musik, statt mit der üblichen Sender-Empfänger-Metaphorik des „Austauschs“ beschrieben. Das könnte direkt an Humboldts Sprachtheorie anschließen, der schon vor über 100 Jahren festhielt, daß Verstehen daran gebunden sei, ob das eigene Instrument zum Klingen gebracht werden könne.

> „Die Menschen verstehen einander nicht dadurch, daß sie sich Zeichen der Dinge wirklich hingeben, auch nicht dadurch, daß sie sich gegenseitig bestimmen, genau und vollständig denselben Begriff hervorzubringen, sondern dadurch, daß sie gegenseitig einander dasselbe Glied der Kette ihrer sinnlichen Vorstellungen und inneren Begriffserzeugungen berühren, dieselbe Taste ihres geistigen Instruments anschlagen, worauf alsdann in jedem entsprechende, nicht aber dieselben Begriffe hervorspringen ... Wird ... auf diese Weise das Glied der Kette, die Taste des Instruments berührt, so erzittert das Ganze, und was als Begriff aus der Seele entspringt, steht im Einklang mit allem, was das einzelne Glied bis auf die weiteste Entfernung umgibt“ (W.v.Humboldt, zit. nach Cassirer 1923, S. 105).

Der Hinweis auf die Musik bettet Verstehen und Verständigung in einen älteren geisteswissenschaftlichen Kontext, auf den so erfahrene Kliniker wie Cox und Theilgaard (1987) auch immer wieder verweisen. Vor dem Begreifen steht das Ergriffen-Sein.

Soweit therapeutisches Zuhören sich auf alltägliche Kompetenzen stützen muß, kann man einige der in der Mikrosoziologie der Interaktionen beschriebenen „Methoden“ beschreiben (Reck 1996, Bergmann 1987, 1991). Ich tue dies auch deshalb, weil diese sozialwissenschaflichen Forschungsrichtungen Freuds These vom Unbewußten als Subjekt der Deutung unterstützen.

Ereignissen einen Sinn geben

Eine erste generelle Methode ist, jedem interaktiven Ereignis einen Sinn zu *geben*. Das ist gut mit der Bemerkung von Spence (1981), „to project meaning onto phenomena“ vereinbar. Ereignisse werden auf einer „case-by-case“-Basis (Schegloff 1987, S. 102) interpretiert. Ereignisse tragen ihre Bedeutung nicht auf der Stirn geschrieben. Bedeutung erhalten sie dann und nur dann, wenn sie in Beziehung zu sie wahrnehmenden Menschen treten. Wenn sie Bedeutung zugeschrieben erhalten, was meist selbstverständlich und automatisch passiert, verwandeln sie sich in *Erlebnisse*. Sie bekommen einen seelischen Inhalt. Wie selbstverständlich dieser Vorgang ist, wird meist erst dann erfahrbar, wenn er gestört wird. Garfinkel (1967) hat die Selbstverständlichkeit, mit der Normalität unterstellt wird, sowie deren Macht in seinen berühmten Experimenten systematisch „gestört“. So ließ er z.B. seine Studenten im Bus fahren und den Fahrer nach einem Weg fragen. Nachdem die Auskunft erteilt war, fragten die Studenten im Zeitraum einer Minute erneut – die Fahrer wurden wütend oder artikulierten sehr schnell Zweifel am Geisteszustand der Studenten. Sie geben auch solchen gewiß irritierenden Erfahrungen unweigerlich einen Sinn – mit potentiellen Folgen für andere.

Das Potential an Sinnerzeugung ist prinzipiell unbegrenzt, aber es gibt bestimmte konventionalisierte Deutungsmuster, durch die sich Kulturen unterscheiden. Kulturen sind Kollektive, die funktional äquivalente Deutungen für Situationen parat halten und für ihre Mitglieder verbindlich machen. Solche Situationsdeutungen machen einen Vorschlag zur Stabilisierung der Kommunikation, der angenommen oder abgelehnt werden kann. Aus den Untersuchungen von Demandt (1978) sei nur auf die reichhaltige Theater-Metaphorik verwiesen (Jemand fällt aus der Rolle), die nicht-normalen Ereignissen einen normalisierbaren Sinn zurückgibt. Solche kulturell vereinheitlichten und prototypischen Deutungsangebote schaffen nicht nur Zugehörigkeitsgefühle zwischen Mitgliedern einer Kultur, sie reduzieren auch die ungeheure Vielfalt dessen, was ein Ereignis bedeuten kann. Zugleich sind sie flexibel und geben der individuellen Gestaltung genügend Darstellungschancen. Würde der Sinnüberschuß in toto kommuniziert, müßte die Kommunikation sofort zusammenbrechen, weil sie chaotisch würde. Erfolgt umgekehrt Kommunikation ausschließlich von Konventionen gesteuert, wird sie klischeehaft und erfahrbar leer – an Bedeutung. Zwischen diesen Extremen operiert die Kommunikation so, daß sie Ereignisse in Erlebnisse umwandelt und zugleich eine flexible Kohärenz zwischen den Teilnehmern stiftet. Sie kann das insbesondere erfolgreich dort, wo Hintergrundmetaphoriken (wie die Theater-Metapher) die Deutungen erster Ordnung bestimmen.

Im klinisch-professionellen Kontext begegnen uns Menschen mit hochgradig individualisierten Sinngebungen; andere sinnliche Erfahrungen resultieren in anderen Sinngebungen mit der für professionelle Kommunikation dramatischen Folge, daß die Kommunikation mit ihnen an entscheidender Stelle zu kollabieren droht. Bei anderen Menschen ist ihre Fähigkeit zur Sinngebung eingeschränkt; sie haben Erfahrungen an der Grenze des kollektiv gesicherten Verstehensrahmen, oder sie verfügen über keine Sinn-Bilder. Die Einschränkung der Fähigkeit zur Sinngebung ist Folge schwerer Traumatisierungen. Solche Menschen sprechen davon, seelisch „blind“ oder „ertaubt“ zu sein. Sie finden für die anästhesierenden Wirkungen des Traumas noch eine Metapher. Eine der schwersten Folgen von Traumatisierungen dürfte allerdings sein (wie Grubrich-Simitis 1984 beschrieb), wenn die Fähigkeit zur Bildung von Metaphern (und damit die Umwandlung von Ereignissen in Erlebnisse) gänzlich oder partiell zerstört ist. Solche Menschen können im Bereich ihres Traumas nur Ereignisse berichten oder aber verstummen. Der Sinn ist verloren, ihnen felhlt buchstäblich die Sprache. Manche finden den Ausweg, Sinn wahnhaft zu restituieren. Dann bilden sich eigene kognitive Ordnungssysteme wie z.B. in der Paranoia.

Im konkreten Fall allerdings sind solche Schlußbildungen nie einfach; denn auch die Erfahrung traumatisierter Menschen, daß andere einfach nicht verstehen, wovon sie sprechen, bringt sie – sozusagen sekundär – zum Schweigen. Ein großer Teil der klinischen Traumatheorie formuliert metaphorische Deutungsangebote, die dem Kliniker Sprachbildungen ermöglichen. Jüngeres Beispiel ist die Auffassung von Wardin (1997), wonach die Kinder von Holocaust-Opfern zu „Gedenkkerzen“ für ihre Eltern erstarren. Das ist eine ebenso ergreifende wie treffende Metaphorik, die viele klinische Details auf einen Faden aufzunehmen gestattet, z.B. die Erfahrung solcher Kinder der zweiten Generation, daß sie kein eigenes Leben führen, sondern eine leuchtende Stellvertreter-Existenz im Gedenken an die Ermordeten. Wenn ich die Autorin richtig verstehe, kann solche Metaphorik in einem gegebenen Augenblick auch mit solchen Menschen geteilt werden („sharing"), und insofern ist die Theorie ein praktischer Versuch der professionellen Restitution metaphorischer Kompetenz.

Ein wesentliches Moment der „Methode" der Sinngebung ist mit der Reziprozität der Perspektiven verbunden. Wo einer annehmen kann, daß der andere die Dinge im großen und ganzen sieht wie er selbst, kann unterstellt werden, daß man sich in einer gemeinsamen Welt kultureller Deutungen befindet, und weiter, daß auch die anderen Personen zeitstabile Identität ausgebildet haben. Weder die Hergestelltheit von Identität noch die der gemeinsamen „Welt" braucht dann in Zweifel gezogen zu werden; sie kann einfach „unterstellt" und braucht nicht reflektiert zu werden. Herstellung und gegenseitige Bestätigung von sinnhaften gemeinsamen Welten ist Ziel und Inhalt von Interaktionen.

Wo diese gemeinsame Sinn-Herstellung nicht gelingt, stellen sich deshalb immer auch (partielle) Welt- und Selbstverluste gleichermaßen ein. *Professionelle Psychotherapie kann beschrieben werden als Spezialisierung auf Interaktionen mit Menschen, die Sinn nicht in der „normalerweise erwartbaren" Weise herstellen und andere, eigensinnige Perspektiven entwickelt haben.* Aber Ziel ist nicht „Re-Normalisierung" solcher Menschen, sondern eine Deutung zweiter Ordnung der „eigensinnigen" Perspektive.

Ein Beispiel: Frau H. kommt nach einer von mir verursachten einwöchigen Unterbrechung ihrer Behandlung zur Stunde und knüpft an das in der letzten Stunde vor der Unterbrechung Besprochene an, indem sie mir indirekte Erinnerungshilfen gibt; ich merke, sie behandelt mich dabei, als ob sie annehme, ich hätte das Besprochene vergessen, ich hätte sie „verloren". Ich sage nun nicht korrigierend, daß ich mich sehr wohl erinnere; vielmehr spreche ich an, daß sie wie selbstverständlich davon auszugehen scheine, daß ich mich nicht erinnere. Sie lacht daraufhin und merkt an, daß sie eigentlich immer davon ausgehe, nicht so wichtig zu sein. Sie fühle sich als „Gast" (was ihre Metapher in der Selbst-Domäne ist), den man freundlich behandelt, aber nicht so wichtig nimmt (das ist die Interaktionserfahrung, die sie zunächst ohne Sprache dargestellt hatte). Diese Phantasie, daß auch ich sie „freundlich behandle, aber nicht wichtig nehme" war interner Kontext ihrer Äußerungen, der sie bestimmte, anzunehmen, ich hätte vergessen. Als „shadow-narrative" steuerte er die Interaktion solange, bis ich ihn in einer

„als-ob"-Formulierung anspreche (sie spreche, „als ob" sie davon ausgehe, daß ich mich nicht erinnere) und ihn in ein „intended narrative" verwandle. Ich kann das, weil ich eine Differenz empfand (mich nämlich sehr wohl erinnerte). Damit ist die Möglichkeit zu einer „doppelten Beschreibung" gegeben, die Phantasie wird vom Kontext zum Inhalt des Gesprächs. Ich irritiere sie, und zugleich kann sie Irritation in Information umwandeln, sie kann das ungedachte Bekannte jetzt denken. Damit entsteht ein gewissermaßen zwangloser Zwang, die Motiviertheit ihrer selbstverständlichen Perspektivenübernahme zu begründen. Sie erzählt, daß sie erstmalig im Alter von einem Jahr und seitdem immer erneut, als Gast in fremden Familien untergebracht war, denn ihre Mutter war auf der Flucht verstorben und der Vater als Soldat vermißt. Ihre Annahme, daß der Andere sich nicht erinnern könne, ist eine Deutung erster Ordnung, mit der sie vielfältigen Erfahrungen entlastend einen Sinn gab. Diese Annahme *als* Phantasie herauszupräparieren, die in bestimmten Interaktionen entstanden war und neue Interaktionen steuerte, ist hier die professionelle Leistung. Sie beschreibt, und ich beschreibe – nämlich anders als sie, und erinnere mich. Damit erst wird interaktiv fokussiert, was „das Problem" ist; es steht nicht von vorneherein fest, und ich hatte deshalb den Umgang mit unscharf bestimmten und instabilen Lagen als Teil der professionellen Kompetenz herausgearbeitet. Indem sie mich als „Gastgeber" wie in einer aufnehmenden Familie, sich selbst als „Gast" beschreibt, legt sie sich eine bestimmte Affektdisziplin auf; sie mußte sich „gut benehmen", z.B. es nicht übelnehmen, wenn sie „vergessen" wurde. Die affektive Seite ihres Erlebens des Mangels kommt *nach* der Durcharbeitung der besonderen Form der Perspektivenübernahme, in diesem Fall als Abwehr immenser Beziehungswünsche, zur Sprache.

In professioneller Interaktion wird somit jenen Ereignissen neuer Sinn gegeben, die als „selbstverständlich" außer Frage zu stehen scheinen. Die gemeinsame Aufmerksamkeit muß auf sie fokussieren. Dazu dürfte es hilfreich sein zu wissen, daß „Sinn" nicht etwas ist, was „da" (und nur verborgen) ist, denn eine solche Auffassung hätte die operative Folge, daß Menschen mit eigensinniger Sinnproduktion nur als „abweichend" behandelt werden können. Dann stellt sich zwangsläufig das Ziel der Renormalisierung ein; kann es nicht erreicht werden, müssen solche Menschen ebenso zwangsläufig interniert werden (Psychiatrie oder Gefängnis).

Hilfreich für den professionellen Psychotherapeuten ist das Wissen, daß Sinn „hergestellt" wird in Beziehungen, und das schließt ein, daß Therapeuten ihrerseits Sinn *geben* und ihn nicht nur *finden* müssen (Gamm 1992). Professionelle

Psychotherapeuten ermöglichen ihren Patienten, sich selbst auf eine neue und andere Weise zuzuhören (Gerson 1996, S. 55); sie tun das manchmal, indem sie den Rahmen zum Inhalt zu machen versuchen. Deshalb hätte es nicht genügt, Frau H. nur mitzuteilen, daß ich mich erinnere – ihr Verhalten wäre dann bloß milde sonderbar gewesen – meine Realitätskonzeption hätte sich durchgesetzt. Aber ich hätte ihre Selbstmetaphorik nicht erfahren – und sie auch nicht. Aber unsere Interaktion wäre weiter von ihr bestimmt gewesen.

Die Typisierung

> „Jedenfalls bleibt die Tatsache, daß es im Leben nicht darum geht, Menschen richtig zu verstehen. Leben heißt, die anderen mißzuverstehen, sie immer und immer wieder mißzuverstehen und sie dann, nach reiflicher Erwägung, noch einmal mißzuverstehen. Daran merken wir, daß wir am Leben sind: wir irren uns".
>
> (Philip Roth, Amerikanisches Idyll)

Eine weitere Methode der sozial unbewußten Herstellung von Ordnung ist, Ereignisse zu typisieren. Ein 14-Jähriger ist dem einen noch ein Kind, dem andern schon ein Jugendlicher. Er wird als Typ erfaßt.

Objekte solcher Typisierung sind jedoch nicht nur Menschen oder dinglich wahrnehmbare Gegenstände, sondern Interaktionsgestalten. Man stelle sich den folgenden Dialog auf einer Straße vor:

Passant: „Können Sie mir sagen, wie spät es ist?"
Angesprochener: „Ja, es ist halb neun".

Bis hierher typisieren wir die Situation als eine, in welcher eine Auskunft erbeten wird. Das kennen wir, dafür haben wir praktische Typologien von der Art zur Verfügung: „Ach so, hier handelt es sich um..." Was aber, wenn der Passant auf die Mitteilung, es sei halb neun, antwortet: „Gut! Sie können es!"? Plötzlich würden wir gewahr, daß er eine ganz andere Typisierung vorgenommen hat; ihm ging es nicht um eine Auskunfserteilung, er typisiert die Situation rückwirkend als eine, in welcher er die Fähigkeit des Befragten, ob er die Uhr lesen kann, geprüft hat.

An diesem Beispiel kann man prototypisch manches über die Typisierung verstehen lernen. Typisierungen sind interaktive Methoden zur Definition von Situationen, mit deren Hilfe sich die Beteiligten darüber verständigen, was als nächstes zu tun ist. Sie funktionieren nach dem Prinzip, daß partiell ein Teil der gesamten Situationsgestalt „angespielt“ wird, womit der Typ der Situation festgelegt wird und der Andere wissen kann, welche nächsten Interaktionszüge von ihm erwartet werden. Für diese nächsten Züge gibt es einen Korridor an Varianten, aber dennoch ist fast immer klar, wann dieser Korridor verlassen wird.

Ein anderes Beispiel. Im Restaurant ruft der Gast mit leicht erhobener Stimme: „Kann ich zahlen?“ Was als Frage formuliert wird, ist dem Rezipienten, dem Kellner, dennoch in aller Regel als Aufforderung verständlich. Der Gast typisiert die Situation als „typisch für Beendigungshandlungen in einem Restaurant, es soll gezahlt werden“. Weil es sich um eine Typisierung handelt, ist die grammatische Form – ob Frage oder Aufforderung – nachgeordnet. Der hinsichtlich der Typisierung „gleiche“ Ablauf könnte mit anderen Äußerungen gestartet werden, etwa indem der Gast mitteilt, er wolle zahlen oder ruft: „Die Rechnung bitte!“. Würde er aber – *semantisch* äquivalent – fragen: „Was kostet das alles?“ erzeugt er mit Wahrscheinlichkeit eine Irritation; der andere wird unsicher, ob der Gast überhaupt zahlen will oder ob er mitteilt, daß er „das alles“ vielleicht zu teuer findet.

Soll die Interaktion problemlos abgewickelt werden, steht dem Gast nur eine begrenzte Anzahl von Eröffnungsaktivitäten zur Verfügung. Der Kellner weiß dann, was zu tun ist, er muß an den Tisch kommen, die Rechnung präsentieren, die Börse zücken und das Trinkgeld mit der Frage, ob es geschmeckt habe, in Empfang nehmen. Jeder weiß, daß er seinerseits auf diese Frage nicht unbedingt eine aufrichtige Antwort, sondern den Abschluß der Situation mit „Ja, danke, sehr gut“ erwartet.

Nicht „jeder“ weiß das tatsächlich. An Kindern kann man beobachten, daß sie sich über dies seltsame Verhalten von Erwachsenen noch wundern; sie müssen den Erwerb der kulturrelevanten Typisierungen erst noch erlernen. Leider wissen wir über den sozialisatorischen Vorgang dabei relativ wenig. Verletzungen solcher Situationsgestalten sind immer folgenreich, weil das Repertoire zur Reaktion nun frisch erfunden werden muß. Die interaktive Verzahnung ist nicht mehr durch den Ablauf der Typisierung zwanglos gesichert.

Einige Folgen der Verletzung von Typisierung lassen sich beschreiben:

a) Es setzen „Reparaturaktivitäten“ ein. Man erklärt, es nicht „so gemeint“ zu haben, oder stellt die beschädigte Situation auf andere Weise wieder her. Auch hier kann erst beendet, die Gestalt der Situation geschlossen werden, wenn die Reparatur der Beschädigung wechselseitig bestätigt wird.

b) Die Verletzung wird in aller Regel sofort bemerkt und unter Anwesenden kommentiert. Sie bleibt im Gedächtnis. Wenn weder Reparatur noch sofortiger Kommentar möglich war, wird sie gerne zu einem späteren Zeitpunkt unbeteiligten Dritten berichtet. Die Verletzung der Situationsgestalt erzeugt einen unabgeschlossenen Charakter; die Episode zu erzählen, kann man als nachträglichen Versuch ansehen, die Gestalt zu schließen.

c) Die Verletzung der Situationsgestalt wird selbst wiederum typisiert. Nachfolgende Kommunikationen rechnen dem Verletzer sofort individuelle Motive oder aber Mängel zu; ein unhöflicher Kellner wird als „unhöflich" typisiert, der nach der Uhrzeit fragende Passant wird irgendwo auf dem Kontinuum von „komischer Kauz" über „frech" bis „unverschämt" verortet. Man ist entweder „mad" oder „bad". Hier versucht man, „nicht-normalen" Ereignissen einen Sinn zu geben. Nur wenn Kinder (oder als nicht-kompetent erachtete Teilnehmer wie z.B. Behinderte) die Situationsgestalt verletzen, wird eher humorvoll oder paternalistisch reagiert, weil man von ihnen nicht die volle interaktive Kompetenz erwartet.

d) Die Verletzung der Situationsgestalt zieht heftige Affekte nach sich. Sie reichen von „hilflosem Nicht-Wissen, wie reagieren" bis zu schwerem Erleben von Peinlichkeit und Beschämung. Wer die interaktive Synchronisation nicht beherrscht, also „aus der Rolle" fällt, steht rasch – in reflexiver Einstellung zu sich selbst – als jemand da, der sich entblößt oder sich ertappt fühlt. Beteiligte richten ihre Mühe auch deshalb rasch darauf, die (interaktive) „Ordnung" wiederherzustellen.

e) Weiter ist die rückwirkende Zeitorganisation zu nennen. Eine Handbewegung kann dem Gespräch einer ganzen Stunde rückwirkend eine völlig andere Bedeutung geben, ebenso wie die Frage des Uhrzeit-Passanten rückwirkend die Bedeutung der vorangegangenen Interaktionsepisode verändert. Rückwirkende Zeitorganisation hat Effekte auf die Bedeutungsgebung und damit auf die kognitive Struktur der Beteiligten. Sie werden gezwungen, ihre bisherige Interpretation der gemeinsamen Interaktionserfahrung aufwendig zu reorganisieren. Äußerlich manifestiert sich dies in längeren Schweigephasen und ausgedehnten Reaktionszeiten[181].

Typisierungen von Interaktionsgestalten haben eine episodische Struktur. Sie erfolgen „Zug um Zug". Wenn ein Freund zum andern sagt: „Kennst Du den

---

[181] Hier wäre Gelegenheit, das Freud'sche Konzept der „Nachträglichkeit" (Kettner 1998) auch einmal von seiner interaktiven Geordnetheit her zu analysieren.

schon?“, dann ist ziemlich klar, jetzt soll ein Witz erzählt werden. Der Interaktionstyp will es dann, daß der Andere seine Zustimmung erkennen lassen muß, bevor der Witz erzählt werden kann. Der Typ der Situation wird indiziert; damit es eine gemeinsame Situation werden kann, muß die Indizierung ratifiziert werden. Wenn also einer in der genannten Weise fragt, dann will er nicht nur semantisch wissen, ob der andere den Witz tatsächlich kennt, sondern er macht, obwohl grammatisch als Frage, pragmatisch einen Deutungsvorschlag, wie die gemeinsame Situation verstanden werden soll – als eine, in der ein Witz erzählt werden kann, denn das geht nicht in jeder Situation, und dieser Vorschlag bedarf der Annahme – oder der Ablehnung. Würde der Witz bei erfolgter Ablehnung dennoch erzählt, ist die Chance, daß nicht gelacht wird, groß.

Die Verhältnisse liegen hier vergleichsweise einfach, denn zum Witzeerzählen kann man sich immerhin noch expressis verbis verabreden, obwohl auch hier entscheidend ist, daß die Interaktion dazu organisiert sein muß und die Redezüge synchronisiert werden. Aber auch hier sind feine Sensibilitäten erforderlich, denn die Ablehnung der Ratifizierung erfolgt öfter auch nicht verbal, durch Abwendung des Blicks, schnelles Einbringen eines anderen Themas oder rasche Anknüpfung an den gerade laufenden Dialog, was dem potentiellen Witzeerzähler mitteilt, daß jetzt nicht die Gelegenheit sei.

Bei anderen Typisierungen spielen solche höchst subtilen Momente eine immense Rolle. Hier erfordert die Herstellung gemeinsamer Situationen, wie flüchtig auch immer, ganz andere Kompetenzen. Es gibt Situationen, die wir als „Flirt“ oder als „Klatsch“ (Bergmann 1987) bezeichnen – aber man kann sich zu ihnen ebensowenig expressis verbis verabreden, wie man seinen Finanzbeamten fragen kann, ob er sich bestechen lassen würde. Deshalb werden „presequences“ benötigt, die genügend Spielraum lassen, um den Typisierungsvorschlag ohne Gesichtsverlust ggf. wieder rückgängig machen zu können. In therapeutischen Dialogen ist es nicht selten, daß Patienten peinliche Dinge zurückhalten, aber die Lage derart sondieren, ob der Therapeut gegebenenfalls vielleicht auch bereit wäre, mitzuziehen, dies oder jenes Peinliche preiszugeben – und wenn er mitzieht, dann kann man selbst auch ... Dabei konstelliert sich eine Interaktion, die an die von Kindern, wenn sie sich zum Doktorspiel vorbereiten, erinnert.

In jedem Fall muß man sich über die Herstellung einer gemeinsamen Situation verständigen, um das interaktive Risiko des Scheiterns möglichst gering zu halten. Wer die Typisierung verletzt, riskiert – dann nämlich, wenn der andere nicht mitzieht, und das kann man nicht sicher vorher wissen – eine peinliche Lage. Nur wenn der andere mitzieht, kann die Verletzung ungerügt gemeinsam bewältigt werden, aber ob der andere mitzieht, muß zur Risikominimierung immer erst ermittelt werden.

Wie das geschieht, findet die Aufmerksamkeit von Konversationsanalytikern (Heritage 1984, Drew und Heritage 1992), die sich insbesondere für die nonverbalen Indizierungen des Situationstyps interessieren. Eine Interaktionsaufgabe muß gemeinsam gelöst werden, bevor überhaupt Gemeinsamkeit geschaffen ist, nämlich daß „klar" ist, daß man flirtet, klatscht, bestechen oder zahlen will, eine Auskunft wünscht oder Doktor spielt. Die Situation muß typisiert werden einerseits, damit gemeinsame Verhaltensregister und Deutungsstrategien unproblematisch angewandt werden können, zum andern aber auch deshalb, weil immer die Gefahr des Gesichtsverlustes, der Peinlichkeit und der Scham droht (Neckel 1991). Wo man sich in einer gemeinsamen Situation wähnte und dann feststellen muß, daß das ein Irrtum war, fühlt man sich „ertappt" und beschämt. Das könnte der Fall bei dem Passanten sein, der nach der Uhrzeit gefragt wurde – und auf das Gefühl der Beschämung kann dann mit Verärgerung oder manifester Wut reagiert werden. Auch hier erfolgt rückwirkend eine Re-Typisierung der vorangegangenen Situation: Was eben noch „Auskunftserteilung" war, ist nun „Provokation" – und mit einer solchen neuen Typisierung werden andere Register des Reagierens ermöglicht.

Reparaturen von Mißverständnissen

> „Mißverständnisse sind schlimm, aber sie sind wohl unvermeidlich, wenn wir uns ein Stück Privatsphäre bewahren wollen".
>
> Barbara Vine, „Schwefelhochzeit"

Sich mit der Typisierung als Methode der Herstellung und Synchronisation von gemeinsamen Situationen zu beschäftigen, ist für professionelle Psychotherapeuten deshalb interessant: Die Typisierung der Situation entscheidet wesentlich darüber, welche Register gebraucht, welche Bedeutungen zugeschrieben, welche Affekte erlebt werden, und weiter, welche Synchronisierungen gelingen oder nicht.

Die Typisierung von Situationen im Alltag ist ein meist umstandslos gehandhabtes soziales Arrangement – in der Durchführung umstandslos! Nicht aber, wenn man sich darüber klar werden will, wie außerordentlich voraussetzungsreich solche Arrangements sind. Auch hier kann man sich erneut davon überzeugen, daß Reparatur von interaktiven Mustern mindestens so wesentlich ist wie der interaktive Unfall selbst. Wenn man sich gedankenexperimentell einmal die Frage zu beantworten versucht, wie eine Übertragung *gemacht* wird,[182], was also jemand tun muß, damit sein Therapeut die Idee bekommt, hier handelt es sich um eine Übertragung, dann könnte eine interaktionstheoretische Antwort lauten: Übertragungen sind nicht-reparierte Interaktionszüge. Sie erzeugen deshalb beim Therapeuten das Gefühl, daß hier noch „ein anderer Film" läuft, daß er als ein anderer behandelt wird, als er sich selbst sieht.

Einen Sinn für Typisierungen zu entwickeln, ist für den professionellen Psychotherapeuten nötig, weil Typisierungen entgleisen können. Wenn man erst einmal einen Blick für die Typik von Situationen und deren Herstellung entwickelt hat, kann man sehen, daß damit eine nicht seltene Art von „Mißverständnissen" zwischen Menschen zu beschreiben möglich wird, die in der professionellen Psychotherapie besonders genutzt wird. „Mißverständnisse" – das sind jene interaktiven Momente, mit denen man sich wechselseitig Reparaturbedarf anzeigt. Unsere Kultur bietet zwei typische Formen von Mißverständnistypisierungen an, mit denen sich allerdings die in einer therapeutischen Interaktion typischen nicht reparieren lassen.

Das kulturelle Schema typisiert „Mißverständnisse" durch zwei Methoden. In beiden Fällen nimmt man einen einfachen Fall des Fehlverstehens an und deutet dies auf zwei Weisen:

a) Das Wort, das jemand verwendet hat, ist ungewöhnlich oder falsch verwendet; daraus folgt operativ die Klärungsstrategie, daß man die „wahre und richtige" Bedeutung durch Nachschlagen in einem Wörterbuch finden kann. Statt eines Wörterbuches können – funktional äquivalent – auch andere Menschen als „Schiedsrichter" herangezogen werden. Die Lösungsstrategie folgt aus der Typisierungsmethode.

b) Die andere Methode zur Typisierung von Mißverständnissen besteht in der Verwendung einer Telefon-Metapher für die Kommunikation. Mißverständnisse sind dann dasselbe wie das Rauschen in der Leitung; operativ folgt dann, daß man das Rauschen beseitigen oder übertönen (also lauter sprechen) oder gegebenfalls wiederholen müsse.

Davon lassen sich nun „Mißverständisse" abgrenzen, bei denen es nicht nur um einfaches Falschverstehen geht, sondern darum, daß der *Typ der Situation*, in der

---

[182] Dies in Anlehnung an Harvey Sacks berühmte Studie: „On doing being ordinary" – Was muß man *tun*, um als normal (gewöhnlich) zu erscheinen? Hier wird Normalität nicht als Eigenschaftsdimension aufgefaßt, sondern als ein aktives „Tun" (Sacks 1984).

man sich zu befinden meint, verschieden aufgefaßt, sprich: „gedeutet" wird. Der eine typisiert eine gegebene Situation als „Situation, in der Auskunft erbeten wird", der andere aber als Situation, die einer Prüfung entspricht. Wir können auf Typisierungen nicht verzichten, weil sie Kommunikation ökonomisieren, aber hier liegt auch ein exquisites Potential für Täuschungen und Produktion von schmerzlichen Affektlagen. Wo gemeinsame Typisierung nicht gelingt, können Handlungen nicht synchronisiert werden, die Erwartung von Erwartung ist unsicher („was erwartet der Andere jetzt von mir?"), die Bedeutungsgebung divergiert und die Interaktionsabfolge ist mit beträchtlichen Risiken belastet. Häufig auftretende Redundanzen zeigen dann an, daß man sich „immer im gleichen Kreise" bewegt, alte Themen werden immer wieder aufgegriffen, und mit der Thematisierung von Neuem exponiert man sich sogleich. Damit ist insgesamt die gewissermaßen ökonomische Tendenz von Typisierungen außer Funktion gesetzt; Teilnehmer müssen sich verhalten, als müßten sie zwar nicht das Rad, aber Interaktion neu erfinden.

Günthner und Knoblauch (1994) sprechen statt von Typisierungen von kommunikativen Gattungen. Diese Autoren verdeutlichen deren interaktive Ökonomie und bringen die Ausdifferenzierung von kommunikativen Gattungen mit der Modernisierung in Verbindung. Weil Gesellschaft im Sinne Luhmanns (1984, 1997) als aus „Kommunikation" bestehend angesehen werden muß und weil man zugleich mit immer mehr Personen kommunizieren können muß, die man kaum kennt, und weil von solchen Kommunikationen wesentliche Entscheidungen (über Aufträge, Einstellungen, Projekte, Partnerschaften etc.) abhängig sind, müssen sich kommunikative Gattungen etablieren, die von den Routineproblemen der Kommunikation entlasten, indem sie Orientierungsrahmen für Synchronisation und Koordination bereitstellen. Kommunikative Gattungen oder Typisierungen sind somit verfestigte Prozeße der Kommunikation – sie können entlasten, aber sich über sie im Typ zu irren, kann verhängnisvoll sein.

Beispiel: Eröffnungsaktivitäten im Erstinterview

Typisierungen von Situationen strukturieren die „interaktive Ordnung" sensu Goffman (1983). Das schließt die Verteilung von Aktivitäten, die Verfolgung von Zielen und typische „constraints" (Levinson 1979) ein. Eingeschränkt wird, was Sprecher und Hörer in einer solcherart typisierten Situation für möglich halten und erwarten können. Nicht umsonst hat man sich in der älteren psychotherapeutischen Literatur zum Erstinterview (Argelander 1970) einige Gedanken gemacht, welche Bedeutung die Eröffnungsaktivität des Therapeuten habe.

Den Akzent auf die Interaktionsordnung zu verlegen, nimmt der Semantik nichts an Bedeutung, auf die v.a. hermeneutische Ansätze immer wieder verwiesen haben. Aber man kann nun weitergehen und sehen, wie Bedeutung durch Hör- und Sichtbarkeiten der manifesten Interaktionen nicht nur erschlossen, sondern *erzeugt* wird. Die grammatische Form – wie ich am Beispiel von grammatischen Fragen, die interaktiv Aufforderungen sind, gezeigt habe – kann dabei gelegentlich wenn nicht außer Kraft gesetzt, dann aber doch zumindest überspielt werden. Die Methoden der interaktiven Organisation haben für Teilnehmer selbst Vorrang vor semantischen Gehalten; erst wenn die Interaktion synchronisiert verläuft, können semantische Differenzen wahrgenommen und verhandelt werden.

Die Analyse der semantischen Bedeutung könnte deshalb um die der interaktiven Folgen, beispielsweise der Eröffnungsaktivitäten eines Therapeuten, komplettiert werden. Denn mit jeder solcher Aktivität schränkt der Therapeut die Zahl der möglichen Typisierungen ein. Dabei kann man darüber diskutieren, welche Typisierungen vermieden werden sollten, z.B. asymmetrische Helfer-Konstellationen, wie sie mit einer Eröffnungs-Frage à la „Wie kann ich Ihnen helfen?“ figuriert würden.

Ich wähle nun ein Beispiel, um daran die massiven „constraints“ der Eröffnungsaktivitäten von Therapeuten zu illustrieren; ein konstruktivistischer Ansatz wird durch dieses Beispiel nachhaltig gestützt, weil man deutlich machen kann, wie sehr die therapeutenseitigen Aktivitäten das interaktiv herstellen, was sie nur beobachten wollen.

Im neuen Handbuch zur Operationalisierten Psychodynamischen Diagnostik (OPD) bei Schauenburg et al. (1998, S. 146) wird wörtlich empfohlen, dem Patienten zur Eröffnung des OPD-Interviews das Folgende mitzuteilen:

> „Wir haben für dieses Gespräch eine Stunde Zeit. Ziel des Gesprächs ist es, mit Ihnen ein Verständnis ihrer Erkrankung zu finden“.

Eine solche Eröffnung typisiert die Situation sehr stark als medizinische Arzt-Patient-Beziehung. Das auffallendste Merkmal ist die Empfehlung, von „Erkrankung“ zu sprechen. Damit sind andere Typisierungen von Anfang an restringiert. Wenn es eine Erkrankung gibt, gibt es auch einen Arzt, der hier eine expertisierende Typisierung vornimmt – er ist der Fachmann. Ein weiterer Aspekt ist die Vorgabe eines „Ziels“. Diese Vorgabe orientiert das Gespräch stark an einer funktionalen Logik; das Gespräch selbst wird Mittel zu einem Zweck. Innerhalb einer solchen Logik figuriert sich der Interviewer unvermeidlich als Experte, der Vorgaben und Rahmensetzungen macht, aber auch die Evaluation des Gesprächs vornehmen wird und damit dem Patient durch seine eröffnende Typisierung implizit mitteilt, er müsse eine – wie auch immer geartete – "Diagnose" ermitteln. So mutiert das Gespräch zu einem Arzt-Patienten-Dialog – verschieden von einem psychotherapeutischen Erstinterview. Die Metapher vom „finden" impliziert weiter, daß etwas „gesucht" wird, was irgendwie schon „da" ist. Diese Vorgabe schließt aus, daß gemeinsam etwas Neues, was noch nicht „da" ist, entwickelt wird; der kreative Aspekt wird unterbelichtet. Das wäre eine Vorstellung vom Gespräch, wie sie etwa Gadamer (1960) vorschwebte, als er festhielt, ob ein Gespräch „gelinge", könne nicht vorhergesagt werden. Die funktionale Logik einer solchen Vorgabe schließt gerade die prägnante Entfaltung eines interaktiven Momentes aus; sie wird der Zielorientierung untergeordnet, die ihrerseits Teil einer quasimedizinischen „Krankheits"-Exploration wird. Das wird dann ratifiziert, indem im OPD-Leitfaden nur immer empfohlen wird, Fragen zu stellen – das bestätigt, daß es bei dem Gespräch um den Typus einer medizinischen Exploration handelt.

Die Regeln geben dann die Aufgabenverteilung vor; einer stellt Fragen, der andere antwortet nach bestem Wissen und Gewissen. Natürlich schließt das nicht aus, daß man den Patienten am Ende fragt, ob er noch eine Frage habe? Aber auch damit wäre eine Frage-Initiative des Patienten noch von der Aufforderung dazu durch den Interviewer gerahmt. Er muß die Erlaubnis zu fragen vom Fragesteller erteilt bekommen. Wie ein Patient nach einer solchen Eröffnung noch verstehen können soll, daß es um „Konflikte" geht, bleibt rätselhaft. Das Ziel professioneller Psychotherapie, Krankheiten zu „verflüssigen" (Luborsky 1988) und sie in konflikthaftes Beziehungsgeschehen aufzulösen, wird durch eine ganz andere Rahmung ersetzt.

Kleinere Merkmale dieser Eröffnungsempfehlung fügen sich der Typisierung als Arzt-Patienten-Dialog dann ein. Der Gebrauch des Wörtchens „wir" supponiert bereits Gemeinsamkeit, die noch nicht erreicht sein kann; sie wird durch die nachfolgende Formulierung „mit ihnen" wieder aufgehoben. Es entsteht die Beziehungskonstellation eines „Wir – mit Ihnen", wobei „Wir" den medizinischen Plural majestatis gebraucht, während der Patient im Singular angesprochen wird. Auch diese Konstellation gliedert sich einem – allerdings längst durch Balint kritisierten – Format medizinischer Dialoge ein. Hier kann man die Medizinalisierung professioneller Psychotherapie im interaktiven Vollzug beobachten.

Man sieht an einer solchen expertisierenden, in einem Lehrbuch vorformulierten Eröffnungsfloskel, wie „Erkrankung" interaktiv produziert wird. Nicht daß der Patient irgendwie leidet, sondern daß sein Leiden *als* „Krankheit" typisiert wird, gliedert das Geschehen in einen quasimedizinischen Typisierungsprozeß ein. Andere professionelle Psychotherapeuten, dies nur als Kontrast, vertreten demgegenüber die Auffassung, die Symptome seien immer nur eine Art „Eintrittskarte" in die Psychotherapie – und typisieren damit anders.

Interaktiver Wiederholungszwang

Ist die Situation erst einmal als asymmetrische Helferbeziehung oder als quasimedizinischer Dialog typisiert und wechselseitig ratifiziert, wird es für beide Beteiligte außerordentlich schwer, alternative und kontrastive Typisierungen gemeinsam zu entwickeln und verbindlich werden zu lassen. Der Akzent liegt auf dem Wort gemeinsam; allen Typisierungen scheint ein ökonomisches Trägheitsmoment innezuwohnen, das dazu führt, sie nicht aufzugeben, sondern sich dann „immer wieder" in ihnen einzufinden. Vielleicht hat man hier einen Aspekt von dem, was man *interaktive Produktion eines Wiederholungszwangs* nennen könnte. Denn über alle Typisierungen hinweg scheint es eine kulturell erzeugte *Präferenz für Zustimmung*[183] zu geben; es ist leichter, mit dem Kopf zu nicken, „continuer"-Äußerungen zu machen, also solche, die den anderen mit einem semantisch bedeutungslosen, aber für die Fortführung der Kommunikation höchst relevanten „hm" darin bestätigen, die Situation zu typisieren, wie er sie nun mal typisiert. Äußerungen, die *nicht* auf Zustimmung hin orientiert sind, sind im allgemeinen sehr viel aufwendiger, benötigen Legitimation und brauchen Zeit; sie ziehen Erklärung fordernde Verhaltensweisen des anderen nach sich. Welcher Patient würde sich getrauen, nach der OPD-Eröffnungsfrage den Typisierungsvorschlag etwa mit den Worten abzulehnen, er sei nicht seelisch krank? Psychosomatiker würden dann hinzufügen, sie seien körperlich krank – und die Typisierung als Arzt-Patient-Dialog damit ratifizieren. Wer diese Typisierung insgesamt ablehnen wollte, müßte einen erheblichen Aufwand betreiben – und setzt sich dabei dem nicht unbeträchtlichen Risiko aus, in den Augen seines Gegenübers gerade durch solche „Widerständigkeit" seine „Krankheit" zu bestätigen. Mit dieser Überlegung dürfte plausibel werden, welche enorme Macht einem solchen Typisierungsvorschlag zukommt. Protestiert der Patient gegen die Krankheits-Metaphorik, so riskiert er, sie gerade dadurch zu bestätigen; protestiert er nicht,

[183] Literatur bei Wolff und Meier (1995).

dann bestätigt er sie auch. Diese Typisierung hat in der interaktiven Dimension den Charakter einer sich selbst erfüllenden Prophezeiung. Sie führt dazu, die grundlegende Typisierung des Diagnostikers zu bestätigen und andere Typisierungen auszuschließen.

Sind Typisierungen erst einmal ratifiziert, ist es außerordentlich schwierig, sie zu verändern. Zu ihrer Veränderung braucht man immer die Kooperation des anderen Teilnehmers, der seinerseits den Veränderungsvorschlag erkennen, ihn als solchen ratifizieren und ihm dann zustimmen muß – ihn aber immer auch ablehnen kann. Das ist ein hohes interaktives Risiko, dessen Bewältigung Patienten meistens nicht zugemutet, von ihnen jedenfalls nicht erwartet werden kann; aber diese Leistung erbringen professionelle Psychotherapeuten. Sie wandeln nicht nur semantische Bedeutungen durch neue Rahmungen um; sie verändern Typisierungen von interaktiven Situationsgestalten.

Wenn Typisierungen gemeinsam hergestellt sind, dann bestimmt die Typisierung die Aktivität der Teilnehmer. Das bestimmt die Verteilung der Redezüge, das Erleben von Affekten, die Zulässigkeit von Fragen, die Selektion von Antworten. Wer bei Gericht als Zeuge auftritt, muß seine Aktivität darauf beschränken, „Antworten" auf „Fragen" des Vorsitzenden Richters zu geben. Wolff und Müller (1997) zeigen überzeugend, daß die Verletzung der damit entstehenden „Situationsgestalt" sanktioniert wird. In der psychotherapeutischen Situation hingegen wäre es ungewöhnlich, wollte man das Gespräch mit einer „Vernehmung zur Person" beginnen und es mit einer Eidesformel abschließen. Aber wenn jemand mit einer solchen formellen Einleitung begänne und das Gespräch entsprechend tatsächlich beenden würde, wäre das bei Gericht „normal", im psychotherapeutischen Kontext zöge ein solches Verhalten Überlegungen über die Motivierung nach sich – der Kontext und seine interaktive Ratifizierung schaffen erst die Möglichkeit zu einer psychologisierenden, sich für Motivierungen interessierende Gesprächsführung. Aber auch dieser Kontext eines psychotherapeutischen Gesprächs hat selektive Effekte, nicht alles ist zugelassen und nicht alle Deutungen eines Verhaltens sind eingeschlossen. Der psychotherapeutische Kontext würde die Annahme ausschließen, daß jemand sich bloß im „falschen Film" befindet, also glaubt, bei Gericht oder in einem Verhör zu sein – wenn er in dieser Annahme umstandslos berichtigt werden kann, ist damit das Gespräch auch schon zu Ende, es sei denn, neue Typisierungen können vorgeschlagen und ratifiziert werden.

Es ist nicht nebensächlich, darauf hinzuweisen, daß Freud dieser Zusammenhang zwischen dem juristischen Verhör und der psychotherapeutischen Gesprächssituation selbst peinlich auffiel. Er schreibt an seinen Freud Fließ am 16. Januar 1897, daß seine „ganze Hysterie-Urgeschichte bereits bekannt und hundertfach publiziert ist, allerdings vor mehreren Jahrhunderten" und weiter: „Erinnerst Du Dich, daß ich immer gesagt, die Theorie des Mittelalters und der geistlichen Gerichte von der Besessenheit sei identisch mit unserer Fremdkörpertheorie und Spaltung des Bewußtseins". Und er fragt im gleichen Brief weiter: „Warum sind die Geständnisse auf der Folter so ähnlich den Mitteilungen meiner Patienten in der psychischen Behandlung?"

Freud schließt hier an Charcot an, der den Vergleich der Hysterikerin mit der Hexe schon früher gebraucht hatte[184]. Man könnte den Vergleich gegen Freud auslegen, indem man im Sinne einer Macht-Theorie die Internalisierung des gesellschaftlichen Zwangs – von der Justiz zur Psychotherapie – kritisiert.

Ich will hier eine dritte Lesart vorschlagen, wonach Freud die Ähnlichkeit beider Situationsgestalten, ihre Nähe zueinander, deutlich sieht und deshalb ihre Ausdifferenzierung zu unternehmen beginnt. Seitdem haben medizinpsychologisch orientierte Autoren spätestetens seit Balint immer wieder darauf hingewiesen, daß die Leistung Freuds als großer Zuhörer an die nächsten Generationen weiter gegeben werden müsse; Koerfer, Köhle, Faber et al. (1996) übernehmen die neue professionelle Typisierung und beschreiben eine Art Übergang vom Verhören zum Zuhören, die die psychosoziale Kompetenz des Arztes ausmache.[185] Dabei ist nicht so sehr das äußere Verhalten, sondern der „Einstellungswechsel" (S. 111) entscheidend. Diese Autoren sehen die Gefahr eines möglichen Schematismus der Gesprächsführung, wenn beispielsweise die Regel heißt, daß Suggestivfragen generell vermieden werden müssen. Sie können dem die Empirie von der weiten Verbreitung dieses Fragetyps entgegenhalten und feststellen, daß die Einbettung in den Gesprächstyp für Gelingen oder Mißlingen entscheidender ist. Es gibt – auch unter ethischen Gesichtspunkten (Koerfer, Köhle, Obliers 1994) – Situationen, in denen die Suggestivfrage nicht umstandslos geächtet werden kann. Was ich unter Rückgriff auf Luhmanns Theorie als Ausdifferenzierung von Funktionssystemen beschrieben habe, reproduziert sich intern innerhalb der Interaktion.

---

[184] Ich danke für diesen Hinweis Michael Schröter.

[185] Sie sprechen generell von einer „kommunikativen Wende" der Medizin

Die professionelle Aufgabe heißt hier, die Ungleichheit von juristischer und psychotherapeutischer Situation interaktiv auszudifferenzieren. Das geschieht in der Interaktion durch die Methode der Typisierung, und man könnte anfügen, daß auch familiäre Situationsgestalten von der psychotherapeutischen Situation unterschieden werden müssen. Dieser interaktiven Strategie entspricht die Ausbildung eines theoretischen Konzepts der Übertragung, wonach alle anderen Typisierungen seitens des Patienten *als* Übertragungen gehandhabt werden. Das befähigt den professionellen Psychotherapeuten, sie als Typisierungen aufzufassen, die vom Patienten eingebracht und als solche dann auch professionell definiert werden. Ob diese Patientenseitigkeit dann auch tatsächlich stimmt, wird zu einer nachgeordneten Frage erklärt und interaktiv verbindlich gemacht. Intern wird die Ausdifferenzierung des professionellen Funktionssystems interaktiv reproduziert. Soweit der Patient seinerseits seine Typisierungen als familiäre oder juristische oder andere anerkennt, akzeptiert er das Konzept von der Übertragung als übergeordnetes Typisierungskonzept. Insofern ist professionelle Psychotherapie immer auch emotionale Modernisierung.

Theoretische Konzepte stabilisieren die Ausdifferenzierung des professionellen Funktionssystems; zugleich befähigen sie den professionellen Psychotherapeuten, in Interaktionen zu bestehen, die insofern schwierig sind, als für sie keine anderen Typisierungen umstandslos zur Hand sind. Daß Psychotherapie selbst „leer" typisiert wird, also keine ausgeprägte und vorformulierte Situationsgestalt für sie eingebracht werden kann, macht gerade ihre professionelle Besonderheit aus und unterstützt die vorangegangene These, daß sie allgemein nicht definiert, wohl aber individuell realisiert werden kann. Ich komme auf die „leere" Typisierung sogleich zurück.

Zwei Beispiele: Spaltung und Kruste

Die klinische Relevanz dieser Überlegung und die Nähe noch zwischen juristischer und psychotherapeutischer Situationsgestalt will ich an einem weiteren Beispiel zeigen. Streeck-Fischer (1998) beschreibt anschaulich, daß traumatisierte Jugendliche im stationären Behandlungskontext den Team-Mitarbeitern ein anderes Gesicht zeigen als in der Bezugsgruppe ihrer peers. Hier und an ihrem Heimatort sind sie gefährlich destruktiv, im Gespräch mit therapeutischen Mitarbeitern zeigen sie sich hingegen als motivierte, Probleme anpackende Patienten – aber die Gespräche mit ihnen erscheinen leer. Die Autorin spricht metaphorisch von „Papageien-Dialogen", wenn solche Patienten „nachplappern", was

Therapeuten ihnen sagen. Die Verhaltensdifferenz der Jugendlichen zwischen verschiedenen Kontexten wird nun als Beispiel für eine psychische Spaltung bei ihnen angenommen und diese als Folge von Traumatisierungen beschrieben.

Die Frage ist nun: Was berechtigt, davon zu sprechen, daß hier eine intrapsychische Spaltung vorliegt? Alternativ zur intrapsychischen Strukturhypothese bietet sich an, eine solche psychodynamische Diagnose eher als *Folge* einer Interaktion zu beschreiben.

Dieser Schluß ergibt sich unproblematisch, wenn man annimmt, daß ein solcher jugendlicher Patient die Situation anders typisiert. Der Therapeut mag denken, hier handle es sich um eine psychotherapeutische Situation; der Patient allerdings mag denken, er sei bei Gericht – und dann ist es klug, wenn er sich kooperationswillig, reuig und einsichtsfähig zeigt und seine destruktiven Verhaltensweisen nach Möglichkeit verschweigt. „Einsichtsfähig" – das wäre auf seiten des Patienten dann ein Wort, das eine moralische, nicht eine psychologische Bedeutung hätte; er muß einsehen, „falsch", d.h. destruktiv gehandelt zu haben; dann plappert er, in diesem oberflächlichen Sinne: „einsichtig", nach, was andere von ihm erwarten. Werden seine problematischen Verhaltensweisen dennoch bekannt, dann durch Personen, die in der juristischen Typisierung als „Zeugen" bezeichnet werden müssen, auch wenn sie in einer familiären Typisierung als „Vater" oder „Mutter" bekannt sind; in der gerichtlichen Welt würde man dann auch von Beweiserhebung sprechen. Wird der Patient mit solchen Zeugenaussagen „konfrontiert" (so die psychotherapeutische Sprachregelung), dann heißt das im juristischen Kontext „Vorhalt"[186].

Tatsächlich, so wollte ich zeigen, ähneln sich juristische und psychotherapeutische Situationsgestalt bis in diese Details; der Psychiater Fritz Redl (zit. nach Bittner 1998, S. 145) sprach von den „Alibi-Tricks" der damals so bezeichneten „asozialen" jugendlichen Persönlichkeiten. Beide Male werden dabei Formulierungen („Alibi", „asozial") benutzt, die dem juristischen Kontext noch nahe sind. Damals war das Konzept der „Spaltung" noch nicht so sehr en vogue, und deshalb bediente man sich partiell noch metaphorischer Entlehnungen aus anderen Funktionssystemen, hier des Rechts. Wenn professionelle Psychotherapie als eigenes Funktionssystem ausdifferenziert worden ist, muß auch eine eigene Terminologie entwickelt werden, die die vollzogene Ausdifferenzierung auf der Ebene der Interaktion reproduzieren kann. Die eigenständige Terminologie zeigt

[186] In Vernehmungsprotokollen heißt es dann etwa: „Der Beschuldigte antwortete auf Vorhalt, ..."

dann den Vollzug der Ausdifferenzierung an – und vollzieht sie weiter[187]. Zu prüfen bleibt im konkreten Fall weniger, ob Spaltung ein „wahres" Konzept ist, sondern ob der terminologischen Ausdifferenzierung auch eine der Situationsgestalten interaktiv folgt. Wo nämlich juristische und psychotherapeutische Situationsgestalt, wo Verhören und Zuhören im konkreten Fall nicht unterschieden würden, wird man Professionalisierungs*bedarf* vermuten müssen. – Ich erwähne das auch als erneutes Beispiel dafür, daß die Profession nicht nur wissenschaftlich überprüfbar ist, sondern interne Qualitätssicherungsprozeduren ausbilden kann.

Situative Typisierungen ziehen die Orientierung der Beteiligten an einer interaktiven Ordnung nach sich, und soweit sie diese Ordnung realisieren, bestätigen sie sich wechselseitig, geordnet zu handeln. Sie erzeugen sich eine gemeinsame interaktive Welt. Wo die Typisierung verschieden ist, können jedoch erhebliche „Mißverständnisse" entstehen, die ihrerseits freilich nicht einfach als „falscher Sprachgebrauch" oder „Rauschen" typisiert werden können. Das Beispiel von den traumatisierten Jugendlichen zeigt, daß psychotherapeutische Theorie im professionellen Kontext eine andere Aufgabe als im wissenschaftlichen erfüllt. Sie muß den Professionellen in den Stand setzen, mit jenen Menschen professionell interagieren zu können, die Situationen in höchst eigenwilligen Weisen typisieren, so daß Mißverständnisse der Typisierung hochwahrscheinlich werden, die ständig weitere Verständigungsprobleme nach sich ziehen – und die Theorie befähigt dann den professionellen Psychotherapeuten, dennoch weiterzumachen. Sie zeichnet ein Bild des interaktiven Gegenübers so, daß er „ertragen" werden kann, und hat so bereits möglicherweise heilsame Effekte. Niemand ertrüge auf Dauer, von Jugendlichen über wirkliche Vorkommnisse nicht oder sogar gezielt falsch informiert zu werden und gleichzeitig irgendwie hilfreich sein zu sollen – aber wenn man eine Theorie der Spaltung zur Verfügung hat, kann man Toleranzen ausbilden und hoffen, daß die richtige Balance von Toleranz und Konfrontation heilsame Effekte produzieren wird.

Vergleichbares zeigt sich an einem anderen Beispiel. Mitte der 60er Jahre hatte Kohut seine Veränderungen nicht nur der Theorie, sondern auch des therapeutischen Umgangs in der Psychoanalyse eingeführt. Eicke-Spengler (1999) schaut

---

[187] Das Funktionssystem reproduziert seine Autopoiesis (wie Luhmann sagen würde); es stellt sich her, indem es die Elemente, aus denen es besteht, herstellt. Es wäre deshalb interessant, der Konjunktur des Spaltungskonzepts (oder anderer) einmal unter solchen Gesichtspunkten nachzugehen, inwieweit sie geeignet erscheinen, die Reproduktion der Profession zu sichern – und sich dabei von anderen Funktionssystemen irritieren lassen muß.

auf diese Entwicklungen zurück und schreibt: „Mit diesen Erfahrungen erweiterte Kohut die therapeutischen Möglichkeiten der Analytiker. Er machte uns beispielsweise die sog. narzißtische Kruste, die wir nur als lähmenden Widerstand gegen den analytischen Prozeß verstanden und bekämpft hatten, als Ausdruck von Verwundungen des Selbstgefühls verständlich." (S. 7) Hier benutzt die Autorin eine Metapher, die von der „Kruste" in einer ganz ähnlichen Weise, wie Streeck-Fischer von der Spaltung spricht. Aber es gibt einen Unterschied. Wo Streeck-Fischer etwas bei den Jugendlichen zu beobachten meint, was sie als „Spaltung" bezeichnet, sieht Eicke-Spengler, daß es lediglich um die professionellen Operationsbedingungen geht, die durch eine bestimmte Metapher geschaffen werden. Sie fährt fort: „Wenn der Analytiker sich als zunächst noch unentbehrliches Selbstobjekt verstehen kann, gelingt es ihm besser, lebendig und wach zu bleiben, auch wenn der Patient ihn nur in seiner Funktion, nicht aber objektal gebrauchen kann ..." Die theoretische Metapher leistet dem Professionellen etwas, sie formatiert die Interaktion in einer Weise, daß es hilfreich weiter gehen kann.

Die Metapher vom Widerstand zog ein Verhalten nach sich, das hier als „bekämpfen" bezeichnet wird. Die Metapher von der Kruste hingegen ermöglicht eine andere Operationsweise. Man könnte sagen, daß die Theorie ihren Wert darin hat, die reflexiven Funktionen zu erhalten, den Therapeuten in den Stand zu setzen, paradoxen Anforderungen gerecht zu werden, daß sie Interaktionen Sinn zu verleihen befähigen und aus therapeutischen Sackgassen herausführen muß – aber ob ein Patient eine „Kruste" hat oder eine Spaltung? Die Theorie hat all diese hilfreichen Funktionen, aber nie ist man generell dagegen gefeit, daß sie nicht auch Rationalisierung einer schlecht gelösten therapeutischen Interaktionsaufgabe ist.

Hier will ich ausdrücklich Diskussionsbedarf anregen. Ich vermute, daß es keine generelle Lösung dieses Problems gibt, sondern nur kasuistische. Die Profession hat hier, so meine ich, Klärungsbedarf; es gibt viele kasuistische Besprechungen, in denen Meinungsverschiedenheiten zwischen Therapeuten nicht ausgetragen, sondern dem Patienten angelastet werden, indem er „niederdiagnostiziert", für immer kränker erklärt wird. Ich hoffe, daß Sensibilität für verwendete Metaphern und für Interaktion hier etwas Abhilfe schaffen könnte.

Die therapeutische Situation: leere Typisierung

Ein großer Teil der behandlungstechnischen Diskussionen in der Psychoanalyse kann verstanden werden als Versuch, einen Normaltyp der psychoanalytischen Situation festlegen zu wollen. Es hat sich ein „klassisches“ Modell entwickelt, wonach der Patient zum Therapeuten kommt, sein „Material“ abliefert, das vom Therapeuten nur mit einem Aktivitätstyp beantwortet wird, der professionsintern als „Deutung“ bezeichnet wird. Wenn andere Aktivitäten erforderlich waren, wurden sie als „Parameter“ bezeichnet. Diese seit Eissler kanonisierte Sicht der Dinge ist weniger erfahrungsnah als vielmehr abstrakte Idealisierung – die Frage, welche so kanonisierten Bestände der Theorie Bestand haben, ist offen. Hier gibt es m.E. einen nicht unerheblichen Profesionalisierungsbedarf. Thomä und Kächele (1985, 1988) haben wesentliches geleistet, um dem „Dialog auf die Spur“ zu kommen.

Allerdings gibt es auch verbale Mittel, die Typisierungen indizieren. Eines dieser Mittel ist das Stellen von Fragen. Es gilt als „Parameter“, also als Abweichung vom technischen Ideal der „Nur-Deutung“.

Typischerweise werden Fragen gestellt bei Vernehmungen oder ärztlichen Untersuchungen. Neben solchen institutionellen Typen gibt es auch alltägliche, etwa „wenn etwas passiert“ ist; nicht in jeder alltäglichen Situation dürfen Fragen und schon gar nicht jeder Art gestellt werden. Die Diskussionen innerhalb der Psychoanalyse über die Bedeutung des „Fragen-Stellens“ haben nie den Aspekt der Typisierung ins Auge gefaßt; hierfür hat die psychoanalytische Theorie kein begriffliches Repertoire. Die Diskussion ist unter dem Gesichtspunkt geführt worden, ob Fragen die gleichsam „sterile“ Untersuchungssituation verunreinigen oder nicht – man ist schließlich zu dem Konsens gekommen, daß Fragen zu stellen erlaubt sein müsse (Thomä, Schrenk, Kächele 1985). Damit ist der aktive Beitrag des Analytikers zur Übertragung anerkannt (Thomä 1984) worden, auch wenn diese einseitig als Leistung des Patienten nach wie vor theoretisch gefaßt wird. Wenn der Psychoanalytiker fragt, nimmt er eine Typisierung vor und zeigt nicht nur sein wie auch immer geartetes persönliches – voyeuristisches, sadistisches, erotisches, anteilnehmendes, fürsorgliches – Interesse. Im professionstheoretischen Rahmen könnte erneut über solche Regelungen diskutiert werden. Sowohl das behandlungstechnische Verbot, Fragen zu stellen als auch die Empfehlung, mit einer „Gegenfrage“ zu reagieren, könnte einen verborgenen professionellen Sinn gehabt haben: Parameter sind solche Aktivitäten, die andere Typisierungen therapeutenseitig indizieren. Das wird im normativen Idealmodell als Verletzung der behandlungstechnischen Neutralität definiert.

Was damit gemeint ist, konnte in einer verbindlichen Weise so lange nicht geklärt werden, als man sich in einem individualisierenden Theorie-Rahmen bewegte. In einem interaktionstheoretischen Bezugsrahmen könnte man Neutralität als dasjenige Konzept kennzeichnen, das dem Therapeuten nahelegt, die gemeinsame Situation als eine auszuzeichnen, für die keine Typisierungen *von vorneherein* zur Verfügung stehen. Also kein Verhör, keine ärztliche Untersuchung, keine mitmenschliche Anteilnahme, keine Neugier – aber was dann? Nicht-Fragen wäre die interaktive Provokation, die Typisierungen des Patienten zu aktualisieren – und zugleich unvermeidlicher Beitrag seitens des Therapeuten, der die Situation als „mit gängigen Mitteln nicht typisierbar" typisiert. Man könnte vom Paradox einer „leeren Typisierung" sprechen, *innerhalb* derer aber der Bezug auf das kulturelle Repertoire unerläßlich ist. Entscheidend ist: Der Therapeut muß die Situation als „nicht-typisierbar" typisieren und kann das nicht vermeiden. In anderen Schulen ist allerdings eher wenig über solche Typisierungen nachgedacht worden. – Auch hier lautete der Befund dann, Psychotherapie könne im allgemeinen nicht typisiert werden.

Ein Aspekt des professionellen Könnens besteht darin, Typisierungen zu bewegen. Vielleicht sind dies die schwierigsten der professionellen Interaktionen. Die Schwierigkeit kann man sich an einem Beispiel vor Augen führen. Ein Therapeut weist mit einer Bewegung der Hand auf einen Stuhl und sagt zu seinem, zum ersten Gespräch hereinkommenden Patienten: „Nehmen Sie bitte Platz!" Er typisiert dies als eine „freundliche Eröffnungsgeste". Der Patient aber, so stellt sich viel später heraus, hat anders typisiert: für ihn war es eine „Anweisung" einer ärztlichen Autorität. Wer hier entscheiden wollte, wer recht hat, verfehlt den professionellen Zugang. Solange solche „typischen" Mißverständnisse unthematisiert sind, üben sie, von den Teilnehmern unbemerkt, ihre operativen Effekte aus. Sie definieren die Situation und haben in dieser Hinsicht den gleichen Effekt wie die beschriebenen operativen Prozeßmodelle. Aber sie tun es mit ganz anderen, nämlich gestischen und nonverbalen, z.B. stimmlichen Mitteln. Außer den Präsequenzierungen gehört ein Repertoire dazu, dessen Umfang nicht erschöpfend beschrieben werden soll; hier nur Hinweise. Typisierungen werden nicht nur verbal indiziert, sondern mit Handbewegungen, Sitzplatzordnungen, Veränderungen der Körperhaltung. Sie sind, weil sie keine „built-in"-information haben, nie eindeutig.

Die *Bewegung* der Typisierung geschieht nie so, daß sie selbst unmittelbar angesprochen würde, indem der Therapeut etwa sagen würde: „Wir sind hier aber nicht bei Gericht!". Das professionelle Können ist subtiler. V.a. sind diese interaktiven Aspekte mit Worten nur sehr schwer zu beschreiben und wenn, benutzt man unvermeidlich wieder Metaphern (oder bleibt farblos).

Ich kann deshalb das Gemeinte nur mit einem Beispiel andeuten: Ein Patient kommt, nachdem er bereits mit mehreren Therapeuten gesprochen hat, und möchte die Frage klären, für welchen Therapeuten er sich denn nun entscheiden solle? Er typisiert die Situation wie eine alltägliche; man hat sich in mehreren Geschäften nach einem neuen Gegenstand erkundigt und muß sich nun entscheiden, wo man einkauft. So vergleicht der Patient hier zwar nicht Preise, aber Stundentermine, Wegstrecken und überlegt auch durchaus reflektiert, bei welchem Therapeuten er sich wohl oder weniger wohl gefühlt habe. Aber wie ein Kunde sieht er sich in passiver und unzufriedener Abhängigkeit vom Angebot. Er hätte gerne noch etwas anderes, kann das aber nicht artikulieren. Der Therapeut reformuliert das Problem: „Sie können sich nicht entscheiden, wem Sie das Privileg zukommen lassen, Sie in Behandlung nehmen zu dürfen" – und damit wird die Situationsgestalt retypisiert. Aus einem passiven Kunden, der eben noch die Qual der Wahl meinte hinnehmen zu müssen, wird plötzlich einer, der aktiv etwas Wertvolles zu „verkaufen" hat – sich. Der Typ der Situation wird verschoben, aus dem Kunden wird ein Verkäufer.

Eine andere Möglichkeit besteht darin, Typisierungen so zu *verdichten*, daß deren Reflexion möglich wird. Das kann geschehen, indem vieldeutige Worte verwendet werden

Beispiel: Eine Patientin spricht verächtlich von ihrem Freund, aber diese Verächtlichkeit kann nicht offen angesprochen werden, weil der Freund für sie eine wichtige Stabilisierungsfunktion übernimmt. Sie fürchtet die Einsamkeit, wenn sie sich trennen würde und beschreibt zugleich, wie sehr sie sich immer auf ihn „stützt", und nach mehreren Schilderungen sagt der Therapeut: „Er ist eine Krücke". Das Wort „Krücke" schmuggelt eine zweite, den negativen Affekt akzentuierende Bedeutung in den Dialog. Zugleich verschiebt sich damit das Objekt ihrer Verächtlichkeit: Sie thematisiert nun, daß sie sich verachtet dafür, daß sie den Freund braucht.

Man kann Bewegung und Verdichtung von Typisierungen nicht als „Technik" beschreiben, weil die Wortfindung an den Moment gebunden ist; immer erst nachträglich gelingt die begriffliche Unterscheidung. Das gilt auch für weitere Möglichkeiten, etwa wenn ein Therapeut *innerhalb* einer gegebenen Situationsgestalt Momente einer anderen anklingen läßt. Die Technik der „Verschreibung" in der systemischen Familientherapie könnte hier beispielhaft genannt werden: Innerhalb der Situation eines „Arzt-Patient-Gesprächs" wird, teils sogar in schriftlicher Form, ein „Rezept“ überreicht; die Situationstypisierung als „ärztliches Gespräch“ wird auch mit dem Begriff der „Verschreibung“ ausdrücklich ratifiziert und zugleich genutzt, um deutlich zu machen, daß hier auch noch etwas ganz anderes stattfindet. Die Typisierung wird gewendet, ohne daß sie metakommunikativ überhaupt thematisiert wäre.

Beispiel: Die Beantwortung einer nicht gestellten Frage

Das gilt auch für die Details einer Interaktion. Flader und Grodzicki (1982, S. 164) haben ein Beispiel analysiert, das wiederum von Ehlich (1990) erneut aufgegriffen und einer interessanten Re-Analyse unterzogen wurde. An diesem Beispiel läßt sich sehr schön erkennen, wie die angesprochenen Veränderungen der Typisierung interaktiv eingerichtet werden. Die Re-Analyse verdeutlicht, wie durch therapeutische Interaktion pychische Struktur beeinflußt wird. Aus beiden Gründen ist das Beispiel deshalb instruktiv.
Zunächst der Original-Text von Flader und Grodzicki:

> „Länger laufende Analyse. Die Patientin schweigt viel und lange. Bisher gelang nur ein unbefriedigendes Verständnis dieses Verhaltens. Eines Tages erzählt sie von der Mutter, daß sie so oft so lange geschwiegen habe, das sei immer Unheil verkündend und Angst machend gewesen. Als die Patientin dann eine ganze Weile schweigt, fällt die Deutung:
>
> A: Sie kündigen mir Unheil an und wollen mir Angst machen, wie es die Mutter mit Ihnen machte, wenn sie schwieg.
>
> (Die Patientin stimmt der Deutung zu, schweigt dann aber längere Zeit wieder. Später sagt sie, daß die Deutung sie sehr getroffen hat, weil sie feststellen muß, daß sie der Mutter, die von ihr zutiefst gehaßt wird, in einem bestimmten Bereich ähnelt, was sie zuvor so nicht gesehen hatte).“

Der Effekt der Deutung wird hier festgehalten in einem veränderten „sehen als“ – sie sieht die Dinge nun anders als vorher, und das erinnert an die „zählt-als“-Umwandlung. Die Besonderheit der psychoanalytischen Deutung kann so beschreiben, daß alltägliche Kommunikationserwartungen nicht erfüllt werden, sondern eine „Kooperation zweiter Stufe“ (Ehlich) erreicht wird. Aber auch diese beruht auf alltäglichen Relevanzstrukturen, hier auf dem Muster von Frage und Antwort – mit dem Unterschied, daß der Analytiker eine Frage beantwortet, die gar nicht gestellt wurde. Die nicht-gestellte Frage laute: „Was tu und will ich jetzt eigentlich wirklich?"

Das ist eine elementar professionell-psychotherapeutische Frage, auch wenn sie mittlerweile hochgradig ideologisiert ist. Das Ich, das fragt, und das Ich, das antworten könnte, sind in der verbalen Formulierung nicht identisch, können es sogar nie werden, und das impliziert ein Moment der Selbstentfremdung, dessen Verdinglichungen zu überwinden in professioneller Interaktion gerade angestrebt wird. Deshalb muß der Therapeut auf etwas interaktiv anspielen, das in der Interaktion selbst manifest nicht erscheinen kann. Ehlich analysiert nun sorgfältig, wie das geschieht.

Der Therapeut antwortet also auf eine nicht-gestellte Frage. Selbst dieser besondere Typus noch benutzt ein alltägliches Sprechformat – das pairing von Frage und Antwort -, das Sprecher *und* Hörer gemeinsam realisieren müssen. Die mentale Aktivität des Patienten bleibt auch in Ehlichs Analyse ebenso Umwelt des Dialogs wie die mentale Aktivität des Therapeuten. Das ist kompatibel mit der von mir hier vertretenen Sicht, Imagination sei Umwelt der Kommunikation.

Wie tun beide dennoch gemeinsam, was sie tun? Sie beziehen sich implizit auf konventionalisierte, beiden vertraute Typisierungen. Der Therapeut beantwortet eine Frage (was die Patientin „wolle") – und vollzieht damit eine kleinformatige Typisierung, die beiden vertraut ist. Gerade durch diese vertraute Typisierung kann er zugleich einen Unterschied implizieren: Es ist eine Frage, die nicht ausdrücklich gestellt wurde. Damit evoziert der Therapeut, wie Ehlich schreibt, ein „Gesamtmuster dadurch, daß er Teile davon aktualisiert"; andererseits erzeugt er ein Paradox – man kann nicht eine Frage beantworten, die nicht gestellt wurde, und dennoch geschieht dies hier. Das ist der entscheidende Schritt – durch Indizierung eines Teils wird das gesamte Repertorie angesprochen und sowohl interaktiv als auch imaginativ *in Bewegung* gebracht. Erst auf der Basis dieses kulturellen Repertoires – des „pairings" von Frage und Antwort – wird die für den professionellen Dialog typische Abweichung erfahrbar. Das Repertoire wird verschlüsselt indiziert. Das hat in Ehlichs überzeugender Analyse weitreichende Folgen. Die Antwort nämlich bewegt nun die Patientin herauszufinden, was die Frage war, die der Therapeut beantwortet hatte? Die Frage hieß: wer bin „ich", wenn ich zugleich handle, wie meine Mutter gehandelt hatte? Und die weitere Frage, wer ist der Therapeut, schließt sich an und findet die Antwort: er ist „Ich", nämlich jenes „Ich", das sich vom Schweigen der Mutter geängstigt fühlte. Der Therapeut beantwortet eine Frage, die nicht gestellt wurde, aber zugleich ins Wesen der ganzen Person zielt: die Frage nach dem „Ich".

Die Antwort wird Anlaß, „diesen Mangel konkret auszumachen. Das bedeutet: der Patient bearbeitet sein Gesamtwissen, um ihn zu identifizieren. Er sucht nach dem Wissensdefizit, das der Therapeut bei ihm unterstellt.“, formuliert Ehlich nun. Die Evokation des Gesamtmusters einer Frage-Antwort-Situation hat einen rückwirkenden Effekt auf die mentalen (imaginativen) Prozesse, die unter Zuhilfenahme der interaktiven Typisierung nun reorganisiert werden müssen – die Frage wird gefunden, und zugleich entsteht etwas Neues: „Die psychoanalytische Verwendung des *Frage-Antwort*-Musters macht die Frage, die zu diesem Muster wesentlich hinzugehört, obsolet“ (Ehlich, S. 225). Die ungestellte Frage erfährt eine Antwort, und irgendwann erledigt sie sich. Professionelle Psychotherapeuten beantworten Fragen, die nicht gestellt werden können, nämlich die selbstreflexive Frage nach dem Ich, das fragt – und sie beantworten sie interaktiv unter Verwendung von identifizierbaren Typisierungen. Zugleich aber weisen sie auf etwas jenseits der Interaktion hin: auf die ganze Person mitsamt ihren Imaginationen. Auch hier reproduziert sich intern, was durch die Ausdifferenzierung von Funktionssystemen schon vorgeformt wurde.

Diese pragmatisch-linguistische Analyse ist durchaus kompatibel mit der klinischen Erfahrung, wonach eine psychische Struktur durch eine „gute“ therapeutische Deutung einfach „zerfällt“. Sie kann als Beispiel dafür genannt werden, welche Art von Forschung dem professionellen Kliniker hilfreich zur Seite steht; sie kann ihm erläutern, was er tut, und braucht es ihm dennoch nicht vorzuschreiben. Sie erhellt das besondere Moment jener „Mißverständnisse“, von denen therapeutische Situationen voll sind. Was professionsintern als *Übertragung* mit all ihren Komplikationen gefaßt und dem Patienten zugerechnet wird, erschließt sich in einer so detaillierten Analyse nicht nur als gemeinsame Hervorbringung und gemeinsame Nutzung kultureller Repertoires, sondern darüber hinaus auch wird verständlich, wie eigentlich durch Interaktion Imagination bewegt wird. Imagination ist auf die interaktiven Formen des je aktualisierten kulturellen Gesamtwissen verwiesen und strukturiert sich durch dieses.

Die Frage, wie sich die beiden Beteiligten dennoch verständigen, obwohl sie die Situation so verschieden auffassen, kann allmählich einer Klärung näher gebracht werden. Mit „Übertragung“ typisiert der Kliniker die gemeinsame Situation anders als sein Patient. Diese ist zunächst nur eine Typisierung neben anderen. *Als interaktionstheoretisches Konzept kann die Übertragung reformuliert werden: Sie ist jenes theoretische Konzept, das die leere Typisierung als professionelle Operationsbedingung ermöglicht.* Die Typisierung der gemeinsamen Situation *als* Übertragung weist dabei eine Besonderheit auf: Wenn die Situation von beiden Beteiligten *als* Übertragung typisiert werden kann, ist damit die Möglichkeit zum Paradox einer leeren Typisierung geschaffen, die das gesamte kulturelle Repertoire beider Beteiliger zur Darstellung zu bringen gestattet. Damit wird die professionelle Leistung möglich. Bis es zur Einheitlichkeit der Situationsauslegung (*als* Übertragung) kommt, findet dennoch Kommunikation statt, und sie bedient sich des kulturellen Repertoires. Innerhalb der höherrangigen „leeren Typisierung" können alle Arten von Mißverständnissen auftreten, insbesondere jene, die durch unterschiedliche Typisierungen hervorgerufen werden; entscheidend ist, ob es zu einer Kooperation zweiter Ordnung kommt, zu deren Aufbau aber wiederum auf das kulturelle Repertoire zurückgegriffen werden muß – interaktiv und mental-imaginativ. *Professionelle Psychotherapie kann beschrieben werden als Spezialisierung der Interaktion auf diesen Typ von Mißverständnissen durch Ausbildung von Kooperationen zweiter Ordnung* – "Mißverständnisse", die nicht durch Lexika oder als „Rauschen" beseitigt werden können.

Die narrative Form

> „Als ich das zu Hause erzählte, sagte Thea, ich sei inzwischen so empfindlich geworden. Paß auf, sagte sie. Paß du auf, auf mich, sagte ich. Danach lachten wir nicht, wie es sich nach diesem Satz eigentlich gehört hätte. Sie legte ihre Hand auf meine. Dadurch wurde alles ernster. Eine Frau kann offenbar durch die Art ihrer Teilnahme jedem Faktum einen ganz anderen Wert geben als man selber. Man erzählt ihr etwas und plötzlich ist es, nur durch ihre Reaktion, eine Tragödie. Oder eine Komödie. Und vorher war's weder das noch das."
>
> (Martin Walser, Finks Krieg 1998, S. 22)

Dies ist eine literarische Beschreibung einer Erfahrung. Die „zählt-als"-Umwandlung operiert hier durch ihre narrative Form. Ein Faktum wird verwandelt, in eine Tragödie oder in eine Komödie, und war vorher weder das eine noch andere. Die narrative Form ist eine weitere alltägliche Methode der interaktiven Sinnkonstitution zur Herstellung der Geordnetheit sozialer Abläufe: Wir geben unseren Erzählungen eine narrative Form, wir schildern sie als Tragödie, Farce, Drama oder Komödie. Man kann sich die Bedeutung der Form, über die viele

Leute viel Kluges gesagt haben (z.B. Hillman 1983[188]), am besten vor Augen führen, wenn man ein persönliches Ereignis, sagen wir einen Unfall, eine Scheidung, eine Prüfung, einmal als Tragödie, dann aber als Komödie zu berichten versucht. Ja, es ist sogar so, daß wir häufiger die Form einer Erzählung automatisch beim zweiten oder dritten Mal verändern. Auch damit indizieren wir Hörern unausgesprochen unsere Stellungnahme und deren Veränderung. Tatsächlich wird das meist ohne Worte verstanden – das Unbewußte ist Subjekt.

Große Formen

Wegen des Formenreichtums der narrativen Möglichkeiten wäre es eine Einschränkung professioneller Kompetenz, wenn man Interaktionsgeschehen nur mit dem „Drama“ in metaphorische Beziehung setzte. Das ist bei manchen qualitativen Auswertungsstrategien und auch bei manchen Auffassungen der „Szene“ der Fall. Das Drama kennt einen Helden, der durch eigene Anstrengung zum Erfolg oder Mißerfolg gelangen kann. Der Held kann jugendlich sein und sich entwickeln; sein Erfolg ist individualisiert und steigert persönliche Integrität und Autonomie.

Die Tragödie hingegen zeichnet sich dadurch aus, daß die Anstrengungen des Protagonisten keine Bedeutung für den Ausgang der Handlung, für Erfolg oder Mißerfolg haben. Erfolg oder Mißerfolg sind keine relevanten Kategorien, denn das Scheitern des Protagonisten steht fest; in der persönlichen Niederlage liegt der Sieg als Anerkennung der Schicksalsmächte. Er verzweifelt im Kampf gegen das von einer höheren Macht verhängte Schicksal; ein Kampf, den er hybrid, in größenwahnsinniger Überschätzung seiner Möglichkeiten begonnen hatte. Die Tragödie endet meist mit dem Tod, manchmal mit Weisheit aus der Einsicht, daß

---

188 George Quasha schreibt in seinem Vorwort zu Hillmans Buch sehr schön: „As psychology grows scientistic, art becomes its unconscious“. Der hier gemeinte Zusammenhang ist folgender: Als „Empirical Fiction“ wird jene „empirical disguise“ bezeichnet, daß die therapeutische story einen Helden hat, dessen Tun detektivisch ermittelt werden könne – die Form fingiert hier den Empirismus. Der Wunsch nach empirischer Verifikation sei unser Eingebundensein in den Mythos von der großen Mutter und dem Helden, der die Phantasie kreiert, daß der Held aus dem Mythos ausbrechen und zu den Tatsachen vorstoßen könnte. Haben wir also vielleicht die Ich-Psychologie durch die Form unserer Fallgeschichten erfunden, fragt Hillman? Indem wir einen Fall berichten, kreieren wir ein literarisches genre. „In this genre of examining a case – and I say examining deliberately – the function of consciousness, represented by the writer-analyst, is that of seeing abstractions, a keen-sighted perspicacity into structures and laws“ (S. 22)

der Protagonist nicht gewinnen konnte (besser also gar nicht erst begonnen hätte), weil er im unauflöslichen Konflikt zweier gleichermaßen gültiger Gesetze („nomos") so oder so gegen die gesetzte Ordnung verstößt. Die Auto-Nomie ist ihm – anders als im Drama – gerade verwehrt. Es bleibt meist nur Verinnerlichung.

In der Komödie schließlich kommt es darauf an, ob gelacht und Humor entwikkelt werden kann, und das ist durch den manchmal blamablen Mißerfolg des Protagonisten ebenso möglich wie durch seinen Erfolg. In der Komödie sind Erfolg oder Mißerfolg Kategorien, die dazu da sind, die Kunst der Ironie an ihnen zu erproben. Die Komödie macht sich lustig über den Unterschied zwischen Erfolg und Mißerfolg, zwischen Autonomie und fremdem Gesetz, über Größenwahn und Kampf. Wo Verdis verismo das schwere Gewicht wahrer Gefühle auf die Bühne der Oper zu bringen versucht, tänzelt Rossini amüsiert mit leichtem Florett – beide stellen höchste Ansprüche an Musiker und Sänger.

Schließlich gibt es noch jene narrativen Formen, die wie manche Träume keinen Protagonisten zu kennen scheinen. Sie müssen deshalb gedeutet werden und das Wort Deutung bekommt hier einen spezifischen Sinn: Der Autor des Traumnarrativs wird etabliert und damit die Erzählung insgesamt gerahmt – Deutung und Rahmung sind hier Begriffe mit sich weit überschneidendem Bedeutungsbereich.

Die narrative Form bestimmt nicht wenig, nämlich die dominante affektive Lage. Die Umwandlung der narrativen Form während und durch eine Psychotherapie könnte einen brauchbaren Indikator für den Erfolg einer Behandlung darstellen. Der professionelle Psychotherapeut orientiert sich wahrscheinlich nicht wenig am Wechsel von Verzweiflung, Hader, Resignation und Ausbildung von Humor, Witz und Selbstdistanzierung – ein affektiver Wechsel, der mit dem der Form einher geht.

Kleine Formate

Neben diesen großen sind es aber auch die kleinen Formen, die wir methodisch verwenden. Als Form benutzen wir „Berichte" und schildern dann Sachverhalte; wir beantworten Fragen und stellen die Form dann ebenso interaktiv her, wie wenn wir auf einen Gruß mit einem Gegengruß reagieren. Wie sehr diese Herstellung tatsächlich interaktiv gelingt, merkt man an den Effekten, die es hat, wenn man beispielsweise auf einen Gruß keinen Gegengruß erhält, die Antwort auf eine Frage ausbleibt oder ein Zuhörer sich in seiner Aufmerksamkeit ablenken läßt (Hausendorf und Quasthof 1996). Andere Beispiele sollen die Bedeutung der Form weiter illustrieren:

Das sog. „Zitatformat" (Bergmann 1987) haben wir völlig kompetent, aber in sozialer Unbewußtheit, zur Verfügung. Es wird indiziert durch sog. Verba dicendi („und dann sagte er:'...'") oder durch besondere intonatorische Markierung und erfüllt angebbare kommunikative Aufgaben. Wir zitieren einen Anderen dann, wenn wir unseren Anspruch auf erhöhte Glaubwürdigkeit dokumentieren wollen; aber das Zitatformat bietet auch die Möglichkeit, tabuisierte Worte zu verwenden – denn man zitiert sie ja nur.

Ein anderes Beispiel sind sog. „Response eliciting tellings". Wir verwenden diese Form im Alltag, etwa wenn wir bei einem Anruf dem Angerufenen sagen, wir hätten schon öfters anzurufen versucht, aber es sei ständig besetzt gewesen. Damit fordern wir implizit auf, zu erzählen, mit wem gerade telefoniert wurde usw. Bergmann (1992) hat gezeigt, wie z.B. Psychiater solche Sprechformate benutzen („Sie waren schon mal bei uns...") und daß diese Formate erheblichen Einfluß auf Diagnosestellung und Indikation haben. Insbesondere sind es Miniformate wie die Litotes (Verkleinerungsformate wie: „ein bißchen", „ein Stück weit"), die sich in therapeutischen Dialogen gehäuft finden. Und wenn Patienten auf die Äußerungen ihres Therapeuten nicht sogleich reagieren, kommt es häufig zu sog. Reformulierungen (S. Streeck 1987); das, was der Therapeut eben aussprach, wird noch einmal, und dann noch einmal in einer je neuen Version wiederholt. Es ist jeweils die Form, die dem Patienten dann eine Mitteilung über seinen Therapeuten macht (daß dieser eine Anwort erwartet, das Schweigen nicht mag, sich unsicher fühlt usw.). *Professionelle Psychotherapie kann beschrieben werden als Spezialisierung auf Interaktionen mit bestimmten Formaten, deren Ergebnisse als Formwandel beschreibbar werden.*

Linguistische Analysen zentrieren verstärkt auf die Formate des Erzählens, nicht auf die Inhalte der Erzähl*ung*. Erzählen ist interaktive Leistung; man muß anzeigen, daß eine Erzählung beginnt und weiter anzeigen, wann sie beendet ist und nun der andere sprechen kann; man muß sich der Aufmerksamkeit seines Gegenübers vergewissern, die Situation als „eine, in der erzählt werden kann" einschätzen und zwischendurch den Kontakt nicht abreißen lassen. Erzählen ist kommunikatives Format, bei dem viele kleine Äußerungen keine semantische, aber interaktionsorganisierende Bedeutung haben. Man denke nur an einleitende Formeln wie „So!", mit denen das Rederecht erkämpft oder ein Themenwechsel erzwungen wird, oder scheinbare semantische Bestätitgungen wie „Ja genau", deren inhaltliche Bedeutung als gering veranschlagt werden muß gegenüber der interaktiven: daß man weiter zu sprechen beabsichtigt.

Zustimmung zu einer Deutung auf einer allein inhaltlich-semantischen Ebene zu diskutieren, ist zumindest einseitig; zudem gibt es Beispiele (Buchholz und Streeck 1999), bei denen eine Patientin mit einem „ja, genau“ der Äußerung eines Interviewers zustimmt, aber dies besagt nicht mehr, als daß die in Rede stehende Patientin sich damit das Rederecht wiedererobern wollte – sie stimmt zu, um selbst wieder mit Reden an die Reihe zu kommen. Das unterstreicht den Primat des Sozialen, der interaktiven Organisation des Dialogs *vor* dessen Inhalt.

Linguistisch ist daran interessant, daß das Format bereits Bedeutung enthält. Die interaktive Organisation verdeutlicht auf eine äußerst interessante Weise die Möglichkeiten der Nicht-Kommunikation. Wer auf eine Frage schweigt, einen Gruß nicht erwidert, ständig ins Wort fällt, seine Erzählung nicht abschließt oder sie beginnt trotz fehlender Zuhörbereitschaft oder diese überstrapaziert, der erzeugt ein außerordentlich bedeutungsvolles, d.h. folgenreiches und von den Teilnehmern nachhaltig interpretiertes Ereignis. Auch schon Nietzsches bekannte Bestimmung eines „guten Gesprächs“ hebt auf das interaktive Moment ab; in „Jenseits von Gut und Böse“ meint er, es entstehe, wenn der eine „einen Geburtshelfer (suche) für seine Gedanken“ und der andere einen, „dem er helfen kann“.

Ein „gutes Gespräch“ braucht neben der interaktiven Organisation, die hier mit der Geburtshelfermetaphorik beschrieben wird, auch noch die narrative Form, die in sich bedeutungshaltig ist. So hat es Folgen, wenn eine komödiantisch gemeinte Erzählung, die eben noch das Schema von Erfolg oder Mißerfolg ironisierte, sich in eine Tragödie verwandelt, in der eben dies Schema als Teil des Verhängnisses aufgefaßt werden muß. Die Form operiert auch, wenn sie verletzt wird, und diese Verletzung wird schon von den Beteiligten selbst „diagnostisch“ interpretiert. Auf die Form wird interpretierend Bezug genommen. Dann kann es zu „Reparaturen“ kommen, von denen wiederum bestimmte Typen beschreibbar wären.

Das nun folgende Beispiel für die sprachwissenschaftliche Detailliertheit der dabei angewandten Untersuchungsstrategie nimmt noch einmal indirekt Bezug auf Freunds Ben-Hur-Beispiel, weil es zeigt, wie das Verständnis einer „Fehlleistung“ experimentell manipuliert werden kann. Die Fehlleistung ist dabei zugleich abhängig von der grammatischen Form, nämlich der Stellung des Satzsubjekts am Anfang oder Ende des Satzes.

Konieczny et al. (1996) legten Versuchspersonen sog. ambige Nominalphrasen vor, also einen Satz von der Art: *„Die hungrige Füchsin bemerkte der fette Hahn"*. Die grammtische Form erwartet „normalerweise" den Satzbeginn mit dem aktiv handelnden Subjekt – es wäre demnach die grammatische Form, die ein Handlungssubjekt postuliert. Der Beginn mit dem Akkusativobjekt ist ungewöhnlich, aber dennoch möglich, grammatisch korrekt und bedeutungshaltig[189]. Die veränderte Form drängt dem Hörer nun eine Verstehensaufgabe auf: Wer ist in einem solchen Satz Subjekt? Es gibt verschiedene Möglichkeiten, wie Rezipienten nun reagieren: der Satz kann „reanalysiert" oder „repariert" werden.

Wird den Versuchspersonen ein solcher Satz von einer Versuchsleiterin vorgelegt, deren natürliche Sprache Deutsch ist, dann wird der Satz nicht repariert, sondern „reanalysiert". Die gemessenen Blickbewegungen[190] der Versuchspersonen zeigen diese Reanalyse an; sie brauchen etwas längere Zeit für das Verstehen und beantworten dann die Frage, wer wen bemerkt habe, mit „der Hahn". Reanalyse heißt, daß Versuchspersonen einen solchen Satz mit ihrem sprachlichen und kulturellen Gesamtwissen vergleichen, die längere Reaktionszeit zeigt die kognitiven Operationen dabei an.

Dies ändert sich schlagartig, wenn Versuchsleiterin eine Irin mit starkem Akzent ist. Dann verhalten sich Versuchspersonen wie jemand, der eine schlechte Photokopie beim Lesen stllschweigend korrigiert, indem er die schwer lesbaren Buchstaben aus dem Zusammenhang ergänzt. Die Versuchspersonen lesen dann, als ob der Satz laute: *„Die hungrige Füchsin bemerkte den (!) fetten Hahn"* und antworten auf die Frage, wer wen bemerkt habe, mit „die Füchsin". Kontextuell, nämlich durch die mit Akzent sprechende Versuchsleiterin, wird die Neigung zur Reparatur der „Fehlleistung" erhöht. Die semantische Sprachrezeption der Versuchspersonen ist abhängig vom Vertrauen in die grammatische Reliabilität des angebotenen Materials. Das Muster der Blickbewegungen unterschied sich bei beiden Gruppen nicht, die ambigen Informationen wurden nicht einfach über-

[189] Vitu (1991) spricht von der „optimalen Landeposition" und referiert dazu entsprechende Befunde.

[190] Außer Blickbewegungen werden auch Pupillenreaktionen in anderen Untersuchungen als Indikator für Sprachrezeptionsprozesse verwendet (Just und Carpenter 1993). Diese Autoren zeigten, daß kompliziertere Sätze nicht nur längere Zeit brauchen, sondern auch stärkere Veränderungen der Pupillendiametrie zur Folge haben. Die Autoren vermuten, daß sich gedankliche Intensität an der Dilation der Pupille ablesen läßt.

gangen. Aber Reparaturen verlaufen in etwas kürzerer Zeit als die Reanalysen; Reparaturen werden eingesetzt, wenn Reanalysen eines Satzes versagen.[191]

Ich erwähne diese Untersuchung deshalb, weil sie deutlich zeigt, welchen erheblichen Einfluß Kontextbedingungen auf die innere Verarbeitung eines – im Vergleich zu klinischen Mitteilungen – so einfachen Satzes haben. Der Kontext determiniert, wie die grammatische Form aufgefaßt wird, was an diesem Satz Subjekt oder grammatisches Objekt ist – hier gibt es höchst interessante Zusammenhänge, die zu untersuchen für professionelle Psychotherapeuten wertvoll wäre, weil auch sie zu „Mißverständnissen" beitragen.

Fokussierungen und Reformulierungen

Ich nenne noch ein weiteres Sprechformat, das für Psychotherapeuten typisch zu sein scheint, die Fokussierung. S. Streeck (1989) untersuchte Fokussierungen als therapeutische Aktivitäten in Kurzzeittherapien. Schon lange weiß man, daß Hörersignale für die Gesprächssteuerung eine entscheidende Bedeutung haben; kaum einer therapeutischen Äußerung sind so viele Untersuchungen gewidmet worden wie dem prosodischen „hm". Durch Fokussierungen „benennt der Therapeut den ihm zentral erscheinenden, zugleich für bearbeitungsfähig gehaltenen Konflikt des Patienten und schlägt somit eine thematische Ausrichtung für das folgende/die folgenden Gespräch(e) vor" (S. Streeck 1989, S. 136). Neben dieser klinischen Bedeutung ist der Begriff auch in der Linguistik verwendet worden, um eine vorgreifende Aufmerksamkeitsstrukturierung zu beschreiben. Eine latente Sinnstruktur kann auf diesem Wege sichtbar gemacht werden. Die spezifische Differenz zwischen den manifesten Themen und dem Fokus bezeichnet S. Streeck als „komprimierte Situationsdefinition". Der Fokus kann mit einer Wendung eingeleitet werden, die das vorangegange Gespräch abzuschließen anzeigt, er kündigt eine Struktur für das weitere an und zeigt die Bedeutung des Fokus unter bestimmten Aspekten. Verbunden wird er mit Wendungen der Akzeptanz, er kann ausgebaut werden und vertieft das bisher Gesagte. Diese Fokussierungsaktivitäten sind gerahmt von „Formulierungen", der Therapeut sagt dazu, daß er fokussiert („Also, wenn wir jetzt noch mal zurückschauen auf das, was wir besprochen haben..."), und das ermöglicht ihm die Einführung von Interpretationsformen, die anders sind als die vom Patienten bislang eingebrachten. Es können

[191] Ferreira und Henderson (1990) zeigen, daß das Verb in Übereinstimmung mit Fillmores Darlegungen tatsächlich bei der rezeptiven Analyse (parsing) eines ambigen Satzes als „Führung" bei den Reanalysen verwendet wird.

kurz- und langfristige, zusammenfassende von elliptischen Fokussierungen unterschieden werden.

Damit die gemeinsame Aktivität „Therapie“ dann auch gelingt, müssen ebenso die Reaktionen auf Fokussierungen analysiert werden. Eine solche Folgehandlung ist die Zustimmung. Sie kann ausdrücklich noch einmal reformulieren, was der Therapeut sagte, kann in einem einfachen zustimmenden Hörersignal bestehen oder inhaltlich bestätigen. Es gibt auch Beispiele des gelösten Lachens (S. Streeck, S. 196). Ablehnungen können manchmal insbesondere an einer zeitlich verzögerten Reaktion erkannt werden. Auch Schweigepausen nach einer Therapeutenäußerung zeigen eher eine Ablehnung der Fokussierung an, die Ablehnung selbst wird ans Ende der dann erfolgenden Mitteilung gesetzt. „An den Merkmalen des Turns in der zweiten Position ist also zu erkennen, ob sie präferierte oder dispräferierte Folgehandlungen sind“ (S. Streeck 1989, S. 199).

Eine solche Analyse der Redezugformate gibt ganz neue Ansatzpunkte für die Beantwortung von klinisch und wissenschaftlich-theoretisch wichtigen Fragen: Wie reagieren Patienten auf Mitteilungen ihres Therapeuten? Wie wird eine Deutung angenommen? Was besagt die Annahme einer Deutung? Ist sie Folge einer Suggestion? Solche Fragen werden meist eher in einem wissenschaftlichen Kontext verhandelt, hier aber bieten sich Möglichkeiten einer empirischen Klärung[192]. Verschiedene Aspekte sind dabei zu berücksichtigen. Man kann nämlich zeigen, daß Präferenzorganisation von Konversationen sich *interaktiv* auch dann durchsetzt, wenn *inhaltlich* abgelehnt wird. Man sagt erst „Ja“, dann „aber“. Präferenzorganisation ist ein stabiles soziales Muster. Konversationsanalytiker meinen damit die Beobachtung, daß bei den verschiedensten Interaktionstypen leichter zugestimmt als abgelehnt wird; die Diskussion um die „Suggestion“ könnte hier zusätzliche Erfahrungen aufnehmen.

Ein weiterer Befund: Fast nie schätzen Patienten den Gesprächsverlauf selbst ein, indem sie zusammenfassend etwa auf das Vorangegangene Bezug nehmen („Nach allem, wie wir jetzt gesprochen haben, könnte es ja so aussehen, als ob ...“). Hier handelt es sich um einen Aktivitätstyp, der zwischen Therapeut und Patient asymmetrisch verteilt ist. Häufig hingegen tun das Therapeuten („Wenn

[192] Anni Bergman (1998) hat in einem Rückblick auf ihre mit Margaret Mahler gemachten SäuglingsBeobachtungen festgehalten, daß die Videotechnik subtile Beobachtungen ermöglichte, und sie fügt an, daß diese mit der Technik gemachten Beobachtungen, waren sie erst einmal gemacht, dann auch mit „bloßem Auge“ zu erkennen seien. Eine ähnliche Entwicklung darf man für die subtile mikrostrukturelle Beobachtung therapeutischer Interaktionen erwarten.

wir jetzt so weitersprechen, sind wir in Gefahr, uns vielleicht zu sehr ins Problem zu verrennen, statt uns klar zu werden über..."). Damit ist ein wichtiges „institutionelles" Format therapeutischen Sprechens identifiziert. Es scheint fast so, als würden Therapeuten bestimmte Sprechformate benutzen, mit denen sie ihre Typisierung der Situation indizieren – und auch eine exzentrische Position zum Narrativ ihrer Patienten verbindlich zu machen versuchen.

Diese Besonderheiten der Gesprächsformate sind auch Gegenstand der Untersuchung von Wilke (1992). Diese Autorin geht den doppelten Weg der Inhalts- und der Konversationsanalyse. Ihr Material sind verschriftete Erstinterviews aus der psychotherapeutischen Praxis. Sie findet, daß Therapeuten auf Angebote ihrer Patienten dann reagieren, wenn diese eine implizite psychologische Hypothese enthalten („Ich bin so niedergeschlagen seit dem Tod meiner Frau"). Teilen Patienten nur Symptome oder nur Ereignisse mit ohne diese selbst sinnstiftend bereits zu organisieren, dann versuchen die Therapeuten, ihre Patienten zur Generierung einer psychologischen Hypothese zu bringen und wenn dies scheitert, nehmen die Chancen zur Übernahme der Behandlung nach dem Erstinterview ab. Diejenigen, die nur Symptome oder nur Ereignisse mitteilen ohne selbst einen Zusammenhang anbieten zu können, ähneln jenen Patienten, die Zepf und Weidenhammer (1988) beschrieben haben; sie erleben ein von außen verhängtes „Schicksal" und wie es Therapeuten schaffen, auch solche Patienten zu behandeln, bleibt bei Wilke etwas unklar. Aber bestätigt wird mit der Untersuchung, daß Psychotherapeuten die Deutungen ihrer Patienten deuten. Sie beschäftigen sich nicht unmittelbar mit Tatsachen.

Die qualitative Untersuchung von Christian-Widmaier (1988) bestätigt diese professionelle Besonderheit am Beispiel der Arbeit von Kliniksseelsorgern mit solchen Patienten (Multiple-Sklerose-Kranke und Dialyse-Patienten), deren Leben unter einer ständigen Todesdrohung steht.

Die Autorin unterscheidet zunächst das Selbstbild der Krankenhausseelsorger von deren Fremdbild. Zum Selbstbild gehören Momente der Berufsbiographie, wobei sie verschiedene „Ordnungen" einer solchen Biographie und deren sprachliche Darstellung beschreibt. Die narrative Ordnungsleistung wird erkennbar an sprachlichen, die zeitliche Abfolge strukturierenden Markern wie *„und dann* bin ich hierher gekommen..."; dann aber werden Ordnungen auch als Antwort auf die Frage nach dem „Warum" („Warum Theologe, warum Seelsorger?") strukturiert. Es gibt fachliche Interessen, aber auch Vorbilder oder andere Begegnungen, die die Biographie „ordnen". Sie können nicht „motivationstheoretisch" interpretiert werden und „lassen sich eher als unterschiedlich 'lokalisierte' Bezugspunkte von Interpretationen verstehen, mit denen die Klinikseelsorger ihren Berufsweg erklären und begründen" (S. 65).

Weiter werden zum Selbstbild auch dienstliche und institutionelle Momente gerechnet. Dabei lassen sich auch bestimmte narrativ formulierbare Vorstellungen vom Krankenhaus eruieren, die affektiv hoch besetzt sind („ein unheimlicher Apparat", S. 96).

Dem so gefundenen Selbst- wird nun das Fremdbild gegenübergestellt, wie es Patienten in der Wahrnehmung ihrer Seelsorger haben. Die Autorin (S. 136) legt Wert auf den „Bild"-Begriff, weil es um nicht scharf abgrenzbare Vorstellungen, Gefühle, Wahrnehmungen, Ideen und Gefühle geht, die mit einer Gegebenheit in Verbindung stehen. Seelsorger schildern ihre Erfahrungen „prototypisch", sie exemplifizieren an einem Fall narrativ einen größeren Problemzusammenhang. Christian-Widmaier wechselt deshalb an dieser Stelle zur Präsentation einzelner Schilderungen. Die Verarbeitung der Todeserfahrung kann nicht verallgemeinert werden: die Pfarrer teilen die Idee, daß „sich *ambivalente*, innere Vorgänge in lebensbedrohlich erkrankten Patienten abspielen" (S. 189). Aber Seelsorger beobachten an ihren Patienten bestimmte narrative Formen: Das Wort „sterben" ist tabu, andere brechen Sätze ab oder malen lieber, statt zu sprechen. Wenn ein Patient dem Seelsorger mitteilt, „ich hab' wenig Zeit", dann stellt der Seelsorger daran gleichsam eine Differentialdiagnose, ob er es mit einem Todkranken oder mit einem bereits Sterbenden zu tun hat (S. 193). Und er weiß dabei, daß es „objektiv" anders sein kann.

Klinikseelsorger diagnostizieren. Sie machen sich ein Bild. Es gibt das Bild des Patienten „in der Krise", des Patienten „an der Grenze", des Patienten „in Not" – Bildgebungen erfolgen immer mit einer individualisierenden „Note".

Diese Untersuchung ist nicht nur wegen der besonderen untersuchten Patienten- wie Berufsgruppen interessant. Sie bestätigt auch, daß Seelsorger – die historischen Vorläufer der Psychotherapeuten – ebenso wie die von Nestmann (1988) untersuchten „alltäglichen Helfer" von diagnostischen Instrumenten Gebrauch machen, die an die Sprache gebunden sind. Aber sie siedelt diese Beurteilungen in einem großformatigen Kontextwissen an, das einzelnen sprachlichen Bemerkungen dann erst Bedeutung gibt. Der genannte Satz „ich habe wenig Zeit" würde selbstverständlich in anderen Kontexten völlig andere Bedeutungen annehmen. Das „rechnen" Seelsorger ein, sie können es darstellen, und sie tun dies in einer Weise, die von der Autorin als bildhaft beschrieben wird. In solche „Bilder" gehen komplexe Interpretationen der eigenen Biographie und Motivlage, des beruflichen Feldes ein, aber auch Momente der Interaktion und ihrer Erfahrungsverarbeitung. Bilder (wie das vom „Patienten an der Grenze“) scheinen darüber hinaus ein narratives Potential zu haben, auf Erfahrung (wie die des Todes und Sterbens) anspielen zu können, die noch keiner gemacht oder gehabt hat. Sie manifestieren die Anwesenheit des Abwesenden.

Hier sieht man besonders eindrücklich, daß es nicht nur semantische Inhalte sind, sondern konversationelle Formate, die Kommunikation professionell möglich machen. Sie sind Interpretationen, in denen der Sprecher seine Erfahrung aus- und sich dabei hineinlegt. An ihnen versagt eine Logik, die sie nach „richtig“ oder „falsch“ bewerten wollte. Als Formen sind sie komplexe Verweisungsstrukturen, die normalerweise Hintergrund bleiben, aber dennoch grundsätzlich kommunizierbar sind. Sie bilden den imaginativen Kontext einer Interaktionssituation. Es bestätigt sich, Imagination als Umwelt des professionellen Handelns aufzufassen.

Die interne Kommentierung

Es gibt weitere „Methoden“ mit denen wir in sozialer Unbewußtheit die interaktive Ordnung unserer Gespräche herstellen. Geschichten kommentieren sie enthaltende Metaphern (Edelson 1994). Geschichten werden einerseits erzählt, um an ihnen exemplarisch eine Leitmetapher zu dokumentieren (Straub und Sichler 1989). So erzählen beispielsweise manche Menschen viele verschiedene Geschichten, um nur die eine Metapher DAS LEBEN IST EINE LAST an ihnen zu illustrieren. Andere erzählen Geschichten, um die Metapher ICH BIN DER GRÖSSTE/EIN VERSAGER/EIN OPFER immer neu zur Darstellung zu bringen. Die Geschichten werden Exempel.

Umgekehrt bestimmt die Leitmetapher die Bedeutungsgebung beinah jedes einzelnen Satzes. Nehmen wir zur Illustration an, jemand habe bislang seine zentrale Leitmetapher DAS LEBEN IST EIN KAMPF dargestellt. Nehmen wir weiter an, er beende die Schilderung seiner Scheidung nun mit den Worten: „Und dann war das Problem gegessen“. Nehmen wir zum Vergleich weiter an, ein anderer Mensch, der seine Leitmetapher DAS LEBEN IST GEMÜTLICHKEIT dokumentiert hat, spreche ebenfalls von seiner Scheidung und sage dann den gleichen Satz. Wir hören höchst Verschiedenes und imaginieren andere Bilder. Die dargestellten Leitmetaphern, selbst oft nicht manifest in der Rede enthalten, sondern zur Erschließung durch den Hörer bestimmt, werden zu internen Kommentaren. Als solche enthalten sie eine stillschweigende „Anweisung", wie das, was gesprochen wird, vom Hörer „gedeutet" werden soll. Der interne Kommentar wird intern erzeugt, als interne „Leseanweisung" hat er einen selektiven Effekt, indem er andere Möglichkeiten, das Gehörte zu verstehen, ausschließen will. Daran aber kann die therapeutische Antwort ansetzen.

Beispiel: Eine psychotische Patientin, Ende Zwanzig, spricht davon, sie habe Angst zu sterben, und sagt dann weiter, „ich habe Angst, daß das Leben nicht weiter geht". Bis hierhin könnte man diese Äußerung in Verbindung mit der Psychose, den „Todeslandschaften der Seele" (Benedetti 1983) bringen – in der eigenen Imagination. Aber nach einer kleinen Pause sagt die Patientin nun, ihre wenig jüngere Schwester bekomme in wenigen Tagen ihr zweites Kind. Diese Äußerung kommentiert die erste: Das Leben ginge weiter, wenn auch sie wie die Schwester ein Kind bekommen würde. Und ihre Angst, so äußert nun der Therapeut, sei wohl die, daß sie keinen Mann finde, keine „normale" Entwicklung nehmen könne.

Ein anderes Beispiel stammt aus der Videoaufzeichnung eines familientherapeutischen Gesprächs. Ein Familienmitglied A äußert sich verächtlich darüber, was die anderen so „absondern"; das tauge nicht viel. Die Beobachter am Video verstehen diese Bemerkung semantisch nicht, weil A bislang interessiert beteiligt schien. Was könnte diese verächtliche Bemerkung bewirkt haben? Die genaue Analyse der Video-Aufzeichnung zeigt, daß der Vater, wenige Sekunden bevor A die Bemerkung vom „Absondern" machte, sich mit Daumen und Zeigefinger die Nase rieb und offensichtlich etwas aus der Nase herausholte und dann „versteckte". A's Bemerkung war ein interner Kommentar.

Mitteilungen finden nicht nur innerhalb von vorab bestehenden Kontexten statt, sie *erzeugen* ihrerseits kommentierende Leseanweisungen. Professionelle Kompetenz besteht darin, sich für solche internen Kommentierungen zu sensibilisieren.

Um den Begriff der „Sensibilisierung" etwas zu entmystifizieren, will ich auf die Arbeiten von Robert Langs hinweisen. Langs (1980, 1983, 1989) hat die Behauptung untermauert, daß in professioneller Interaktion das, was Patienten erzählen, indirekte, mehr oder weniger entstellte „Kommentare" zur *aktuellen Interaktionssituation* sind. Sie nutzen den internen Kontext und stellen ihn her. Ein Beispiel wäre jener (von Loch 1981 berichtete) Patient, der die Stunde mit einer Bemerkung über das schlechte Wetter draußen beginnt – nachdem er sich über seinen Therapeuten während der vorangegangenen Stunde geärgert hatte, also „schlechte Laune" hatte. Interessant ist hier, daß die interne Kommentierung sich wiederum einer konventionellen Metaphorik – des Wetters – bedient, um an ihr das aktuelle Geschehen darzustellen – und gleichzeitig unsichtbar zu machen. Man kann aber nicht mehr sagen, „eigentlich" habe der Patient das „schlechte Wetter" *in* der Stunde gemeint und diese Bedeutung sei ihm unbewußt gewesen. Niemand wird jemals herausbekommen, was der Patient „eigentlich" gemeint hat. Wichtiger ist, daß es eine professionelle Leistung darstellt, das Gesprochene immer auch auf die Situation, in der gesprochen wird, zu beziehen und in geeigneten Augenblicken diese Kommentierung wiederum zu kommentieren. Das unterstreicht die hier entwickelte prozeßorientierte Sichtweise.

Rank und Ferenczi schrieben bereits 1924 in ihren „Entwicklungszielen der Psychoanalyse": „Die regelrechte Psychoanalyse ist in diesem Sinne sozusagen ein *sozialer* Vorgang" (S. 38), und wenige Seiten zuvor haben sie die behandlungstechnischen Konsequenzen bereits entwickelt: Die „aktuelle Aufgabe" in jeder Analyse bestünde „darin, daß man jede Äußerung des Analysierten *vor allem* als Reaktion auf die gegenwärtige analytische Situation (Abwehr oder Anerkennung von Aussagen des Analytikers, Gefühlsreaktionen auf dieselben usw.) verstehen und deuten muß... (S. 35). Smith (1991) hat die These entwickelt, daß das, was Patienten als Erinnertes erzählen, als entstellter unbewußter Kommentar zur *aktuellen* Beziehungslage aufgefaßt werden müsse – und stimmt darin mit einem älteren familientherapeutischen Autor (Jackson 1967) gänzlich überein[193]. Soweit wäre es fragwürdig, wollte man psychodynamische Hypothesen allein auf den bewußten Erinnerungen der Patienten in der Anamnesenerhebung aufbauen – dies ist ein Beispiel dafür, wie der Einfluß der Kassenfinanzierung mit der Forderung nach Darstellung der Anamnese übersteuernd auf die Profession wirkt, ohne daß man deswegen den Wert der kassenfinanzierten Psychotherapie in Frage zu stellen bräuchte.

Der Blick auf die interne Kommentierung ermöglicht es, Äußerungen – auch die einer Anamnese – als „Kommentar", nicht nur als „Mitteilung" zu hören. Es gibt freilich keine „Zone", von der aus auf die Kommunikation und ihre derivativen Kommentare zurückgeblickt werden könnte, ohne daß die Kommunikation selbst weiterläuft und weitere Kommentare erzeugt. Metakommunikation ist immer auch Kommunikation, die ihrerseits relevante Umstände erzeugt. Das Konzept der Metakommunikation ist deshalb für eine Professionstheorie nicht brauchbar und wird im übrigen von Spezialisten für Konversationen abgelehnt (Reck 1996). Denn wenn Metakommunikation über die Absichten des Anderen geführt

[193] Diese Übereinstimmung sehe ich als kleinen Beleg für die Ausdifferenzierung der Profession – jenseits der schulischen Differenzen.

wird („Du hast doch aber gesagt...") verschärft sie Konflikte, wird über das Zuvor der eigenen Äußerungen gesprochen („Ich hab doch nur gemeint..."), harmonisiert sie Spannungen (Schwitalla 1979). Die professionelle Leistung besteht nicht in der Metakommunikation. *Professionelle Psychotherapie ist vielmehr jene Interaktionsspezialisierung, die Mitteilungen als Kommentare hört und zugleich selbst die Möglichkeiten zur kommentierenden Anspielung nutzt.*

Kleine, dem Patienten zugespielte Äußerungen, werden „offen" formuliert, gerade damit er sie als „Kommentare zur Situation" verstehen kann. Ist erst einmal Wahrnehmung für interne Kommentierung entwickelt, wird es unmöglich, Gesagtes nicht auf die Umstände der aktuellen Interaktion zu beziehen, Reflexion findet dann intern statt – mit Ausblicken. Immer nur unter Umständen wird über Umstände reflektiert.

Alle diese Methoden der Herstellung sozialer Ordnung werden unproblematisch verwandt; sie geschehen, sie operieren als Teil unserer sozialen Kompetenz, durch deren Handhabung wir uns als Mitglieder einer bestimmten Kultur ausweisen. Das Unbewußte deutet – so lautete die Freud'sche Formulierung dieses Umstandes. Wir beherrschen die Tastatur dieses Instruments, weil wir ein Leben lang darin Unterricht gehabt haben. Man kann nur mit großem Aufwand vermeiden, dies zu lernen. Aber es kann natürlich Störungen und Irritationen dieses Lernprozesses geben – und nicht alle können repariert werden.

Ausblicke auf die Ausbildung der talking culture

„Der Lehrer muß es vermögen, belehrbarer zu sein als die Lehrlinge" (Martin Heidegger, Was heißt denken?, 1984, S. 50)

„Man vergilt es einem Lehrer schlecht, wenn man immer nur sein Schüler bleibt". (Friedrich Nietzsche, Die fröhliche Wissenschaft)

Alle die bisher beschriebenen Methoden – und noch eine Reihe weiterer – befähigen uns, in unseren professionellen Interaktionen zu bestehen. Wir ziehen Schlüsse getreu der Devise Freuds, daß jedermann ständig psychische Analyse an seinem Nebenmenschen betreibe. Professionelles Handeln kann nicht anders, als sich diese Kompetenzen zunutze machen. Es ist dort professionell, wo solche Kompetenzen reflexiv verfeinert werden durch das Wissen darum, daß es höchst unterschiedliche Sinngebungen, verschiedene Typisierungen und ihrer Reparaturen, vielfältige narrative Formen und interne Kommentierungen geben kann. Professionell ist das Wissen, daß diese Methoden interaktive Produktionsinstrumente für Sinn, Welt und Identität sind; professionell deshalb, weil damit die Möglichkeit zur Veränderung gegeben wird. Wo etwas „hergestellt" wird, kann es verändert werden; wo etwas „ist", entfällt diese Möglichkeit. Es ist in meiner Sicht nicht-professionell, von festen Identitäten, eindeutigen Sinnbeständen und „normalen" Weltkonstruktionen auszugehen – auch deshalb, weil dann nur „Abweichungen" diagnostiziert, nicht aber die Prozesse der „Herstellung" selbst beleuchtet werden können.

Man muß in professionstheoretischer Perspektive psychotherapeutische Interaktion als Spezialfall verändernder Interaktionen auffassen. Das haben viele Autoren angeregt, und in der amerikanischen Literatur gibt es eine breite Diskussion dazu[194]. Mit solchen Anleihen bei den Umwelten der Nachbardisziplinen könnten wir die psychotherapeutische Kunst subtil verfeinern, bräuchten uns nicht auf ein immer nur vergleichsweise grob gerastertes Variablen-Paradigma verpflichten zu lassen, sondern könnten einen Beitrag zu einem genuin psychotherapeutischen Professionsparadigma entwickeln. Psychotherapie wäre in manchen Details besser lernbar und lehrbar! Jede einzelne Therapie – unabhängig von den „Schulen" – entwickelt ihre eigenen, höchst individuellen Kontextuierungen, Sinngebungen und Formen, ihre dyadenspezifischen Ordnungen. In ihrer Reflexion entsteht eine Kultur.

Psychoanalyse ist deshalb nicht nur „talking cure", sondern – mit einer Veränderung von nur drei Buchstaben (Wolff und Meier 1995) – eine „talking culture". Wollte man in Übereinstimmung mit psychoanalytisch inspirierten Nachbarwissenschaften zu definieren versuchen, was unter einer solchen „Kultur" zu verstehen sei, könnte man das Folgende wagen: *Mit „Kultur" bezeichnen wir eine Gruppierung von Menschen, die einzelne Muster der Weltdeutung vor anderen privilegieren und in dieser Homogenität ihrer Sichtweisen ein starkes Moment der Gemeinsamkeit sehen.* Sie teilen, was Bruner (1987) „world making practices" genannt hat. Es kann deshalb eine Kultur der Indianer, eine der Schwulen, der Jugend – und eine der Psychotherapeutisierung geben. *Die Kultur bestimmt die Art und Weise, wie wir die Welt konstruieren, und umgekehrt, wie unsere Ansichten von ihr konstruiert werden.* Das geschieht in Interaktionen; hier besteht ein gewaltiger Aufklärungsbedarf. Das ausschließlich individualistisch-intrapsychische Modell der Konstruktion unserer psychotherapeutischen Welt ist *eine* solche mögliche, von *unserer* Kultur privilegierte Perspektive. Die Gefahr besteht immer, eine Sichtweise zur Sache selbst zu glorifizieren, mit der möglichen Folge, diese Perspektive in einer Weise zu betonen, daß ihr andere Perspektiven nicht zur Seite gestellt werden könnten, ohne das zu gefährden, was wir so empfindsam als unsere psychotherapeutische Identität bezeichnen. In der hier vorgeschlagenen Sicht ist das vielleicht nur Symptom von Xenophobie gegenüber den Nachbarn.[195]

Erstaunlich ist, daß solche Xenophobie sich auf die empirisch forschenden Nachbarn *nicht* erstreckt – hier hat der main-stream der Profession kaum Berührungsängste! Wohl aber erstreckt sie sich seltsamerweise auf die – psychotherapeutischen Erfahrungen doch so viel näher stehende – Mikrosoziologie der Interaktionen und auf die Kognitionswissenschaften – dort gibt es (z.B. Varela, Thompson, Rosch 1993) eine durchaus wohlwollende Aufnahme besonders der

---

[194] Siehe nur das von Lionells, Fiscalini, Mann und Stern (1995) herausgegebene „Handbook of Interpersonal Psychoanalysis".

[195] Gergen (1991, S. 155) zitiert den arabischen Dichter Samie Ma'ari: „Identities are highly complex, tension filled, contradictory, and inconsistent entities. Only the one who claims to have a simple, definite, and clear-cut identity has an identity problem." Die Frage ist aufzuwerfen, ob wir nicht viel mehr die Verschiedenheit des Urteils in der Psychotherapie schätzen lernen müssen, statt auf Gleichheit (sprich: Identität) zu hoffen. Denn wo alle einer einheitlichen Meinung wären, müßte man dringend fragen, wieweit „Identität" zur Chiffre einer Totalität der jeweiligen psychotherapeutischen Kultur geworden sein könnte. Die daraus resultierende Entwicklungshemmung der community müßte durch das professionstheoretische Programm revidiert werden können.

psychoanalytischen Denkweisen. Eine gewisse Aufklärung der „talking culture" über sich selbst könnte ein nicht ganz unwichtiger Nebeneffekt einer Professionstheorie werden – mit Öffnungschancen. Damit bindet man die professionelle Leistung der Psychotherapie an ihre Kultur, an den Reflexionsgrad dieser Kultur, an die Analyse der von ihr verwendeten Metaphern und an die angewandten „Methoden" der Interaktion.

Die Perspektive ist nun erweitert, die psychotherapeutische Profession als hochgradig spezialisierte Interaktion in verschiedenen Aspekten beschrieben. Die Metapher ist in die Interaktion und diese wiederum in die Kultur eingebettet; zugleich wird die Interaktion von Metaphern strukturiert, die ihrerseits wiederum kulturell bestimmt sind. Diese Eckpunkte der Profession haben Wissenschaft in ihrer Umwelt. Sie ermöglichen Analyse und Reflexion psychotherapeutischer Herzbegriffe wie z.B. Identität; sie öffnen den Blick auf eine Durchdringung der Unbewußtheiten psychotherapeutischer Kulturen selbst. Auch in diesen Kulturen werden Erfahrungsmöglichkeiten selektiv akzentuiert und andere eliminiert. Chancen zu einer Innovation der Profession sind nicht nur durch externe Einflüsse wie den Zwang zur Verwissenschaftlichung gegeben, sondern auch durch eine Analyse der kultivierten Metaphern und der präferierten Interaktionen. Die Professionstheorie wird dann reflexiv. Sie kann das unter Vermeidung von Strategien der Operationalisierung als scheinbar einziger Lösung dann werden, wenn sie ihre dominanten Metaphern im Licht anderer Metaphern und wenn sie ihre Interaktionen analysiert.

Dabei einen Sinn für Sprache, Sprachspiele und die sich in ihnen artikulierenden Lebensformen zu entwickeln, darf als ein vorrangiges Ziel von Überlegungen zur Professionalisierung angesetzt werden. Fonagy und Fonagy (1995) weisen zu Recht darauf hin, daß Psychoanalyse zwar „talking cure" genannt werde, professionelle Kliniker aber für sprachliche Subtilitäten mehr „by necessity, rather than by psychoanalytic institutes" trainiert werden. Das bildet ein notwendiges Gegengewicht zur derzeit dominanten Orientierung an Modellen der Medizin, die der Diagnostik und der dann medizin-analog verstandenen Behandlung einen übermäßigen Raum geben.

Professionelle Interaktion ist emergent, d.h. nicht-reduzierbar auf Merkmale des Patienten oder des Therapeuten. Sie bildet ein eigenes interaktives System (das selbst wiederum „gestört" sein oder werden kann), in dessen Umwelt Diagnostik, Wissenschaft, Imagination und Behandlungslehre vorkommt. Professionelle Interaktion, wie ich am Beispiel der „Spaltung" zu zeigen versucht habe, sondert ihrerseits Theorie aus, und es müßte detailliert untersucht werden, welche Folgen der Versuch hat, Theorien in Ausbildungsgängen zu lehren, die von anderen aufgestellt wurden – auch solche Theorien *werden* für die dyadenspezifische Ordnung zwischen einem professionellen Psychotherapeuten und seinem Patienten: Umwelt. Inwieweit Umwelten selbst „störend" in therapeutische Interaktionen eingreifen, ist immer eine Diskussion wert. Hier könnte z.B. akzentuiert werden, was angehende Psychotherapeuten ermutigen könnte, ihrerseits Theorien zu entwerfen. Das muß nicht in großformatig schriftstellernder Form geschehen, sondern sollte sich lediglich artikulieren können – um eine Chance für eine Beobachtung zweiter Ordnung zu bieten.

Eine andere Chance sehe ich darin, das design der psychotherapeutischen Erfahrung durch ein genaueres Studium dessen, was Psychotherapeuten tun, zu ermitteln. Innerhalb der Psychoanalyse ist es klar, daß es eine große Anzahl höchst widersprüchlicher Theorien und Theoriefragmente gibt und man muß Gedo (1998) zustimmen: Weder das therapeutische Tun noch dessen Ergebnis kann aufgrund der „Ideologie" der Therapeuten bestimmt werden; ich vermute, daß sich das in anderen therapeutischen Schulen nicht viel anders verhält.

Eine nützliche Wissenschaft für die Profession könnte eine andere Strategie einschlagen als die, Theorien von Professionellen zu überprüfen; sie könnte vielmehr umgekehrt den Primat des Sozialen anerkennen und zu ermitteln suchen, wie in therapeutischer Interaktion Theorie gebildet wird und diese dann das emergente System der professionellen Interaktion zu übersteuern beginnt. Wenn man professionelles Können als Leitunterscheidung ansetzt, kann das nur so geschehen, daß dies Können nicht mit der Theorie beginnt, sondern mit der alltäglichen Kompetenz, die erforderlich ist, um in seinen Interaktionen zu bestehen. Was dann „Verstehen eines anderen Menschen" semantisch inhaltlich heißt, wäre von der Interaktion her als mikrostrukturelle Produktion sozialer Ordnung zu beschreiben, als gemeinsame Hervorbringung verschiedener Ordnungen durch Kooperationen höherer Ordnung.

Deswegen erscheint mir auch die Strategie, spezifische Behandlungen für spezifische Störungen zu finden, als wenig erfolgversprechend. Wie das Beispiel der OPD-Interview-Einleitung zeigt, werden „Krankheiten" durch den Interviewer „organisiert" – wie der Ausdruck von Balint dafür lautete. Vielleicht muß man vorsichtiger sagen: mit organisiert. Nur jedoch, wenn sie *als* Krankheiten organisiert werden, können sie auch diagnostiziert werden. Erst ihre Organisation als Krankheit, dann die Evokation des medizinischen Gesamtmusters durch einen Teil, die Diagnose, und schließlich die Typisierung als „ärztliches Gespräch" ermöglicht „Behandlung", die sich dem medizinischen Diskurs und seinen operativen Folgen eingliedert und erst nach solcher Zurichtung entsprechend dann evaluiert werden kann. Die bahnbrechende Leistung Freuds, sie *als* Konflikte von Jedermann zu typisieren, geht damit verloren, und das Versagen der eher verzweifelten empirischen Anstrengungen, hier diagnostische Einheitlichkeit zu schaffen, könnte als geradezu empirischer Beleg dafür gelesen werden, daß die Freudsche Typisierung die besseren Karten hat. Aber einen Nachteil hat sie auch: man kann Konflikte, zumal solche, die als „menschlich" gelten, nicht gut wissenschaftlich untersuchen, ohne sie zugleich den Bedürfnissen des Funktionssystems entsprechend zuzurichten; aber man kann sie, wie ich zu zeigen versuchte, professionell prozessieren. Dann hat man Beschreibungen in verwirrend vielen Theoriesprachen – ein professionelles Pfingsten überwindet das wissenschaftliche Babylon.

Die Entwicklung diagnostischer Systeme hat ihren Wert im Kontext gesundheitspolitischer Konflikte; im individuellen Fall sagen Diagnosen wenig über die Prognose und über das, was in einer Behandlung geschieht – und das kann man mit empirischer Forschung belegen (vgl. Buchholz 1998). Soll man nun formale Diagnosesysteme im Feld der Psychotherapie verwerfen? Die Antwort ist eindeutig: nein, aber man muß ihre Begrenzungen erkennen. Sie nutzen dann, wenn sie in ein mehrstufiges Konzept zur Ausbildung professioneller Kompetenz eingebettet werden können.

Dann helfen sie Anfängern bei einer ersten Orientierung und vermitteln im optimalen Fall eine gewisse Sicherheit. Hier können Unterschiede zu sehen gelernt werden, aber auch Gemeinsamkeiten, sagen wir beispielsweise zwischen den verbreiteten asketischen Tendenzen bei Jugendlichen und deren Übersteigerung bei der Anorexie. Ziel ist nicht die Etablierung einer selbstgewissen Unterscheidung zwischen dem „Normalen" und dem „Pathologischen", sondern umgekehrt die Fähigkeit, das Normale im Pathologischen wiederzuerkennen. Daraus entwickelt sich später die interaktive Fähigkeit zu einem renormalisierenden Umgang mit Patienten – wo Krankheit war, soll Konflikt werden.

Auf dieser ersten Stufe wird es entscheidend darauf ankommen, individualisierte Fallgeschichten zu hören, zu lesen und zu diskutieren, um an ihnen prototypische Schemata von Konflikten, sprachlichen Bildern, narrativen Formen und interaktiven Stilen auszubilden. Damit lernt man hier nicht nur etwas über Patienten, sondern beginnt mit einer Reorganisation der eigenen Wahrnehmungs- und Deutungsschemata. Das wird dann erleichtert, wenn die Details der Fallgeschichten so bekannt sind, daß sie mit eigenen Erfahrungen verknüpft werden können. Der Lernschritt heißt hier nicht Ausbildung von Klassifikationsschemata für Krankheiten, sondern Wahrnehmungssteigerung für das Normale, Alltägliche und Durchschnittliche an jeder „Störung“. Diesen Lernschritt könnte man auch mit dem philosophischen Satz „Tua res agitur“ bezeichnen – nur, wo das Störende als „eigene Sache“ in Beziehung zur eigenen Person gebracht werden kann, entsteht die professionell-psychotherapeutische Haltung, die die in den Wissenschaften geforderte Distanz zum „Objekt“ (der Untersuchung) überwindet und so heilsame Präsenz, aber nicht Aktivismus, herauszubilden beginnt.

Gerade aber diese Nähe verunsichert die eigene „Normalität“, und diese produktive Unsicherheit kann abwehrend bearbeitet werden, indem man sich mit dem System identifiziert, mit dem diagnostischen Denksystem. Diese Gefährdung der sich ausbildenden Professionalität ist in gewissem Umfang immer unvermeidlich, aber in die Ausbildung einer professionellen talking culture sollten nach Möglichkeit Kautelen eingebaut werden, die ein übermäßig klassifikatorisches Denken abbremsen. Wo immer auch die „eigene Sache“ verhandelt wird, wird sich objektivierende Distanziertheit verringern und sich an ihrer Stelle die Fähigkeit des Mit-Leidens setzen.

In dem Grade, in dem das gelingt, kann dann die eigene – wie auch immer: „normale“ – Person zur Umwelt des professionellen Interaktionsystems werden, und damit wird eine Beobachtung zweiter Ordnung möglich; Ziel wird hier, in allen professionellen Interaktionen als Person zu handeln, nicht als Agent einer Theorie oder Anwender einer Methode. Denn als Personen können wir an Interaktionen teilnehmen, die wir dann beobachten. Vor allem auch darauf hin, welchen mächtigen Zwängen zur Veränderung unseres Selbstzustandes wir durch Interaktionen ausgesetzt sind. Murray Bowen, ein älterer familientherapeutischer Autor, hat anschaulich beschrieben, wie der tägliche Eintritt in seine Institution sein Selbstgefühl affizierte. Die eigene Subjektivität wird damit nicht nur zur Reflexion verwandt, sie wird nicht als „Objekt“ untersucht. Subjektive Eindrükke, Selbstveränderungen und persönliche Imaginationen bleiben Umwelt der Interaktion, und gerade dadurch avancieren sie zu deren Ressource. Ohne innovative imaginative Umwelten, ohne „corrective cognitive experience“ verliefe jede Interaktion wie sie immer verläuft, ohne Nutzung der personalen Ressourcen (insbesondere der Imagination) reproduzierte sich immer nur der interaktive Zwang zur Wiederholung des Immergleichen. Jedes Spiel organisiert das Mittun der Spieler – aber als Spieler und Mitspieler bleiben sie vom Spiel unterschieden. Und nur solange sie das bleiben, gewinnt jede neue Runde ihre eigene Farbe, verläuft in unvorhergesehener Weise.

Diese Unterscheidung könnte praktisch heißen: Die in allen Schulen vorhandene Kritik von Ausbildungsteilnehmern an der Lehre und ihren Inhalten nie als „neurotisch“ diffamieren, sondern solcher Kritik dabei helfen, sich zu artikulieren. Erst dann kann sie „angeschaut“, hinsichtlich ihrer innovativen Gehalte gewürdigt und gegebenfalls auch mal überwunden werden.

Auf einer solchen frühen Ausbildungsstufe kann dann bereits gelernt werden, wie man die Ausbildung überwinden, *daß* man sie überwinden muß – denn in der psychotherapeutischen Situation ist man immer auf sich allein gestellt. Der Psychoanalytiker John Klauber hat einmal berichtet, es habe 10 Jahre nach Beendigung seiner Ausbildung gedauert, bis er sich getraut habe, sich frei von theoretischen oder methodischen Vorgaben zu fühlen und das zu tun, was *er* für klinisch erforderlich hielt. Gewiß werden solche Schritte immer ihre Zeit brauchen, aber es wäre doch wünschenswert, wenn es nicht immer 10 Jahre sind. Das schließt kritische Reflexion und Reibung an den Befunden aus wissenschaftlichen Umwelten keineswegs aus. Die Frage ist eher, ob man sich im Dschungel professioneller Interaktionen immer nur auf den theoretisch ausgetrampelten Pfaden bewegen sollte. Theorie kann auch eine Über-Ich-Last im Gepäck sein, ein allzu schwergewichtiger Kompaß.

Die Psychoanalytikerin Paula Heimann sprach einmal davon, Ziel therapeutischer Kompetenz sei, die „Wiedererlangung der Kunst, natürlich zu sein“, und damit ist ein Paradox gemeint: Therapeutische Beziehungen sind kunstvoll eingerichtet, aber man beginnt immer mit der jedem zur Verfügung stehenden „natürlichen Kompetenz“, einen anderen Menschen oder ein „System“ zu verstehen – wie auch immer fragmentarisch diese „natürliche Kompetenz“ anfänglich beschaffen sein mag. Ich habe mehrfach darauf verwiesen, daß es in psychotherapeutischen Ausbildungsgängen nicht nur darauf ankommt, etwas dazu zu lernen; es könnte vielmehr darauf ankommen, die natürliche Kompetenz nicht zu *ver*lernen im Namen von schulischen Dogmata. Auch deshalb habe ich einige Mühe auf den Versuch verwandt zu zeigen, daß professionelle Kompetenz auf der alltäglichen aufruht und daß im übrigen alltägliche Kompetenz, wie das Freud'sche Ben Hur-Beispiel zeigt, schon weiter reicht als man im allgemeinen denkt. Hier beginnt dann die Arbeit an der Verfeinerung und Weiterentwicklung der eigenen Person.

Das kann man etwas entmystifizieren, denn wenn „Person“ das ist, was sich in (therapeutischer) Interaktion zeigt, dann sollten nicht so sehr dispositionelle Eigenschaften Gegenstand von Lehrtherapien werden, sondern besonders die kleinformatigen Interaktionsmuster und mit ihnen kognitiv- und sozial-evaluativen

Bewertungsstrategien. Welche Präsequenzierungen für Äußerungen bevorzugt jemand? Wie leitet er eine Bemerkung ein? Wie gibt er einem anderen zu verstehen, daß er selbst jetzt nichts weiter sagen möchte, der andere also ruhig sprechen, aber auch schweigen kann? Wie wird kommuniziert, daß das eigene Schweigen nicht Drohung ist, sondern aufmerksame Zugewandtheit? Und wie wird Kritik rationalisiert und abgewehrt? Welche Formen des Kontakts bevorzugt jemand? Wie kann man jemanden öffnen, der seinerseits eher abweisend, vielleicht sogar als schroff und verschlossen erlebt wird? Zu welchen Mustern wird gegriffen, wenn eine Sackgasse erreicht ist und nur noch Hilflosigkeit erlebt wird? Es reicht nicht zu sagen, daß man sich über einen Patienten geärgert hat, und das bereits für die Mitteilung seiner Gegenübertragung zu halten (wobei stillschweigend impliziert wird, eigentlich sei nicht man selbst, sondern der Patient aggressiv). Die Frage ist immer, was macht man mit solchen Affekten – und „machen" verstehe ich im Sinne von: dem anderen sichtbar und hörbar anzeigen, was man tut.

Jeder erinnert sich aus seiner psychotherapeutischen Ausbildung, wie man einem Patienten nicht gerecht wurde, weil man ihm oder ihr ein diagnostisches oder anderes dogmatisches Korsett aufzuzwingen versuchte, und erst, wenn man auch dies wiederum überwunden hat, erlangt man auf einer dritten Stufe die Fähigkeit zurück, natürlich zu sein – dann aber in einem hohen Grad an Verfeinerung. Diese bezieht sich insbesondere auf die Fähigkeit, anderen Menschen „begegnen" zu können, wie dieser interaktive Aspekt in der Professionstheorie von Welter-Enderlin und Hildenbrand (1996) genannt wird. Auf dieser Stufe wird die diagnostische Suche nach „externen" Ursachen für „Krankheiten" oder „Störungen" von einer Suche nach dem Sinn komplettiert. Aus dem einen folgt „Kampf", aus dem andern Verstehen – sogar des Wunsches, dagegen zu kämpfen. Einmal folgt man einer Kausalkette und stellt Warum-Fragen, auf der nächsten Stufe aber stellt sich die Frage nach der Botschaft der Störung. Die Frage heißt dann: Wozu? – ohne das Leiden zu ignorieren oder gar zu legitimieren. Alle normativen Orientierungen – was ist das „richtige" Vorgehen? Betreibe ich noch Psychoanalyse? Ist das noch normal? – werden endgültig fallengelassen und als Teil jener Auffassungen gesehen, die mehr Probleme erzeugen als lösen. Eine „Störung" zu verstehen bedeutet, sie als Zeichen auf der Suche nach einem „Adressaten" (v. Uexküll 1989, S. 232) aufzufassen; wer versteht, wird Adressat der „Begegnung". Viktor von Weizsäcker hatte in seiner Schrift „Der Gestaltkreis" diesen Begriff zum „Kernbegriff der Wissenschaft erhoben" – einer Wissenschaft, die mit ihren Objekten „redlich" umgehe. Daran sei hier erinnert, um anzudeuten, daß in ein solches mehrstufiges Konzept zur Ausbildung von professionellen Psychotherapeuten der Kontakt zu einer wissenschaftlichen Umwelt eingbaut werden könnte, der das präzise untersucht, was Weizsäcker als „Begegnung“ auszeichnet. Ich plädiere nachhaltig sowohl für eine sozialwissenschaftlich-qualitative Anbindung an die Untersuchung der Mikrostruktur von Interaktionen und ihrer Bilder als auch für eine breite Diskussion der Frage, in welchem Verhältnis professionell-therapeutische Kompetenzen in der Interaktion und der Imagination zueinander stehen. Und ich habe zu zeigen versucht, daß die Ausdifferenzierung von Profession und Wissenschaft selbst eine Umgestaltung der wissenschaftlichen Forschungsumwelt anregen könnte.

Auf einer letzten Stufe versteht der professionelle Psychotherapeut schließlich, wie er zur „Begegnung“ gebraucht wird, und verfeinert sein Können, während sein Wissen zunimmt, aber immer schwieriger kommunizierbar wird. Manchen mag das dann vorkommen, als könne es weder von der Weisheit noch vom Wahn unterschieden werden. Es kann dann außerhalb der therapeutischen Situation nicht mehr oder nur theorielastig mitgeteilt werden. Klinische Theorie als etwas lesen zu lernen, das Erfahrungen teilbar und mitteilbar machen möchte, ist deshalb ein Hauptziel. Nicht deren objektive Wahrheit steht zur Debatte, sondern die Frage lautet immer, welche Erfahrungen wollen sich durch und in der Theorie artikulieren und können es doch nie vollständig? Wie also kann das Sagbare erweitert werden? Und dann greift man auf neue Bestände zu, um diese Erfahrung erneut und erneut zu wiederholen, bis man versteht, daß es etwas Nicht-Sagbares gibt, etwas, worauf die Theorie nur anspielen kann und das sie anderen zuspielt in der Hoffnung, daß die Erfahrung bei jenen anderen erneuert wird. Aber das kann nicht determiniert werden. Es versteht, wer versteht – aber jeder auf eine ihm eigene Weise. Diese produktive Tautologie könnte als „Schließung“ der Kommunikation bezeichnet werden, vollzieht aber die Autonomisierung des professionellen Könnens in intimisierter und individualisierter Interaktion als persönliche Professionalisierung und etabliert die Person – Therapeuten und Patienten – als Umwelt der Interaktion.

Deren prozedurales Können ist vom diskursiv-deklarativen Wissen verschieden, und deshalb habe ich meinen Versuch mit dem Hinweis darauf begonnen, daß etwas Zentrales an der psychotherapeutischen Profession außerhalb ihrer nicht kommunizierbar ist. Das Gefühl, vieles nur angedeutet und unvollständig gelassen zu haben, muß sich deshalb zu Recht am vorläufigen Ende einstellen. Aber wenn sich der Kreis wenigstens schließt, ist immer ein neuer kommunikativer Anfang möglich. In einer neuen Runde.

Literatur

Ahlers, C. und E. Gam (1989): Systemtherapie: Das Land mit den vielen Möglichkeiten oder: ein Land ohne Zukunft?. Z. syst. Ther., 7, 33-40.

Alsonso, A. (1985): The Quiet Profession: Supervisors of Psychotherapy. New York (Macmillan Publishing Company).

Altshuler, K.Z. (1979): The Interrelationship between Academic Psychiatry and Psychoanalysis. (Report). J. Amer. Psychoanal. Assoc, 27, 157-168.

Anzieu, D. (1991): Das Haut-Ich. Frankfurt (Suhrkamp).

Argelander, H. (1970): Das Erstinterview in der Psychotherapie. Darmstadt (Wiss. Buchgesellschaft).

Argelander, H. (1979): Die kognitive Organisation psychischen Geschehens. Stuttgart (Klett-Cotta).

Arlow, J.A. (1969): Phantasie, Erinnerung und Realitätsprüfung. Psyche, 23, 881.

Aron, L. (1996): A Meeting of Minds – Mutuality in Psychoanalysis. Hillsdale, NJ (The Analytic Press).

Aron, L. (1998): Clinical Choices and the Theory of Psychoanalytic Technique. Commentary on Papers by Mitchell und by Davies. Psychoanalytic Dialogues, 8, 207-216.

Auerhahn, N.C. (1979): Interpretation in the psychoanalytic dialogue: a literary framework for the analytic process. Int. Rev. Psychoanal., 6, 423-436.

Babkin, R. (1986): The Tower of Babble: The Sociology of Body and Mind. Family Process, 25, 153-163.

Bachrach, H. M. u.a. (1991): On the efficacy of psychoanalysis. J. Amer. Psychoanal. Assn., 39, 871-916.

Baecker, D. (1994): Soziale Hilfe als Funktionssystem der Gesellschaft. Zeitschrift für Soziologie, 23, 93-110.

Bahia, A.B. (1977): New theories: their influence and effect on psychoanalytic technique. Int. J. Psychoanal., 58, 345-364.

Balmary, M. (1982): Psychoanalyzing Psychoanalysis: Freud and the Hidden Fault of the Father. Baltimore

Bamberger, J. (1991): The Laboratory for Making Things: Developing Multiple Representations of Knowledge. In: Schön, D. A. (Hg.): The Reflective Turn, New York London (Teachers College, Columbia University)

Basch, M.F. (1983): Empathic understanding. A review of the concept and some theoretical considerations. J. Amer. Psychoanal. Assoc., 31, 101-126.

Bateson, G. (1982): Geist und Natur. Eine notwendige Einheit. Frankfurt/M. (Suhrkamp).

Becker, H. und C. Nedelmann (1980): Zwischen Begrenzung und Öffnung – Psychoanalyse als Beruf. In: Jappe, G. und C. Nedelmann (Hg.): Zur Psychoanalyse der Objektbeziehungen, Stuttgart (frommann-holzboog)

Benedetti, G. (1983): Todeslandschaften der Seele. Psychopathologie, Psychodynamik und Psychotherapie der Schizophrenie. Göttingen (f. Medizinische Psychologie).

Benjamin, J. (1997): Psychoanalysis as a Vocation. Psychoanalytic Dialogues, 7, 781-802.

Berger, P. L. und T. Luckmann (1969): Die gesellschaftliche Konstruktion der Wirklichkeit. Eine Theorie der Wissenssoziologie (Neuauflage Juli 1991). Frankfurt (Fischer).

Bergman, A. (1998): Separations-Individuations-Theorie. Historischer Hintergrund und gegenwärtige Forschung. In: Burian, W. (Hg.): Der beobachtete und der rekonstruierte Säugling, Göttingen (Vandenhoeck & Ruprecht)
Bergmann, J. (1981): Ethnomethodologische Konversationsanalyse. In: Schröder, P. und H. Steger (Hg.): Dialogforschung. Jahrbuch des Instituts für Deutsche Sprache, Düsseldorf
Bergmann, J. (1991): Konversationsanalyse. In: Flick, U. e. a. (Hg.): Handbuch qualitative Sozialforschung, München (Psychologie Verlags Union)
Bergmann, J.R. (1985): Flüchtigkeit und methodische Fixierung sozialer Wirklichkeit: Aufzeichnungen als Daten der interpretativen Soziologie. In: Bonß, W. und H. Hartmann (Hg.): Entzauberte Wissenschaft. (Sonderband 3 der 'Sozialen Welt'), Göttingen
Bergmann, J.R. (1987): Klatsch. Zur Sozialform der diskreten Indiskretion. Berlin/New York (de Gruyter).
Bergmann, J.R. (1992): Veiled morality: notes on discretion in psychiatry. In: Drew, P. und J. Heritage (Hg.): Talk at Work. Interaction in institutional settings, Cambridge (University Press)
Berlin, I. (1982): Die Trennung der Natur- und Geisteswissenschaften. In: Wider das Geläufige. Aufsätze zur Ideengeschichte. Frankfurt (Europäische Verlagsanstalt).
Berteau, M.C. (1996): Sprachspiel Metapher. Denkweisen und kommunikative Funktion einer rhetorischen Figur. Opladen (Westdeutscher Verlag).
Bischof-Köhler, D. und N. Bischof (1996): Die „ödipale" Phase im Lichte empirischer Forschung. In: Kretz, H. (Hg.): Lebendige Psychohygiene, München (Eberhard Verlag)
Bittner, G. (1998): Metaphern des Unbewußten. Eine kritische Einführung in die Psychoanalyse. Stuttgart/Berlin/Köln (Kohlhammer).
Black, M. (1954): Die Metapher. In: Haverkamp, A. (Hg.): Theorie der Metapher, Darmstadt 1983 (Wiss. Buchgesellschaft)
Black, M. (1962): Models and Metaphors. Studies in Language and Philosophy. Ithaca/London (Cornell University Press).
Black, M. (1977): Mehr über die Metapher. In: Haverkamp, A. (Hg.): Theorie der Metapher, Darmstadt 1983 (Wiss. Buchgesellschaft)
Black, M. (1981): Metaphor. In: Johnson, M. (Hg.): Philosophical Perspectives on Metaphor, Minneapolis (University of Minnesota Press)
Blatt, S. (1995): Why the gap between psychotherapy research and clinical practice: A Response to Barry Wolfe. Journal of Psychotherapy Integration, 5, 73-76.
Blumenberg, H. (1960): Paradigmen zu einer Metaphorologie. In: Haverkamp, A. (Hg.): Theorie der Metapher, Darmstadt 1983 (Wiss. Buchgesellschaft)
Blumenberg, H. (1981): Die Lesbarkeit der Welt. Frankfurt (Suhrkamp).
Bollas, C. (1997): Der Schatten des Objekts. Das Ungedachte Bekannte. Zur Psychoanalyse der frühen Entwicklung. Stuttgart (Klett-Cotta).
Brenner, C. (1996): The nature of knowledge and the limits of authority in psychoanalysis. Psychoanalytic Quarterly, LXV, 21-31.
Brickman, H. R. (1998): The Psychoanalytic Cure and Its Discontents: A Zen Perspective on „Common Unhappiness" and the Polarized Self. Psychoanalysis and Contemporary Thought, 21, 3-32.
Bruner, J. (1986): Actual Minds, possible worlds. Cambridge (Harvard University Press).
Bruner, J. (1987): Life as Narrative. Social Research, 54, 11-32.

Bruns, G. (1996): Psychoanalyse und Soziologie – ein Verhältnis?. In: Bruns, G. (Hg.): Psychoanalyse im Kotnext. Soziologische Ansichten der Psychoanalyse, Opladen (Westdeutscher Verlag)

Bucci, W. (1997): Psychoanalysis and Cognitive Science. New York (The Guilford Press).

Buchholz, M.B. (1983): Psychoanalytische Aspekte der Kommunikation. Psyche, 37, 624-641.

Buchholz, M.B. (1985): Handlung, Selbst, Dialog. Zur Integration von Handlungssprache und Selbstpsychologie. Psyche, 39, 1031.

Buchholz, M.B. (1988): Die therapeutische Situation. Forum Psychoanal., 4, 273-291.

Buchholz, M.B. (1990): Die unbewusste Familie. Psychoanalytische Studien zur Familie in der Moderne (2. Auflage 1995 im Pfeiffer-Verlag). Berlin/Heidelberg/New York (Springer).

Buchholz, M.B. (1990): Die Rotation der Triade. Forum Psychoanal., 6, 116-134.

Buchholz, M.B. (1991): Die Regression der Triade. Über die Bedeutung des Vaters bei der Magersucht. Erfahrungen mit dem perspektivisch-hermeneutischen Ansatz. Forum Psychoanal., 7, 47-61.

Buchholz, M.B. (1993): Probleme und Strategien qualitativer Psychotherapieforschung in klinischen Institutionen. Psyche, 47, 148-179.

Buchholz, M.B. (1993): Dreiecksgeschichten – Eine klinische Theorie psychoanalytischer Familientherapie. Göttingen (Vandenhoeck & Ruprecht).

Buchholz, M.B. (1993): Die Rolle der Prozeßphantasie in der stationären Psychotherapie. J.f.Psychologie, 1, (4) 64-81.

Buchholz, M. B. (1993): „Person" und „Identität" in Luhmanns Systemtheorie. System Familie, 6, 110-122.

Buchholz, M. B. (1993): Supervision in (de-)konstruktivistischer Absicht. In: Buchholz, M. B. (Hg.): Metaphernanalyse, Göttingen (Vandenhoeck & Ruprecht)

Buchholz, M. B. (1995): Metapherntheorie und therapeutische Praxis. Ein klinischer Beitrag zum Verhältnis von Körper und Sprache. In: Tress, W. und C. Sies (Hg.): Subjektivität in der Psychoanalyse, Göttingen (Vandenhoeck & Ruprecht)

Buchholz, M.B. (1996): Metaphern der `Kur'. Studien zum therapeutischen Prozeß. Opladen (Westdeutscher Verlag).

Buchholz, M. B. (1998): Die Metapher im psychoanalytischen Dialog. Psyche, 52, 545-571.

Buchholz, M. B. (1998): Die unbewußte Weitergabe zwischen den Generationen. Psychoanalytische Beobachtungen. In: Rüsen, J. und J. Straub (Hg.): Die dunkle Spur der Vergangenheit, Frankfurt (Suhrkamp)

Buchholz, M. B. (1998): Sprachliche Interaktion und Diagnosen. Überlegungen zu einem System-Umwelt-Verhältnis der Profession anhand einiger empirischer Befunde. System Familie, 11, 47-59.

Buchholz, M.B. (1999): Anders Sehen und Die Herstellung des Dreiecks. In: Bell, K. et al. (Hg.): Der Ödipus-Komplex Heute, Göttingen (Vandenhoeck und Ruprecht)

Buchholz, M.B. und M. Dümpelmann (1993): Väter bei Anorexie. Inhaltsanalyse biographischer Verlaufsmuster aus tiefenpsychologischen Anamnesen. In: Seidler, G.H. (Hg.): Magersucht – Öffentliches Geheimnis, Göttingen (Vandenhoeck & Ruprecht)

Buchholz, M.B. und N. Hartkamp (Hg.) (1997): Supervision im Fokus – Polyzentrische Analysen einer Teamsupervision. Opladen (Westdeutscher Verlag).

Buchholz, M.B. und C.v. Kleist (1995): Metaphernanalyse eines Therapiegesprächs. In: Buchholz, M.B. (Hg.): Psychotherapeutische Interaktion – Qualitative Studien zu Konversation und Metapher, Geste und Plan, Opladen (Westdeutscher Verlag)
Buchholz, M.B. und C.v. Kleist (1997): Szenarien des Kontakts – Eine metaphernanalytische Studie zur stationären Psychotherapie. Gießen (Psychosozial-Verlag).
Buchholz, M. B. und L. Reiter (1996): Auf dem Weg zu einem empirischen Vergleich epistemischer Kulturen in der Psychotherapie. In: Bruns, G. (Hg.): Psychoanalyse im Kontext, Opladen (Westdeutscher Verlag)
Buchholz, M. B. und L. Seide (1995): Aspekte einer prozessualen Diagnostik. Der äußere und der innere Kontext der familientherapeutischen Behandlungssituation. System Familie, 8, 197-216.
Buchholz, M.B. und U. Streeck (1994): Psychotherapeutische Interaktion: Aspekte qualitativer Prozeßforschung. In: Buchholz, M.B. und U. Streeck (Hg.): Heilen, Forschen, Interaktion. Psychotherapie und qualitative Sozialforschung, Opladen (Westdeutscher Verlag)
Buchholz, M.B. und U. Streeck (1999): Qualitative Forschung und professionelle Psychotherapie. Psychother. Soz., 1, 4-30.
Buchholz, M. B. und C. von Kleist (1997): Szenarien des Kontakts. Eine metaphernanalytische Untersuchung stationärer Psychotherapie. Gießen (Psychosozial-Verlag).
Buchholz, M. B. (Hg.) (1995): Psychotherapeutische Interaktion. Qualitative Studien zu Konversation und Metapher, Geste und Plan. Opladen (Westdeutscher Verlag).
Böhme, G. (1990): Sinn und Gegensinn – über die Dekonstruktion von Geschichten. Psyche, 44, 577-592.
Cameron, L. (1996): Discourse Context and the Development of Metaphor in Children. Current Issues in Language and Society, 3, 49-64.
Carveth, D.L. (1993): Die Metaphern des Analytikers. Eine dekonstruktionistische Perspektive. In: Buchholz, M.B. (Hg.): Metaphernanalyse, Göttingen (Vandenhoeck & Ruprecht)
Caspar, F. (1997): What Goes on in a Psychotherapist's Mind?. Psychotherapy Research, 7, 105-126.
Cassirer, E. (1923): Philosophie der symbolischen Formen. Erster Teil: Die Sprache (Sonderausgabe 1994, Nachdr. d. 2. Auflage von 1953). Darmstadt (Wissenschaftliche Buchgesellschaft).
Cavell, M. (1997): Freud und die analytische Philosophie des Geistes. Überlegungen zu einer psychoanalytischen Semantik. Stuttgart (Klett-Cotta).
Chodorow, N. J. (1996): Reflections on the authority of the past psychoanalytic thinking. Psychoanalytic Quarterly, LXV, 32-51.
Christian-Widmaier, P. (1988): Krankenhausseelsorger und todkranker Patient. Im Spiegel ihrer wechseitigen Wahrnehmung. Berlin/Heidelberg/New York (Springer).
Christian-Widmaier, P. (1995): Nonverbale Kommunikationsweisen. In der seelsorgerlichen Interaktion mit todkranken Patienten. Frankfurt (Peter Lang).
Claessens, D. (1980): Das Konkrete und das Abstrake. Frankfurt (Suhrkamp).
Cox, M. und A. Theilgaard (1987): Mutative Metaphors in Psychotherapy. The Aeolian Mode. London/New York (Tavistock Publications).
Cremerius, J. (1969): Schweigen als Problem der psychoanalytischen Technik. Jb.d.Psa., 6, 69-103.

Crits-Christoph, P. und J. Mintz (1991): Implications of Therapist Effects for the Design and Analysis of Comparative Studies of Psychotherapies. J. Consult. Clin. Psychol., 59, (1991) 20-26.

Dahl, H., H. Kächele und H. Thomä (Ed.) (1988): Psychoanalytic Process Research Strategies. Berlin (Springer).

Dahlbender, R. W., C. Albani, D. Pokorny und H. Kächele (1998): The Connected Central Relationship Patterns (CCRP): A Structural Version of the CCRT. Psychotherapy Research, 8, 408-425.

Dahlbender, R. W., R. A. Kurth, S. Stübner, E. Kalmykova und D. Pokorny (1998): Das Zentrale Beziehungskonflikt-Thema in der Selbstbeurteilung: der Zentrale Beziehungs-Muster (ZBM-)Fragebogen. Gruppenpsychother. Gruppendynamik, 34, 1-22.

Danish„. S.J. und N. Kagan (1971): Measurement of affective sensitivity: Toward a valid measure of interpersonal perception. J. Counsel.Psychol., 3, 51-54.

Danziger, K. (1990): Generative metaphor and the history of the psychological discourse. In: Leary, D.E. (Hg.): Metaphors in the History of Psychology, Cambridge (Cambridge University Press)

De Rivera, J. (1977): A Structural Theory of Emotions. New York (International Universities Press).

Debatin, B. (1995): Die Rationalität der Metapher. Eine sprachphilosophische und kommunikationstheoretische Untersuchung. Berlin/New York (de Gruyter).

Debatin, B. (1996): Die Modellfunktion der Metapher und das Problem der Metaphernkontrolle. In: Schneider, H.J. (Hg.): Metapher – Kognition – Künstliche Intelligenz, München (Wilhelm Fink)

Demandt, A. (1978): Metaphern für Geschichte. Sprachbilder und Gleichnisse im historisch-politischen Denken. München (Beck).

Doermer-Tramitz, C. (1990): „..auf den ersten Blick." Über die ersten dreißig Sekunden einer Begegnung von Mann und Frau. Opladen (Westdeutscher Verlag).

Donnellon, A., B. Gray und M.G. Bougon (1986): Communication, meaning and organized action. Admin. Sci. Quart., 31, 43-55.

Dornes, M. (1993): Psychoanalyse und Kleinkindforschung. Einige Grundthemen der Debatte. Psyche, 47, 1116-1152.

Dornes, M. (1993): Der kompetente Säugling. Frankfurt (Fischer).

Dornes, M. (1997): Die frühe Kindheit. Entwicklungspsychologie der ersten Lebensjahre. Frankfurt (Fischer Taschenbuch Verlag).

Dornes, M. (1998): Bindungstheorie und Psychoanalyse. Psyche, 52, 299-348.

Douglas, M. (1970): Ritual, Tabu und Körpersymbolik. Sozialanthropologische Studien in Industriegesellschaft und Stammeskultur (Neuauflage 1986). Frankfurt (Fischer).

Dres. P. und J. Heritage (1992): Analyzing talk at work: an introduction. In: Drew, P. und J. Heritage (Hg.): Talk at Work. Interaction in institutional settings, Cambridge (University Press)

Duval, J. und A. Wicklund (1972): A Theory of Objective Self-Awareness. New York (Academic press).

Döbert, R. und G. Nunner-Winkler (1982): Formale und materiale Rollenübernahme: Das Verstehen von Selbstmordmotiven im Jugendalter. In: Edelstein, W. und M. Keller (Hg.): Perspektivität und Interpretation. Beiträge zur Entwicklung des sozialen Verstehens, Frankfurt (Suhrkamp)

Eckert, J. und E.-M. Biermann-Ratjen (1990): Ein heimlicher Wirkfaktor: Die „Theorie" des Therapeuten. In: Tschuschke, V. und D. Czogalik (Hg.): Psychotherapie – Welche Effekte verändern?, Berlin, Heidelberg (Springer)

Eco, U. (1985): Semiotik und Philosophie der Sprache. München (Hanser).

Edelson, J.T. (1983): Freud's Use of Metaphor. Psychoanal. Stud. Child, 38, 17-60.

Edelson, M. (1994): Can Psychoptherapy Research Answer This Psychotherapist's Questions?. In: Talley,P.F., H.H. Strupp und S.F. Butler (Hg.): Psychotherapy Research and Practice, New York (Basic Books)

Ehlich, K. (1990): Zur Struktur der psychoanalytischen „Deutung". In: Ehlich, K., A. Koerfer, A. Redder und R. Weingarten (Hg.): Medizinische und therapeutische Kommunikation, Opladen (Westdeutscher Verlag)

Eicke-Spengler, M. (1999): Der erweiterte Erlebnisraum der spychoanalytischen Beziehung. Z.f. psa. Theorie und Praxis 14, 5-16

Eisenberg, L. (1995): The Social Construction of the Human Brain. Am. J. Psychiatry, 152, (11) 1563-1575.

Elias, N. (1969): Über den Prozeß der Zivilisation. 2 Bde. Bern/München (Francke).

Esman, A.H. (1979): On evidence and inference, or: The babel of tongues. Psychoanal. Quart., 48, 628-630.

Fengler, C. und T. Fengler (1980): Alltag in der Anstalt. Wenn Sozialpsychiatrie praktisch wird. Eine ethnomethodologische Untersuchung. Rehberg-Loccum (Psychiatrie-Verlag).

Ferreira, F. und J.M. Henderson (1990): Use of verb information in syntactic parsing: evidence from eye movements and word-by-word self-paced reading. J.Exp.Psychol.Learn.Mem.Cogn. , 16, 555-568.

Fiedler, P. und K.-E. Rogge (1990): Veränderung durch Beziehung? Studien über Empathie und Lenkung in der kognitiven Psychotherapie. In: Tschuschke, V. und D. Czogalik (Hg.): Psychotherapie – Welche Effekte verändern?, Berlin, Heidelberg (Springer)

Finzen, A. und U. Hoffmann-Richter (1997): Publikation und Rezeption von Forschungsergebnissen der Sozialpsychiatrie – Annabelle und der Impact Factor. Sozialpsychiatrische Informationen, 27, (3) 10-15.

Fitzgerald, T.K. (1993): Metaphors of Identity. A Culture-Communication Dialogue. New York (State University of New York Press).

Fivaz-Depeursinge, E., Y. de Roten, A. Corboz-Warnery, J.-C. Métraux und A. Ciola (1994): Die non-verbale Kommunikation zwischen Therapeut und Paar. Beobachtungsdaten und ihre mikroanalytische Untersuchung. System Familie, 7, 66-82.

Flader, D., W.-D. Grodzicki und K. Schröter (1982): Psychoanalyse als Gespräch. Interaktionsanalytische Untersuchungen über Therapie und Supervision. Frankfurt (Suhrkamp).

Fónagy, I. und P. Fonagy (1995): Communication with Pretend Actions in Language, Literature and Psychoanalysis. Psychoanalysis and Contemporary Thought, 18, 363-418.

Fonagy, P., T. Leigh, M. Steele, H. Steele, R. Kennedy, G. Mattoon, M. Target und A. Gerber (1996): The relation of attachment status, psychiatric classification and response to psychotherapy. Journal of Consulting and Clinical Psychology, 64, 22-31.

Fonagy, P., M. Steele, G. Moran, H. Steele und A. Higgitt (1993): Measuring the Ghost in the Nursery: An Empirical Study of the Relation between Parents' Mental Representations of Childhood Experiences and Their Infants' Security of Attachment. J. Amer. Psychoanal. Assn., 41, 957-989.

Fonagy, P. und M. Target (1996): Playing with Reality: I. Theory of Mind and the Normal Development of Psychic Reality. The International Journal of Psycho-Analysis, 77, 217-233.
Freud, S. (1900): Die Traumdeutung. G.W., Bd. 2/3. Frankfurt (S.Fischer).
Freud, S. (1904): Psychopathologie des Alltagslebens, G.W., Bd. 4. Frankfurt (S.Fischer).
Freud, S. (1905): Der Witz und seine Beziehung zum Unbewussten. G.W., Bd. 6. Frankfurt (S.Fischer).
Freud, S. (1905): Über Psychotherapie.G.W., Bd. 5, S.11. Frankfurt (S.Fischer).
Freud, S. (1909): Analyse der Phobie eines fünfjährigen Knaben. G.W., Bd. 7, S. 241. Frankfurt (S.Fischer).
Freud, S. (1910): Über den Gegensinn der Urworte. G.W., Bd. 8, S. 213. Frankfurt (S.Fischer).
Freud, S. (1914): Zur Einführung des Narzißmus. G.W., Bd. 10, S.137. Frankfurt (S. Fischer).
Freud, S. (1914): Weitere Ratschläge zur Technik der Psychoanalyse: II. Erinnern, Wiederholen und Durcharbeiten. G.W., Bd. 10, S.125. Frankfurt (S. Fischer).
Freud, S. (1916-17): Vorlesungen zur Einführung in die Psychoanalyse. G.W., Bd. 11. Frankfurt (S. Fischer).
Freud, S. (1920): Jenseits des Lustprinzips. G.W., Bd. 13, S. 1. Frankfurt (Fischer).
Freud, S. (1925): Die Widerstände gegen die Psychoanalyse. G.W., Bd. 14, S.97. Frankfurt (S. Fischer).
Freud, S. (1933): Neue Folge der Vorlesungen zur Einführung in die Psychoanalyse. G.W., Bd. 15. Frankfurt (S. Fischer).
Freud, S. (1937): Die endliche und die unendliche Analyse. G.W., Bd. 16, S. 57. Frankfurt (S. Fischer).
Freud, S. (1940): Abriß der Psychoanalyse. G.W., Bd. 17, S. 63. Frankfurt (S. Fischer).
Freud, S. und J. Breuer (1970): Studien über Hysterie (1895). Frankfurt/M. (Fischer TB).
Friedman, L. (1988): The Anatomy of Psychotherapy. Hillsdale, NJ (Lawrence Earlbaum).
Fuchs, P. (1992): Niklas Luhmann – beobachtet. Opladen (Westdeutscher Verlag).
Fuchs, P. (1994): Der Mensch – das Medium der Gesellschaft?. In: Fuchs, P. und A. Göbel (Hg.): Der Mensch – das Medium der Gesellschaft, Frankfurt (Suhrkamp)
Galatzer-Levy, R. M. (1995): Psychoanalysis and dynamical systems theory: Prediction and self similarity. J. Amer. Psychoanal. Assn., 43, 1085-1113.
Gamm, G. (1992): Die Macht der Metapher. Im Labyrinth der modernen Welt. Stuttgart (J.B. Metzler).
Garfinkel, H. (1967): Studies in Ethnomethodology (Auflage von 1984). Cambridge (Polity Press).
Gay, P. (1984): Erziehung der Sinne. Sexualität im bürgerlichen Zeitalter. München (Beck).
Gedo, J. E. (1989): An Epistemology of Transference. The Annual of Psychoanalysis, 17, 3-15.
Gedo, J. E. (1998): Überlegungen zur Metapsychologie, theoretischen Kohärenz, zur Hermeneutik und Biologie. Psyche, 52, 1014-1042.
Geertz, C. (1983): Dichte Beschreibung. Bemerkungen zu einer deutenden Theorie von Kultur. In: Geertz, C. (Hg.): Dichte Beschreibung. Beiträge zum Verstehen kultureller Systeme, Frankfurt (Suhrkamp)

Gergen, K.J. (1991): The saturated self: Dilemmas of identity in contemporary life. New York (Basic Books).
Gerson, M.J. (1996): The Embedded Self. A Psychoanalytic Guide to Family Therapy. Hillsdale, NJ/London (The Analytic Press).
Gill, M.M. (1987): The point of View of Psychoanalysis: Energy Discharge or Person?. In: Sackstedter,J.L., D.P. Schwartz und Y. Akabane (Hg.): Attachment and the Therapeutic Process: Essays In Honor of O.A. Will , Madison/CT (Int. Univ. Press)
Gill, M.M. (1994): Psychoanalysis in Transition. A Personal View. Hillsdale, NJ/London (The Analytic Press).
Goffman, E. (1983): The Interaction Order. Am. Soc. Rev., 48, 1-17.
Goffman, E. (1969): Wir alle spielen Theater. Die Selbstdarstellung im Alltag. München (Piper).
Goffman, E. (1977): Rahmen-Analyse. Ein Versuch über die Organisation von Alltagserfahrungen. Frankfurt (Suhrkamp).
Goffmann, E. (1974): Das Individuum im öffentlichen Austausch. Frankfurt (Suhrkamp).
Goldberg, A. (1984): The Tension between Realism and Relativism in Psychoanalysis. Psychoanal. Contemp. Thought, 7, 367-387.
Goldberg, A. (1990): The Prisonhouse of Psychoanalysis. Hillsdale, NJ (The Analytic Press).
Goodman, N. (1984): Weisen der Welterzeugung. Frankfurt (Suhrkamp).
Gottman, J.M. und H.J. Markman (1978): Experimental designs in psychotherapy research. In: Garfield, S.L. und A.E. Bergin (Hg.): Handbook of Psychotherapy and Behavior Change, New York (John Wiley)
Gould, S.J. (1996): Illusion Fortschritt. Die vielfältigen Wege der Evolution. Frankfurt (S. Fischer).
Grawe, K. (1995): Grundriß einer Allgemeinen Psychotherapie. Psychotherapeut, 40, 130-145.
Grawe, K., F. Caspar und H. Ambühl (1990): Die Berner Therapievergleichsstudie. Fragestellung und Versuchsplan. Zeitschrift für Klinische Psychologie, 19, (4) 294-315.
Greenberg, J. (1994): Psychotherapy Research: A Clinician's View. In: Talley,P.F., H.H. Strupp und S.F. Butler (Hg.): Psychotherapy Research and Practice, New York (Basic Books)
Grossmann, K., K.E. Grossmann, G. Spangler und G.,. L. Suess (1985): Maternal Sensitivity and Newborns' Orientation Responses as Related to Quality of Attachment in Northern Germany. In: Bretherton, I. und E. Waters (Hg.): Growing Points of Attachment Theory and Research, (Monographs of the Society for Research in Child Development Serial No. 209, Vol. 50, Nos. 1-2)
Grossmann, W.I. (1996): Technischer Gebrauch und psychische Funktionen der Theorie in der klinischen Arbeit. Das Beispiel des „analysierenden Instruments“. Jahrbuch der Psychoanalyse, 36, 9-35.
Grubrich-Simitis, I. (1984): Vom Konkretismus zur Metaphorik. Psyche, 38, 1.
Günthner, S. und H. Knoblauch (1994): „Forms are the Food of Faith“. Gattungen als Muster kommunikativen Handelns. KZfSS, 46, 593-723.
Habermas, J. (1981): Theorie des kommunikativen Handelns.2 Bde. Frankfurt/M. (Suhrkamp).

Hanly, C. M. T. (1996): Reflections on feminine and masculine authority: A developmental perspective. Psychoanalytic Quarterly, LXV, 84-101.
Hausendorf, H. (1992): Das Gespräch als selbstreferentielles System. Ein Beitrag zum empirischen Konstruktivismus der ethnomethodologischen Konversationsanalyse. Zeitschrift für Soziologie, 21, 83-95.
Hausendorf, H. und U. M. Quasthoff (1996): Sprachentwicklung und Interaktion. Opladen (Westdeutscher Verlag).
Hautzinger, M. (1999): So, wie es im Lehrbuch steht, funktioniert es nicht. Psychotherapeut 44, 44-45
Havens, L. L. (1986): Making Contact: Uses of Language in Psychotherapy. Cambridge, Mass. (Harvard University Press).
Heidegger, M. (1984): Was heißt denken? (4. Auflage). Tübingen (Niemeyer).
Helmstetter, R. (1993): Die weißen Mäuse des Sinns. Luhmanns Humorisierung der Wissenschaft der Gesellschaft. Merkur, 47, (532) 601-619.
Henningsen, P. (1998): Im Spiegel des Anderen sich selbst erkennen? Zur Bedeutung der kognitiven Neurowissenschaft für die Psychoanalyse. PPmP Psychother. Psychosom. med. Psychol., 48, 78-87.
Henry, W.P. (1998): Science, Politics, and the Politics of Science: The Use and Misuse of Empirically Validated Treatment Research. Psychotherapy Research, 8, 126-140.
Henry, W.P., T.E. Schacht und H.H. Strupp (1990): Patient and Therapist Introject, Interpersonal Process and Differential Psychotherapy Outcome. J. Consult. Clin. Psychol., 58, 768-774.
Henry, W.P., T.E. Schacht, H.H. Strupp, S.F. Butler und J.L. Binder (1993): The Effects of Training in Time-Limited Dynamic Psychotherapy Mediators of Therapist's Response to Training. J. Consult. Clin. Psychol., 61, 441-447.
Henry, W. P. und H. H. Strupp (1991): Vanderbilt University: The Vanderbilt Center for Psychotherapy Research. In: Beutler, L. E. und M. Crago (Hg.): Psychotherapy Research, Washington, DC (American Psychological Association)
Heritage, J. (1984): A change-of-state token and aspects of its sequential placement. In: Atkinson, J.M. und J. Heritage (Hg.): Structures of Social Action, New York (Cambridge University Press (Auflage von 1992))
Hettinger, R. und A. Bruns (1990): Das interaktive Umfeld der psychodynamischen Interpretation. In: Tschuschke, V. und D. Czogalik (Hg.): Psychotherapie – Welche Effekte verändern?, Berlin, Heidelberg (Springer)
Hildenbrand, B. (1998): Qualitative Forschung in der systemischen Therapie. System Familie, 11, 112-119.
Hillman, J. (1983): Healing Fiction. Barry Town, NY (Station Hill Press).
Hobson, R.F. (1985): Forms of Feeling. The Heart of Psychotherapy. London/New York (Tavistock/Routledge).
Hochschild, A. R. (1983): The managed heart: The commercialization of human feeling. Berkeley (University of California Press).
Hoffman, I.Z. (1992): Some practical implications of a social-constructivist view of the psychoanalytic situation. Psychoanal. Dial., 2, 287-304.
Hoffman, I. Z. (1996): The intimate and ironic authority of the psychoanalyst's presence. Psychoanalytic Quarterly, LXV, 102-136.

Hutterer, R. (1996): Kritische Perspektiven zu Psychotherapieforschung und -praxis. In: Pritz, A. (Hg.): Psychotherapie – eine neue Wissenschaft vom Menschen, Wien/New York (Springer)

Hülzer, H. (1999): Metapher: Verständigungsfalle und Verstehenshilfe. Psychother. Soz., 1, (im Druck).

Hülzer-Vogt, H. (1991): Kippfigur Metapher – metaphernbedingte Kommunikationskonflikte in Gesprächen. Ein Beitrag zur empirischen Kommunikationsforschung. Band 1: Gesprächsanalyse. Münster (Nodus Publikationen).

Hölzer, M., D. Pokorny, H. Kächele und L. Luborsky (1997): The Verbalization of Emotions in the Therapeutic Dialogue: A Correlate to Treatment Outcome?. Psychotherapy Research, 7, 261-274.

Hörster, R. und B. Müller (1996): Zur Struktur sozialpädagogischer Kompetenz. Oder: Wo bleibt das Pädagogische der Sozialpädagogik?. In: Combe, A. und W. Helsper (Hg.): Pädagogische Professionelität. Untersuchungen zum Typus pädagogischen Handelns, Frankfurt (Suhrkamp)

Inderbitzin, L. B. und S. T. Levy (1998): Repetition Compulsion Revisited: Implications for Technique. Psychoanalytic Quarterly, LXVII, 32-53.

Jackson, D.D. (1967): The Individual and the Larger Contexts. Family Process, 6, 139-147.

Jaeggi, E. (1994): Die problematische Beziehungen zwischen Psychotherapeuten und Psychotherapieforschung. In: Buchholz, M.B. und U. Streeck (Hg.): Heilen, Forschen, Interaktion. Psychotherapie und qualitative Sozialforschung, Opladen (Westdeutscher Verlag)

Jannsen, P.L., M. franz, T. Herzog, G. Heuft, G. Paar und W. Schneider (1998): Wissenschaftliches Gutachten zur Krankenhausplanung für das Fachgebiet Psychotehrapeutische Medizin. Baden-Würtemberg (im Auftrag des Sozialministeriums).

Janssen, P. L. (1997): Das Anforderungsprofil des Facharztes für Psychotherapeutische Medizin. In: Rodewig, K. (Hg.): Der kranke Körper in der Psychotherapie, Göttingen (Vandenhoeck & Ruprecht)

Janssen, P. L., H. Kächele, U. Rüger und W. Schneider (1997): Nach-Denken tut Not. Gegendarstellung zum Positionspapier der Deutschen Gesellschaft für Psychiatrie, Psychotherapie und Nervenheilkunde (DGPPN). Stellungnahme der Deutschen Gesellschaft für Psychotherapeutische Medizin (DGPM). Psychotherapeut, 42, 244-255.

Johnson, M. (1987): The body in the mind: The bodily basis of meaning, imagination and reason. Chicago (University of Chicago Press).

Just, M.A. und P.A. Carpenter (1993): The intensity dimension of thought: pupillometric indices of sentence processing. Can.J.Exp.Psychol., 47, 310-339.

Kaiser, E. (1995): Interpretation eines Transkripts mit Anmerkungen zur psychoanalytischen Methode. In: Buchholz, M.B. (Hg.): Psychotherapeutische Interaktion – Qualitative Studien zu Konversation und Metapher, Geste und Plan, Opladen (Westdeutscher Verlag)

Kantrowitz, J. L. (1993): The uniqueness of the patient-analyst pair: Approaches for elucidating the analyst's role. Int. J. Psycho-Anal., 74, 893-904.

Kantrowitz, J. L. (1995): The Beneficial Aspects of the Patient-Analyst Match. Int. J. Psycho-Anal., 76, 299-313.

Kantrowitz, J. L. (1997): A Different Perspective on the Therapeutic Process: The Impact of the Patient on the Analyst. J. Amer. Psychoanal. Assn., 45, 127-153.

Kantrowitz, J. L., A. L. Katz, D. A. Greenman und H. e. a. Morris (1989): The Patient-Analyst Match and the Outcome of Psychoanalysis: A Pilot Study. J. Amer. Psychoanal. Assn., 37, 893-919.

Kelman, H. (1987): On Resonant Cognition. International Review of Psycho-Analysis, 14, 111-123.

Kernberg, O. F. (1998): Dreißig Methoden zur Unterdrückung der Kreativität von Kandidaten der Psychoanalyse. Psyche, 52, 199-213.

Kettner, M. (1998): Zur Semiotik der Deutungsarbeit. Wie sich Freud mit Peirce gegen Grünbaum verteidigen läßt. Psyche, 52, 619-647.

Kitcher, P. (1992): Freud's Dream. A Complete Interdisciplinary Science of Mind. Cambridge London (A Bradford Book, The MIT Press).

Kittsteiner, H.D. (1998): Die Geschichte nach dem Ende der Kunst. Merkur, 52, (589) 294.

Klüwer, R. (1973): Anmerkungen zum Selbstverständnis des Psychoanalytikers. Psyche, 27, 1077.

Knorr-Cetina, K. (1984): Die Fabrikation von Erkenntnis. Frankfurt/M. (Suhrkamp).

Knorr Cetina, K. (1995): Metaphors in the Scientific Laboratory: Why are they there and what do they do?. In: Radman, Z. (Hg.): From a Metaphorical Point of View. A Multidisciplinary Approach to the Cognitive Content of Metaphor, Berlin (de Gruyter)

Koerfer, A. (1994): Institutionelle Kommunikation. Zur Methodologie und Empirie der Handlungsanalyse. Opladen (Westdeutscher Verlag).

Koerfer, A., K. Köhle, J. Faber, H. Kaerger und R. Obliers (1996): Zwischen Verhören und Zuhören. Gesprächsreflexion und Rollenspiele im medizin-psychologischen Studium. In: Bahrs, O., W. Fischer-Rosenthal und J. Szecsenyi (Hg.): Vom Ablichten zum Im-Bilde-Sein. □ rztliche Qualitätszirkel und Video-Analysen, Würzburg (Königshausen und Neumann)

Koerfer, A., K. Köhler und R. Obliers (1994): Zur Evaluation von Arzt-Patienten-Kommunikation – Perspektiven einer angewandten Diskursethik in der Medizin. In: Redder, A. und I. Wiese (Hg.): Medizinische Kommunikation. Diskurspraxis, Diskursthik, Diskursanalyse, Opladen (Westdeutscher Verlag)

Kohut, H. (1966): Formen und Umformungen des Narzißmus. Psyche, 20, 561.

Kohut, H. (1973): Narzißmus. Frankfurt (Suhrkamp).

Kohut, H. (1979): Die Heilung des Selbst (amerik. Orig. 1977). Frankfurt (Suhrkamp).

Konieczny, L., B. Hemforth, C. Scheppers und G. Strube (1996): Reanalysen vs. interne Reparaturen beim Sprachverstehen. In: Habel, C., S. Kanngießer und G. Rickheit (Hg.): Perspektiven der kognitiven Linguistik. Modelle und Methoden, Opladen (Westdeutscher Verlag)

Krause, R. (1992): Die Zweierbeziehung als Grundlage der psychoanalytischen Therapie. Psyche, 46, 588-612.

Krause, R. (1996): Über Gefühle – eine Einführung. Zsch. psychosom. Med., 42, 195-204.

Krause, R., E. Steimer-Krause und B. Ullrich (1992): Anwendung der Affektforschung auf die psychoanalytisch-psychotherapeutische Praxis. Forum Psychoanal, 8, 238-253.

Krockow, C.v. (1997): Bismarck – Eine Biographie. Stuttgart (DVA).

Kuhn, T.S. (1979): Metaphor in Science. In: Ortony, A. (Hg.): Metaphor and Thought, Cambridge/London/New York (Cambridge University Press)

Küchenhoff, J. (1998): Trauma, Konflikt, Repräsentation. In: Schlösser, A.-M. und K. Höhfeld (Hg.): Trauma und Konflikt, Gießen (Psychosozial-Verlag)

Kächele, H. und I. Fiedler (1985): Ist der Erfolg einer psychotherapeutischen Behandlung vorhersagbar? Erfahrungen aus dem Penn-Psychotherapy-Projekt. Psychother. Med. Psychol., 35, 201-206.

Köhler, L. (1998): Anwendung der Bindungstheorie in der psychoanalytischen Praxis. Einschränkende Vorbehalte, Nutzen, Fallbeispiele. Psyche, 52, 369-397.

Körner, J. (1995): Die Professionalisierung des Psychoanalytiker-Berufes. In: Cremerius, J. (Hg.): Die Zukunft der Psychoanalyse, Frankfurt (Suhrkamp)

Körner, J. (1996): Zum Verhältnis pädagogischen und therapeutischen Handelns. In: Combe, A. und W. Helsper (Hg.): Pädagogische Professionelität. Untersuchungen zum Typus pädagogischen Handelns, Frankfurt (Suhrkamp)

Lacan, J. (1953): Funktion und Feld des Sprechens und der Sprache in der Psychoanalyse. In: Haas, N. (Hg.): Schriften I, Olten (Walter)

Lakoff, G. (1987): Women, Fire, and Dangerous Things. Chicago/London (The University of Chicago Press).

Lakoff, G. und M. Johnson (1998): Gelebte Metaphern. Heidelberg (Carl-Auer-Verlag).

Lakoff, G. und M. Turner (1989): More than cool reason: A field guide to poetic metaphor. Chicago (University of Chicago Press).

Lambert, M.J. (1992): Psychotherapy Outcome Research: Implications for Integrative and Eclectic Theories. In: Norcross, J.C. und M.R. Goldfried (Hg.): Handbook of Pychotherapy Integration, New York (Basic Books)

Lambert, M.J. und A.E. Bergin (1994): The effectiveness of psychotherapy. In: Bergin, A.E. und S.L. Garfield (Hg.): Handbook of Psychotherapy and Behavior Change (4th ed.), New York (Wiley)

Langs, R. (1980): Interactions. The Realms of Transference and Countertransference. London (Jason Aronson).

Langs, R. (1983): Unconscious Communication in Everyday Life. New York/London (Jason Aronson).

Langs, R. (1989): Die Angst vor validen Deutungen und vor einem festen Rahmen. Forum Psychoanal., 5, 1-18.

Laplanche, J. (1992): Deutung zwischen Determinismus und Hermeneutik. Eine neue Fragestellung. Psyche, 46, 467-498.

Laplanche, J. (1997): The Theory of Seduction and the Problem of the Other. Int. J. Psycho-Anal., 78, 653.

Laplanche, J. (1998): Die Psychoanalyse als Anti-Hermeneutik. Psyche, 52, 605-618.

Leary, D.E. (1990): Psyche's muse: the role of metaphor in the history of psychology. In: Leary, D.E. (Hg.): Metaphors in the History of Psychology, Cambridge (Cambridge University Press)

Leclaire, S. (1971): Der psychoanalytische Prozeß (orig. 1965). Olten (Walter).

Leichsenring, F. (1996): Zur Meta-Analyse von Grawe und Mitarbeitern. Gruppenpsychother. Gruppendynamik, 32, 205-234.

Leuzinger-Bohleber, M. (1995): Die Einzelfallstudie als psychoanalytisches Forschungsinstrument. Psyche , 49, 434-480.

Levenson, E. (1991): The Purloined Self. Interpersonal Perspectives in Psychoanalysis. New York (Contemporary Psychoanalysis Books).

Levinson, S. (1979): Activity Types and Language. Linguistics, 17, 365-399.

Levold, T. (1997): Problemsystem und Problembesitz: die Diskurse der sexuellen Gewalt und die institutionelle Praxis des Kinderschutzes. Teil I. System Familie, 10, 21-30.
Lickint, K. G. (1996): Die Analyse der Psychoanalyse. Struktur, Herkunft und Zukunft des Psychoanalysierens. Würzburg (Königshausen und Neumann).
Lidz, Th. (1968): Familie, Sprache und Schizophrenie. Psyche, 22, 701.
Linden, J. (1985): Insight Through Metaphor in Psychotherapy and Creativity. Psychoanal. Contemp. Thought, 8, 375-406.
Link, J. (1997): Versuch über den Normalismus. Wie Normalität produziert wird. Opladen (Westdeutscher Verlag).
Lionells, M., J. Fiscalini, C. H. Mann und D. B. Stern (1995): Handbook of Interpersonal Psychoanalysis. Hillsdale (The Analytic Press).
Lloyd Mayer, E. (1996): Changes in science and changing ideas about knowledge and authority in psychoanalysis. Psychoanalytic Quarterly, LXV, 158-200.
Loch, W. (1978): Anmerkungen zu wissenschaftstheoretischen Problemen der psychoanalytischen Praxis. In: Drews, S., R. Klüwer und A. e. a. Köhler-Weisker (Hg.): Provokation und Toleranz. Festschrift für Alexander Mitscherlich zum siebzigsten Geburtstag, Frankfurt (Suhrkamp)
Loch, W. (1981): Kommunikation, Sprache, Übersetzung. Psyche, 35, 977.
Loch, W. (1993): Deutungs-Kunst. Dekonstruktion und Neuanfang im psychoanalytischen Prozeß. Tübingen (edition diskord).
Lorenzer, A. (1974): Die Wahrheit der psychoanalytischen Erkenntnis. Frankfurt/M. (Suhrkamp).
Lorenzer, A. u.a. (1971): Psychoanalyse als Sozialwissenschaft. Frankfurt (Suhrkamp).
Luborsky, L. (1988): Einführung in die analytische Psychotherapie. Berlin Heidelberg (Springer).
Luhmann, N. (1984): Soziale Systeme. Grundriß einer allgemeinen Theorie. Frankfurt (Suhrkamp).
Luhmann, N. (1985): Die Autopoiesis des Bewußtseins. Soziale Welt, 36, 402-446.
Luhmann, N. (1988): Neuere Entwicklungen in der Systemtheorie. Merkur, 42, 292-300.
Luhmann, N. (1988): Frauen, Männer und George Spencer Brown. Z. f. Soziol., 17, 47-71.
Luhmann, N. (1990): Die Wissenschaft der Gesellschaft. Frankfurt (Suhrkamp).
Luhmann, N. (1991): Sthenographie und Euryalistik. In: Gumbrecht, H.U. und K.L. Pfeiffer (Hg.): Paradoxien, Dissonanzen, Zusammenbrüche. Situationen offener Epistemologie, Frankfurt (Suhrkamp)
Luhmann, N. (1995): Die Kunst der Gesellschaft. Frankfurt (Suhrkamp).
Lütkehaus, L. (1995): Die Vergangenheit der Psychoanalyse. In: Cremerius, J. (Hg.): Die Zukunft der Psychoanalyse, Frankfurt (Suhrkamp)
Makari, G. und T. Shapiro (1993): On Psychoanalytic Listening: Language and Unconscious Communication. J. Amer. Psychoanal. Assn., 41, 991-1020.
Maling, M.S. und K.I. Howard (1994): From Research to Practice to Research to.. In: Talley,P.F., H.H. Strupp und S.F. Butler (Hg.): Psychotherapy Research and Practice, New York (Basic Books)
Matarazzo, J.D., D.J. Kiesler und A.N. Wiens (1987): A speech interaction system. In: Russel, R.L. (Hg.): Language in Psychotherapy. Strategies of discovery, New York (Plenum Press)
Matt, P.v. (1991): Liebesverrat. Die Treulosen in der Literatur. München (dtv).

McMullen, L. und J.B. Conway (1997): Dominance and Nurturance in the Narratives Told by Clients in Psychotherapy. Psychotherapy Research, 7, 83-100.
McMullen, L.M. (1989): Use of figurative language in successful and unsuccessful cases of psychotherapy: Three comparisons. Metaphor and symbolic activity, 4, 203-225.
McMullen, L. M. und J. B. Conway (1994): Dominance and Nurturance in the Figurative Expressions of Psychotherapy Clients. Psychotherapy Research, 4, (1) 43-57.
McMullin, E. (1995): The Motive for Metaphor. In: Radman, Z. (Hg.): From a Metaphorical Point of View. A Multidisciplinary Approach to the Cognitive Content of Metaphor, Berlin (de Gruyter)
Mead, H.H. (1934): Bedeutung. In: Steinert, H. (Hg.): Symbolische Interaktion. Arbeiten zu einer reflexiven Soziologie, Stuttgart (1973) (Klett-Cotta)
Mehler, J. A., S. Argentieri und J. Canestri (1990): The Babel of the Unconscious. Int. J. Psycho-Anal., 71, 569-584.
Merten, J., T. Anstadt, B. Ullrich, R. Krause und P. Buchheim (1996): Emotional experience and facial behavior during the psychotherapeutic process and its relation to treatment outcome: A pilot study. Psychotherapy Research, 6, 198-212.
Messer, D. (1997): Referential Communication: Making Sense of the Social and Physical Worlds. In: Bremmer, G., A. Slater und G. Butterworth (Hg.): Infant Development. Recent Advances, Hillsdale/London (Lawrence Erlbaum Associates)
Messer, S. B. und C. S. Warren (1995): Models of Brief Psychodynamic Therapy. A Comparative Approach. New York, London (The Guilford Press).
Meyer, A.-E. (1988): What Makes Psychoanalysts Tick? A Model and the Method of Audio-Recorded Retroreports. In: Dahl, H., H. Kächele und H. Thomä (Hg.): Psychoanalytic Process Research Strategies, Berlin Heidelberg (Springer)
Miller, S.C., B.L. Duncan und M.A. Hubble (1997): Escape from Babel. Toward a Unifying Language for Psychotherapy Practice. New York (Norton).
Mitchell, S.A. (1993): Hope and Dread in Psychoanalysis. New York (Basic Books).
Mitchell, S. A. (1998): The Analyst's Knowledge and Authority. Psychoanalytic Quarterly, LXVII, 1-31.
Mitchell, S. A. (1988): Relational Concepts in Psychoanalysis. An Integration. Cambridge (Harvard University Press).
Mitchell, S. A. (1997): Influence and Autonomy in Psychoanalysis. Hillsdale, NJ (The Analytic Press).
Modell, A. H. (1991): A Confusion of Tongues or Whose Reality Is It?. Psychoanalytic Quarterly, 60, 227-244.
Mollenhauer, K. (1996): Fiktionen von Individualität und Autonomie – Bildungstheoretische Belehrungen durch Kunst. Pädagogische Korrespondenz, (18) 5.
Moran, M. G. (1994): Chaostheorie und Psychoanalyse: Die fließende Natur der Seele. Zsch. psychosom. Med., 40, 384-403.
Mosse, G.L. (1985): Nationalismus und Sexualität. München/Wien (Hanser).
Müller, H.U. (1976): Fachsprache und Dialogsprache. Psyche, 30, 338.
Nagel, U. (1993): Hilfe als Profession. In: Leisering, L., B. Geissler, Mergner. und U. Rabe-Kleberg (Hg.): Moderne Lebensläufe im Wandel, Weinheim (Deutscher Studien Verlag)
Najavits, L. M. (1993): How Do Psychotherapists Describe Their Work? A Study of Metaphors for the Therapy Process. Psychotherapy Research, 3, 294-299.

Neckel, S. (1991): Status und Scham. Zur symbolischen Reproduktion sozialer Ungleichheit. Frankfurt/New York (Campus).

Nestmann, F. (1988): Die alltäglichen Helfer: Theorien sozialer Unterstützung und eine Untersuchung alltäglicher Helfer aus vier Dienstleistungsberufen. Berlin/New York (de Gruyter).

Neubaur, C. (1987): Übergänge. Spiel und Realität in der Psychoanalyse Donald W. Winnicotts. Frankfurt (Athenäum).

Nitzschke, B. (1994): Die besondere Wissensform der Psychoanalyse: Wissenschaftshistorische Anmerkungen zum Junktim zwischen Heilen und Forschen in der Freudschen Psychoanalyse. In: Buchholz, M.B. und U. Streeck (Hg.): Heilen, Forschen, Interaktion. Psychotherapie und qualitative Sozialforschung, Opladen (Westdeutscher Verlag)

Oevermann, U. (1985): Versozialwissenschaftlichung der Identitätsformation und die Verweigerung von Lebenspraxis. In: Lutz, B. (Hg.): Soziologie und gesellschaftliche Entwicklung, Frankfurt/New York (Campus)

Oevermann, U. (1996): Theoretische Skizze einer revidierten Theorie professionellen Handelns. In: Combe, A. und W. Helsper (Hg.): Pädagogische Professionalität. Untersuchungen zum Typus professionellen Handelns., Frankfurt (Suhrkamp)

Overbeck, G., T. Müller, J. Jordan und R. Grabhorn (1996): Der stationäre Therapieverlauf bei einer eßgestörten Patientin im Spiegel der formalen psycholinguistischen Textanalyse. Ein Beitrag aus der intensiven multimodalen Einzelfallforschung. Teil II. Zeitschr. f. psychoanalyt. Theorie und Praxis, XI, 305-324.

Overbeck, G., Th. Müller, J. Jordan und R. Grabhorn (1996): Der stationäre Therapieverlauf bei einer eßgestörten Patientin im Spiegel der formalen psycholinguistischen Textanalyse. Ein Beitrag aus der intensiven multimodalen Einzelfallforschung. Teil I. Zeitschrift für psychoanalytische Theorie und Praxis, 11, 210-224.

Papousek, M. (1996): Die intuitive elterliche Kompetenz in der vorsprachlichen Kommunikation als Ansatz zur Diagnostik von präverbalen Kommunikations- und Beziehungsstörungen. Kindheit und Entwicklung, 5, 140-146.

Perner, A. (1997): Nach 100 Jahren: Ist die Psychoanalyse eine Wissenschaft?. In: Michels, A., P. Müller und A. Perner (Hg.): Psychoanalyse nach 100 Jahren. Zehn Versuche, eine kritische Bilanz zu ziehen, München (Ernst Reinhardt)

Plaut, F. (1993): Analysis analyzed. When the Map becomes the Territory. London (Routledge).

Plaßmann, R. (1986): Prozeßphantasien: zur Technik der systemischen Einzeltherapie. Familiendynamik, 11, 90-108.

Plessner, H. (1982): Mit anderen Augen. Aspekte einer philosophischen Anthropologie. Stuttgart (Reclam).

Plügge, H. (1965): Der sprachliche Ausdruck für unser Befinden. Psyche, 19, 269-285.

Polanyi, M. (1964): Personal Knowledge. New York (Harper & Row).

Pollner, M. (1976): Mundanes Denken. In: Weingarten, E., F. Sack und J. Schenkein (Hg.): Ethnomethodologie. Beiträge zu einer Soziologie des Alltagshandelns, Frankfurt (Suhrkamp)

Pritz, A. und H. Teufelhart (1996): Psychotherapie – Wissenschaft vom Subjektiven. In: Pritz, A. (Hg.): Psychotherapie – eine neue Wissenschaft vom Menschen, Wien/New York (Springer)

Putnam, H. (1981): Reason, truth and History. Cambridge (Cambridge University Press).

Putnam, H. (1993): Von einem realistischen Standpunkt. Schriften zu Sprache und Wirklichkeit. Reinbek (Rowohlt).
Quinn, W.H., N.A. Newfield und H.O. Protinsky (1985): Rites of Passage in Families with Adolescents. Family Process, 24, 101-111.
Radkau, J. (1998): Das Zeitalter der Nervosität. Deutschland zwischen Bismarck und Hitler. München/Wien (hanser).
Radman, Z. (1995): How to Make Clear Our Ideas with Metaphors. In: Radman, Z. (Hg.): From a Metaphorical Point of View. A Multidisciplinary Approach to the Cognitive Content of Metaphor, Berlin (de Gruyter)
Raguse, H. (1998): Psychoanalytische Hermeneutik – Weltanschauung oder Regelcorpus?. Psyche, 52, 648-703.
Raue, P. J., J. T. Putterman, M. R. Goldfried und D. L. Wolitzky (1995): Effect of Rater Orientation on the Evaluation of Therapeutic Alliance. Psychotherapy Research, 5, 337-342.
Reck, S. (1996): Schlüsselbegriffe der Kommunikationsanalyse. Weinheim (Deutscher Studien Verlag).
Reddy, M. (1979): The Conduit Metaphor – A Case of Frame Conflict in Our Language about Language. In: Ortony, A. (Hg.): Metaphor and Thought, Cambridge/London/New York (Cambridge University Press)
Reiche, R. (1995): Von innen nach außen? Sackgassen im Diskurs über Psychoanalyse und Gesellschaft. Psyche, 49, 227-258.
Reik, T. (1976): Hören mit dem dritten Ohr. Die innere Erfahrung eines Psychoanalytikers. Hamburg (Hoffmann und Campe).
Reiss, D. (1988): Theoretical vs. Tactical Inferences: Or, How to Do Family Psychotherapy Research without Dying of Boredom. In: Wynne, L.C. (Hg.): The State of the Art in Family Therapy Research, New York (Family Process Press)
Reiter, L. (1995): Das Konzept der klinischen Nützlichkeit. Theoretische Grundlagen und Praxisbezug. Z.f.syst. Therapie, 13, 193-211.
Reiter, L. und E. Steiner (1996): Psychotherapie und Wissenschaft. In: Pritz, A. (Hg.): Psychotherapie – eine neue Wissenschaft vom Menschen, Wien/New York (Springer)
Reiter-Theil, S. (1988): Autonomie und Gerechtigkeit. Berlin (Springer).
Renik, O. (1996): The Perils of Neutrality. The Psychoanalytic Quarterly, LXV, 495-517.
Ricoeur, P. (1981): The Metaphorical Process as Cognition, Imagination, and Feeling. In: Johnson, M. (Hg.): Philosophical Perspectives on Metaphor, Minneapolis (University of Minnesota Press)
Ricoeur, P. (1986): Die lebendige Metapher. München (Wilhelm Fink).
Riedesser, P. und A. Verderber (1996): „Maschinengewehre hinter der Front". Zur Geschichte der deutschen Militärpsychiatrie. Frankfurt (Fischer).
Rigotti, F. (1986): Metaphors of Time. Et cetera. A Review of General Semantics, 23, 157-168.
Rigotti, F. (1995): The House as Metaphor. In: Radman, Z. (Hg.): From a Metaphorical Point of View. A Multidisciplinary Approach to the Cognitive Content of Metaphor, Berlin (de Gruyter)
Romanyshyn, R.D. (1981/1989): Science and Reality: Metaphors of Experience and Experience as Metaphorical. In: Valle, R.S. und R.V. Eckartsberg (Hg.): Metaphors of Consciousness, New York/London (Plenum Press)

Rosch, E. (1973): Natural Categories. Cognitive Psychology, 4, 328-350.
Rosch, E. (1975): Cognitive reference points. Cognitive Psychology, 7, 532-547.
Rosch, E. (1977): Human Categorization. In: Warren, N. (Hg.): Advances in Crosscultural Psychology, New York (Academic Press)
Rose, G. J. (1980): The Power of Form: a Psychoanalytic Approach to Aesthetic Form. New York (International Universities Press.).
Rosenblatt, P.C. (1994): Metaphors of Family Systems Theory. New York/London (The Guildord Press).
Rosenwald, G.C. (1986): Why Operationism Doesn't Go Away: Extrascientific Incentives of Social-Psychological Research. Phil.Soc.Sci., 16, 303-330.
Rothstein, A. (1995): Psychoanalytic Technique and The Creation of Analytic Patients. Madison, Ct. (International Universities Press).
Rudolf, G. (1991): Die Beziehung zwischen Psychotherapieforschung und psychotherapeutischer Praxis. In: Buchheim, P., M. Cierpka und T. Seifert (Hg.): Psychotherapie im Wandel. Lindauer Texte zur Fort- und Weiterbildung, Berlin/Heidelberg/New York (Springer)
Rüger, U., J. Haase und K. Fassl (1996): Was Psychotherapeuten vom Leben ihrer Patienten (nicht) wissen. Akzente und Tendenzen. Zsch. psychosom. Med., 42, 329-342.
Sacks, H. (1984): On doing `being ordinary'. In: Atkinson, J.M. und J. Heritage (Hg.): Structures of Social Action, New York (Cambridge University Press (Auflage von 1992))
Safran, J.D. und C. Muran (1994): Toward a Working Alliance Between Research and Practice. In: Talley,P.F., H.H. Strupp und S.F. Butler (Hg.): Psychotherapy Research and Practice, New York (Basic Books)
Sakurai, M. und L. Abrams (1992): The world between realities: An exploration of therapeutic group culture and transitional phenomena in a long-term psychotherapy group. International Journal of Group Psychotherapy, 42, 383-393.
Sammet, G. (1993): Vom Nerv der Dinge. Der Weg der Maschinenmetapher vom 18. ins 19. Jahrhundert. In: Buchholz, M.B. (Hg.): Metaphernanalyse, Göttingen (Vandenhoeck & Ruprecht)
Sampson, H. (1992): The Role of „Real" Experience in Psychopathology and Treatment. Psychoanalytic Dialogues, 2, 509-528.
Sandler, J. (1983): Die Beziehung zwischen psychoanalytischen Konzepten und psychoanalytischer Praxis. Psyche, 37, 577.
Schacht, L. (1991): Das Kind als Forscher. Zeitschr. f. psychoanal. Theorie und Praxis, 6, 376-392.
Schachter, J. und L. Luborsky (1998): Who's Afraid of Psychoanalytic Research?. Int. J. Psycho-Anal., 79, 965-969.
Schachtner, C. (1995): Hubert L. Dreyfus im Gespräch. Journal für Psychologie, 3, 66-73.
Schaeffer, D. (1988): Intimität als Beruf. Biographische Interviews mit Psychotherapeuten. In: Brose, H.-G. und B. Hildenbrand (Hg.): Vom Ende des Individuums zur Individualität ohne Ende, Opladen (Leske + Budrich)
Schauenburg, H., P. L. Janssen und P. Buchheim (1998): Interviewführung in der OPD. In: Schauenburg, H., H. J. Freyberger, M. Cierpka und P. Buchheim (Hg.): OPD in der Praxis, Bern (Hans Huber)
Schegloff, E.A. (1987): Analyzing single episodes of interaction: An exercise in conversation analysis. Social Psychology Quarterly, 50, 101-114.

Schiepek, G., W. Genz und I. Schröder (1997): Die differentielle Wirkung linearer, strategischer, zirkulärer und reflexiver Fragen in der systemischen Therapie. Einzelfallanalyse einer Paartherapie. Psychotherapeut, 42, 237-243.

Schildknecht, C. (1996): Metaphorische Erkenntnis – Grenze des Propositionalen?. In: Schneider, H.J. (Hg.): Metapher – Kognition – Künstliche Intelligenz, München (Wilhelm Fink)

Schmidt, J., P. Bernhard, W.W. Wittmann und f. Lamprecht (1986): Die Unterscheidung zwischen singulären und multiplen Ergebniskriterien -ein Beitrag zur Kriterienproblematik in der Evaluation. In: Lamprecht, F. (Hg.): Spezialisierung und Integration in Psychosomatik und Psychotherapie, Berlin/Heidelberg/New York (Springer)

Schmitt, R. (1995/96): Metaphernanalyse und die Repräsentation biographischer Konstrukte. Journal für Psychologie, 3, (Doppelheft 4/95 und 1/96) 47.

Schmitt, R.O. (1995): Metaphern des Helfens. Weinheim (Beltz).

Schmitz, E. (1981): Erziehungswissenschaft: Zur wissenschaftssoziologischen Analyse eines Forschungsfeldes. Z. f. Sozialisationsforschung und Erziehungssoziologie, 1, 13-35.

Schneider, H.J. (Hg.) (1996): Metapher – Kognition – Künstliche Intelligenz. München (Wilhelm Fink).

Schneider, M. (1994): Der Mensch als Quelle. In: Fuchs, P. und A. Göbel (Hg.): Der Mensch – das Medium der Gesellschaft, Frankfurt (Suhrkamp)

Schneider, M. (1994): Liebe und Betrug. Die Sprachen des Verlangens. München (dtv).

Schneider, P. (1996): Die Löcher des Wissens oder Die Frage der Laienanalyse als epistemologisches Problem. Luzifer-Amor, 9, (18) 101.

Schon, D. (1979): Generative Metaphor: A Perspective on Problem-Setting in Social Policy. In: Ortony, A. (Hg.): Metaphor and Thought, Cambridge/London/New York (Cambridge University Press)

Schrödinger, E. (1959): Geist und Materie (Neuaufl. von 1986). Wien/Hamburg (Zsolnay).

Schröter, M. (1985): „Wo zwei zusammenkommen in rechter Ehe." Sozio- und psychogenetische Studien über Eheschließungsvorgänge vom 12. bis 15. Jahrhundert. Frankfurt/M. (Suhrkamp).

Schröter, M. (1995): Freuds Komitee 1912-1914. Ein Beitrag zum Verständnis psychoanalytischer Gruppenbildung. Psyche, 49, 513-563.

Schröter, M. (1996): Forschen oder Heilen? Über einen „Geburtsfehler" der Psychoanalyse. Merkur, 50, (568) 631.

Schulte, G. (1993): Der blinde Fleck in Luhmanns Systemtheorie. Frankfurt/New York (Campus).

Schwinn, T. (1998): Soziale Ungleichheit und funktionale Differenzierung. Zeitschrift für Soziologie, 27, 3-17.

Schwitalla, J. (1979): Metakommunikation als Mittel der Dialogorganisation und der Beziehungsdefinition. In: Dittmann, J. (Hg.): Arbeiten zur Konversationsanalyse, Tübingen (Niemeyer)

Schäffner, W. (1994): „Es hat sich so ereignet. Aber es hat sich auch nicht so ereignet". Zu einer statistischen Poetologie des Wissens um 1920. In: Fuchs, P. und A. Göbel (Hg.): Der Mensch – das Medium der Gesellschaft, Frankfurt (Suhrkamp)

Schön, D. A. (1983): The Reflective Practitioner. How Professionals think in Action. New York (Basic Books).

Schön, D.A. und M. Rein (1994): Frame Reflection. Toward the Resolution of Intractable Policy Controversies. New York (Basic Books).
Schön, D. A. (Hrsg.) (1991): The Reflective Turn. Case Studies In and On Educational Practice. New York London (Teachers College, Columbia University).
Schöttler, B. und M. B. Buchholz (1993): „Haltung", „Prozeßphantasie" und „Fortschrittsvorstellung" nach stationärer Psychotherapie – Das Tiefenbrunner Abschlußinterview. PPmP Psychother. Psychosom. med. Psychol., 43, 140-149.
Searle, J.R. (1997): Die Konstruktion der gesellschaftlichen Wirklichkeit. Zur Ontologie sozialer Tatsachen. Reinbek (Rowohlt).
Searles, H.F. (1956): Verlaufsformen der Abhängigkeit in der Psychotherapie der Schizophrenen. Psyche, 10, 448-481.
Searles, H.F. (1958): Die Empfänglichkeit des Schizophrenen für unbewußte Prozesse im Psychotherapeuten. Psyche, 12, 321-343.
Shanon, B. (1989): Metaphors for Language and Communication. Revue Internationale de Syst,mique, 3, (1) 43-59.
Shapiro, T. (1993): On Reminiscences. J. Amer. Psychoanal. Assn., 41, 395-421.
Shapiro, T. (1994): Psychoanalytic Facts: From the Editor's Desk. Int. J. Psycho-Anal., 75, 1225-1232.
Shotter, J. und J. Newson (1982): An ecological approach to cognitive development: implicate orders, joint actions and intentionality. In: Butterworth, J. und P. Light (Hg.): Social Cognition: Studies of the Development of Understanding, Brighton (The Harvester Press)
Siegelman, E. (1990): Metaphor and meaning in psychotherapy. New York/London (The Guilford Press).
Siirala, M. (1961): Die Schizophrenie des Einzelnen und der Allgemeinheit. Göttingen (Vandenhoek & Ruprecht).
Simmich, T. und C. Reimer (1998): Psychotherapeutische Aspekte von Krisenintervention. Psychotherapeut, 43, 143-156.
Slater, A. (1997): Visual Perception and its organization in early infancy. In: Bremmer, G., A. Slater und G. Butterworth (Hg.): Infant Development. Recent Advances, Hillsdale/London (Lawrence Erlbaum Associates)
Smith, D.L. (1991): Hidden Conversations. An Introduction to communicative Psychoanalysis. London/New York (Tavistock/Routledge).
Soentgen, J. (1992): Der Bau. Betrachtungen zu einer Metapher der Luhmannschen Systemtheorie. Zeitschrift für Soziologie, 21, 456-466.
Sokal, A. und J. Bricmont (1998): Postmoderne in Wissenschaft und Politik. Merkur, 52, (594/595) 9929.
Spence, D. P. (1993): The Hermeneutic Turn: Soft Science or Loyal Opposition?. Psychoanalytic Dialogues, 3, 1-10.
Spence, D. P. (1995): When do Interpretations Make a Difference? A Partial Answer to Fliess's Achensee Question. J. Amer. Psychoanal. Ass., 43, 689-712.
Spence, D. P., L. C. Mayes und H. Dahl (1994): Monitoring the Analytic Surface. J. Amer. Psychoanal. Assn., 42, 43-64.
Spence, D. (1981): Psychoanalytic competence. Int. J. Psychoanal., (62) 113-124.

Spezzano, C. (1998): Listening and Interpreting – How Relational Analysts Kill Time Between Disclosures and Enactments. Commentary by Papers by Bromberg and by Greenberg. Psychoanalytic Dialogues, 8, 237-246.
Spitz, R.A. (1973): Die Evolution des Dialogs. Psyche, 27, 697.
Spruiell, V. (1993): Deterministic Chaos and the Sciences of Complexity: Psychoanalysis in the Midst of a General Scientific Revolution. J. Amer. Psychoanal. Assn., 41, 3-44.
Stehr, N. (1994): Arbeit, Eigentum und Wissen. Frankfurt (Suhrkamp).
Steimer-Krause, E. (1996): Übertragung, Affekt und Beziehung. Theorie und Analyse nonverbaler Interaktionen schizophrener Patienten. Bern/Berlin/Frankfurt/New York (Peter Lang).
Stein, H. (1979): Psychoanalytische Selbstpsychologie und die Philosophie des Selbst. Meisenheim am Glan (Anton Hain).
Stein, H. (1993): Freuds letzte Lehre oder Eros und die Linien des Affen Aziut. Heidelberg (Wunderhorn).
Stein, H. (1997): Freud spirituell. Das Kreuz (mit) der Psychoanalyse. Leinfelden-Echterdingen (Bonz).
Stein, H. und A. Stein (1984): Kreativität. München (Berchmans).
Steiner, R. (1994): „The Tower of Babel" or „After Babel in Contemporary Psychoanalysis"? Some historical and theoretical notes on the linguistic and cultural strategies implied by the foundation of the International Journal of Psychoanalysis, and on its relevance today. Int. J. Psychoanal., 75, 883-901.
Steiner, G. (1999): Errata – Bilanz eines Lebens. München (Hanser)
Stern, D.N. (1985): The Interpersonal World of the Infant. A View from Psychoanalysis and Developmental Psychology. New York (Basic Books).
Stern, D.N. (1996): The Motherhood Constellation. A Unified View of Parent-Infant Psychotherapy. New York (Basic Books).
Stern, D. N. (1996): Ein Modell der Säuglingsrepräsentationen. Forum der Psychoanalyse, 12, (3) 187-203.
Stichweh, R. (1994): Fremde, Barbaren und Menschen. Vorüberlegungen zu einer Soziologie der Menschheit. In: Fuchs, P. und A. Göbel (Hg.): Der Mensch – das Medium der Gesellschaft, Frankfurt (Suhrkamp)
Stichweh, R. (1996): Professionen in einer funktional differenzierten Gesellschaft. In: Combe, A. und W. Helsper (Hg.): Pädagogische Professionelität. Untersuchungen zum Typus pädagogischen Handelns, Frankfurt (Suhrkamp)
Stierlin, H. (1977): Familientherapeutische Aspekte der Übertragung und Gegenübertragung. Familiendynamik, 2, 182-197.
Stiles, W.B. (1994): Views of the Chasm between Psychotherapy Research and Practice. In: Talley,P.F., H.H. Strupp und S.F. Butler (Hg.): Psychotherapy Research and Practice, New York (Basic Books)
Stiles, W.B. und D.A. Shapiro (1989): Abuse of the Drug Metaphor in Psychotherapy Process-Outcome Research. Clinical Psycholoy Review, 9, 521-543.
Stolorow, R.D., B. Brandchaft und G.E. Atwood (1996): Psychoanalytische Behandlung. Ein intersubjektiver Ansatz. Frankfurt (Fischer).
Stone, L. (1961): Die psychoanalytische Situation. Fischer, Frankfurt am Main, 1973,
Straub, J. und R. Sichler (1989): Metaphorische Sprechweisen als Modi der interpretativen Repräsentation biographischer Erfahrungen. In: Alheit, P. und E.M. Hoerning (Hg.):

Biographisches Wissen. Beiträge zu einer Theorie lebensgeschichtlicher Erfahrung, Frankfurt/New York (Campus)
Strauss, B. und M. Burgmeier-Lohse (1993): In-Patient and Ward Psychosomatic Psychotherapy: Concepts, Effectivness and Curative Factors. Psychother Psychosom, 59, 144-155.
Strauss, B. und H. Kächele (1998): The Writing on the Wall: Comments on the Current Discussion about Emprically Validated Treatments in Germany. Psychotherapy Research, 8, 158-170.
Streeck, S. (1989): Die Fokussierung in Kurzzeittherapien. Opladen (Westdeutscher Verlag).
Streeck, U. (1987): Konzeptwissen, Hintergrundannahmen und Redemodi im psychoanalytischen Behandlungsprozeß. Osnabrücker Beiträge zur Sprachtheorie, 37, 131-140.
Streeck, U. (1998): Persönlichkeitsstörungen und Interaktion. Psychotherapeut, 43, 157-163.
Streeck, U. (1998): Verborgene Wege der Wunscherfüllung. In: Boothe, B., R. Wepfer und A. von Wyl (Hg.): Über das Wünschen, Göttingen (Vandenhoeck und Ruprecht)
Streeck, U. (1998): Agieren, Deuten und unbewußte Kommunikation. Forum Psychoanal., 14, 66-78.
Streeck, U. und A. Dally (1995): Inszenierungen, Interaktion und Kontextualisierungen im psychotherapeutischen Dialog. In: Buchholz, M. B. (Hg.): Psychotherapeutische Interaktion. Qualitative Studien zu Konversation und Metapher, Geste und Plan, Opladen (Westdeutscher Verlag)
Streeck-Fischer, A. (Hg.) (1998): Adoleszenz und Trauma. Göttingen (Vandenhoeck und Ruprecht).
Strenger, C. (1991): Between hermeneutics and science: an essay on the epistemology of psychoanalysis. Madison (Int. Universities Press).
Strotzka, H. (Hrsg.) (1975): Psychotherapie: Grundlagen, Verfahren, Indikationen. München/Berlin/Wien (Urban und Schwarzenberg).
Strupp, H. H. (1996): Nachhaltige Lektionen aus der psychotherapeutischen Praxis und Forschung. Psychotherapeut, 41, 84-87.
Stuart, J.J. (1997): Novel Figurative Language and Patient Experiencing in Psychodynamic Therapy. Psychotherapy Research, 7, 219-238.
Stählin, W. (1914): Zur Psychologie und Statistik der Metaphern. Arch.Psychol., 31, (3/4) 297-425.
Sucharowski, W. (1996): Sprache und Kognition. Neuere Perspektiven in der Sprachwissenschaft. Opladen (Westdeutscher Verlag).
Talley, P.F., H.H. Strupp und S.E. Butler (Eds.) (1994): Psychotherapy Research and Practice. New York (Basic Books).
Thomas, W.J. (1919): Person und Sozialverhalten. Soziologische Texte Bd. 26. Neuwied (Luchterhand 1966).
Thomä, H. (1984): Der Einfluß des Psychoanalytikers auf den therapeutischen Prozeß. Praxis Psychother Psychosom, (29) 76-86.
Thomä, H. und H. Kächele (1988): Lehrbuch der psychoanalytischen Therapie, Bd. 2. Berlin/Heidelberg/New-York (Springer).
Thomä, H., H. Schrenk und H. Kächele (1985): Der psychoanalytische Dialog und die Gegenfrageregel, mit einem Kommentar von Martin H.Stein. Forum Psychoanal., (1) 4-24.

Treurniet, N. (1996): Über eine Ethik der psychoanalytischen Technik. Psyche, 50, 1-31.

Tuckett, D. (1993): Some thoughts on the presentation and discussion of the clinical material of psychoanalysis. Int. J. Psycho-Anal., 74, 1175-1189.

Uexküll, T.v. (1989): Naturwissenschaft als Zeichenlehre. Merkur, 43, (481) 225-235.

Uexküll, T. v. (1989): Vom Funktionskreis- zum Situationskreiskonzept. In: Söllner, W., W. Wesiak und B. Wurm (Hg.): Soziopsychosomatik, Berlin (Springer)

Uexküll, Th.v. (1997): Biosemiose. In: Posner, R., K. Robering und T.A. Sebeok (Hg.): Semiotik – Ein Handbuch zu den zeichentheoretischen Grundlagen von Natur und Kultur, Berlin/New York (de Gruyter)

Ulsenheimer, K. (1998): „Leitlinien, Richtlinien, Standards“ – Risiko oder Chance für Arzt und Patient?. Arzt und Krankenhaus, 5, 106-111.

Varela, F., E. Thompson und E. Rosch (1993): The Embodied Mind. Cognitive Science and Human Experience. Cambridge/London (MIT-Press).

Velleman, J.D. (1989): Practical Reflection. New Jersey (Princeton University Press).

Villeneuve, J. (1991): Der Teufel ist ein Spieler: oder wie kommt ein Eisbär an die Adria?. In: Gumbrecht, H.U. und K.L. Pfeiffer (Hg.): Paradoxien, Dissonanzen, Zusammenbrüche. Situationen offener Epistemologie, Frankfurt (Suhrkamp)

Vitu, F. (1991): The influence of parafoveal preprocessing and linguistic context on the optimal landing position effect. Percept.Psychophys., 50, 58-75.

Volkart, R. (1995): Patient und Therapeut zwischen Skylla und Charybdis! Die Interpretation eines Transkripts mit dem Psychotherapie-Prozeß-Modell von Joseph Weiss. In: Buchholz, M.B. (Hg.): Psychotherapeutische Interaktion – Qualitative Studien zu Konversation und Metapher, Geste und Plan, Opladen (Westdeutscher Verlag)

Volz, U. (1998): Transformationen des frühen Traumas durch Neubildung von Repräsentanzen im psychoanalytischen Prozeß. In: Schlösser, A.-M. und K. Höhfeld (Hg.): Trauma und Konflikt, Gießen (Psychosozial-Verlag)

Wahl, H. (1985): Narzißmus? Von Freuds Narzißmustheorie zur Selbstpsychologie. Stuttgart/Berlin/Köln/Mainz (Kohlhammer).

Waldvogel, B. (1997): Längere Psychotherapien werden als nützlicher erlebt. Zu den Ergebnissen und der Diskussion einer unabhängigen Umfrage in den USA. Forum Psychoanal., 13, 172-182.

Wardi, D. (1997): Siegel der Erinnerung. Das Trauma des Holocaust – Psychotherapie mit den Kindern der Überlebenden. Mit einem Vorwort von Tilman Moser. Stuttgart (Klett-Cotta).

Watzlawick, P., J.H. Beavin und D.D. Jackson (1969): Menschliche Kommunikation. Formen, Störungen, Paradoxien. Bern (Huber).

Wehrspaun, M. (1989): Kommunikation, öffentliche Ordnung und das projektive Selbst. Die Bedeutung von Erving Goffmans Ökologie der sozialen Situation für die Analyse der Moderne. Zeitschrift für Soziologie, 18, 329-345.

Weingarten, E., F. Sack und J. . Schenkein (Hg.) (1976): Ethnomethodologie. Beiträge zu einer Soziologie des Alltagshandelns. Frankfurt (Suhrkamp).

Weiss, J. (1998): Patients' Unconscious Plans for Solving Their Problems. Psychoanalytic Dialogues, 8, 411-428.

Welter-Enderlin, R. und B. Hildenbrand (1996): Systemische Therapie als Begegnung. Stuttgart (Klett-Cotta).

Widlöcher, D. (1998): Quality Control, Condensed Analysis and Ethics. Int. J. Psycho-Anal., 79, 1-11.
Wilke, S. (1992): Die erste Begegnung. Eine konversations- und inhaltsanalytische Untersuchung der Interaktion im psychoanalytischen Erstgespräch. Heidelberg (Asanger).
Will, H. (1999): Ist Widerstand eine Tatsache, eine Interpretation oder eine Interaktion? Zum Widerstandskonzept in der klassischen Psychoanalyse. Psychother. Soz., 1, (im Druck).
Willems, H. (1997): Rahmen und Habitus. Zum theoretischen und methodischen Ansatz Erving Goffmans: Vergleiche, Anschlüsse und Anwendungen. Frankfurt (Suhrkamp).
Willems, H. (96): Goffmanns qualitative Sozialforschung – Ein Vergleich mit Konversationsanalyse und Strukturaler Hermeneutik. Zeitschrift für Soziologie, 25, 438-455.
Wingens, M. (1997): Krise oder Krisengerede der Soziologie?. Soziologie, (3) 5-19.
Winnicott, D.W. (1969): Übergangsobjekte und Übergangsphänomene. Psyche, 23, 666.
Winnicott, D.W. (1974): Ich-Verzerrung in Form des wahren und des falschen Selbst. In: Winnicott, D.W. (Hg.): Reifungsprozesse und fördernde Umwelt, München (Kindler)
Wintsch, H. (1998): Gelebte Kindertherapie. Kinder- und Jugendpsychotherapeuten des 20. Jahrhunderts im Gespräch. München/Basel (Ernst Reinhardt).
Wolff, S. (1994): Innovative Strategien qualitativer Sozialforschung im Bereich der Psychotherapie. In: Buchholz, M.B. und U. Streeck (Hg.): Forschen – Heilen – Interaktion. Psychotherapie und qualitative Sozialforschung, Opladen (Westdeutscher Verlag)
Wolff, S. und C. Meier (1995): Das konversationsanalytische Mikroskop: Beobachtungen zu minimalen Redeannahmen und Fokussierungen im Verlauf eines Therapiegesprächs. In: Buchholz, M.B. (Hg.): Psychotherapeutische Interaktion – Qualitative Studien zu Konversation und Metapher, Geste und Plan, Opladen (Westdeutscher Verlag)
Wolff, S. und H. Müller (1997): Kompetente Skepsis. Eine konversationsanalytische Untersuchung zur Glaubwürdigkeit in Strafverfahren. Opladen (Westdeutscher Verlag).
Wright, K.J.T. (1976): Metaphor and symptom: A study of integration and its failure. Int. Rev. Psychoanal., 3, 97-109.
Wynne, L.C. und M.T. Singer (1965): Denkstörung und Familienbezeihung bei Schizophrenen. Teil IV: Die Ergebnisse und ihre Bedeutung. Psyche, 19, 136-160.
Wynne, L.C. und M.T. Singer (1965): Denkstörung und Familienbeziehung bei Schizophrenen. Teil III: Methode der Rorschach-Technik. Psyche, 19, 109-135.
Wynne, L.C. und M.T. Singer (1965): Denkstörung und Familienbeziehung bei Schizophrenen. Teil I: Eine Forschungsstrategie. Psyche, 19, 82-95.
Wynne, L.C. und M.T. Singer (1965): Denkstörung und Familienbeziehung bei Schizophrenen. Teil II: Eine Klassifizierung von Denkformen. Psyche, 19, 96-108.
Yogman, M. (1982): Observations on the father-infant relationship. In: Cath, S.H., A.R. Gurwitt und J.M. Ross (Hg.): Father and Child: Developmental and Clinical Perspectives, Boston (Little, Brown)
Zahn-Waxler, C. (1991): The Case for Empathy: A Developmental Perspective. Psychological Inquiry, 2, 155-158.
Zepf, S. und B. Weidenhammer (1988): Die Struktur subjektiver Krankheitsthorien von psychoneurotisch und psychosomatisch Kranken. Vorläufige Überlegungen. Forum Psychoanal., 1, 40-59.

Ziehe, T. (1996): Vom Preis des selbstbezüglichen Wissens. In: Combe, A. und W. Helsper (Hg.): Pädagogische Professionelität. Untersuchungen zum Typus pädagogischen Handelns, Frankfurt (Suhrkamp)

Zwiebel, R. (1977): Der Analytiker träumt von seinem Patienten – Gibt es typische Gegenübertragungsträume. Psyche, 31, 43.

von Sydow, K., A. Weber und C. Reimer (1998): „Psychos" in den Medien. Psychotherapeut, 43, 80-91.